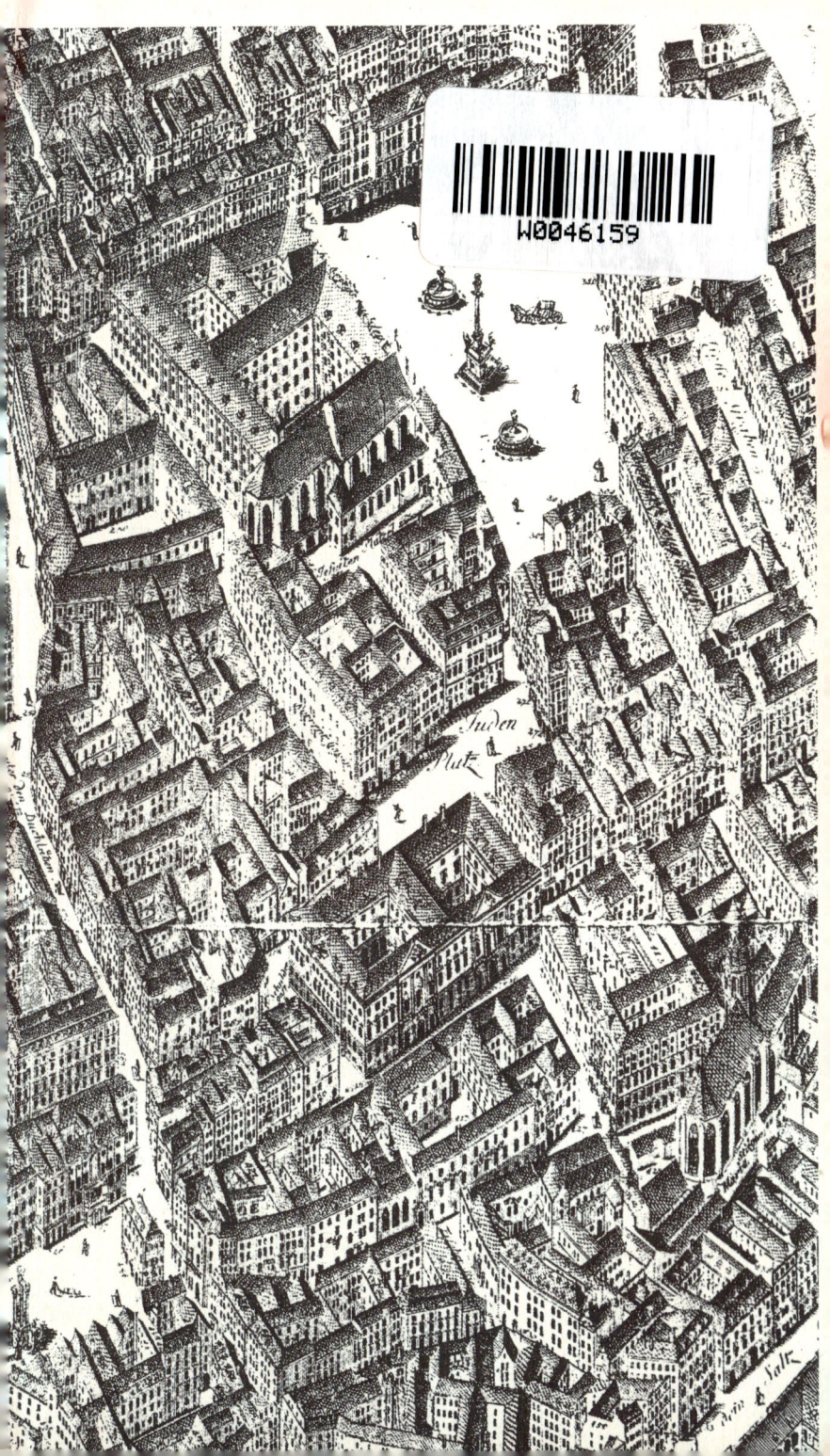

Juden
Platz

ALTE ABENTEUERLICHE REISEBERICHTE

Ernst Moritz Arndt (26. 12. 1769–29. 1. 1860)

Die Abbildungen auf den inneren Umschlagseiten zeigen eine Ansicht der Innenstadt Wiens, aus einer »Szenographie« J. D. v. Hubers (um 1774), und einen Ausschnitt aus der Karte »Deutschland und anliegende Länder zur Übersicht, d. Hauptstr. u. Entfernungen zw. Paris, Mailand, Warschau u. Königsberg, entw. u. gez. v. Ad. Stieler, 1820.«

© 1988 by Edition Erdmann in K. Thienemanns Verlag,
Stuttgart – Wien
Lizenzausgabe für den Verlag Neues Leben Berlin

ISBN 3-355-00771-4

Verlag Neues Leben, Berlin 1988
Lizenz Nr. 303(305/98/88)
LSV 7103
Schutzumschlag und Einband: Hilda und Manfred Salemke, Karlsruhe
Typografie: Doris Ahrends
Schrift: 10p Garamond
Gesamtherstellung: Offizin Andersen Nexö,
Graphischer Großbetrieb, Leipzig III/18/38
Bestell-Nr. 644 533 9
01580

Ernst Moritz Arndt

Sehnsucht nach der Ferne

Die Reise nach Wien und Venedig 1798

Herausgegeben
von
Eva Ptak-Wiesauer

Mit 33 Abbildungen und Karten

VERLAG NEUES LEBEN BERLIN

Inhalt

Einführung

Zwischen Reform und Revolution – Eine Reise durch Bayern und die Donaumonarchie

Das Jahr 1798, in dem Ernst Moritz Arndt seine Reise durch die Donaumonarchie antritt, fällt in eine Zeit des allgemeinen Umbruchs, in der die alte, scheinbar gottgewollte Ordnung der Welt endgültig ins Wanken gerät. Neun Jahre erst sind seit dem Sturm auf die Bastille verstrichen, und der Feuersturm der Französischen Revolution hat in der gesamten damaligen zivilisierten Welt seine Funken ausgesät. Die revolutionären Ideen aus Frankreich wurden auch in den deutschsprachigen Ländern von vielen gebildeten Menschen mit Begeisterung aufgenommen. Arndt selbst stand in seiner Jugend den französischen Revolutionsereignissen keineswegs eindeutig ablehnend, sondern eher zwiespältig gegenüber (vgl. OTT 1967, S. 65–67).

Als die französischen Revolutionsarmeen aufmarschierten, sprach in den deutschen Ländern noch niemand von einer »deutschen Aufgabe«: »Da tönte noch kein Ruf wie Donnerhall, wie Schwertgeklirr und Wogenprall. Auch aus Preußen nicht; dort interessierte man sich lediglich dafür, wie man sich möglichst große Teile Polens aneignen könnte.« (ANDICS 1974, S. 23) Als Preußen und Österreich sich zum Ersten Koalitionskrieg gegen Frankreich verbündeten, ging es nicht um den deutschen Rhein, sondern um das alte Europa. Der Rhein war lediglich Verteidigungslinie gegen die neuen, revolutionären Ideen von Freiheit, Gleichheit und Brüderlichkeit.

7

Die französische Kriegserklärung von 1792 leitete das Vierteljahrhundert der Koalitionskriege ein. Damals allerdings erkannte man im übrigen Europa noch nicht die Tragweite der französischen Ereignisse und ahnte noch nichts vom Siegeszug der Franzosen. Napoleon Bonaparte war in der Welt noch ein Unbekannter. Fünf Jahre später war die französische Armee weit in die Donaumonarchie vorgedrungen, und der österreichische Monarch erklärte sich schließlich zum Friedensschluß bereit (Friede von Campo Formio, Oktober 1797).

Genau in das kurze Intervall zwischen dem Ersten und dem Zweiten Koalitionskrieg fällt Arndts Reise durch die Donaumonarchie; der Autor nimmt auch immer wieder auf die jüngsten Kriegsereignisse Bezug. Im Mai 1798, also im selben Monat, in dem Arndt zu seiner großen Reise aufbricht, sticht Napoleon Bonaparte mit der französischen Flotte in See, um seinen Ägyptenfeldzug anzutreten, der indirekt eine Schwächung Englands bewirken soll. Arndt hält sich auf seiner Reise über alle aktuellen politischen Ereignisse auf dem laufenden und nützt die Begegnung mit einigen Engländern in Triest dazu, mit ihnen über den entscheidenden Sieg Admiral Nelsons bei Abukir und Napoleons Ägyptenfeldzug zu diskutieren.

Die Donaumonarchie war von den modernen, revolutionären Strömungen nur am Rande berührt worden. Hier glaubte man noch an die Gültigkeit der traditionellen Ordnung der Welt. Das österreichische Volk war mit seinem Kaiser Franz vollauf zufrieden und dachte nicht an Revolution; wo immer jedoch gefährliche moderne Ideen auftauchten, wurden sie von einem gut funktionierenden Polizeiapparat im Keim erstickt.

Das ausklingende 18. Jahrhundert war noch deutlich vom österreichischen Reformwerk der theresianisch-josephinischen Zeit geprägt. Gewiß haben gerade diese

Reformen – anders als in Frankreich – manche zeitgemäße Forderung rechtzeitig von oben her erfüllt und so zunächst eine Katastrophe wie die von Paris verhindert. Kaiser Josephs erster großer Akt als Alleinherrscher war das 1781 erlassene »Toleranzpatent«, das Protestanten und nicht-unierten Griechen in Österreich freie Religionsausübung gewährte. Bald wandte sich der Kaiser den Klosteraufhebungen zu. Alle jene Klöster, die sich nicht irgendeiner Tätigkeit sozialer Art widmeten, wurden für überflüssig erklärt. Bis 1786 war bereits ein Drittel aller Klöster in Österreich und Ungarn aufgelöst, und ihre Räume wurden zu Kasernen, Strafanstalten, Spitälern usw. umfunktioniert. Eine Reform des Schulwesens und die Aufhebung der Leibeigenschaft gehörten ebenfalls zum josephinischen Reformprogramm. Die Einschaltung des Staates auf dem Gebiet der Wohlfahrt war schließlich die letzte Konsequenz der Säkularisierungstendenz jener Zeit. Kranken-, Irren-, Waisen- und Armenhäuser sowie Blinden- und Taubstummeninstitute wurden erstmals von weltlicher Seite eingerichtet. Die Neuerungen Josephs nahmen gewisse Vorstellungen der Französischen Revolution von 1789 vorweg, und ihre Schockwirkung muß in der damaligen Zeit beträchtlich gewesen sein. Anders wäre es kaum zu erklären, daß Papst Pius VI. 1782 nach Wien reiste, um Kaiser Joseph zur Zurücknahme seiner Verfügungen zu bewegen (vgl. dazu BAUER 1980, S. 234f.). Wenngleich Kaiser Leopold II. sich während seiner zweijährigen Regentschaft (1790–1792) gezwungen sah, einige Einrichtungen seines Bruders zurückzunehmen, blieb das Wesentliche dieses Reformwerks erhalten. Etwa so wie Leopolds »Reaktion« den österreichischen Staat hinterließ, ist er bis zum Revolutionsjahr 1848 geblieben.

Arndt, der acht Jahre nach Josephs Tod Österreich bereist, begegnet auf Schritt und Tritt Zeugnissen der josephinischen Reformen: modernen Spitälern, Armen- und Siechenhäusern, Irrenanstalten und dem Wiener Taubstummeninstitut, alles »schöne und menschenfreundliche Anstalten«, wie der Autor schreibt. Voll Bewunderung spricht der Norddeutsche von den sozialen Einrichtungen des »großen Mannes, der für seine Monarchie und für Deutschland dreißig Jahre zu früh starb«.

1798 steht freilich längst ein neuer Regent an der Spitze der Donaumonarchie: Josephs Neffe und Leopolds Sohn Franz – Franz der Gute, wie ihn das österreichische Volk nannte; Franz der Zweite als Römischer Kaiser, als Kaiser von Österreich Franz der Erste. Kaiser Franz war kein Freund von Reformen, er wollte das Alte erhalten und war ein erbitterter Gegner des revolutionären Prinzips. Er war vierundzwanzig Jahre alt, als er 1792 Kaiser wurde. Er war der älteste von Leopolds neun Söhnen – der tüchtigste war er zweifellos nicht. In einem aber bewies der Kaiser unbeirrbare Beharrlichkeit: in seinem Kampf gegen Napoleon, der für ihn zum Inbegriff der den konservativen Kräften Europas drohenden Gefahr wurde.

»Es erging dem jungen Kaiser wie vielen Kaisern des Hauses Österreich, die unentwegt Kriege führen mußten, obwohl sie denkbar unsoldatisch waren … Der Wiener Hof besaß für alles mögliche Geld – für die Kirche, für prachtvolle Bauten, für die kostbarsten Theatervorstellungen und die Musik, aber niemals für die Armee.« (ANDICS 1974, S. 23) So war der junge Kaiser Franz denkbar unzureichend auf den französischen Krieg vorbereitet, der ihn fast ein Vierteljahrhundert beanspruchte. Als er seine Armee in den Krieg schickte, tat er es, um die Revolution im Keim zu ersticken. Alles hoffte auf einen schnellen Sieg über die zerlumpte französische Armee. Das war 1792. Fünf Jahre später hatte

Franz seinen ersten Krieg verloren. Als er sich 1804 zum Kaiser von Österreich proklamieren ließ, hatte er bereits zwei verlorene Kriege hinter sich, Belgien und die Lombardei verloren, dafür allerdings Venedig bekommen. Die Auflösung des letzten Restes dessen, was man das Römische Reich Deutscher Nation nannte, war in vollem Gang.

»Ernst Moritz Arndt gehört nicht zu jenen Schriftstellern, die nur dank einer durch hundert oder fünfzig teilbaren Zahl von Jahren ein- und das andremal über der Bewußtseinsschwelle ihrer Nation auftauchen. Vor allem: seine Persönlichkeit ragt über die Geschichte bloß der Literatur weit hinaus; wer könnte sich den biderben [biederen] Deutschen aus der Zeit zwischen Jena und Leipzig, wer aus der Demagogenhetze, wer aus dem Parlament der Paulskirche hinwegdenken? Und seine Dichtungen, jene wenigstens, die er auf der Höhe des Lebens und Wirkens schuf und in die er sein ganzes Herz, das getreue und tapfere legte, sind sie nicht heut in Lieder- und Kommersbüchern noch ebenso lebendig wie vor einem Jahrhundert, da man sie erst mit Lebensgefahr abschriftlich von Hand zu Hand reichte ...?« Diese Zeilen stellt *R. F. Arnold* an den Anfang der Einleitung zu seiner Teilausgabe von Arndts *»Reisen durch einen Teil Teutschlands ...«*, die unter dem Titel *»Wien«* im Jahre 1913, also ein Jahrhundert nach der Völkerschlacht bei Leipzig, erschien.

Seither ist es still geworden um den großen Patrioten und Freiheitssänger. Der unermüdliche Prediger nationaler Selbstbestimmung, der Wegbereiter des deutschen Einheitsstaates, der in den letzten Jahrzehnten seines Lebens so populär war, daß er ehrfurchtsvoll nur noch »Vater Arndt« genannt wurde, ist heute in der deutschen Öffentlichkeit nahezu unbekannt. *Karl Heinz Schäfer* bemerkt hierzu in der Einführung zu seiner gemeinsam mit *Josef Schawe* edierten umfassenden Arndt-Bibliographie (1971, S. 1–4): »Nach einer Arndt-Renaissance in der ersten Hälfte des 20. Jahrhunderts geriet der ehemals mustergültige Patriot mit dem Zusammenbruch des Deutschen Reiches 1945 gleichsam über Nacht – auch bei den einschlägigen wissenschaftlichen Disziplinen – in Vergessenheit. Mit eine Hauptursache dafür mag in der starken propagandistischen Inanspruchnahme Arndts für die Ideologie des ›Dritten Reiches‹ liegen, als dessen ›Wegbereiter‹ er geradezu bezeichnet wurde und wird ... Nach dem Zweiten Weltkrieg gab erst das Gedächtnis des 100. Todestages (am 29. Januar 1960) den Anstoß zu einigen wenigen, ausgezeichneten wissenschaftlichen Arbeiten ... Das Gedenkjahr zeigte zugleich aber auch die Unzulänglichkeit der bisherigen Arndtinterpretation und das hieraus resultierende Unvermögen zu einem angemessenen historischen Urteil über den ›Deutschesten der Deutschen‹.

Die Feier seines 200. Geburtstages (am 26. Dezember 1969) differenzierte diesen Eindruck in einem entscheidenden Punkt: Während die Stagnation der Arndt-Forschung in der Bundesrepublik Deutschland offen zutage trat und die Verwirrung in der Beurteilung des vielseitigen Schriftstellers zunahm, erschienen in der Deutschen Demokratischen Republik im Jubiläumsjahr drei bedeutende Arndt-Publikationen und festigte sich hier ein eigenes, von marxistischer Historiographie geprägtes Arndtbild. Arndt erscheint in marxistischer Interpretation als ›Kämpfer für soziale Gerechtigkeit‹ mit demokratischer Grundhaltung, als ›streitbarer Patriot und Humanist‹ und als Wissenschaft und Praxis fortschrittlich verbindender Hochschullehrer.«

Zu den oben genannten Unzulänglichkeiten schreibt *Schäfer* (1971, S. 5): »Demgegenüber sollte die nach der verhängnisvollen nationalsozialistischen Herrschaft in Deutschland eingetretene Distanz gegenüber Nation und Vaterland zu einer vielleicht jetzt erstmals wirklich möglich gewordenen wissenschaftlichen Auseinandersetzung mit Arndt genutzt werden. Bisher war jede Beschäftigung mit dem Nestor der deutschen Nationalbewegung unmittelbar mit einem nationalen Bekenntnis verquickt und von daher auch überschattet.«

Vielleicht liegt darin auch der Grund, daß von dem umfangreichen schriftstellerischen Opus Arndts – es umfaßt neben dramatischen Versuchen unzählige Gedichte, Märchen, Reise- und Landschaftsbeschreibungen, pädagogische Entwürfe, Übersetzungen, etymologische, volkskundliche und historische Arbeiten, Nekrologe und nicht zuletzt zwei bedeutende autobiographische Werke – bisher noch keine vollständige Ausgabe vorliegt. Bei der Fülle von Veröffentlichungen des vielseitig begabten und interessierten Gelehrten liegt der Schwerpunkt seines Schaffens jedoch zweifellos auf der politischen Publizistik, in deren Dienst er mitunter auch Lyrik und Historie stellt.

Waren Arndts früheste Schriften nur einem kleinen Leserkreis zugänglich geworden, so trat der Gelehrte, der fortan noch zwei Menschenalter zu allen Lebensfragen der Nation Stellung nehmen sollte, mit der Darstellung seiner *»Reise in den Jahren 1798 und 1799«* zum erstenmal vor ein größeres Publikum, das das Werk äußerst freundlich aufnahm. 1803 erscheint Arndts *»Versuch einer Geschichte der Leibeigenschaft in Pommern und Rügen«*, mit dem er in seiner pommerschen Heimat viel Staub aufwirbelt. Arndt, dessen Vater selbst noch Leibeigener gewesen war, scheut sich in dieser Schrift nicht, die allmähliche Beseitigung der Leibeigenschaft zu fordern, was ihm zwar die Klagen mehrerer adeliger Gutsbesitzer einbringt, aber letztlich den schwedischen König dazu bewegt, 1806 die Leibeigenschaft und die Patrimonialgerichte in Vorpommern aufzuheben.

Seinen schriftstellerischen Ruhm begründete Arndt mit dem 1806 erschienenen »Geist der Zeit« (Teil 1), in dem er die kommenden Ereignisse prophetisch voraussieht und das deutsche Volk zum Kampf gegen Napoleon aufruft. Allerdings setzte mit diesem Werke auch die erste nennenswerte Arndtkritik ein. In den Jahren der Freiheitskriege (1812–1815) – Arndt war damals Privatsekretär und Vertrauter des Freiherrn vom Stein in St. Petersburg – konnte sich sein publizistisches Talent weiter entfalten. Allein im Jahre 1813 flossen aus Arndts Feder über zweiundzwanzig selbständige politische Veröffentlichungen: Gedichte, Flugblätter, Flugschriften, Broschüren (vgl. dazu SCHÄFER 1971, S. 20).

Die Gegner Arndts konnten triumphieren, als der glühende Freiheitssänger im Zuge der Demagogenverfolgungen 1820 von seinem Amt als Universitätsprofessor in Bonn suspendiert und für zwanzig Jahre nahezu völlig zum Schweigen gebracht wurde. Daß sich an der Popularität des weithin geschätzten Dichters und Patrioten nichts geändert hatte, zeigte sich im jubelnden Empfang, der ihm an der Universität Bonn bereitet wurde, nachdem ihn König Friedrich Wilhelm IV. 1840 rehabilitiert hatte. Höhepunkt in Arndts politisch engagiertem Leben war zweifellos seine Wahl zum Abgeordneten der Deutschen Nationalversammlung im Jahre 1848. Schon zu Lebzeiten bei jung und alt eine Legende geworden, feierten ihn seine Zeitgenossen im ersten Jahrzehnt nach seinem Tod als »deutschen Reichsherold« und »Vorkämpfer für das neuerstandene deutsche Kaiserreich«.

Doch bis dahin mußte der zu Lebzeiten und nach seinem Tod viel umstrittene deutsche Patriot einen langen Weg innerer Entwicklung zurücklegen. Ernst Moritz

Arndt wurde 1769 – übrigens im selben Jahr wie Napoleon, den er später so erbittert in Liedern und Schriften bekämpfte – auf Rügen im damals schwedischen Pommern geboren. Bereits in seiner Kindheit und Jugend wurde er, wie er selbst mehrmals schreibt, von einem »Dualismus« von orthodoxen und aufklärerischen Anschauungen geprägt (vgl. OTT 1966, S. 27, 36, 47, 309). Ab 1791 studiert Arndt an der Universität zu Greifswald und dann in Jena Theologie, neigt aber bald mehr den Geschichtswissenschaften zu. Besonders stark beeinflußt und gefördert wird er während seiner Studienzeit von seinem Jenaer Lehrer Griesbach, dessen rhetorisch-wirkungsvolle Polemik gegen den Katholizismus und häufige Betonung der sozialen Ungerechtigkeiten, der Ausbeutung des armen Mannes sich Arndt zu eigen macht und in seinen Schriften mit Vorliebe wiederholt (vgl. OTT 1966, S. 80) und die auch in den *»Reisen durch die Donaumonarchie«* ihren Niederschlag finden.

Wohl um sich selbst zu finden, entschließt sich Arndt im Alter von neunundzwanzig Jahren zu seiner ersten großen Reise, die ihn durch Deutschland, die Donaumonarchie, Oberitalien und das revolutionäre Frankreich führen sollte. Diese Reise ist für Arndts weitere Entwicklung, wie er selbst wiederholt betont, von großer Bedeutung. »Das war ein Einfall von Gott«, schrieb er im Sommer 1807 (zit. nach ARNOLD 1913, S. X), »denn ohne sie [die Reise] wäre ich vielleicht nie ein Mann geworden. Sie hat mir zuerst Freiheit und Klarheit in mir selbst gegeben und jenen Mut, der nicht mehr kindisch vor dem Bösen zittert, weil er des Guten ewig gewiß ist.« Er gewann auf dieser Reise einen festen Standpunkt den Franzosen, der Revolution, ja der Aufklärung gegenüber, der dann bereits in der 1802 in seinem Werk *»Germanien und Europa«* einsetzenden Kritik des Zeitgeists zum Ausdruck kommt. Gerade in der Fremde werden die Keime des Arndtschen Patriotismus freigelegt. Angesichts des unbändigen Patriotismus der Franzosen und seines verratenen und zerrissenen Vaterlandes erwacht in ihm die schüchterne Hoffnung auf eine Wiedergeburt des deutschen Geistes, die Liebe zu dem von Fremden unterjochten Volk, die dann in den unerschütterlichen und glühenden Glauben an »das Deutsche Vaterland« mündet.

Ausgangspunkt der eben erwähnten Reise war seine Heimatinsel Rügen, die damals noch zum Königreich Schweden gehörte. Über Greifswald, Jena, Weimar und Erfurt reist Arndt im Mai 1798 nach Bayreuth, das er am 19. Juni 1798 wieder verläßt (hier setzt seine Reisebeschreibung ein). Von dort wandert er über Erlangen und Nürnberg nach Regensburg, wo er seine Donaufahrt nach Wien antritt. Am 11. Juli erreicht Arndt die Zollstation von Engelhartszell und damit erstmals österreichisches Staatsgebiet. Nach einer abwechslungsreichen Fahrt durch Strudengau und Wachau landet er am 15. Juli, einem Sonntag, um zehn Uhr vormittags »bei Nußdorf unter dem Leopoldsberg«.

Nun weilt er fast zwei Monate in Wien. In der fröhlichen Gemeinschaft alter Freunde, die er ganz zufällig in Wien getroffen hat, durchstreift Arndt unermüdlich die damals einzige Großstadt der Deutschen und ihre herrliche Umgebung. Quartier nimmt er zunächst im »Schwarzen Adler« in der Leopoldstadt, dann, gewiß um billiger zu wohnen, in einem Privathause, zuletzt bei einem Freund in der Alservorstadt (vgl. ARNOLD 1913, S. V). Hören wir, wie *Arnold* (1913, S. XII–XIII) das Wien des Sommers 1798 beschreibt: »Arndts Reise durch Österreich und Wiener Aufenthalt fiel in das kurze Intervall zwischen dem ersten und zweiten Koalitionskrieg. Noch herrschte hier die patriotische Begeisterung, für die das berühmte Wiener Aufgebot und Haschkas Kaiserlied am deutlichsten zeugen; der Friede von Campo Formio hatte des Gebiet der faktisch besiegten Monarchie gleichwohl erweitert, und nach wie vor galt sie in Europa als festestes Bollwerk für Thron und Altar. Eben erst hatte der Staat in äußerster Gefahr seine Lebensfähigkeit und Lebenskraft trefflich bewährt; nun hing dem sanguinischen Wiener der Himmel voll Geigen, und die frohe, ja übermütige Stimmung des Jahres 1798 zog auch Arndt in ihren Bann. Er betrachtet und schildert unsere Stadt mit unverhohlener Sympathie; behaglich läßt er sich von den Wogen des sorglosen und sinnenfrohen Lebens schaukeln; wo er kritisiert oder tadelt, geschieht es zumeist, allerdings nicht immer, in ganz freundschaftlicher Weise. Am ehesten reizen noch Einzelheiten des Kultus den pommerschen Lutheraner zu scharfen, ja sogar rohen Worten.«

Im August des Jahres 1798 unternimmt Arndt mit einigen Freunden einen zweiwöchigen Ausflug nach Ungarn. Als er die ihm während seines Aufenthaltes so lieb gewordene Kaiserstadt endgültig verlassen muß, um seine Reise fortzusetzen, fällt ihm der Abschied schwer: »Man weiß nicht besser, wie es einem in einer Gesellschaft gefallen hat, als wenn man nicht mehr da ist; nur die Sehnsucht nach den Entfernten sagt uns, ob wir sie lieben. Die Gegenwart macht in dem verwirrten Kopfe und dem satten Herzen alles gleich; nur die Vergangenheit ist gerecht. Ich stehe jetzt in dieser Stimmung. Gleich einem Sterbenden ... stehe ich hier auf dem Grabe vieler froher Tage, wahrscheinlich werde ich die prächtige Kaiserstadt im Leben nicht mehr sehen. Nichts bindet mein Urteil, nichts fesselt meine Zunge als die Gerechtigkeit und die Wahrheit, die ein ehrlicher Mann nie von sich lassen soll. Diese süßen und wehmütigen Gefühle, die sich in mir erregen; dieses bange Herzenklopfen; diese sehnende Unruhe, die ich empfinde, da sich die Zeit meines Abmarsches von Tage zu Tage nähert; alles dieses sagt mehr, als ich mit viel tausend Buchstaben sagen könnte, wieviel Schönes ich hier gesehen, wieviel Gutes genossen, wie viele treffliche und wackre Menschen ich hier gefunden habe.« (ARNDT 1804, S. 117–118)

Am 11. September 1798 tritt Arndt seine ausgedehnte Wanderung von Wien nach Triest an. Über Baden und den Semmering erreicht er zunächst das Mürztal, macht von dort einen kurzen Abstecher in den Wallfahrtsort Mariazell, bevor es über Graz und Cilli nach Laibach weitergeht. Am 22. September trifft er in Triest ein, wo er zum erstenmal nach fast einem halben Jahr sein geliebtes Meer wiedersieht. Vom 25. bis 27. September dauert die Überfahrt nach dem eben erst (im Frieden von Campo Formio) österreichisch gewordenen Venedig, wo er sich bis zum 6. Oktober aufhält. Hier endet die Reisebeschreibung des ersten Bandes der zweiten Auflage, die dem vorliegenden Buch zugrunde liegt.

Arndt setzt seine Reise – beschrieben im 2., 3. und 4. Band der zweiten Auflage – über Ferrara und Bologna fort und erreicht am 18. Oktober Florenz. Anschließend bereist er die Lombardei und erreicht Genua, von wo er über Nizza, Marseille und Lyon nach Paris weiterfährt, wo er vom 26. Mai bis zum 9. August 1799 weilt. Dann ging es über Brüssel und Aachen nach Köln; zum erstenmal stand er am Rhein, der »brausenden Landespforte«, deren treuester Wächter er später werden sollte. Von Köln fuhr er rheinaufwärts und erreichte am 30. August Mainz (hier bricht die Beschreibung der Reise ab). Über Frankfurt und Jena reist Arndt schließlich heim zu seinen Eltern nach Löbnitz bei Stralsund.

Arndt, von Jugend auf ein unermüdlicher Wanderer, legte einen großen Teil der Strecke zu Fuß zurück.

Hinzu kommt, daß zu einer solchen Wanderung in jenen unruhigen Zeiten sicherlich Mut und Findigkeit gehörten. Arndt selbst scheint die Strapazen nicht nur tapfer zu ertragen, sondern geradezu aufzusuchen. »Auf Reisen«, schreibt er, »bin ich wohl der unverzagteste und fröhlichste Mensch; da kann mir nichts so arg werden, kein Regen so durchnässend, kein Wind so schneidend sein, daß ich blott [schwach, hinfällig] werden sollte ... Die Leute, die bloß zum Zeitvertreib und mit gar großer Bequemlichkeit reisen, hätten füglich ebenso hinterm Ofen bleiben können.« (zit. nach ARNOLD 1913, S. VIII) Durch seine Art zu reisen hat Arndt immer unmittelbaren Kontakt mit der einheimischen Bevölkerung, und es gehört zu seinen besonderen Fähigkeiten, mit allen Menschen, egal welcher gesellschaftlichen Schicht, gleich gewandt und sicher umgehen zu können. Auf seiner Reise durch die Donaumonarchie und später gibt sich Arndt als Schwede aus, weil er dadurch mit den Menschen leichter in Kontakt zu kommen glaubt. Nur durch seinen schwedischen Paß ist es ihm überhaupt möglich, sich im revolutionären Paris aufzuhalten.

Dieser ersten großen Reise folgt eine Reihe weiterer, die Arndt nach Schweden (1803 bis 1804 und 1806 bis 1809) und nach Rußland führen. Das Tagebuch seiner ersten Schwedenreise veröffentlicht er ebenfalls bald nach seiner Rückkehr in Buchform (»*Reise in Schweden im Jahr 1804*«, 4 Bde., Berlin 1806).

Auf seiner Reise führte Arndt vermutlich ein – allerdings nicht erhalten gebliebenes – Tagebuch, das er bald nach seiner Rückkehr in sechs Bänden veröffentlichte (Leipzig 1801). Eigenartigerweise sind die Bände nicht chronologisch geordnet; der zweite Band behandelt Arndts Reise von Bayreuth nach Wien, während die von

Wien nach Florenz bereits im ersten Band beschrieben ist. Jeder Band hat seinen eigenen Separattitel.

Der ersten Auflage folgte alsbald eine zweite »verbesserte und vermehrte« Ausgabe, die in vier Bänden unter dem Titel *»Reisen durch einen Theil Teutschlands, Ungarns, Italiens und Frankreichs in den Jahren 1798 und 1799«* erschien (Leipzig 1804). In dieser Auflage ist die chronologisch richtige Reihenfolge der Erzählung hergestellt und die in der ersten Ausgabe fehlende Schilderung des Ausflugs nach Ungarn hinzugefügt, so daß nun Band 1 von Bayreuth bis Venedig, Band 2 von Venedig über Florenz nach Genua und Band 3 von Genua nach Paris führt, dessen Beschreibung in den 4. Band übergreift, der auch die Reise von Paris nach Mainz beinhaltet.

Arndts Reisebeschreibung fand bei seinen Zeitgenossen weithin Beachtung, schilderte sie doch in lebendiger Sprache »das francisceische Österreich, das Italien des zweiten Koalitionskrieges mit seinen Eintagsrepubliken, zuletzt das französische Direktorium, über welchem bereits dräuend Bonapartes Gestirn heraufstieg, ohne Rücksicht nach Rechts und Links, nach Oben und Unten schwungvoll dargestellt.« (ARNOLD 1913, S. XII)

Es gelingt dem Autor, vor den Augen der Leser ein lebendiges und unverfälschtes Bild der damaligen Zeit erstehen zu lassen. Seine farben- und abwechslungsreichen Landschaftsbeschreibungen, seine gelungenen Stadtporträts, aber auch und vor allem seine liebevoll-kritische Charakterisierung der Menschen des süddeutschen Raumes und der Donaumonarchie machen das Lesen seiner Reiseschilderung auch heute noch reizvoll. Im Mittelpunkt seiner Beschreibungen steht die Kaiserstadt Wien und ihre unmittelbare Umgebung. Arndt erstellt ein umfassendes und facettenreiches Bild der Donaumetropole am Ende des 18. Jahrhunderts. Durch die Fülle an interessanten Details ist das Buch fast geeignet, als »Reiseführer in die Vergangenheit« verwendet zu werden, um auf Arndts Spuren durch Wien zu wandeln. Seine kritische Schilderung der Lebensverhältnisse in der Donaumonarchie erschließt dem Leser in lebendiger Sprache tiefe Einblicke in das Gesellschafts-, Kultur- und Alltagsleben der damaligen Zeit.

Der Bevölkerung des süddeutschen Raumes und besonders den Wienern steht Arndt freundlich und tolerant gegenüber, wenn auch ihre Leichtlebigkeit den nüchternen und gestrengen Norddeutschen immer wieder zu Kritik anregt. Seine Angriffe richten sich vor allem gegen Bigotterie und Aberglauben, Genußsucht und Oberflächlichkeit des österreichischen Volkes. Im großen und ganzen jedoch ist seine Kritik viel freundlicher als etwa jene der deutschen Reisenden *Nicolai* (»Beschreibung einer Reise durch Deutschland und die Schweiz im Jahre 1781«, 1783–96) und Heinrich *Sander* (»Beschreibung einer Reise durch Frankreich, die Niederlande, Holland, Deutschland und Italien in bezug auf Menschenkenntnis, Industrie, Literatur und Naturkunde«, 1783f.), die in der josephinischen Zeit Österreich und Wien besuchen und als radikale Vertreter der Aufklärung kaum ein gutes Haar an den genußsüchtigen Wienern lassen. Mit Arndt und seinem Vorläufer Joachim Christoph *Schulz*, der sich 1793 in Wien aufhält (vgl. Anm. 59), setzt ein Umschwung in der Bewertung Wiens ein, der wohl mit dem Übergang von der Aufklärung zur Romantik zu erklären ist. Die Antipathie der Aufgeklärten weicht allmählich immer mehr der entgegengesetzten Betrachtungsweise, und Wien wird zu Beginn des neuen Jahrhunderts ein Wallfahrtsort der Romantiker (vgl. ARNOLD 1913, S. XIII, XVI).

Dem aufmerksamen Leser werden Arndts wiederholte antisemitische Äußerungen (vgl. S. 36f., 242f., 261f.) nicht entgehen, und er wird sich fragen, wie sich des Autors sonst so tolerante und sozialkritische Haltung damit vereinbaren läßt. Am ehesten ist die Ursache für diese judenfeindliche Einstellung in Arndts christlich-protestantischer Erziehung und Grundhaltung und im damals erstarkenden Nationalbewußtsein zu suchen. Wohl entstand in der Zeit der Aufklärung der Gedanke der Juden-Emanzipation – d. h. der Aufhebung der rechtlichen Beschränkungen und der gesellschaftlichen Sonderstellung der Juden, der ab dem letzten Drittel des 18. Jahrhunderts auch in der Politik Niederschlag fand (z. B. im Toleranzpatent Kaiser Josephs des Zweiten). Aber jahrhundertealte Vorurteile lassen sich nicht von heute auf morgen durch Erlässe von oben beseitigen. Im 19. Jahrhundert gewann die Bezeichnung »Jude«, dadurch daß man sie »rassisch« verstand, einen neuen Aspekt (Rassen-Antisemitismus). Arndts Einstellung zu den Juden ist sicherlich für die Mehrheit der damaligen Bevölkerung typisch. Für Arndt spricht, daß er sein negatives Urteil über die Juden relativiert. Durch Berufsbeschränkungen und Verbot von Grundbesitz blieb den europäischen Juden in erster Linie nur die Beschäftigung im Finanzwesen offen; und daß die Ärmsten unter ihnen, um zu überleben, zum »Schachern und Betrügen« beinahe gezwungen waren, bestätigt Arndt als traurige Tatsache.

Im übrigen geht Arndt auch mit anderen Volksgruppen nicht gerade zimperlich um, wenn er z. B. die Franzosen als »Mittelding zwischen Chinesen und Juden« oder die Russen als »von allen Europäern die vollendetsten Affen« bezeichnet oder schreibt: »Können die Italiener schlaue Schelme und Banditen sein, so haben die Korsen die dreifache Anlage dazu« (zit. nach PAUL 1971, S. 115). Sicherlich sollte man diese Äußerungen des temperamentvollen Arndt nicht überbewerten. Es steht jedoch fest, daß einige seiner Aussagen für die

Ideologie des »Dritten Reiches« brauchbar waren und auch in Anspruch genommen wurden.

Die vorliegende Neuedition folgt dem ersten Band der Auflage von 1804. Allerdings wurde der erste Abschnitt (Arndts Reise von Bayreuth nach Erlangen) weggelassen, weil er für den heutigen Leser zu wenig Interessantes bietet. Der Band endet mit der Überfahrt von Triest nach Venedig. Arndts Aufenthalt in Venedig, der noch im ersten Band der Auflage von 1804 enthalten ist, bildet den Anfang eines zweiten, demnächst in der Edition Erdmann erscheinenden Bandes, der Arndts Italienreise zum Thema hat.

Der Text wurde, auch im Interesse der Lesbarkeit und Verständlichkeit für den Leser unserer Zeit, stellenweise gekürzt und gestrafft, ohne daß jedoch der Aufbau des Werks und Arndts Darstellungen dadurch angetastet worden wären. Behutsam wurden außerdem einige stilistische Unebenheiten geglättet und Orthographie und Zeichensetzung dem heutigen Gebrauch angeglichen; im übrigen aber hat es die Herausgeberin bewußt vermieden, den Stil des Autors zu modernisieren, um die alte Patina und den eigentümlichen Sprachduktus des Werkes zu wahren.

Eine nicht geringe Rolle in Arndts Reisebeschreibung spielen seine Hörfehler. Gerade dort, wo er auf süddeutschem und österreichischem Boden wandert, hat der Norddeutsche manche mündliche Information – vor allem Ortsnamen – falsch gehört und dann auch verballhornt niedergeschrieben. Einerseits hat er Eigennamen, wie er sie z. B. in Österreich von den Einheimischen erfragte, phonetisch nicht richtig aufgenommen – so schreibt er z. B. »Petterneu« statt Petronell oder »Hirldorf« statt Hütteldorf; andererseits hat er manche Informationen völlig mißverstanden bzw. ins »Hochdeutsche«

zu übertragen versucht, so schreibt er z. B. »Vater« statt Pfatter und »Siegfrieden« statt Sievering. Alle derartigen Schreib- und Hörfehler sind in der vorliegenden Neuauflage korrigiert; veraltete Schreibweisen, wie etwa »Yps« statt Ybbs, »Herrenals« statt Hernals oder »Alstergasse« statt Alsergasse wurden modernisiert und in ihrer heute üblichen Form wiedergegeben.

Die Abbildungen dienen der Illustration und Veranschaulichung von Arndts Reiseschilderungen. Alle ausgewählten Motive stehen in direktem Zusammenhang mit dem Text: berühmte Persönlichkeiten, Typen aus dem Volk, Landschaften und vor allem Städtebilder und Stiche von bedeutenden Bauwerken. Soweit wie möglich wurden zeitgenössische Bilder und Stiche herangezogen; alle Abbildungen stammen aus dem Zeitraum zwischen 1750 und 1850. Die Dichte geeigneter Abbildungen war nicht für alle Abschnitte von Arndts Reise gleich groß. Vor allem von Wien stand eine Fülle ausgezeichneter Ansichten zur Verfügung – das ausgehende 18. Jahrhundert war ja gewissermaßen die goldene Zeit der Veduten –, so daß die Auswahl oft schwer wurde. Namen wie Salomon Kleiner, Carl Schütz und Johann Ziegler sowie Jakob und Rudolf Alt sind weit über die Grenzen Wiens hinaus bekannt geworden.

Eva Ptak-Wiesauer

Die Anreise –
Wanderung von Erlangen
nach Regensburg

Erlangen, den 25. Juni

Der Weg von Streitberg bis Erlangen, für den man sieben bis acht Stunden rechnet, geht die ersten zwei Meilen immer an der Wiesent durch ein schönes fruchtbares Tal, wo Getreide und Wiesen üppig stehen. Dieses Tal dehnt sich, je weiter man geht, immer mehr aus, und die Berge zu den Seiten werden niedriger. Der Boden ist die ersten dreieinhalb Meilen so tonartig und fett, daß ich bei dem Regen von gestern und heute beinahe drin stekkengeblieben bin und ihn mir etwas magerer gewünscht hätte. Überall in den Feldern und an den Bergen sind die schönsten Obstbäume und an den südwestlichen Bergen, fast bis nach Forchheim hin, Weinberge. Endlich, wie man näher nach Forchheim kommt, werden die Berge Hügel, und im Süden, über Forchheim hinaus, sieht man ihrer gar keine mehr. Schöne Dörfer und zuweilen stattliche Schlösser zeigen den Reichtum und die Fruchtbarkeit des Landes. Der Boden wird nun auch immer leichter und sandiger, aber er ist doch fruchtbar. Statt der Wiesent trifft man nun die Regnitz, die immer in den Süden, Richtung Erlangen fließt. Man findet hier herrliches Getreide, hie und da Hirsefelder und Tabakspflanzungen.

Zwei Drittel des Weges von Streitberg bis Erlangen geht es durch bambergisches Gebiet. Dies kündigen sogleich die vielen sogenannten Marterln und Kruzifixe an, die vor den Dörfern und auf allen Wegkreuzungen stehen. Ich wünschte mir oft bei einem zweifelhaften Wege lieber einen Wegweiser als einen Deus crucifixus. Und doch dienten sie mir zuweilen als solche; denn auf meine Frage hörte ich mehr als einmal: »Da, wo der gekreuzigte Herrgott steht, geh Er nur herum.«

Die Menschen hier sind in der alten deutschen Bauerntracht gekleidet, braun oder blau, die der unsrigen sehr ähnlich ist; doch tragen sie meistens schwarze lederne Hosen ohne Knöpfe und Schnallen am Knie und spitze Hüte; das Haupthaar ist kurz geschnitten und statt mit unseren wollenen Mützen meist mit ledernen Käppchen bedeckt. Die Weiber sind meist wie die Thüringerinnen gekleidet, deren Kopfputz besonders von dem ihrer nördlicheren Schwestern abweicht. Sie haben gewöhnlich keine Mütze auf dem Kopfe, die die Thüringerinnen doch zu dem um die Stirn gebundenen Tuche noch tragen, sondern sie schlagen sich bloß ein Tuch derart um den Kopf, daß der eine Zipfel hinten und zwei an den Ohren niederhängen. Sonntags trägt fast alles diese Tücher schön weiß, sonst in allerlei Farben. Die Hemden tragen die Männer auf dem Rücken offen, so daß sie die schönere Brust nicht zeigen: wie es die Weiber hierin halten, hab' ich nicht ausgeforscht. Statt des Schnürleibes haben die meisten ein Leibchen, blank Knopf an Knopf – die Männer halten es ebenso mit ihren Westen – bis dicht an den Hals, und über der Brust zugeknöpft. Andere setzen noch den ekelhaften thüringischen Brustharnisch darüber, der oben wie eine Kontreskarpe vorspringt und eine Vertiefung erzeugt, welche den Mutwillen geradezu zu Eingriffen einlädt. Die Weiber sind hier meist besser gebaut als die Männer, die in der Regel zu dürr sind, obgleich viele gewaltig dicke Beine, wie geschwollen, haben. Pommersche und mecklenburgische Körper können sie freilich nicht haben, da sie wenig Fleisch und feste Speisen essen, sondern mehr dünne Suppen, Salat mit Kartoffeln oder zum Brote, Gurken und andere leichte Sachen; aber treffliches Bier trinken fast alle und lassen sich nichts davon abgehen. Das Bier ist hier in Franken schon wieder viel besser als in Thüringen, aber dafür teurer. Branntwein wird auch mehr getrunken, als man denken sollte, und Kaffee, wenigstens ein Gebräu, das so bereitet und benannt wird, selbst von den Allerärmsten. Sonst ist der Franke meistens von einem munteren, freien und zutraulichen Wesen, das mir besser als das des feinen und eigennützigen Sachsen und des groben Thüringers gefällt, der nicht weniger die Beutel plündert. Sie knüpfen gleich menschlich ein Gespräch an, sind nicht hinterhältig und deuten nicht gern schlimm. Ebenso sind die Bamberger, die sonst auf einen Ketzer doch noch ein wenig scheel sehen; aber dies ist bald vorüber, wenn man nur erst im Gespräch mit ihnen den richtigen Ton gefunden hat.

Mein Weg führte mich dicht an der kleinen bambergischen Festung Forchheim vorbei, die nicht weit von der Einmündung der Wiesent in die Regnitz inmitten lauter Wiesen und Wasser liegt, und ich begab mich sogleich hinein. Am Städtchen ist nicht viel zu sehen. Die Franzosen haben es sogleich eingenommen und sich nachher mit den Kaiserlichen in der schönen Ebene geschlagen.[1] Bei dem bayreuthischen Städtchen Baiersdorf, westwärts an der Regnitz, liegt ein altes Schloß namens Scharfeneck, welches man schon von fernher sieht. Es ist in einem großen Stil erbaut, und seine hohen Mauern aus gehauenem blauem Stein stehen noch fast alle ganz da. Offenbar war dieses Schloß nicht zu dem Zweck noch zu dem Gebrauch errichtet worden wie die alten Burgen, sondern als ein Lustschloß alter Fürsten am einsamen Strome. Die Forchheimer sollen es in einem Kriege angegriffen und zerstört haben; nach anderen ist es nie ganz vollendet und ausgebaut worden. Nun wird es schwerlich jemand wieder aufbauen.

Der Regen, der heute nachmittag anfing, ließ mich

nicht nach Erlangen kommen, sondern trieb mich in das Dorf Bubenreuth, eine kleine halbe Meile von Erlangen. Hier war ein Leben! Alles hallte und knallte von den klappernden Krügen, den ärger klappernden Sporen und den womöglich noch ärger hallenden Sprachen und Zungen. Es war Burschenwelt aus Erlangen da, und da ist es laut. Daß die Musik, eine wahre Klappermusik, auch noch dreinorgelte, hätte ich bald vergessen, aber das versteht sich von selbst auf Dörfern, wo Burschen hausen. Mir war indessen diese Wirtschaft eben recht. So sieht man Menschen und ihr Treiben, und das ist doch schließlich das Interessanteste, was einer sehen kann, dem die Natur nicht vier Füße oder Federn gab. Die Herren waren übrigens ordentlich und bescheiden, so gewaltig auch der Eindruck ihrer Hüte auf mich war, die sie gleich Sturmhauben mit großen goldenen Sternen und Spangen und Bändern trugen; dabei wurde denn geflucht; die Haare waren kurz abgeschnitten, und das übrige war zum Teil auch nicht gerade elegant zu nennen. So ein Bursche ist in der Regel ein abenteuerliches Wesen, aber das muß wohl so sein. Viele Mädel gab es auch dort. So wurde denn von fünf Uhr am Nachmittag bis Mitternacht, als ich der Gesellschaft beiwohnte, geschliffen und gewalzt, während der Himmel alle seine Schläuche zerrissen und alle Schleusen geöffnet hatte. Es ging hier übrigens recht frei zu, obgleich die Mütter und Basen der Mädchen als Zuschauerinnen dabeisaßen. Die Tänzer faßten das lange Kleid der Tänzerinnen weit hinauf, damit es nicht schleppte und darauf getreten wurde, klemmten sie in dieser Verhüllung, die beide Körper unter eine Decke brachte, so dicht wie möglich gegen sich, und so ging das Gedrehe in den unanständigsten Stellungen fort; die haltende Hand lag hart auf den Brüsten und machte mit jeder Bewegung kleine lüsterne Eindrücke; die Mädchen waren dabei wie Tolle und Hinsinkende anzusehen. Bei den Tanzenden an der abgewandten Lichtseite gab es dabei noch keckere Eingriffe und Küsse. Ländlich, sittlich: »So schlimm ist es nicht, wie es aussieht!« ruft man: Ich aber begreife nun sehr wohl, warum man da und dort im Schwaben- und Schweizerlande den Walzer verboten hat. Für mich war dieser Narrentanz des Lebens indessen eine ganz lustige Unterhaltung; ich aß und trank gut und begab mich um zwölf Uhr zu Bett.

Von hier wanderte ich den folgenden Mittag unter den lieblichen nordöstlichen Hügeln hin, die näher herantraten; erst durch Tannengehölz, dann auf einem anmutigen Wege, zur Rechten die Regnitz, zur Linken die nördlichen Hügel, mit Eichen und Linden und tiefer hinten mit Tannen besetzt und von kleinen Gärten in Terrassen abgeteilt, welche Obstbäume, Gemüse, Korn und teils anmutige Häuschen tragen. So stand ich, ehe ich mir das erträumte, vor dem freundlichen Erlangen und nahm bald bei einem liebenswürdigen Landsmann Quartier, um sechs bis sieben Tage in der Stadt zu bleiben.

Ich besah in den ersten vier Tagen in lustigen Spaziergängen die Gegenden um die Stadt, wohin die schöne und muntere Welt gewöhnlich wailfahrtet: Bruck, Bubenreuth noch einmal, Uttenreuth mit seinem Brunnen, Marloffstein und den schönen Kranz von Hügeln, wie er von da bis Erlangen fortläuft. Uttenreuth und der schöne nordwestliche Bergrücken über Erlangen sind liebliche Auszeichnungen in der weiten sandigen Ebene. Der Brunnen ist von Tannenwald umgeben und mit gepflanzten Pappeln eingefaßt und hat vor sich einen murmelnden Bach und schöne Wiesen und weiter in der Ferne Kornfelder und Gebirge. Es ist eine gar freundliche Gegend, und es wundert mich nicht, daß die schönen Erlangerinnen sich oft dort ergehen, ein Schäl-

chen Kaffee trinken und sich dann mit ihren Herzens-
verwandten ins anmutige Gebüsch zurückziehen. Von
hier liegt Marloffstein nördlich.

Wir bestiegen gleich die Spitze des Schlosses, wo sich
uns eine fröhliche Aussicht auftat. Östlich schimmern
dunkle Berge und Neuberg mit seinen Türmen, nördlich
die Gebirge der Pfalz und Schloß Rothenstein; südlich
liegt die Ebene von Erlangen mit der Stadt, den prächtigen Dörfern und dem blauen Faden der Regnitz in ihren
üppigen Wiesen. Von hier ging es auf das anmutige Ad-
litz zu, das, selbst ein schöner Garten, in einem Garten
zu liegen scheint. Hier wurden während eines zweistün-
digen Regens Kirschen gegessen, und so ging es, immer
den Berg entlang, wieder näher nach Erlangen. Das Wetter war nach dem Regen freundlich, die Abendsonne
schimmerte durch die Bäume und malte tausend Perlen
auf Zweige und Blätter. So schlenderten wir fort bis zu
dem reizenden Atzelsberg. Dieses freundliche Gütchen,
oben auf dem schönsten Teil des Berges, wurde uns
schon lieb durch die wunderschöne Promenade dahin,
die wechselnd die schönsten Aussichten zeigte; noch
mehr entzückte es uns durch seine eigene Lage. Wir
setzten uns, mit Sahne und Kirschen versehen, auf die
westliche Mauer und sahen weit in die reizende westliche Ebene hinab, die im Schimmer des Abends vor uns
lag. Baiersdorf im Vordergrunde mit den Ruinen von
Scharfeneck, weiter hinten Forchheim mit den Bergen
im Hintergrunde, hie und da schimmerte die Regnitz
blau durch die braunen und grünen Gefilde. Nördlich
und östlich schloß sich das Tal mit den Bergen, zwischen
denen der Weg nach Streitberg durchführt.

Meine Gefährten zeigten mir, wie die Kaiserlichen an
dem nordöstlichen Berghang und die Neufranken an
dem südwestlichen bei Forchheim gestanden hatten, bis
endlich letztere die ersteren zum Rückzug nötigten. Da-

mals spazierte aus Erlangen alles fleißig auf diese Berge, um das Plänkeln und Scharmützeln der Vorposten zu sehen. Später standen die Franzosen einige Tage diesseits des Berges, wo wir saßen, unter den Mauern von Erlangen. Ihre Armee soll ein ganz desorganisiertes und zerlumptes Aussehen gehabt haben. Zum Teil ohne Kleider und Schuhe, in allerlei farbige Lumpen und Lappen gehüllt, ohne die geringsten Zelte, aber mit guten Waffen versehen, gingen sie mit einer Frohherzigkeit und Gewandtheit in die Schlacht, wie man in einen munteren Tanz hineinspringt. Beute zu machen haben sie verstanden und die Dukaten und Laubtaler auf die schlaueste Art herauszuklauben gewußt; selbst aus den Finsternissen der Erde und aus Baumstämmen und Mauern, denen die Angst sie anvertraut hatte. So viel Silber haben einige geschleppt, daß sie, um leichter zu tragen, für sechs Laubtaler den Louis d'or eingewechselt haben. Ein sonderbarer Kontrast ist es gewesen, wie sie die geplünderten Kleider angetan oder aus geplündertem Zeug sich welche gemacht haben: Wämser von Bettdecken, alte Überröcke, Bauernkittel, Weiberröcke, alles hat man in seltsamer Vermischung nebeneinander gesehen. Sie hatten eine erstaunliche Menge Juden bei sich. Ihre Flucht nach der Schlacht bei Neumarkt[2] war ebenso schnell wie ihr Vordringen. Nun aber rächten sich die bambergischen und würzburgischen Bauern fürchterlich. Mit kannibalischer Wut haben sie ganze Korps niedergemetzelt und mit ihrer Art Waffen grausam getötet. Sogar in die Höhlen hat man einige hinabgestürzt. So sind unmenschliche und viehische Scheußlichkeiten unmenschlich bezahlt worden.

Erlangen

zerfällt in zwei Hälften, in Alt- und Neu-Erlangen. Alt-Erlangen ist eigentlich neuer als Neu-Erlangen, denn die ganze Altstadt brannte am Anfange dieses Jahrhunderts ab, wurde aber leider ebenso krumm und schief wieder aufgebaut, wie sie vorher gewesen war: vermutlich weil man über die Plätze sich nicht einigen konnte, wenn alles hätte zierlich und gerade werden sollen. Die Neustadt wurde 1686 vom Markgrafen Christian Ernst erbaut und führt auch den Namen Christian-Erlang, mit welchem zuweilen die ganze Stadt benannt wird.[3] Diese Neustadt hat recht hübsche, breite und gerade Gassen, einen schönen Marktplatz und niedliche Kirchen. In ihr liegt auch das fürstliche Schloß am Markte, welches die verwitwete Markgräfin bewohnt. Die Häuser in beiden Städten sind selten über drei Stock hoch, haben aber fast alle ein freundliches Aussehen. Sie sind meist aus gehauenem Sandstein aufgeführt. Jede Stadt hat ihre eigene Kirche, ferner gibt es hier noch eine katholische und eine deutsch- und französisch-reformierte. Das Komödienhaus, trotz seines wenig versprechenden Äußeren, ist ganz hübsch eingerichtet; das Universitätsgebäude und die Reitbahn könnten besser sein. Neu-Erlangen ist ein vollkommenes Viereck und mit schönen Mauern aus behauenen Steinen eingeschlossen. Es ist in einem weiten Plane angelegt, aber noch lange nicht ausgebaut und mag es wohl auch nie werden. Viele Plätze liegen wüst und werden als Bauplätze gebraucht, andere sind mit Korn besät und zu Gärten eingerichtet, besonders nach der nordöstlichen Seite und dem Schloßgarten hin. Die Neustadt hat ein hübsches Vorstädtchen an der Nürnberger Chaussee, die Altstadt an der Streitberger, durch welches in seichten Ufern die Schwabach fließt, die nicht weit davon in der Regnitz ihren Tod findet.

Die Regnitz fließt nahe an der Stadt südwestlich durch schöne Wiesen und Fluren hin und bildet hier zum Teil eine Grenze mit Bamberg. Die Stadt liegt in einer sandigen Ebene, die jedoch sehr fruchtbar und wohl bebaut ist. Diese Ebene läuft südöstlich und südwestlich mit ihren schönen Dörfern fort: Die Regnitz durchströmt sie, und wechselnd hemmen Wälder die Aussicht. Im Nordosten aber steht nahe an der Stadt ein schöner Bergrücken, oder lieber eine Hügelgruppe, welche östlich weiter zurücktritt. Diese Berge enthalten die reizenden Gegenden, die ich oben beschrieben habe, von Marloffstein bis Atzelsberg. Gleich hinter den Gärten und dem Schießplatz ist die sogenannte Solitude, eine herrliche Anhöhe, wo Sitze aus Steinen und Rasen angelegt sind, von denen man eine treffliche Aussicht genießt, die der von Atzelsberg nicht nachsteht. Der Schießplatz selbst ist sehr angenehm, besonders durch seine hundertjährigen Eichen, die man schwerlich mächtiger und ehrwürdiger findet. Auf diesem Schießplatze findet man fast täglich kleine Gesellschaften, wenigstens Spaziergänger, aber besonders an den Sonnabenden, nachmittags von drei, vier Uhr bis abends, ist dort lebendiges Leben. Dann findet man dort Gesellschaft allen Alters und Geschlechts, Professoren, Studenten und die übrigen Honoratioren mit ihren Söhnen und Töchtern, welche Kaffee, Wein, Bier und andere Erfrischungen genießen und sich fröhlich herumtreiben. Lebendigeres Grün als das der freundlichen Hügel und ehrwürdigeren Schatten als den der Eichen kann man sich gar nicht denken. Von hier hat man einen kleinen, anmutigen Spaziergang zu Wels' Garten. Dieser Garten, der im Kleinen wirklich viel Lustiges und Niedliches hat und einen schönen Hinabblick auf die Stadt gewährt, gehört einem Privatmann, dem kaiserlichen Postmeister Wels. Dieser wackere Mann, ein Freund des Schönen und Guten, hat zu

seiner und seiner Mitmenschen Freude mit bewunde-
rungswürdiger Geduld und großem Aufwand diesen
Garten angelegt, über den mancher spottet, weil er
gleichsam eine Miniaturausgabe eines englischen Gartens ist; denn er hat Grotten, Zelte, Tempelchen, Häuschen, sogar ein kleines Wasserbecken (in das ein paar
Esel das Wasser schleppen müssen), Blumenbeete, Alleen und Labyrinthe. Aber man sollte doch nie über die
uneigennützige Güte spotten. Er steht, außer am Mittwoch, einem jeden offen, und man findet an den Nach-
mittagen fast immer Gesellschaft darin. Auch eine Lese-
gesellschaft hält der Besitzer, wo man unentgeltlich
Bücher bekommen kann; und obgleich ihm manches
Buch entwendet und manche seiner schönsten Blumen
geknickt wird, schließt er doch sein menschenfreundli-
ches Herz nicht zu.

Wer also in Erlangen das frohe ländliche Leben und
seine Freuden sucht, der kann es leicht haben. Selbst
mitten in der Stadt, in dem geräumigen Schloßgarten,
weht einen schon ein ländlicher Geist an, obgleich sein
Geschmack noch zu französisch und alles mit Verschnei-
dungen und Schnörkeleien überladen ist. Indessen sollte
er doch durch seine Nähe, seine schattigen Alleen und
kühlen Lauben fleißiger von den Erlangern besucht werden, als es geschieht. Seine Lage ist flach und sein Boden sandig. Nur gegen die äußere Landmauer hin hat er
eine ganz hübsche Erhöhung mit einem offenen Häuschen, von wo man eine gute Aussicht auf das Feld und
auf die Berge hat und den Garten selbst mit seinen Spazierenden besser übersehen kann. In dem mittleren, größeren Gange sind mehrere Springbrunnen und die Statue eines Markgrafen zu Pferde[4], nach dem Muster des
ehernen in Berlin; doch ist sie nur schlecht und aus grobem Stein gearbeitet. Der Springbrunnen ist ein rechter
Repräsentant der neueren Kunst, die nur zu oft, wenn

sie recht ehrbar und handgreiflich sein will, lächerlich und zur Karikatur wird. Oben an der Spitze der Gruppe thront der Markgraf in seiner Allongeperücke, mit mehreren mythologischen und allegorischen Figuren umgeben, welche den Untenstehenden in die offenen Mäuler und Hände Wasser gießen.[5] Diese unteren stellen französische Refugiés dar (von denen viele in Erlangen aufgenommen wurden und die Neustadt mit aufbauten), die in ihren altmodischen Kleidungen und ihrem Haarputz gar fein auf einem Springbrunnen stehen. Man führe nur einen, der seinen Sinn für Schönheit an den ewigen Mustern der Griechen und Römer genährt hat, zu den Perücken, Zöpfen, Haarbeuteln und Kleidern mit langen Schößen und hängenden Ärmeln, und er wird gewiß ebensosehr vor Ärger wie vor Ergötzung lachen. Die Deutung des Ganzen und besonders der aufgerissenen Mäuler, die gefüllt werden, ist sehr leicht, wenn man es wie bei den dummen Rätseln macht. Am Schlosse links und rechts vom Eingange stehen zwei Pavillons. Den linken bewohnt die alte Markgräfin zuweilen und hält dort Mittags- und Abendmahlzeiten.

Die Stadt soll an die neuntausend Einwohner haben. Die meisten sind Fabrikanten in Baumwolle und Wolle. Die im vorigen Jahrhunderte hier aufgenommenen französischen Flüchtlinge haben Industrie hierher gebracht und die Stadt ansehnlich vergrößern geholfen. Sie sind durch die Zeit und durch Verbindungen mit deutschen Familien sehr germanisiert, wiewohl unter ihnen noch immer die Sprache der Väter herrscht, die sie denn auch des Sonntags in der französischen Kirche hören können. Aber es geht den Erlangern wie den meisten Fabrikstädten Deutschlands: Sie sind nicht reich, wiewohl auch von Armut eben keine Spuren sind. Die Leutchen haben ein fideles und munteres Äußeres und viel Lebhaftigkeit; man findet manche hübsche Weibesgesichter, besonders unter den sogenannten Bürgern, welche darin hier, wie in den meisten Städten, ein Monopol zu haben scheinen. Diese Mädchen kleiden sich auch ganz niedlich, und man sieht nur mehr selten ein Zipfeltuch um den Kopf.

Die Art des geselligen Lebens scheint hier übrigens wie in Thüringen zu sein, und an Sonn- und Festtagen wandert jeder, der es irgend durchsetzen kann, zu Tanz, Bier, Kirmes, zum frischen Wurstschmaus oder Hammelbraten ins Dorf und tut sich für die sauren Wochentage gütlich. Honoratioren gibt es, außer den Beamten und Professoren, äußerst wenige, da keine Kaufleute von Bedeutung hier wohnen. Einige kommen durch den Hofstaat der Markgräfin hinzu, der aber nicht groß ist. Die Geselligkeit soll trotz der allgemeinen Fidelität und Bonhomie doch lahm sein unter den Besseren. Zum Teil trägt vielleicht die sehr karge Besoldung der jüngeren Professoren dazu bei, und doch, wenn auch alles in Fülle wäre, die nordische Hospitalität und Lebensweise liegen lange hinter mir.

Juden wohnen hier nicht, oder höchstens einige; desto mehr aber findet man sie in Baiersdorf und anderen benachbarten Ortschaften, von wo sie täglich zum Schachern und Betrügen der bedrängten Burschenwelt in großer Zahl hereinkommen. Diese fassen sie gewöhnlich dann mit sicheren Klauen und rupfen sie, solange noch ein Haar daran ist. Es ist unglaublich, wie geschickt sie darin sind und wie sie sich von allem, was das Vermögen und die ganze Lage ihres Kunden betrifft, zu unterrichten wissen. Sie lassen Wechsel teils auf die späteren, mündigen Jahre vorausdatieren und wissen es immer so zu machen – durch Abzug und Waren, die sie ihnen für bares Geld hoch anrechnen –, daß sie sogleich nur die Hälfte von dem zahlen, worüber sie das Rezepisse empfangen. Und doch, bei alledem, kann so ein hungriges und oft hungerndes Geschöpf einen jammern, wenn es zerlumpt, mit einem Beutel voll Hadern und Lumpen auf den Schultern, einherschwänzelt. »Mer wollen doch auch leben«, ist ihre Entschuldigung, gegen die sich freilich wenig einwenden läßt.

Der Ton scheint hier übrigens unter der besseren und gebildeteren Klasse frei und ungezwungen: Ich habe in dieser Hinsicht Erlangen lange vor meiner Ankunft rühmen hören, und es freut mich, dies durch Erfahrung bestätigen zu können. Im Sommer spricht sich die feine Welt sehr oft im Welsischen Garten und auf dem Schießplatze, trifft auch auf den gemeinschaftlichen Tummelplätzen des Vergnügens, den Dörfern, zusammen. Im Winter gibt es häufiger Bälle als im Sommer, auch Konzerte und einen Klub, von dem aber die alte Klage geht, daß sein wesentlicher Bestandteil das Spiel sei und daß man der jüngeren, froheren und freieren Welt ihren Jubel und Spaß nicht recht erlaube, weil das natürlich die Andacht störe. Die übertriebene Verehrung des Amts und Regiments, die auf der Stirn jedes kleinsten Beamten am hellsten zu leuchten pflegt, habe ich hier weniger bemerkt als an den meisten Orten, besonders denen, die unter den Flügeln des Schwarzen Adlers stehen. Aber das wird schon kommen; der Subordinationsgeist liegt im preußischen System.

Die Lage der Stadt ist sehr vorteilhaft, weil sie eine große Durchfahrt nach Nürnberg und Regensburg bildet. Es ist erstaunlich, was an Kärrnern und Fuhrleuten hier täglich durchfährt und haltmacht; auch andere Fremde gibt es hier fast täglich. Dies muß die Ursache dafür sein, daß fast die Hälfte aller Häuser die Schankgerechtigkeit hat, wenigstens zählt man an die dreihundert, obgleich nicht alle dieses Recht ausüben. Der erste Gasthof in Hinsicht auf Eleganz und Ordnung ist der »Walfisch« von Toussaint am Holzmarkt. Es ist da wirklich eine so nette Table d'hôte und ein so anständiger und freier Ton, wie man dies nur in wenigen Städten findet. Wer bei ihm ißt, hat auch den Vorteil, fast täglich neue Gesellschaft zu sehen, manche interessante Bekanntschaft zu machen und fast immer sein Brot mit Freuden zu essen und seinen Wein mit gutem Mute zu trinken. Da sitzt alles ohne Grandezza und Auszeichnung untereinander: der Graf bei dem Amtsschreiber und der Bursche bei seinem dreimal gekrönten Lehrer. Jeder gilt, was er gelten kann oder will. Kein Zwang von oben, er sei denn Naturdruck, hält Kopf und Mund verschlossen, und Gespräch und Urteil gehen frei über die Lippen der Männer.

Der Boden um die Stadt ist meist heller Sand, aber nicht von der schlechtesten Art. Dieser hier nämlich verträgt den besten Anbau und ist jetzt mit Früchten und Getreide aller Art reichlich bedeckt. Man findet noch immer die fränkischen schmalen Rücken gepflügt, welche ich mit kleinen Veränderungen durch das Nürnbergische und Oberpfälzische bis nach Regensburg hin bemerkt habe. Außer den gewöhnlichen Getreidearten baut man in der Gegend hier und um Nürnberg viel Tabak an, der im Sande trefflich fortschießt; auch sieht man hie und da in kleinen Quadraten Hopfenpflanzungen und ganze Feldrücken mit der sogenannten Weiberdistel. Die Dörfer hier herum sind meistens zierlich gebaut, einige Häuser mit Ziegeln, andere mit Schindeln gedeckt. Im Wiesenbau beobachtet man die alte Aufmerksamkeit, und, wo sie nur irgend anzubringen sind, stöhnen die Schöpfräder. Obstbau wird sehr fleißig betrieben, und an allen Anhöhen, in Wäldern und auf Wiesen findet man Kirschen, Pflaumen, Walnüsse und andere Früchte.

Die Universität ist noch nicht viel über fünfzig Jahre alt und gewöhnlich sehr unbedeutend gewesen.[6] Freilich gehört sie nicht zu den reich dotierten und kann wegen der kargen Besoldungen und des Mangels einer ansehnlichen Bibliothek und anderer Anstalten nicht mit den ersten protestantischen Universitäten wetteifern. Indessen hat sie seit einigen Jahren, seitdem sie unter dem preußischen Szepter steht, sehr zugenommen, und manche der zahlreichen Untertanen dieser Monarchie, die sonst Halle und Frankfurt besuchten, ziehen nun das anmutigere und freundlichere Erlangen vor. Man zählt jetzt beinahe vierhundert Studenten, von welchen denn doch die meisten Einheimische und Franken sind. Was Ton und Zuschnitt angeht, ist es hier wie auf vielen anderen Universitäten Deutschlands; doch mögen die Kontraste hier leicht greller und vorschimmernder sein, weil die Menge nicht so groß ist und bei einer kleineren Zahl mancher eher den Kitzel fühlt, sich durch Renommieren und Sonderbarkeiten auszuzeichnen. Ich habe hier solche Renommisten gesehen, wirklich mit goliathischer Stirn und Knochen, mit fürchterlichen Hüten mit Kordons, mit pfundschweren Sporen, deren Räder immer gegeneinander aufrasseln mußten und welche die Herren mit einem gewissen Nachdruck zusammenzuschlagen wissen. Dabei sieht man Hosen und Jacken mit bunten allfarbigen Streifen besetzt, inwendig mit Leder ausgenäht und wie Überhosen, Knopf an Knopf, über den Stiefeln bis unten hinab zugeknöpft. Welch ein Schritt und welche Miene dazu gehören, läßt sich leicht denken. Ein Glück ist es noch, daß die Löwenhaut meist ein sehr sanftmütiges Tier bedeckt. Dies gilt nur von einigen; die meisten gehen anständig und elegant gekleidet, ohne daß man das Kleinliche und Stutzerhafte mancher Universitäten Deutschlands bemerkt, welches Müßiggänger und Schuldenmacher erzeugt und für den Charakter oft weit schlimmere Folgen hat als jenes herkulische Äußere. Im ganzen also kann die Erlanger Gesellschaft sich ihrer Sitten und Studenten rühmen, so selten sind Händel, Skandale und Exzesse. Den echten fidelen Ton freilich, der sonst die Jugend so leicht und so gern vereinigt, sucht man auch hier vergebens, und man merkt es den verschiedenen Haufen und Gruppen, welche sich an einem Versammlungsorte sogleich bilden, bald an, daß es Parteiungen und Gesellschaften gibt, die natürlich zueinander halten und alles Fremdartige von sich absondern.

Nürnberg

Der Weg von Erlangen nach Nürnberg, der zwei kleine Meilen beträgt, führt auf einer schönen Chaussee immer durch ebenes und sandiges Land, welches links und rechts schöne Wälder kränzen. Aber trotz des Sandes ist der Boden trefflich bebaut und äußerst fruchtbar, und man sieht allenthalben gutes Getreide, Tabak, Weberdisteln und wechselnd Hopfenplätze. Schönere ziegelgedeckte und freundlichere Dörfer sah ich noch nicht, und diese wenigstens sind für das alte Nürnberger Regiment kein Vorwurf. Wir sahen links Kraftshof liegen, welches dem Blumenorden an der Pegnitz[7] gehört, und weiter entfernt den Pegnitzwald, wo in dem labyrinthischen Gehege die Sänger und Sängerinnen dieses berühmten Ordens sich zuweilen ergehen und die poetische Ader begeistern. Es soll da wirklich ein Atem der Begeisterung wehen; schade, daß er nicht durch die dicke Haut dringen kann.

Die Stadt Nürnberg selbst sieht, wenn man auf dem Weg von Erlangen einfährt, groß aus, wenn sie mit ihrer Burg, ihren Kirch- und Tortürmen, ihren Gartenhäusern und Vorstädtezieraten in ihrer ganzen Weite vor dem

t, und dieser Eindruck wird nicht ge-
einfährt; alles wimmelt da und lebt
Häuser drängen sich aneinander und
vor, als könnten sie sonst die Men-
velche Fleiß und Tätigkeit darin zu-
en. Aber dieser erste Eindruck ist
nn man mehrere Tage in der Stadt
und die Dinge und Menschen etwas
genommen hat. Da ruft man mit
Gefühle aus: »Fuit Ilium, fuimus
Mauern und Türme sind denn frei-
ls Zeugen der ehemaligen Herrlich-
ere Werke und Anlagen zeugen.
n Vorstädten gehört unstreitig zu
Deutschlands und hat um ihre
Ringmauern, mit Ausschluß der Vorstädte, wenigstens
anderthalb Stunden im Umkreise. Ihre Mauern und Gräben, die gewaltigen Zwinger schräg gegen die Tore, die
Kirchen und das Rathaus, die Springbrunnen und Was-
serleitungen, selbst ihre gekünstelten, aber doch kostbaren Werke der Kunst sind Beweise dafür, welche Blüte
die Stadt einst erlebt haben muß. Jetzt ist das freilich alles anders. Bis über die Ohren in Schulden, durch
schlechte Wirtschaft und Verfassung lange mit ihren Patriziern in Prozesse verwickelt, sind die Nürnberger nun
noch mehr in die Klemme gekommen durch den König
von Preußen, der seine Soldaten bis an die Tore der
Stadt hat vorrücken und unter dem Namen des Burggraf-
tums von Nürnberg alle ihre Dörfer und Vorstädte hat
besetzen lassen. Die Stadt selbst ist nach alter Art
krumm und schief gebaut, meistens mit engen Gassen.
Alle Häuser, auch die neuen, haben etwas Schwerfälliges
und beleidigen durch die Erker und vielen Schnörkel
das Auge. In den lebhaften Gegenden der Stadt sind sie
zumeist auch fünf Stock hoch gebaut. Dagegen findet

man nach den östlichen und südlichen Mauern hinaus ganz erbärmliche Hütten und Schmutzwinkel und öde, menschenleere Plätze. Daß man ehedem in Nürnberg viel Geschmack an der Malerei von heiligen und bunten Geschichten gefunden hatte, das beweisen die Vorderseiten mancher Häuser, wo mit gar zierlichen Inschriften ganze Geschichten aus der Heiligenlegende, seltener aus der profanen Mythologie, zum besten gegeben sind. Dieses einfältige Gekleckse entstellt oft auch ganz gute Häuser.

Ich habe schon gesagt, daß die mächtigen Zwinger innerhalb der Stadt vor den Toren und die Türme der Kirchen ihr ein großes Aussehen geben; aber all dies verliert sich drinnen, weil man meist wie in einem Kessel ist und keine Aussicht über das Ganze genießen kann. Die öffentlichen Plätze sind für eine solche Stadt fast alle arm und enge und die besten Gebäude zu sehr umbaut. Mitten durch die Stadt fließt die Pegnitz, über die mehrere Brücken laufen und die für Mühlen und zum Betriebe einiger Werke und Fabriken gute Gelegenheit gibt. Sie wendet sich nachher mehr westlich, bildet vor der Stadt schöne Wiesen und manche hübsche Abschnitte und fließt etwa eine dreiviertel Meile weiter, hinter Fürth, in die Regnitz. Ein tiefer doppelter Graben umgibt die Stadt, der jetzt zu Gärten und an einigen Stellen selbst zur Weide umgeschaffen ist; denn Kühe grasten darin. Die Vorstadt Wöhrd, östlich vor der Stadt, könnte man allein schon ein Städtchen nennen; auch westlich und südlich hat sie noch ganz hübsche Gärten und Gartenhäuser, wo alles sich erlustigt. Um diese Vorstädte läuft ein großer Wall, der gleichsam die Außenwerke der Stadt bildet, nie aber zur Befestigung gedient haben kann; wahrscheinlich ist er ein Werk des Dreißigjährigen Krieges.

Das Nürnberger Gebiet war einst für eine Reichsstadt

eines der größten in Deutschland. Aber es wurde doch übel regiert und verwaltet; die Patrizier hatten so viele Güter und Exemtionen darin, und es gab so manche andere Verschuldungen einer schlechten Verwaltung, so daß die Stadt immer mehr zerrüttet und verschuldet worden ist. Daß übrigens das Nürnberger Joch ein sanftes gewesen sein muß, davon zeugen die Dörfer um die Stadt und auf dem Stadtgebiete, die so elegant und nett wie Städte gebaut sind. Das schönste Getreide wächst auf dieser Sandebene, Tabak und Hopfen in Menge, und man findet nicht leicht schöneres Vieh als um Nürnberg und Erlangen, so daß man oft versucht ist, an Holsteiner- und Schweizerkühe zu denken. Von der Sorgfalt und Pflege, welche diesen Tieren zukommen, zeugen die zierlichen Halsbänder und Glocken, die alle um den Hals tragen.

Das Land um die Stadt ist flach und sandig und also wenig für das Vergnügen gemacht. Doch hat der Adel hübsche Landsitze auf mehrere Meilen um die Stadt, und in den Waldungen an den Ufern der Pegnitz sollen ganz feine Plätzchen und Gegenden zur Belustigung sein. Tannenwälder sperren fast überall die Aussicht. Südostlich von der Stadt, an der Regensburger und Bayerischen Straße recht, liegt mitten im Walde der Dutzendbrunn. Hier ist ein großer runder See mit dunklen Tannen und dürrem Riedgrase rund umwachsen. Man macht Spazierfahrten darauf in einem lächerlich gebauten flachen Boote und fischt auch zuweilen darin. Vorn an diesem See nun hat man ein großes Gasthaus mit mehreren kleinen Nebengebäuden angelegt, nebst Garten und Promenaden in den Wald hinein, zum Teil an fließenden Wassern recht allerliebst. Hier sind allerlei Erfrischungen und Essen zu haben, und alle Tage, besonders mittwochs und sonnabends, gibt es hier Menschengewimmel und gewöhnlich auch Musik und oft großen und feurigen Tanz. Ich habe dort einige muntere Nachmittage erlebt und mich an der Geselligkeit und Freundlichkeit der guten Nürnberger erfreut. Auch unter den schönen Linden an den Ufern der Pegnitz und am Schießplatze gibt es recht anmutige Spaziergänge, und in den schönen Gärten und Gartenhäusern an dieser Seite vor der Stadt sind für einen großen Teil der Nürnberger angenehme Tummelplätze des Vergnügens. Doch gefällt mir die Gegend außerhalb der Stadt zwischen der Burg und Wöhrd fast noch besser, und auch da sind allerliebste Gefilde und Baumpflanzungen.

Einen Nachmittag machte ich einen kleinen Abstecher von Nürnberg nach Fürth, eben als die kleine preußische Armee von sechs- bis siebentausend Mann ihr Lager vor der Stadt zum Generalexerzitium aufgeschlagen hatte. Das Städtchen war an diesem Tage wegen der vielen Fremden außerordentlich lebhaft, und das Gewimmel war so groß, daß kaum unterzukommen war. Fürth ist eine offene Stadt, wie ein Dorf, in tiefem Sande gelegen und in den stumpfen Winkel hineingebaut, den die Pegnitz und Regnitz hier bei ihrer Vereinigung bilden. Sie hat einige sehr gerade, breite und hübsche Gassen, aber die anderen haben ein desto unangenehmeres und widrigeres Aussehen und sind schmutzig. Die Häuser sind meistens aus dem gelblich-weißen Sandstein gebaut wie die Erlanger und, wie diese, meistens zwei, drei Stock hoch. Die Stadt ist bloß Fabrikstadt und ein Ableger von Nürnberg, denn mit dessen Niedergang hat ihr Aufstieg begonnen. Über die vielen Juden klagt man bitter; sie könnten, dünkt mich, eher über die Christen klagen. Wann wird man endlich einsehen, daß es Rechte für alle Lebendigen gibt, gemeinschaftlich, wie Wasser und Luft? Was soll der Jude tun? Soll er verhungern oder betrügen? Denn diese fürchterliche Alternative hat er meistens nur. Die Stadt ist nicht groß, soll aber sehr

Nürnberg: Dürerhaus, 1816

volkreich sein. Von dem heutigen Gewimmel darf man jedoch keinen Schluß ziehen; auch ist in einer Fabrikstadt kein großes Getümmel wie an einem Handelsorte. Hier an den Toren von Fürth hatte mein schwarzer Kopf die Ehre, von einem alten Soldaten für einen jüdischen gehalten zu werden. Er begegnete mir, trat mit seinem Gewehre traulich herzu und rief: »Na, geb' Er mir ein paar Kreuzer, ich soll die Hebräer hier möten.« Dieses Wort war das Schibboleth, das ihn verriet; bald sprachen wir platt miteinander und fanden heraus, daß wir Landsleute waren. Er wurde so herzlich und geschwätzig und fing so lang und breit von seinen Kriegstaten aus dem Siebenjährigen Kriege zu erzählen an, daß ich, so süß auch die Sprache des Vaterlandes klang, ihn endlich mit einigen Groschen abfertigen mußte. Oh, was ist die Sprache für ein Band der Menschen! Und der sollte nicht der härteste und grausamste sein, der einem Volke diese raubt?

Auch ein Schauspiel war wieder in Nürnberg. Die Truppe, die hier spielte, steht eigentlich in Augsburg und heißt auch die Augsburger oder Fuggersche Truppe. Sie ist gewöhnlich einige Sommermonate in Nürnberg. Die Schauspieler waren mäßig, aber für das Publikum denn doch offenbar noch viel zu gut, und selbst die plumpen Schikanederschen und Kasperleischen Sachen, die sie gewöhnlich spielten, noch zu fein. Denn hatte die blinde Taube auch wirklich mal ein Erbschen gefunden und war was Leidliches an Laune und Wendung im Stücke, so wußte das keiner nachzuempfinden, aber Ochs und Esel und was sich in den Wiener Stücken Schlüpfriges und Plattes findet, das drang durch die dicke Haut bis ans Herz, und Lachen und Klatschen belohnte den Verfasser und die Spieler. Zuweilen ärgerte es mich, aber im ganzen war es belustigend; doch wünschte ich dabei, sie möchten ihres alten Schuhmachers Fastnachtsspiele[8] doch mal wieder hervorsuchen, da ist doch noch Witz und Stil darinnen. Oh, sie ist eine gar gutherzige Nation, die süddeutsche! Ich meine es wahrlich nicht im schlimmen Sinn. Ich glaube wirklich, die Menschen hier lachen und klatschen oft, weil sie meinen, es müsse so sein, oder aus bloßer Gefälligkeit. Daß übrigens die jungen Patrizier auch im Schauspiel den Ton angeben, versteht sich natürlich von selbst. Die meisten sind verdorbene Stutzer mit hochfrisierten Häuptern und Brillen. Man kennt sie an dem Wörtchen »Ihr Gnaden« und an der hohen Stirn und Selbstgefälligkeit, die sich unter den übrigen gutmütigen und harmlosen Gesichtern Nürnbergs gar seltsam ausnimmt.

Die Burg, die ehedem Kaiser und später die kleinen Burggrafen von Hohenzollern bewohnt haben, ist eine erhaben liegende Gegend an der Nordwestseite der Stadt, die man hoch über die ganze Stadt ragen sieht. Sie stößt hart an die Mauer und trägt noch die alten Burggebäude, worin einer der Ersten des Rats wohnen soll, gewöhnlich aber ein Kastellan haust. Man geht schon vom Rauthause an sanft und endlich ziemlich steil bergan und wandelt längs der Mauer auf einem krummen Pfad durch die Türe hinein. Als Gebäude hat die Burg gar keinen Wert, wohl aber, wenn man an die Zeiten denkt, wo die alten Beherrscher Germaniens hier zum Teil ärmlich und doch groß gewohnt haben. Man zeigt einem drinnen die Zimmer der Majestät. Besonders aber die Gemächer, welche man die der Kaiserin nennt, sprechen nicht gerade für die Galanterie und Ritterlichkeit des Mittelalters, die nun in allen Legenden und Romanen herumspukt. Die Damen müssen damals sehr leicht zufrieden gewesen sein, oder ein Lug ins Land, den man hier freilich leicht und schön hat, hat ihnen genügt, mit all den Schönheiten der weit ausgebreiteten Welt, die sie unter sich liegen sahen. Man zeigt da sonst noch alten Plunder und Raritäten, alte Bilder und Gemälde, die meisten schlecht, Staatsaktionen und Staatsperücken. Man nannte bei einigen den Namen Albert Dürer[9]; das ist durchaus möglich – konnte man sie doch vor Dunkelheit und Entfernung nicht recht sehen. Mir gefiel denn auch, wie den alten Kaiserinnen, nichts besser als die Aussicht von der Burg. So die ganze Stadt mit ihren Türmen und Zinnen unter sich zu sehen, die doch wirklich von Ferne sehr schön ist, dann die weiten Gefilde mit den roten und schimmernden Dörfern, Fürth und einige Burgen und Schlösser weithin in der Oberpfalz, ist doch etwas Großes und Erhabenes. Man zeigt hier in den Steinen der Mauer Rosseshufe. Das sind Hufschläge des Rosses des Erzritters und Zauberers Eppele von Gail, der an den Ufern der Wiesent seßhaft war und in einer Fehde mit Nürnberg hier zu Pferde über die Gräben und Mauern in die Stadt sprengte. Dies ist eine von Nürnbergs Raritäten.

Die Sebaldus- oder Domkirche ist unstreitig eines der schönsten altgotischen Gebäude. Man wird von einer tiefen Ehrfurcht und einem heiligen Schauer erfüllt, wenn man in das tönende Dunkel eintritt und die hohen und schlanken Säulen hinaufschaut bis an die schwindelnde Decke. Man steht wie in einem Walde heiliger Tannen, durch deren erhabene Kronen ein mattes Licht des leuchtenden Himmels bricht. Alles hat hier den Anstrich des Altehrwürdigen und des Heiligen. Macht der kühne Aufflug der Säulen schwindeln, so versetzt einen die bunte Fenstermalerei, mit den blendendsten und lebendigsten Farben, plötzlich tief in eine alte Welt, deren Sitten und Lebensweise hier in den Personen und Dingen so lebendig dargestellt sind. Dies ist wirklich in seiner Art etwas Prächtiges und Seltenes, das man an keinem Orte in derselben Fülle und Pracht wiedersieht. Auch am hellsten Tage gibt es in der Kirche, trotz der

Menge ihrer Fenster, ein dämmeriges Licht. Die Wände und Decken hat man, wie es scheint, absichtlich schwarz und dunkel werden lassen, um den Gedanken des Alten und Väterlichen recht tief in die Herzen zu drücken. Das Ganze macht so einen berührenden Eindruck, wie ich ihn in keiner anderen Kirche je empfunden habe. Dazu tragen denn auch all die übrigen Gegenstände reichlich bei. Mit viel Vergnügen sah ich in der kleinen Emporkirche die alten Bilder des salischen Heinrich des Zweiten[10] und seines Weibes. Es schien selbst aus dieser rohen Bildnerei jene Kraft und Treuherzigkeit zu wehen, die aus dem ganzen Leben dieses Fürsten hervorsticht und die ihn zu dem mächtigsten Herrscher seiner Zeit und zu einem der größten Könige Germaniens machte. Auch der Stifter der Kirche, der fromme Graf Sebaldus, liegt in dieser Kirche mit seinen Gebeinen in einem silbernen Särglein in verschiedenen Einschachtelungen verwahrt, die rundherum sehr reiche Verzierungen haben.[11] Hätten die Franzosen vom silbernen Sarge gewußt, sie hätten sicher nicht vor den heiligen Knochen zurückgebebt. Man zeigt hier verschiedene Gemälde, mit einem Schleier bedeckt, unter anderen eine Abnahme vom Kreuz von A. Dürer und ein »Ecce Homo« von Sandrart[12] über dem Altar eines Kapellchens. Man zeigte auch noch auf das Kruzifix, von Vischer aus Stein gearbeitet, und pries es mir als eines der berühmten Werke der Bildnerei. Das Anatomische schien auch mir wirklich trefflich, aber darüber war dem Künstler die Seele entflogen, oder er hatte sie nicht gesucht oder auch gemeint, das tote Antlitz brauche nicht mehr das Gehäuse eines großen Bewohners zu verraten. – Hier brennt Tag und Nacht ein ewiges (so heißt es nur) Lämpchen, das nebst einem Altare ein Edler von Tucher gestiftet hat. Sollte man so eine Albernheit nicht dem Geist der Zeit gemäß fahrenlassen und das Geld zu etwas Besserem verwenden? Und vollends in einer lutherischen Kirche, wo es sogar nach orthodoxen Glaubenslehren weder Nützliches noch Verdienstliches hat.

Die Lorenzkirche ist genauso groß und hoch wie die vorige, macht aber bei weitem nicht den Eindruck. Sie sieht erstlich viel heller und jünger aus, wenngleich sie es nicht sein mag, auch haben ihre Säulen nicht das Schlanke und Kühne der Sebalduskirche, mit welcher sie um den Vorrang streitet; denn auch diese ist eine Hauptkirche. Man hatte mir viel Herrliches von dem »Englischen Gruße« in dieser Kirche vorgeschwatzt, so daß ich äußerst neugierig war, ihn zu sehen. Siehe, da ich nun eintrete, sehe ich diesen »Gruß« hoch über dem Altare, so hoch, daß ihn kein Mensch dort sehen konnte. Aber damit er durch das viele Anglotzen nicht zu viel verlieren möge, hat man zur Vorsicht einen großen Sack darumgeworfen. Ich fragte, wie man es denn anfangen müsse, ihn zu sehen. Das geschehe nur, wenn vornehme Herren kommen, da werde es am Tag zuvor angesagt, und mehrere Leute müßten hin, um das Bildwerk an Stricken herunterzulassen und den Sack abzuziehen. Übrigens soll die Arbeit vortrefflich sein. Es ist am Anfang der Reformation von Veit Stoß[13] in Holz gearbeitet und sechs bis sieben Ellen hoch. Noch zeigt man den Reisenden, als ein Nürnberger Wunder, das kunstvolle Sakramentshäuschen von Adam Kraft[14], das wegen der Menge und Glätte der Figuren und Figürchen und wegen des unendlichen Fleißes an den kleinsten und winzigsten Teilen allerdings die Art Bewunderung verdient, die solchen Zierlichkeiten gebührt und die mit Verwunderung nahe verwandt ist. »Oh«, rief der Alte, der mich herumführte, »das war ein Mann! Mit zwei Gesellen hat er über fünf Jahre daran gearbeitet und täglich Gott gebeten, er solle ihn nur das noch vollenden lassen.« Die Türme dieser beiden mächtigen Kirchen sind stattlich und geben der Stadt Ansehen und Ehre. Sie sind nach alter Weise bis oben hinan mit vielen Schnörkeln und allerlei Reliefs verziert, wie auch die hohen Wände und Mauern bis an die Dächer mit allerlei biblischen und weltlichen und mönchischen Historien, zum Teil mit großem Fleiß und seltener Mühe gearbeitet, geschmückt sind.

Man zeigt auch noch gern die Ägidien- oder Neue Kirche, welche ganz zierlich ist, und die Spitalskirche, nicht wegen ihrer Größe oder Zierlichkeit, sondern wegen mancher Raritäten. Vormals waren hier in einer eigenen Schatzkammer die Reichsinsignien zu sehen.[15] Sie sind aber in diesem Kriege fortgebracht worden, und dies schmerzte meine Neugier nicht. Dafür zeigte man mir einen ganzen Plunder von Reliquien und Gebeinen und eine Menge der kostbarsten Meßgewänder, welche an bestimmten Festen die Herren Geistlichen anlegen. Ich wünschte, die Franzosen hätten dies dumme Zeug zusammengepackt und das Gold, das dran sitzt, eingeschmolzen. Als Rarität mag es immerhin angehen, denn es ist wirklich manche recht feine Stickerei darauf, aber daß die Geistlichen noch darin umherstolzieren und sich aufblähen, das ist dumm und unprotestantisch. Dicht vor dem Altar liegt der Stifter des Spitals und der Kirche begraben. Im Spital übrigens war es lumpig und garstig, und ich war froh, so einer faulen Luft entronnen zu sein. Seine Lage ist überall zu eingeengt und umschlossen. Über dem Altar ist die Ausgießung des Geistes zu sehen, ein Gemälde und Geschenk des Edlen von Volckamer, von dem sich weiter nichts Edles sagen läßt.

Noch muß ich eine Kirche erwähnen, die, wenn sie vollendet werden sollte, ein sehr schönes Gebäude werden muß. Es ist die katholische Kirche, die nahe am Deutschen Hause angelegt wird. Man hat schon zehn Jahre daran gebaut und oft niedergerissen und wieder

aufgeführt. Jetzt sind der Grund und das erste Säulenge-
schoß fertig, welches viel Einfalt und Adel hat. Ob es
übrigens nicht ein Schildbürgerstreich sei, jetzt Kirchen,
und zwar so kostbare, zu bauen, da sie an manchen Orten verkauft und weggeschleudert werden, darüber kann
ich nicht entscheiden.

Das Rathaus ist wirklich ein sehr schönes Gebäude,
nur zwei Stock hoch über dem Erdgeschoß und, wie es
scheint, nicht ganz vollendet. Es ist jammerschade, daß
es nicht einen besseren Platz hat. So wie es hier steht,
sieht man es kaum, und die besten Schönheiten gehen
dem Auge verloren. Es wurde vor dem Dreißigjährigen
Kriege und zum Teil noch am Anfange desselben erbaut, und seitdem haben den Nürnbergern Mut und
Lust gefehlt, den Bau weiterzuführen. Im Inneren ist ein
offener Hof, und um die Säle des zweiten Stocks läuft
ein Säulengang herum, dessen Decken ganz zierlich mit
Fresken bemalt sind; doch sind diese zum Teil schon
schimmlig und modrig und mögen mit der Zeit mit
ihren Helden und Streitrossen wohl den Leuten auf die
Köpfe fallen. Man wandert nun durch eine schöne Reihe
von Sälen, worin die Herren des Rats und die übrigen
Kollegien ihre Sitzungen abhalten und die mit Gemälden, Schildereien und allerlei Schnurrigkeiten ausgeschmückt sind. Man findet hier mehrere Gemälde von
A. Dürer und Sandrart. Von letzterem ist das »Friedens-
mahl« bemerkenswert, ein großes Bild, welches lauter
Porträts enthält: nämlich die Fürsten, Gesandten und
Doktoren, die den Osnabrücker Frieden, wenn nicht alle
abgeschlossen, so doch abschmausten.[16] Die beiden Men-
schenrepräsentanten von Dürer sind recht brav, wenngleich er eine andere Eva hätte in petto haben können.

Unten im ersten Stock sind mehrere Säle und Gemächer, unter anderem der berühmte Große Saal, worin
Kaiser Maxens Triumph abgemalt ist. Das Gemälde ist

wie der Saal, groß und ungeheuer, doch bei weitem in seiner Art nicht schön, sondern, was solche Darstellungs- und Prachtstücke gewöhnlich zu sein pflegen, bunt und lieblich dem Auge und dem großen Haufen schmeichelnd, der in allen Dingen das Grelle und Auffallende erhascht. Da sind Gott weiß wie viele Pferde vor den Wagen geschirrt, denen ebenso viele Tugenden mit mancherlei Attributen zur Seite gehen. Abstrakte Dinge und Allegorien sind fast immer unerfreulich im Gemälde; bei ihnen muß man, wie man dies hier wohlweislich getan hat, immer drunterschreiben, was jede Figur vorstellen soll.

Eine Bibliothek ist ein gar zu totes Ding für einen jeden, der nicht drin studiert. Von bunten Bänden und alten Handschriften läßt sich wenig Unterhaltendes sagen, wenn man sie selbst bloß durch das Anschauen einiger Stunden kennt. Ich sage also nichts von der Nürnberger. Mehr erfreute mich die bekannte Frauenholzische Kunsthandlung. Diese ist hinsichtlich der Mannigfaltigkeit und Auswahl und des großen Reichtums gewiß eine der ersten in Deutschland, und sowohl dies als auch die ungemeine Gefälligkeit und Humanität, womit man einen fremden Schauer aufnimmt, gereicht der Handlung sehr zur Ehre.

So unvollständig und einzeln auch alles das hingeworfen ist, was ich bisher von der alten Reichsstadt geschrieben habe, so deutet doch alles auf einstigen Reichtum und Wohlstand. Die mächtigen und schönen Kirchen, die Springbrunnen, die Brücken, die Tore, Türme und Mauern, das Rathaus und viele andere öffentliche und private Gebäude und Anstalten weisen offenbar auf eine bessere Zeit zurück, als es die jetzige ist. Man sieht es der großen Stadt leicht an, daß sie einst mehr als dreißigtausend Menschen beherbergen und größeres Gewimmel in ihren Häusern und Gassen haben mußte. Jetzt sind manche Teile der Stadt ganz öde und menschenleer und Plätze mit Gras bewachsen, wo vordem vielleicht tätiges Leben und Regsamkeit waren.

Vor einigen Jahrhunderten hieß es immer das reiche, das kluge, das kunstreiche Nürnberg. All das ist nun anders. Die Ursachen dafür sind wohl mannigfaltig und mögen tiefer liegen, als man glaubt. Natürlich mußte Nürnberg um vieles in seinem Handel und Verkehr an Bedeutung verlieren, je mehr Nebenbuhler kamen, je aufmerksamer die Monarchen selbst auf den Handel und Kunstfleiß ihrer Untertanen wurden und je nachdem der ganze Handel eine völlig andere Wendung bekam. Dafür konnte die Stadt nichts, das hat sie mit mehreren italienischen, deutschen und anderer Länder Städten büßen müssen. Als eine weitere Ursache des Verfalls und der Abnahme der Stadt nennt man ihre Verfassung, die offenbar zu altmodisch, unbiegsam und pedantisch war und nicht mit dem Geiste des Jahrhunderts fortgeschritten ist. Dazu rechnet man den Zunft- und Kastengeist und manche Gebräuche bei den Zünften und Innungen, welche oft die fleißigsten und nützlichsten Arbeiter aus Nürnberg jagten und anderen Städten ihre Kunst und Nahrung gaben. So entstand Fürth vor allem aus Nürnberger Arbeitern und ist immer gewachsen durch Nürnbergs Abnahme. Diese Zunftverfassung und Steifheit in alten Lebensweisen und Gebräuchen haben endlich der wahren Industrie und Erfindungskraft geschadet, indem sie alles zu sehr beschränkten und nur an den alten Mustern und Handgriffen festhielten.

Immerhin mochte Nürnberg vor zweihundert, ja noch vor hundert Jahren eine der ersten und vollkommensten Manufakturstädte gewesen sein; sie ist seither nicht fortgeschritten, und manche Dinge, die man einst nur in Nürnberg suchte, werden jetzt an vielen anderen Orten besser und wohlfeiler gemacht. Eine gute Verfassung müßte über dergleichen Dinge die Bürger aufklären und leiten und die alten Gebräuche und Mißbräuche abstellen, wenn sie durch die Zeit wirklich veraltet scheinen. Aber wo ist diese Verfassung in einer Stadt, die seit vielen Jahren mit ihrem eigenen Magistrat in schlimmen und kostspieligen Händeln liegt? Dieser Magistrat besteht aus den Patriziern, die das Vorrecht haben, vom Fett des Landes zu leben. Sei es immer, daß sie ihre Landgüter im Nürnberger Gebiet mit Fug und Recht besitzen, sicher ist es eine Usurpation, daß sie alle besten und einträglichsten Stellen im Staat bekleiden und dabei obendrein noch stolz und unwissend sein dürfen. Wenn so ein Herrchen seine jungen Jahre meist in Müßiggang und Stutzerei vertändelt, vielleicht nicht weiter als bis Altdorf kommt, wo er des Brauchs wegen studiert, dann noch einige Jahre herumhüpft und faulenzt, gegen nützliche Bürger übermütig, gegen gescheite Leute grob, gewohnt, das »Ihr Gnaden« von allen Lippen zu hören und den Hut von allen Köpfen fliegen zu sehen, sobald es erblickt wird, was kann daraus Gutes werden? So rückt es endlich in eine gute Stelle ein und immer höher hinauf, bis Alter und spanischer Mantel und Kragen ihm Grandezza geben und Würde, die sein Herz nicht kennt. Der Geist des zu Ende gehenden Jahrhunderts macht freilich den Bürger und Bauern keck und oft plump und grob, und man sieht die alte hündische Deutschheit nicht mehr so ganz in der früheren Form; aber das Übel dauert fort, und ich habe mehrere dieser Herrchen gesehen, die hier als kleine Souveräne verehrt werden und bei deren Miene des schafsköpfigen Wohlgefallens und Übermuts einem freien Manne die fünf Finger in der Hand oft unwillkürlich zusammenkribbeln.

Und doch, trotz all dieses Unwesens, ist Nürnberg noch immer eine der ersten Fabrik- und Handelsstädte Deutschlands, welche manche Artikel noch allein hat und in manchen noch immer mit anderen Städten wetteifert. Sie liegt so bequem zu einem Umschlagplatz für das südliche Deutschland und hat so schöne Gelegenheiten zum Handel mit Italien, daß sie hinsichtlich ihrer Warenlager und ihres Verkehrs noch immer sehr bedeutend ist. Manche sehr unwichtige Zweige ihres Handels, die kleinen Spielwaren z. B., sind doch durch die Menge bedeutend.

Was soll ich endlich von dir sagen, gutes harmloses Volk in Nürnberg? Ich glaube gar, ich täte besser zu schweigen. Hast du mir doch in den Tagen meines Aufenthaltes alles Gute und Liebe erwiesen und mich mit der Freundlichkeit und Gutmütigkeit aufgenommen, die ein redlicher Mensch im Leben nicht vergessen sollte. Nun laß mich dennoch ein paar Worte von dir schreiben; sie werden die Beschriebenen vielleicht in einem besseren Lichte zeigen als den Schreiber, der natürlich den Geist eines Rezensenten und Richters gewinnt und endlich die hellsten Dinge mit schielenden Augen sieht.

Man sollte denken, es sei abgeschmackt, über die äußere Gestalt der Menschen in einer Stadt oder Provinz viel zu bemerken, weil es allenthalben häßliche und schöne Menschen gibt. So ist es freilich, aber doch mit einem erstaunlichen Unterschiede, oft mit einem so auffallenden, daß man nicht begreift, wie dies in der Entfernung von fünf bis zehn Meilen möglich ist; und doch ist es so. Man vergleiche Erlangen mit Nürnberg, und man wird sich schon wundern. Man sehe die Nürnberger in den Häusern, auf den Gassen, auf ihren Tummelplätzen des Vergnügens, im Theater und wo sonst noch, und immer drängt sich die unangenehme Bemerkung auf, daß es keine der schönsten Rassen ist. Sieht man die Männer an, wie sie meist bleich und marklos dahergehen, mit mattem Blick und versunkenen Zügen, ohne Kraft und Leben in den Gliedern und im Antlitz, wie alles so abgespannt, so ohne Keckheit und Trotz und Großherzigkeit ist, so ist das ein sehr widriges Gefühl. So sind auch die Frauen und Mädchen ohne Ausdruck und Lebendigkeit, ohne Wohlgemütigkeit und Grazie, ohne die Farbe der blühenden Jugend und den freundlichen Anstrich des ersten jugendlichen Lebens. Man findet mitunter hübsche und interessante Gesichter, aber dieses meist nur von der Ferne. Es fehlt das Stechende und Reizende, das kleine unsichtbare und unbeschreibliche Flämmchen, das aus einem holden Gesichte leuchten muß, wenn es gefallen soll. Die meisten haben die langen hängenden Gesichter der Männer und die stummen Augen; wollte Gott, sie hätten auch die stummen Lippen! Denn sie empfehlen sich schlecht durch ihre Zahnlosigkeit, wenn sie sie öffnen. Diesen Mangel teilen hier auch die meisten Männer mit ihnen, und es ist ein Sprichwort im Lande ringsumher: »Die Nürnberger kannst du am Munde erkennen.« Ergötzend war es mir schon in Erlangen, wenn Fremde an der Table d'hôte waren und die Stimmen flüsterten: »Der da und jene dort sind Nürnberger, sie haben keine Zähne.« Daß diese Bemerkungen nicht allgemein sein sollen, dagegen protestiere ich im Namen von Nürnbergs Mädchen und ihres alten Meistersängers Hans Sachs, der sich wohl auf einen feinen Körper verstand; auch hier habe ich recht hübsche Mädchen gesehen, aber das sind Seltenheiten. Das Schminken fängt hier an, sehr gemein zu werden. Ich sah es nachher im südlichen Deutschland überall, selbst in kleinen Städten, mehr als im nördlichen, so wie das schöne Geschlecht überall ungebildeter und doch nicht züchtiger ist als drunten.

Woher kommen die vielen häßlichen Menschen in Nürnberg? Ja, da antworte einer gescheit. Vieles kann man sicher auf den Zunftgeist schieben und die kranke, krüppelhafte Verfassung. Die äußeren Zwangsstiefel des

Geistes wirken gewiß auch mehr auf die äußere Gestalt, als mancher denkt, und rauben endlich allen Ausdruck von Kraft, ohne den keine Schönheit besteht. Einige meinen, das weichliche Leben tue das meiste; möglich, da es für die fleißige Klasse der sitzenden Arbeiter nicht paßt; aber es wirkt doch nicht so in Wien; indessen arbeitet man da auch nicht viel. Die Sitten sollen hier übrigens im Verhältnis zu anderen Städten Deutschlands von gleicher Größe noch ziemlich rein sein, was ich freudig bejahe, weil noch viel Anstand herrscht, der zu unseren Zeiten trotz aller Masken und Larven, die er verbirgt, doch gewöhnlich etwas beweist.

Man findet auch im häuslichen Leben der Nürnberger, in ihren Kleidungen und ihrem Schmuck noch viel Altes und Ehrbares, mehr, als man in einer Stadt erwarten sollte, wo alle Artikel des Luxus und der Mode in großer Menge feil sind. Da sieht man reiche Bürger und Bürgerinnen in der einfachsten Kleidung, sie mit der blanken Mütze der Großmutter, ihn mit einem Rock, der vielleicht zehn Jahre aus der Mode ist, ohne Verlegenheit an den Orten des Vergnügens herumgehen und -fahren und es im übrigen den Reichsten und Vornehmsten gleichtun. Ja selbst unter diesen Reichsten herrscht in Kleidungen und Equipagen eine rühmliche Einfachheit. Wagen und Pferde und Reitpferde hat fast alles, was es irgend erschwingen kann, und jeder nutzt das Leben, das den armen Sterblichen so schnell entflieht, und genießt seine mannigfaltigen Güter aufs beste. In dieser Hinsicht sind die Nürnberger in der ganzen Gegend berühmt, und die Neigung zum Wohlleben und Schwelgen soll sich vom Kleinsten bis zum Größten erstrecken. Dies merkt der Fremde auch bald an den zahlreichen Gesellschaften, die er täglich an allen solchen Orten, in den Städten und auf den Dörfern, findet, und an der Menge von Wagen und Reitern, welche immer die Straßen auf- und abgehen. Es ist sogleich bekannt, wenn in einem Städtchen oder Dorfe was Leckeres aushängt, und, sei es Meilen weit, der Nürnberger muß dorthin. So teilen viele von ihnen die Woche ein; nicht bloß die reichen Müßiggänger, sondern tätige Kaufleute und fleißige Fabrikanten. Wo ein junges Schwein abgestochen ist, wo ein Hammelschießen, ein Wurstbraten aussteht, wo gerade die besten Früchte und Kuchen und Fische an diesem und jenem Tage zu haben sind, das weiß man sogleich und zieht gierig dem Geruch der kalten Küche nach. Je jünger und weicher die Gans, je zarter das Ferkel – es ist auffallend, wie sie hier und in Regensburg zu Hunderten zum Markte gebracht und gegessen werden –, je feister der Puter und der Kapaun sind, desto mehr Leute zieht es an. Gebackenes und Süßes wird wohl an keinem Orte mehr verschlungen; dies zeugen am besten die vielen Lebküchner und Zuckerbäcker und die zahnlosen Mäuler. Es ist keine Fabel, daß so eine Familie oft an einem Tage drei bis vier Dörfer zechend und schmausend durchzieht. Nicht gern fährt ein Nürnberger an einem Wirtshause vorbei, ohne etwas zu sich zu nehmen. Nun, der Himmel gönne es ihnen, wenn es ihnen nur zu Fleisch und Blut würde! Aber es ist denn doch sehr ärgerlich, wenn man sie nun sprechen hören muß und nichts vernimmt, als wo die besten Braten, Würste und Ferkel sind; wo das und das Bier und der und der Wein am besten ist; wo der beste Kaffee ausgeschenkt wird usw.; wenn der Geist selbst in den Freßcharakter übergeht, dann wehe einem Volke! Doch nicht weiter! Ich fühle, ich werde ungerecht. Oh, ihr habt doch ein Herz, ich muß es euch zutrauen, ihr ehrlichen und freundlichen Menschengesichter. Ihr seid wohlwollend und freundschaftlich. Man sieht es euch an, ihr wollt jeden, auch den Fremdesten, auch so einen Spion wie mich, so wohlgemut und glücklich sehen, wie ihr

59

selbst euch fühlt. Was könnt ihr dafür, daß ihr keine besseren Freuden kennt? Daß Verfassung und Lebensweise euch so am stillen Gängelbande halten? Daß ihr durch Weichlichkeit alle starken Leidenschaften verloren habt und der Stempel der Menschenkraft auf eurer äußeren Gestalt allzu schwach abgedruckt ist? Ihr seid dienstfertig und gefällig, ihr seid zutraulich und verdient Vertrauen. So trinkt und esset und schlafet! Was kennen die meisten Menschen allerorten Besseres? Lacht über die Schwänke eurer Bühne, lacht über die ganze Welt, wenn sie euch nur in Ruhe läßt; und lebt so glücklich, wie es ein gutes und wohlwollendes Herz tut, wie ihr es habt. Der Himmel wird euch schon aus eurer lethargischen Ruhe schütteln zur rechten Zeit; geschehe es nur durch kein Donnerwetter oder Erdbeben.

Reise nach Regensburg

Am fünften Juli wies ich Nürnberg den Rücken und wanderte Richtung Regensburg weiter. Der Weg bis Neumarkt in der Oberpfalz geht fast immer durch Nadelholz, womit einige Schenken und Dörflein abwechseln. Bei Neumarkt öffnet sich die Gegend, und man sieht die Stadt vor sich, in schönen Kornfeldern und fernher mit Wald umkränzt. Eine Viertelstunde davon entfernt liegt der Wolfstein in seinen Trümmern und im Nordosten ein kleiner Weinberg. Hinter Neumarkt wird der Weg romantischer. Immer noch steigt die Gegend an und ist doch meist Ebene, mit schönem Getreide, auch mit Weizen besät, immer noch mit schmalen Rücken; auch fleißig mit Kalk gedüngt, den einige Ortschaften aus dem Kalkstein brennen. Die Dörfer werden schlechter, die Häuser sind mit Stroh und Schindeln gedeckt und für das Auge, das die Nürnberger Stadtdörfer verwöhnt haben, nicht lustig anzuschauen. Die Menschen werden ebenfalls verstockter und tückischer im Aussehen, obgleich sie meist besser gebildet sind als die Thüringer und Frankenbauern. Das Land ist sonst fruchtbar und schön. Meine Wanderung war heute heiß durch die Sonne und die Geschwindigkeit meiner Füße. Schlaf wurde mir nicht gegönnt; denn das ganze Haus war voll von Fuhrleuten und Fremden, die die Nacht durch polterten, indem immer die einen nach den anderen reisten. Ich war um vier Uhr auf, frühstückte gut und wanderte lustig in einer glühenden Hitze fort. Mein Weg wurde immer reizender, je näher ich den Ufern der Naab kam, und ich glaubte mich zuweilen an die Wiesent versetzt. Himmlisch und entzückend war die Aussicht, die ich genoß, als ich auf der Anhöhe über der Donau war und Regensburg mit all seinen Türmen und Zinnen sich tief unten im schönen Tale ausbreitete. Trotz der Sonnenglut des Mittags wanderte ich fröhlich den Berg hinab, durch schöne Felder und Weinberge, und so ging es am Fuße des Berges längs der Donau fort. Ich wanderte über die schöne Donaubrücke durch Stadtamhof und nahm im »Weißen Lamm« mein Quartier. Es war Mittag. Man rechnet von Nürnberg hierher zehn bis zwölf Meilen.

Der Ackerbau in der Oberpfalz sieht sehr gut aus, und überall auf den Bergen fand ich herrliches Getreide. Das Vieh ist schön, die Pferde groß und stark, die Tracht der Menschen ist die alte, nur daß sich die häßlichen Zipfeltücher um den Kopf in Mützchen und Häubchen verwandelt haben. Die Männer tragen meistens die deutsche Tracht, die mit Abänderungen zuweilen in die der Bergmänner und Altenburger übergeht. Kruzifixe und Heiligenbilder sind an allen Straßen und in allen Stuben. Ja, selbst an den Bäumen im Walde findet man gar häufig solche Bildchen angeheftet, mit einer Inschrift ex voto; besonders oft aber sieht man das sogenannte geheime Leiden Christi, wovon die katholischen Priester viel wissen müssen; denn bald liegt er in Ketten und Banden, mit Wunden bedeckt, bald in Verdrehungen und Torturen, bald wird er gezwickt und an den Haaren gezerrt.

Meine Tischgesellschaft für meine drei Tage in Regensburg war eine der interessantesten und mir in Hinsicht auf manche Notizen und Warnungen für Wien und die österreichischen Lande recht nützlich. Meine Tage hier in Regensburg verbrachte ich in der Stadt und auf den Plätzen des Vergnügens, besonders auch in den Kirchen bei den Messen und Predigten, um Menschen zu beluchsen und zu beobachten.

Auch Regensburg ist eine große und dickleibige Stadt, etwa um ein Drittel kleiner als Nürnberg und ungefähr im gleichen Stil gebaut. Rundherum laufen doppelte Mauern, außer am Strom. Die erste Einfassung unmittelbar an der Stadt ist mit Gärten und Bäumen besetzt, die zweite besteht an einigen Stellen aus Sumpf, an anderen aus Wiesen und Gärten. Innerhalb der Stadt läuft, wie in einem Teil Nürnbergs und in mehreren altdeutschen Städten, fast rundherum an der Mauer eine hölzerne Galerie, worauf man auf Treppen steigt. Auch in dieser Stadt gibt es keine einzige gute Straße, keinen einzigen schönen Platz, keine so hohen und stattlichen Türme wie in Nürnberg. Die Häuser sind dieselben, gute und schlechte; die guten können bei den elenden engen und krummen Gassen gar nicht auffallen. Auch hier ist das Unwesen mit den Erkern, wie in Nürnberg. Die fremden Gesandtschaften mit ihren Wappen, die Heiligenbilder und Klöster prunken hie und da ein wenig, aber ärmlich und ohne das Ganze dadurch stattlicher und ansehnlicher zu machen. Der Dom ist von innen schöner als von außen und hat ein treffliches Gewölbe, aber nicht die schimmernde Erleuchtung des Passauischen. Er ist ganz voll mit Gemälden, worunter aber nichts Besonderes ist. In einer Seitenkapelle zeigte man mir eine Katherina, das Gesicht einer glatten buhlerischen Bayerin. Doch steht sie hier in Regensburg bei den Gläubigen in hoher Gunst, ich denke wegen der blanken Farben und des anderen künstlichen Putzes.

Das Stift Sankt Emmeram besuchte ich am Sonnabend nachmittag und wurde durch herrliche Musik und schönen Menschengesang vom Chor so entzückt, daß ich nie in einer anderen Kirche solche Gefühle der Erhabenheit und zugleich der tiefsten Rührung empfunden habe. Diese Kirche ist bei weitem die prachtvollste in Regensburg, schön gewölbt, mit leichten, emporfliegenden Pfeilern. In einer anderen Kirche, ich meine, der Karmelitenkirche, war ein heiliger Nagel in die Wand geschlagen, mit dem Hinweis: »Dieser Nagel ist mit jenem oft und lange zusammengerieben worden, der vom Kreuze Christi in der Wiener Schatzkammer als eines der köstlichsten Kleinodien aufbewahrt wird.«

Am Sonntag morgen besuchte ich die Niedermünsterkirche, um Nonnengesichter zu sehen, was mir denn auch gewährt wurde. Ich drängte mich durch die Menge der Knienden und Betenden bis dicht zu ihnen hinan. Nur eine von fünfzehn hatte eine echte Nonnenmiene, und eine jüngere schien auf dem Wege dahin zu sein; die anderen alten Nonnen blickten meist stierstirnig und rauh, gleich unseren alten verwelkten Jungfern. Zwei sehr schöne Mädchen waren unter ihnen und in der Jugendblüte, die schon bleichte. Wie jammerten sie mich! Die eine sah mit ihren schönen schwarzen Augen so traurig unter dem weißen Schleier heraus, als wollte sie die Steine anflehen, sie zu befreien; eine schöne, interessante Gestalt, so daß ich mein Auge nicht von ihr wenden konnte; auch sie ließ die ihrigen oft auf den braunen unsteten Fremdling fallen und senkte sie verschämt auf ihr Gesangbuch nieder, sooft die meinigen ihr begegneten. Ich ging zweimal hinaus und wieder von einer anderen Seite herein, um das holde betrogene Mädchen zu sehen und zu bejammern.

Die Stadt liegt hart an der Donau, von Südwesten nach Nordosten, und eine kühne steinerne Brücke verbindet sie mit dem bayerischen Stadtamhof, welches am linken Ufer liegt. Schöner wäre es, wenn sie die Stadtmauer an der Donau nicht hätte und dafür am Strom schöne Häuser zeigte. Um die anderen Landseiten laufen schöne Promenaden mit allerlei Bäumen, die auch des Abends von Menschen wimmeln, und im Süden findet man den Platz »Unter den Linden«, wo einige große Tanz- und Restaurationshäuser, einige Häuschen, Lauben, Bänke und Sitze ringsumher sind. Da findet man alle Nachmittage, von vier bis acht Uhr, Leute jedes Standes, Alters und Geschlechtes, und an gewissen Tagen auch Tanzpartien. Der Rasen hat ein üppiges und frisches Grün, die Bäume sind von einem außerordentlichen Wuchs und geben dunklen Schatten. Der Platz ist ein stumpfes Dreieck und stößt an die Promenade, die um die Stadt läuft; an der anderen Seite liegen die reichen und blühenden Kornfelder der fruchtbaren Ebene, die sich weit nach Süden und Südosten erstreckt. Man lebt hier sehr zwanglos im Menschengewimmel und findet sogleich Menschen, mit denen man frei und freundlich ein Wörtchen plaudern kann. Viel fährt und spaziert man nach dem nahen Dörfchen Kumpfmühl, welches nach dieser südlichen Seite eine knappe Viertelstunde von der Stadt liegt und einige recht hübsche Gärten hat.

Die dritte und schönste Promenade der Regensburger ist die über die große Donaubrücke und dann zur linken Seite über die hölzerne zu der schönen Insel Nieder-

Regensburg, um 1825

wöhrd, die sich von der Brücke aus in der Länge einer halben Stunde, mit der größten Breite von vierhundert bis fünfhundert Schritt von Norden nach Süden erstreckt. Vorne liegen mancherlei Häuser und Gärtchen. Durch diese Häusergasse kommt man in eine schöne Allee von Sturmweiden, Linden und Kastanien, die mitten durch die Insel bis ans Ende läuft und zu beiden Seiten grüne Wiesen mit Schafen, Kühen und Pferden zeigt und dann den geteilten Strom, westlich das oberpfälzische Ufer und Hof, östlich Getreidefelder und die weite Stadt mit ihrem Schiff- und Menschengewimmel. Diese freundliche Insel, wo doch oft Menschen wandeln, würde mein Lieblingsplatz sein, wenn ich in Regensburg lebte. Das Gegenstück hiezu liegt an der anderen Seite der Brücke, in größerer Entfernung von der Stadt, nämlich die Insel Oberwöhrd, ungefähr in ebendiesem Stil, zwischen Stadtamhof und Regensburg. Die Promenade ist dort nicht so schön und entfernter, denn sie liegt am östlichen Ende der Stadt, wo sie sich durch eine Brücke anknüpft, und hat mit der großen Brücke keinen unmittelbaren Zusammenhang.

Die Gegend um die Stadt ist äußerst reich und anmutig. Am westlichen Ufer hat sie Hof und die freundlichen, mit Reben, Getreide und Gebüsch bekränzten Ufer der Oberpfalz; an der östlichen Seite breitet sich eine schöne Ebene weit und segensvoll mit Dörfern und Getreide aus und wird ferne durch einen dunklen Fichtenkranz geschlossen. Zu diesem allen nenne man den bedeutendsten Strom Europas, und man hat viel gesagt.

In dieser alten Reichsstadt hat der immerwährende Senat des Heiligen Deutschen Landes seinen Sitz[17], und viele andere fremde Gesandte mit ihrem Anhange und Gefolge haben sich hier niedergelassen. Doch gibt dies der Stadt kein wahres Leben, weil die meisten sehr still haushalten und alles nach dem steifen spanischen Zeremoniell hergeht. Der Fürst von Thurn und Taxis[18] als erster kaiserlicher Minister hält eine Art Hof, aber alles eben nicht mit Glanz. Trotz aller Diplomatie und der nicht kleinen Stadt kann sich hier kaum ein mittelmäßiges Theater halten. Doch hat dies die Folge, daß in der ganzen Stadt der altfranzösische Ton in den Sitten zu herrschen scheint, obgleich die Regensburger dazu eigentlich nicht gebaut scheinen. Sie dünken mich wenigstens ein sehr zutrauliches und treuherziges Völkchen; ein sehr robustes sind sie wenigstens und ein wohlgebautes. Unter den Weibern findet man sehr viele hübsche Gesichter, die unter den kleinen Mützen und Häubchen, die oben nur das aufgebundene oder geflochtene Haar bedecken, mit der freien Stirne allerliebst aussehen. Ich habe viele sogenannte Madonnengesichter gesehen. Die thüringische und niederfränkische Zitronenfarbe verschwindet auch immer mehr und mehr, und die meisten haben einen sehr schönen Teint, blendend weiß mit bleichen Rosen, wie die Röte eines Mägdleins sein sollte. Ich habe immer geglaubt, Schönheit sei ein Beweis für gute Sitten; aber dies ist wohl keine so sichere Regel wie die, daß die Häßlichkeit zum Teil dem Laster anhängt. Übrigens ist das weibliche Geschlecht dieser südlichen Provinzen äußerst schwach und leichtfertig. Ich sehe täglich Proben davon. Es ist unglaublich, wie bei gewissen Fragen und Anspielungen sich das ganze Wesen der meisten erheitert, man treffe sie auf unserem Schiffe (ich schreibe dies auf dem Donauschiffe), im Hause, auf der Gasse, wo man will. Und bei manchen, schön und unschuldig, wie sie erscheinen, bedarf es nur eines ernstlichen Wortes, und sie verweigern ein Rendezvous nicht.

So groß die Stadt ist, so wenig soll sie bevölkert sein. Welch eine Lage hat sie, fast im Mittelpunkt Deutschlands und der Donau, zum Handel und zu jeder Art von

Betriebsamkeit! Diese aber ist hier wie im ganzen Bayern nicht zu Hause, und machten die Donauschiffahrt und die Speditionsgeschäfte sie nicht noch ein wenig lebendig, so würde man meinen, das steife diplomatische Korps hätte hier allen Lärm und alles Streben des tätigen und schaffenden Lebens verbannt.

Der Magistrat ist hier evangelisch, so wie die eigentliche Bürgerschaft; katholische Bürger wohnen nur für ein gewisses Schutzgeld. Der Pöbel dagegen, Knechte, Tagelöhner und Arbeitsleute, sind fast alle katholisch. Geistliche, Mönche, Priester und Nonnen gibt es hier leider zu viele, und man kann fast nicht gehen, ohne auf sie zu treten. Auch emigrierte französische Pfaffen sind hier jetzt mehr, als gut ist und man sich von diesem Geschmeiß wünschen möchte. Aber trotz der Menge dieser Pfleger des Gottesdienstes geht die Klage, daß die Ehrfurcht für die Heiligen abnimmt, die Klöster sich schwer füllen und niemand mehr recht zu der Fahne des Papismus schwören will.

Donaufahrt
von Regensburg nach Wien

Geschrieben den 9. Juli an den Ufern
der Donau bei Straubing

Eben kommt unsere honorige Schiffsgesellschaft vom
Mittagessen aus Straubing heim; der Wind weht stark,
und unser Schiffer ist feige, und nichts ist mit ihm anzu-
fangen. Alles liegt also auf dem Rücken, und ich habe
mich hinter eine freundliche Anhöhe zurückgezogen,
um zu schreiben, und zwar einmal in verkehrter Ordnung; so führe ich den Leser recht episch sogleich in die
Handlung ein. Um zehn Uhr ging es nach Straubing,
weil der vorige Kondukteur von Regensburg hier abge-
löst wird und darüber Stunden verfließen. Wir fanden
gleich vor den Toren eine kleine Belustigung, nämlich
mehrere Schwadronen Ulanen, die, trefflich beritten,
ihre Übungen machten. Bald aber jagte sie und uns ein
Regen in die Stadt, und nun war unser erstes, Essen zu
besorgen. Dieses war bald bereitet und ebenso schnell
verzehrt. Dann kam ein Harfenspieler mit seiner Donna,
die zu seinem Geklimper ein lustiges Lied anstimmte.
Die Seele unserer Tafel war aber eigentlich die hübsche
Kellnerin, deren Huld und Anmut so auf die Gemüter
wirkte, daß sich keiner, auch von den Argen und Schlimmen nicht, Unanständigkeiten gegen sie erlaubte.

Heute morgen um vier schallte die Glocke, und wir
wanderten aus Pfatter, wo wir geschlafen hatten, in allerlei Gruppen dem Boote zu, lustig und possierlich anzuschauen. Am besten nahmen sich die armen Weiber aus,
jeden Standes und Gewerbes, wie sie einzeln, oder von
ihren Nachtgesellen und Eheherren geführt, heranka-

men, bespritzt und besudelt vom Kot bis über die Knöchel, und so mußten die Armen denn in ihrer fatalen
Kleidung das steile, schlüpfrige Ufer mehr hinabrut-
schen als -steigen und sich uns Spöttern und Gaffern
preisgeben. Daß man nicht so viel von politischer Selbständigkeit des Weibes schwatze; sie sind fast immer
schutzlos und des Schutzes bedürfend und in so vielen Zuständen, ihrer Natur nach, völlig unbeholfen.
Gegen halb fünf legten wir ab, noch immer bei umwölk-
tem Himmel und Sprühregen. Aber allmählich brach
die Sonne durch und bildete auf den Bergen am linken Ufer die magischsten und feenhaftesten Gestalten,
indem sie ein Loch nach dem anderen in den silbernen Schleier riß, womit der dampfende Morgennebel
die Berggipfel und die Türme der Dörfer umhüllte. So
legte ich mich aufs Verdeck hinaus und genoß frisch
und gestärkt den wunderschönen Anblick der Welt um
mich her.

So segelten oder schwammen wir langsam weiter, dem
mäandrischen Strome nach, dem es hier in wunderlichen
Krümmungen durch blühende Wiesen und Kornfelder
hinzufließen beliebt; zur Linken die aufsteigenden
Berge, hie und da mit Reben bekränzt; zur Rechten immer noch die fruchtbare und kornreiche Ebene. Dörfer,
mit Stroh und Schindeln gedeckt, doch alle mit schönen,
stattlichen Kirchen, weidende Rinder- und Roßherden
zogen an uns vorbei; und auch auf Menschen trafen wir,
die zu zweien und dreien über den Strom fuhren und zu
dreißig und vierzig auf stattlichen Rossen saßen und
Salzschiffe, alle aneinandergekettet, den Strom hinan-
schleppten. Sie sind stark und rüstig gebaut, meistens
braun und von mittlerer Statur, breitschultrig und mit
kräftigen Waden, aber mit dummen und vom Aberglauben zusammengedrückten und gefalteten Physiognomien, worin ebensoviel Ehrlichkeit wie Bestialität liegt.

Gott verzeihe das Wort; aber so ist es. Oh, man möchte das alte Unwesen des Aberglaubens verfluchen, wenn man diese Menschen und dieses Land so sieht. Der Bayer, wie man ihn hier und auf den Dörfern sieht, ist grob, stumm und dumm. Anders schon die Weiber; diese haben es doch immer durch ihre Natur voraus, in ihrem ganzen Wesen nicht so sehr verwandelt und zerrüttet zu werden wie der unbeweglichere Mann, besonders in jugendlichen Jahren. Der Weg kurz vor Straubing wurde entzückend durch die Sinnestäuschungen, womit er uns zauberisch narrte, immer in wechselndem Zickzack der Stadt bald näher, bald ferner, bis wir um zehn Uhr vormittags anlegten.

Den 8. Juli, nachmittags um zwei Uhr, begab ich mich an Bord des Donaubootes, das binnen sechs bis acht Tagen um fünf Gulden für den besten Platz, der freilich noch kein guter ist, die Reise nach Wien von sechzig deutschen Meilen[19] zu machen verspricht. Es war eine schreckliche Hitze, welche die Menge der Menschen auf der Brücke und dem Verdecke noch abscheulicher machte, und so mußten wir beinahe zwei Stunden braten, ehe wir klarmachten. Unser Schiff, oder Boot, worauf wir fahren, ist ein flaches Ding, etwa fünfunddreißig bis vierzig Ellen lang, zu beiden spitzen Enden offen und mit Fässern und Körben gefüllt, unten etwa drei bis fünf Ellen hoch bedeckt und ebenfalls mit Gütern, Bagage und Menschen vollgestopft. Diese Menschen haben zwei Abteilungen: die, die am hinteren Ende, das ebensogut wie das vordere ist, sitzen, zahlen bis Wien zwei, die anderen vier und fünf Gulden. Da sitzt und liegt und steht alles über- und untereinander, wie es der Zufall und die Laune eines jeden gebieten. Zum Glück hat man das Verdeck, wenn es nicht regnet; sonst würden Hitze und Ausdünstungen es ganz unausstehlich machen. Diese Schiffe werden in Wien verkauft, wenn sie ausgeladen sind, und gehen dann mit neuen Menschen und Waren die Donau weiter hinab, oft bis zum Schwarzen Meer. Wöchentlich, alle Sonntage, geht regelmäßig so ein großes Schiff von Regensburg ab. Für diese Donaupost gibt es sechzehn bis siebzehn Schiffsmeister, die abwechselnd fahren. Unser jetziger soll einer der langsamsten und feigsten sein. Sobald wir hinter Niederwöhrd waren, wehte uns eine frischere Luft an, und wir erholten uns nach und nach und konnten einander in Augenschein nehmen. Es gab Leute fast aller Nationen, Franzosen, Engländer, Schweizer, Juden, Weiber und Mädchen; von letzteren leider nichts Feines. Die Fahrt wird sogleich entzückend schön. Die Berge des Regensburger Stifts laufen zur linken Hand dicht am Ufer mit Weinbergen, Getreide und Bäumen fort, und zur Rechten breitet sich die schöne korn- und wiesenreiche Ebene immer weiter aus. Die hohen Bäume, Linden, Ulmen und Sturmweiden, stehen am Ufer, alle von einem gigantischen Wuchs und mit einem so üppigen Grün, wie man es bei uns Nordländern nicht sieht. Bald fuhren wir unter dem mächtigen Donaustauf und seinen hohen Trümmern hin, die einen beträchtlichen Umfang haben und rings bis zum Ufer hinab mit Gärten und Weinbergen umpflanzt sind. So liefen wir dann an Brennberg und Kiefenholz in weiterer Ferne vorbei, ebenso am schönen Wörth, dem gegenüber wir im Dorfe Pfatter landeten. Die Gesellschaft teilte sich. Wir, die rüstige und unbeweibte und unbepackte Jugend, nahmen sogleich das beste Wirtshaus ein und machten eine frohe Mahlzeit und einen muntern Kommers, bestehend aus mir, einem Buchhändler nebst seiner Gefährtin, einem Studenten aus Würzburg, einem Schweizer und einem deutschen Kaufmann, einem englischen Fabrikanten und unserem Kondukteur. Um zwölf Uhr lagen wir auf dem Ohre, nicht ohne manchen Spaß und eine verwünschte Hitze; auch die Mücken schwiegen die ganze Nacht nicht.

Heute vormittag habe ich mich mit den Franzosen unterhalten, feinen und zierlichen Leuten. Ich gab mich für einen Schweden aus, der sechs, sieben Jahre in Deutschland gelebt habe, um desto ungezwungener mit ihnen zu sein, und werde dies bis Wien behaupten, um desto weniger verdächtig zu sein. Einer von ihnen, ein Bretone, ist ein wütender Feind der neuen Ordnung der Dinge; doch gab er Gründe an, die dies menschlich erklären. »Mich«, sagte er, »kostete diese neue französische Freiheit zwei Brüder und neun andere Personen meiner Verwandtschaft, die die Guillotine gefressen hat, ohne das Geld zu rechnen, das ich durch sie verloren habe.« Er führt ein artiges kleines Weib bei sich, eine Wienerin, die aber seiner Lebhaftigkeit nicht entspricht. Es sind übrigens allerliebste Leute, fröhlich und freundlich und sich mitteilend. Das andere Ende des Bootes ist mir noch immer ein unentdecktes Land. Hübsches und Artiges ist indessen nicht da, soviel habe ich wohl beim Ein- und Aussteigen gesehen: Handwerksburschen, häßliche Frauen und Mädchen und andere lose Leute.

Vilshofen, den 10. Juli, abends

So saß ich und schrieb, und unsere Mannschaft trieb sich, noch immer auf günstige Winde wartend, herum. Aber der Wind wurde immer stärker, und um sechs Uhr eilte alles der Stadt zu ins alte Quartier, wo die reizende Kellnerin war, nachdem man ein Stündchen wieder den Ulanen zugesehen hatte, die sich auf dem alten Platze tummelten. Der Abend war lustig durch mancherlei Scherz und Kurzweil. Wir kamen spät in die Betten, konnten aber nicht schlafen, weil im großen Ballhause, uns quer gegenüber, die ganze Nacht gefiedelt und getanzt wurde. Um drei Uhr morgens wurde geweckt. Ich trank eine halbe Bouteille Wein, sagte dem holden Mägdlein herzlich Lebewohl, und so ging es über die Wiesen, beinahe eine Viertelmeile, an Bord zurück.

Der Morgen war einer der schönen und seltenen. Die aufgehende Sonne leuchtete wohlgefällig auf den wogenden Weihrauchdampf, den der Strom und die Berge den himmlischen Mächten darbrachten. Kein Lüftchen wehte auf der spiegelnden Flut, kein Laut schallte aus den hohen Bäumen an den Ufern des Stroms. So stand ich froh auf dem Verdecke. Bald sauste unser Schiff unter der Straubinger Brücke fort, die man für eine der gefährlichen Durchfahrten der Donau hält und von der Agnes Bernauer herabgesprungen sein soll.[20] Die Gegend wird immer romantischer und lieblicher. Die linken Ufer sind noch immer hoch, die rechten flach, mit Wiesen, Wald und Korn wechselnd bedeckt. Schöne Inseln mit weißen Weiden, Möwen und Strandläufern sperrten zuweilen die schöne Aussicht und erinnerten mich an die lieblicheren Meeresufer des vaterländischen Himmels.

So kamen wir unter Bogen, wo eine entzückende Aussicht alle Blicke an sich zieht. Hoch und hart am Ufer läuft ein steiler und runder Berg mit einer stattlichen Kirche empor, die dem unten Schiffenden auf den Kopf herabzukommen scheint, und hinten streckt sich das dunkle Tannengebirge weit in die Ferne hinaus. Um sechs Uhr flogen wir unten in schneller Fahrt vorbei und beneideten die Heilige Jungfrau um ihren stolzen Wolkensitz. Es wohnt nämlich hier die berühmte Maria zum Bogen, die in ihrem Bauche das Jesuskindlein zeigt. Zu ihrem unversiegbaren Gnadenquell wallfahrten noch jetzt jährlich eine Menge Menschen den steilen Berg hinan, was allein schon einen reichen Ablaß verdiente. Diese heilige Gebenedeite wurde in irgendeinem Kriege von ihrem Sitz vertrieben, geriet, ich weiß nicht, ob durch Zufall oder frevlerische Ketzerhände, in den Donaustrom und schwamm trotz ihrer steinernen Vis inertiae hier an und bezeugte so, daß sie diesen Platz zu ihrem Sitz gewählt habe. Es fehlte nicht an Leuten auf unserem Schiffe, die sie mit entblößtem Haupte und Kniebeugung begrüßten, auch nicht an Katholiken, die laut spotteten.

Hinter Bogen läuft die Donau immer in Krümmungen, bald breiter, bald schmäler, bald langsamer fort. Die Berge wenden sich rechts ab und treten mehr in die Ferne zurück, auch so noch schön und lieblich. So fuhren wir etwa drei Stunden, bis der Natternberg mit seinen großen Trümmern, auch sie ein Denkmal des Schwedenkrieges, zur rechten Hand plötzlich in der Ebene majestätisch und prächtig emporstieg. Bald ging es unter einer hölzernen Brücke an dem links liegenden Städtchen Deggendorf vorbei. Von hier wandten wir uns durch die freundlichsten und fruchtbarsten Ufer mehr östlich und sahen nicht ferne die schönen Mauern der Burg Winzer. Hinter Winzer wurde die Gegend immer flacher und die Luft immer heißer – und mein Zahnschmerz immer böser –, bis es fünf Uhr schlug und Hitze und Schmerz mit schönerer Gegend und milderer Luft sich legten.

Zu beiden Seiten steigen die Ufer wieder mit Tannen und Felsmassen, welche den Strom einengen und seinen Lauf beschleunigen. Wir bewunderten die schönen Trümmer der Fuggerschen Burg Iggersheim [vermutlich Hilgartsberg], die hoch über unserem Haupte am Eingang der Berge herabhing. Um sechs Uhr schwammen wir im Städtchen Vilshofen an, wo ich nun in der »Grünen Tanne« einsam im großen Saal sitze und über die Donau und das menschliche Tun und Treiben weit hinausblicke.

Überall am Ufer ist Ernte, und die Wagen sind voll Korn und die Wiesen voll Vieh, das aber nicht so gut ist, wie man das eigentlich bei den schönen Wiesen fordern sollte. Man wendet nicht die Sorgfalt dafür auf wie selbst in den ärmsten Gegenden Frankens. Die Häuser sind mit Stroh gedeckt und beschindelt, und diese reich mit Feldsteinen belegt, damit der Wind sie nicht abblättere. Und doch, da das Holz hier reichlich und so wohlfeil ist, so müßten Ziegel so kostbar nicht zu brennen sein; aber bei allem Reichtum der Felder gibt es keine Industrie wie in dem ärmeren Thüringen und Franken. Von diesem Aussehen sollen alle bayerischen Dörfer mehr oder weniger sein, gerade wie auch im armen Tirol und in Salzburg.

Ich mußte indessen meinen Reisegefährten vom Norden erzählen und log auch nichts als meine schwedische Herkunft. Die Leute sehen mich hier nun freilich als etwas Seltsames und Ungeheures an, weil der Schwede hier in einem verfluchten, aber großen und tapferen Andenken steht;[21] aber dies bringt einem doch Respekt und bei den Glaubensgenossen große Ehre ein. »Ja, Sie sind ein braver Mann«, klopfte mir der Schiffsmeister auf die Schulter; »das sind die Schweden alle, die haben doch den Glauben gerettet.« – Andere sagten mir, sie hätten sich die Schweden nicht so vorgestellt, wie sie mich sähen. Ich unterlasse dann nicht, die schwedische Nation zu preisen und ihr Lob aus vollen Backen zu posaunen, so daß alles aufhorcht.

Als ich in mein Schlafzimmer kam, war nebenan ein fürchterlicher Lärm. Ich hörte den alten Engländer fürchterlich toben und wüten, und ein »God damn« und »rascals« und »villains!« jagte das andere. Ich mit dem Lichte hinein. Da stand der Alte im Hemde vor seinem Bett in der lächerlichsten Stellung, mit geballten Fäusten und gefletschten Zähnen. »See master, these boys are rascals, they have shitten in the pot.« Ich konnte mich kaum des Lachens enthalten und gebot Ruhe, schalt die

Buben und brachte den Täter, den der Alte schon geohrfeigt hatte, zu Tränen: »Smell, but it smells devilish.« Ich bejahte es in vollem Ernst, er stieg wieder ins Bett, die Burschen krochen unter die Decke und ich ins andere Zimmer, nicht ohne Lachen über den tollen Auftritt, obgleich der Alte mich jammerte. Heute morgen kam er noch zornig heran und fluchte über Flöhe und Wanzen und Gestank und schimpfte das Wirtshaus ein »Newgate« und »infamous house«. Wir zahlten eine gute Zeche und sitzen jetzt in der Kajüte.

Donnerstag, den 12. Juli, morgens

Ein Maß guten österreichischen Weins ist die Kehle hinunter. Mit meinem lieben Franzmann und seiner kleinen runden Frau habe ich durch Engelhartszell und längs der Donau einen Spaziergang gemacht und sitze nun in einem Erker über dem alten majestätischen Strom und schreibe.

Wir stießen gestern, den 11. Juli, um halb fünf Uhr von Vilshofen ab und landeten um acht Uhr in Passau. Hinter Vilshofen breiten sich die Ufer wieder aus und senken sich, besonders das rechte, zu reichen Fluren und Feldern. So schwimmt man durch mannigfaltige Krümmungen nach Passau hinab, wo die Ufer enger und enger zusammentreten und sich mit majestätischen Felsmassen, Buchen und Tannenwäldern erheben. Wir hatten keine Langeweile, denn alle Augenblicke kam ein Zug von dreißig, vierzig, fünfzig Pferden, die große Boote mit Mehl, Hafer und Ungarweinen zogen, während kleinere, mit einzelnen Menschen beladen, langsam den Strom hinan- oder hinübergerudert wurden. Kaum in Passau angelangt, durchwanderte ich den schönen fürstlichen Park jenseits des Stroms, erstieg mit vielem Schweiß die Zitadelle, ruderte dann in einem Kahn auf der Donau und dem Inn um die Stadt herum, eilte schließlich in den »Straußen«, wo die ganze Gesellschaft schon schmausend bei Tische saß; darauf wurde mehrere Stunden in der Stadt herumgeschwärmt, bis wir nachmittags um drei Uhr ablegten.

Passau

Passau ist in einem spitzen Winkel zwischen der Donau und dem Inn eingeklemmt und gibt einen ganz feinen Anblick, wenn man es oben von der Zitadelle, oder auf der Donau vorbeifahrend, sieht. Tritt man aber hinein, so verschwindet dies ganz, und man hat häßliche enge und höckerige Gassen und fast in der ganzen Stadt nichts als Schindeldächer. Für diese häßliche tote Natur entschädigt nun die lebendige reichlich, und es war eine Wonne für uns Zugvögel, in den Kirchen und auf den Gassen und selbst auf den Waschplätzen am Inn so viele reizende Weiber- und Mädelgesichter zu sehen. In der Tat, Passau will ich kühn eine der schönweibrigen Städte Deutschlands nennen. Welch ein Blut haben die Weiber bei ihrer blendenden Haut! Welch schlanke und doch schwellende Gestalten! Wie schön und verführerisch sind die schwarzen und blauen Schelmaugen, wie nett die Füßchen, wie kastanienbraun die Haare! Leider soll diese schöne Natur nur zu sehr in Wien beliebt sein, wo die Passauerinnen in vielen Häusern die kleinen Stuben- und Kammerdienste verrichten.

Der Dom ist ein schönes Gebäude, hell und licht, mit kühnem Gewölbe und Pfeilern und mit fürstlicher Pracht, ja Überpracht. Daß er an allen Ecken und oben an der Decke mit Bildern und Malereien überladen ist, versteht sich. Mir war von allem nichts merkenswert als die »Anbetung der Heiligen Junfrau mit dem Kinde«. Die hohe Forderung der Kunst, zu idealisieren, erfüllt sie freilich schlecht, aber wegen der getreuen Darstellung der gemeinen Natur mag sie immerhin jeder bewundern. Die Gesichter der Anbetenden haben einen solchen Ausdruck von gemeiner Stupidität, Staunen und Gaffen vor etwas Großem und Unbegreiflichem, so eine dumme Hingebung des Schwärmers und Fanatikers, daß sich nichts Treffenderes denken läßt; und als wirkliche Originale, die man noch täglich vor Heiligenbildern und Kruzifixen knien sieht, sind sie mit außerordentlicher Treue und Wahrheit getroffen.

Am Dom liegt das fürstliche Schloß, ein ganz artiges, ungotisches Gebäude. Marktplätze gibt es keine. Die Geistlichen wohnen hier am besten, wie natürlich. Die Canonici regulares im Nordwesten der Stadt wohnen sehr hübsch, aber jenseits des Inns am Gebirge haben die Kapuziner zu Mariahilf eine so romantische und liebliche Lage und Übersicht über die Stadt und die beiden Ströme, daß einen die Sehnsucht anwandeln kann, sich bei ihnen einzunisten. Die Häuser in der Stadt sind meistens schlecht gebaut, und alles deutet auf Armut und Untätigkeit. Und doch, wie viele Städte haben so eine Lage? Die Bettler müssen hier schlimm sein; denn man liest die merkwürdige Warnung: »Jeder Bettler kommt ins Zuchthaus, und der Geber bezahlt einen Dukaten.« Sollte man eine Pflicht der Wohltätigkeit so verbieten dürfen? Sonst ist es freilich angenehm, nicht so von Bettlern überlaufen und überschrien zu werden. Denn von Nürnberg an habe ich sie auf allen Straßen und Gassen zahlreich und unverschämt gefunden; auch der Nichtbedürftige probiert doch, ob er nicht etwas erschnappe, und schreit die Reisenden und Fremden an.

Der fürstliche Park liegt eine halbe Meile von der Stadt entfernt. Man geht über die zitternde Donaubrücke zur linken Hand gegen Norden den Berg hinan. Er gehört zu den schönsten, die ich gesehen habe. Von der Kunst will ich nichts sagen, denn was es davon gibt, das habe ich an vielen Orten, ja an den meisten, besser gesehen, aber die Natur ist hier bewundernswürdig schön. Unten fließt der mächtige Strom, und kleine Häuschen und stolze Gebäude lehnen sich hart an sein Ufer und lassen einen schmalen Fahrweg. Hoch über diesen steigen dann die stolzen Himmelssäulen, die Felsen, mit ihren hundertjährigen Fichten bergan. Alle Augenblicke stößt man auf schöne italienische Pappelgänge, auf rieselnde Bäche, die brausend von Felsen ihrem großen Vater zustürzen und hie und da lustige Teiche bilden, mit Erlen, Platanen und Weiden umkränzt, mit Grotten von Bäumen und Felsen, von kühlem und frischem Wasser umschwätzt und auf mancherlei Weise von ordnenden Händen verschönert und geschmückt. Hölzerne Brücken führen über die Schlünde und Schluchten. So steigt man immer den Berg hinan und hat endlich eine Aussicht auf Felder, Dörfer und Wälder.

Wir trafen einen ganzen Haufen Schnitter am Walde, die Roggen einfuhren. Wir gingen durch das Schloß des Parks und seine Nutz- und Orangeriegärten wieder zum Strom hinab, nicht ohne Rührung des Spruchs eingedenk, der als Aufschrift auf einer Brücke stand, die über eine tiefe Schlucht führte: »Alles ist Übergang«. So ging es an der Donaubrücke vorbei zur Zitadelle hin, um die entzückende Aussicht über und auf den Strom in ihrer ganzen Herrlichkeit zu genießen. Man geht hier durch ein Felsentor, das in einer Höhe von vierundzwanzig Fuß durchgehauen ist. Nun kommt man an die Ilz, einen kleinen Fluß, der hier in die Donau fließt und an welchen sich ein kleines Städtchen lehnt. Wir krochen von hier in zehrender Sonnenglut den Berg hinan; mein

Gefährte mußte alle fünf Schritte stillstehen, um Atem zu schöpfen. Diese Zitadelle steigt schroff auf zackigen Felsen den Berg hinan, und alle Lücken zwischen diesen sind mit gewaltigen Mauern verwahrt, so daß sie, von unten angesehen, ein kühnes Aussehen hat. Oben verliert sie dieses, denn hinter ihr im Norden liegen höhere Berge, und zur heutigen Pulver- und Kanonenzeit ist sie dort, trotz ihrer trockenen Gräben und Zugbrücken, Mauern und Türme nicht mehr fest. Aber wenn sie selbst oben an ihrem eigenen Platze an Ansehen verliert, so gibt sie es anderen Dingen desto reicher.

Ich stand hier eine schöne Stunde auf dem obersten Mauerwall und genoß nach allen Seiten die herrlichste Aussicht, sah auf die Stadt mit ihren Türmen und Kirchen, ja selbst auf ihre krummen Gassen und auf die Menschen hinab, die darin wandelten, sah drüber die schönen Berge mit dem Kapuzinerkloster, den schnellen Inn und die Donau, mit tausend Kähnen und Booten befahren und vom Lärmen der Rosse treibenden Führer und dem Klatschen der Ruder belebt. So sah ich über die schroffen Felsen hinunter und wünschte mir Flügel. Die grünen waldigen Gebirge, die braunen Felder mit den schneidenden und erntenden Menschen, das Gewimmel der Kähne und der Bootsbauer auf und an der Ilz, alles Leben und Weben gab auch mir frisches Leben und Mut in der Brust. Hier oben in der Luft ist das Spital. Löblich und brav; zu solchem Gebrauch können diese alten Felsennester nun einzig noch dienen. Unten an dem Felsentore ist das mächtige Gebäude, welches über der Donau hängt, zu einem Strafhause geworden; auch dies ist gut; denn so haben auch die Gefangenen frische Luft und zugleich Unterhaltung und Belustigung durch den Blick über den wimmelnden Strom und die Stadt. Von hier stießen wir in einem Kahn ab und fuhren ein halbes Stündchen auf der Donau und dem Inn.

Um drei Uhr legten wir ab und hatten zur Rechten bald österreichisches Gebiet, zur Linken noch immer passauisches. Die Berge senken sich und erweitern sich zum Teil zu Feldern. Aber nicht lange, und sie heben sich wieder. Die Donau bildet einige liebliche Inseln. Wir fuhren um eine schöne Krümmung und hatten Krempelstein vor uns. Dieses kleine Schloß liegt an der Mitte des Berges auf einem abgerissenen Felsen hoch über dem Wasser, sehr romantisch und malerisch. Zur passauischen Seite standen ihm alle fünfhundert Schritt kleine Kapellchen mit Heiligenbildern gegenüber. Man nennt diese Burg auch das Schneiderschloß, weil ein Schneider, der eine tote Geiß durch ein Fenster hinabstürzen wollte, so unglücklich war, sich dabei zu verwickeln und den Sprung mitzumachen. Hinter Krempelstein wird der Strom durch die zusammentretenden Berge eingeengt und tiefer und schneller, und die Berge steigen immer höher. Man wendet sich aus dem Norden nach Süden, sieht das schöne Schloß Vichtenstein weiter hinauf zur Rechten, segelt dicht an einem Felsen in der Donau vorbei, worauf ein Kapellchen steht, hat links in weiter Ferne einen schönen alten Turm, der wie ein Gespenst aus den Tannen und Buchen herabnickt, und schwimmt so an Engelhartszell heran, wo ich dieses schreibe. Unterwegs war der freundliche Franzmann mein Geselle, und wir haben frohe Unterhaltung gehabt. Viel Spaß hatten wir auch mit einem fränkischen Bauersmann, der nach Linz geht. Er erzählte vom Französischen Kriege. Einmal packten ihn Rotmäntler und brauchten ihn zur Brustwehr gegen die Franzosen, indem sie ihm die Gewehre auf die Schultern legten und so einen Mann nach dem anderen niederpurzeln machten. So ging es einige Zeit, und ihm war nicht wohl dabei zumute. Aber endlich hatte sich der Feind gedreht, einige Rotmäntler wurden gefangen und sein Schulterle-

82

ger hinter ihm mit einer Kugel erschossen. Die Franzosen hielten ihn erst für einen Spion und wollten ihn hängen. Aber durch die Gefangenen klärte sich die Sache auf, er wurde unter Gelächter und mit einigen großen Talern beschenkt freigelassen.

Die Maut in Engelhartszell widerlegte das Gerücht von ihrer Strenge. Die Leute waren alle sehr artig und visitierten leicht. Unsere Pässe nahm man uns ab. Sie werden versiegelt, und man bekommt sie in Linz gegen eine Gebühr wieder. Ich wanderte um die abendliche Zeit in Engelhartszell herum, unterhielt mich mit unserer französischen Gesellschaft, hatte eine frohe, durch Wein und Politik begeisterte Abendtafel, legte mich dann in dem Erker träumend über die Donau hin, worin der Vollmond glänzte, und ging endlich ins Bett. Die Donau ist hier ungefähr vierhundert Schritt breit und fließt nicht sehr schnell. Der Grund ist meistens felsig, und hie und da ragen einzelne Felsen wie Ungeheuer aus dem Wasser hervor; andere liegen tiefer und bilden kleine Wirbel auf der Oberfläche des Wassers. Am Ufer hat sie Kapellchen und Votivbildchen, berühmte Kirchen mit Wallfahrten und auf den Brücken den heiligen Nepomuk mit seinem gestirnten Haupte, welches oft noch mit einem Glockenschirm gedeckt ist.

Donnerstag, den 12. Juli

Ich war früh auf und machte dann mit Burton und meinem Franzosen einen Spaziergang. Der Engländer ist ein gescheiter, äußerst heftiger und jovialer Mann, gut in den Lateinern bewandert; und er spricht von allen menschlichen Dingen mit der äußersten Einsicht, gesteht auch frei, seine Nation sei an Artigkeit die letzte von allen, viehisch, stolz und unwissend in den Gebräuchen anderer Völker. Mit gleichem Eifer fuhr er über den Aberglauben und die Neger- und Judentyrannei los, wozu die Ausschließung unseres Juden von der gestrigen Mittagstafel Gelegenheit gab, da der Schweizer ihn weggewiesen hatte. So haben wir, neun Mann hoch, heute mittag und abend mit unseren Damen ganz fröhliche Zeche gemacht und endlich bis in die sinkende Nacht uns an der Gesellschaft des hinteren Schiffsraums ergötzt, die unten im großen Saale ihre Orgien hatte, wo die Handwerksburschen bei Wein und Tanz froh aufjauchzten, um endlich ein jeder mit seiner schmierigen Dame sich zurückzuziehen. Wir wollten freilich heute nachmittag ablegen, aber einerseits war die Maut erst um fünf Uhr berichtigt, andererseits wurde der Regen mit Donner und Blitz so heftig, daß keiner von den Schiffsleuten aus dem Quartier wollte.

Freitag, den 13. Juli

Wir haben bis Aschach, wo ich schreibe, eine wunderschöne Reise gehabt. Der Wind wehte kalt und scharf, und die Sonne konnte noch nicht über die hohen Berge vor uns kommen, doch stand ich fest auf dem Verdecke und ließ die anderen in unserem Loche schimpfliche Luft atmen. Die Berge steigen hinter Engelhartszell immer noch empor. Bald kommt man durch die schönsten Krümmungen bis unter das schöne Schloß Ranna, welches hoch im Waldgebirge zur Linken liegt. Bald folgt Marsbach oben im Gebirg, welches unter sich schroff über dem Wasser auf einem Felsenzacken einen alten Turm und sich gegenüber zur Rechten herrliche Trümmer hat, aus deren Mauern gewaltige Tannen hoch in die Wolken emporstreben. Bald sieht man wieder linker Hand einen Turm hervorgucken, durch seine Gespenster berühmt und selbst ein Gespenst der Schiffer und Wanderer. Der Strom wendet sich nun links um eine

84

Bergspitze durch die engeren, steileren, felsigeren Gestade reißend fort, und man sieht den Turm mit seinen Trümmern vom Strahl der Morgensonne vergoldet, herabnicken und freut sich an den Felsen, die mit ihren Buchen und Tannen immer schroffer und himmelansteigender hervorspringen. Diese Fahrt von Ranna bis Neuhaus ist entzückend, und auch dieses Schloß mit seinem Turm hat eine anmutige Lage. Hinter Neuhaus senken sich die Berge wieder und zeigen Dörfer, Kornfelder, Weiden und Erlen am Ufer. Wir sind hier wegen eines kleinen Windstoßes und Regenschauers bei Aschach gelandet, welches mit einem alten Schlosse rechts am Wasser liegt. Die Dörfer hier herum sind meist mit Stroh und Schindeln gedeckt. Man sieht schöne Pferde und Rinder und ganz hübsche Menschengesichter, nur hie und da leider wieder in die häßlichen Kopfzipfeltücher gehüllt. Die Sprache wird immer barscher und rauhtönender, mit dem Ausdruck der Ehrlichkeit und den Diminutiven »-le« und »-erl«.

Hinter Aschach wird die Ebene immer breiter, wie auch der Strom, und man schwimmt in Mäandern um eine Menge der anmutigsten Inseln fort, die ihre grünen Weiden und Erlen in dem Spiegel des Stromes zeigen und vom Geschrei der Möwen und vom Pfeifen der Strandläufer schallen. An beiden Seiten zeigten sich herrlich bebaute und bunte Fluren, zum Teil gemäht und abgeerntet, zum Teil mit ihren grünen Halmen die Sichel des Schnitters erwartend. So fuhren wir einige Stunden durch die Inseln und flachen Gestade hin, sahen Ottensheim und fuhren dann wieder zwischen höheren Ufern auf das freundliche Linz zu, wo wir um Mittag landeten und uns mancherlei Speisen und den leidlichen Wein wohl schmecken ließen.

Nach dem Essen ging es zur Polizei, wo unsere zu Engelhartszell versiegelten Pässe examiniert und dann mit dem Stempel des freien Einpassierens versehen wurden. Man hatte mir von einer Inquisition gesagt, doch wir fanden die Leute artig und nicht zu schwierig. Nachher besah ich die Stadt und die Promenaden, ging auf ein halbes Stündchen zum hiesigen Kasperl und stieg dann auf einen Berg, um die Reiche der Welt umher und ihre Herrlichkeit ein wenig zu besehen. Hier saß ich eine gute Stunde und genoß den reizendsten Ausblick, den man sich nur denken kann. Die Strahlen der sinkenden Sonne begossen alle Gegenstände mit dem holden Dämmerlichte, worin die Phantasie so gern mit ihren goldbesäumten Flügeln spielt. Still floß und silbern die Donau, mit Kähnen und Booten beladen und vom Lärmen der Menge umhallt, an der Stadt vorbei. Jenseits schimmerte Urfahr entlang der Brücke, und es bietet sich einem weit hinaus ein anmutiges Bild des süßen Friedens dar: Rüben, Kornfelder und Bäume, unter welchen der hochthronende Pöstlingberg sich dem Auge des Sehers als ein schöner Ruhepunkt zeigt. Gegen Westen am diesseitigen Ufer bei der Stadt sind steile Berge, woran sich, wie an ewig sichere Gewölbe, unten längs der Donau kleine Häuschen gelehnt haben und die weiter hinauf Gärten, Gartenhäuser und blühende kleine Täler zeigen. Aber unbeschreiblich ist die Aussicht nach Süden und Osten. Die Stadt breitet sich selbst wie ein schöner Garten Gottes nach Süden hin aus, und reiche und fruchtbare Fluren mit schönen Dörfern und ferneren Wäldern laufen amphitheatralisch hinter ihr fort, und weither dämmern die Schneeberge mit ihren leuchtenden Gipfeln und erregen ein Gefühl des Aufflugs in die Unendlichkeit, das zu einem milderen Gefühle verschmolz, als meine Augen der dampfenden Donau folgten, die, mit Gebüsch umkränzt, ihr schönes Haupt dem sinkenden Sonnenstrahl zum Vergolden darbot.

Ich sitze hier im »Elephanten«, unter mir die Donau mit
Weiden und Erlenbüschen und das freundliche Kloster
Göttweig auf seinen schön gerundeten Fichtenbergen
mir gegenüber. Linz ist, wenn man die Altstadt mit den
Ringmauern rechnet, ein kleines Städtchen. Es hat
schlechte Gassen mit schönen Häusern, aber einen sehr
schönen Platz, welchen hohe und zierliche Häuser ein-
fassen und ein glänzendes Monument zu Ehren Gottva-
ters und der Gottesmutter[22] verziert. Die Kirchen mit
ihren blanken und schimmernden Türmen erhöhen die
natürliche und künstliche Freundlichkeit des Ortes.
Auch am Fluß machen die Häuser hier bessere Miene als
die in Passau und Straubing. Aber weit schöner als diese
alte Stadt sind die neuen Straßen, die eine größere Stadt
bilden und südlich der Stadt nach allen Richtungen hin-
laufen. Hier findet man gerade und breite Gassen und
fast durchgehend hübsche Häuser, drei bis vier Stock
hoch. Die Gräben und die alten Mauern der Stadt sind
zu Gärten geworden, und an diesen läuft eine hübsche
Promenade mit einer doppelten Baumreihe hin.

So liegt diese niedliche Stadt an den Ufern der Donau
von Westen nach Osten hin und breitet sich wie ein Fä-
cher nach Süden aus, mit dem reizendsten Hintergrunde
von der Welt. Und was fehlt dem Vordergrunde? Die
stolze Donau mit dem Gewimmel und den Stimmen der
arbeitenden Menschen, mit der langen Brücke und dem
jenseitigen Urfahr, mit der schloßähnlichen Kirche auf
dem Pöstlingberg und den reichen Kornfeldern und
Weinbergen; wo findet man dies alles leicht so wieder?
Nach Osten hin sind an den Donauufern schöne Fluren
und ein prächtiges Gebäude, worin eine große Tuchfa-
brik ist. Schade, daß die übrigen schönen Häuser doch
fast alle mit Schindeln gedeckt sind. Oben auf dem

Berge liegt eine stattliche und luftige Kaserne, hoch über den Felsen der Donau. Es gibt hier Fabriken, die gute Baumwolle und vorzügliche Wolle herstellen, und das Linzer Tuch ist weithin berühmt wegen seiner Güte. Noch angenehmer aber und dem Auge erfreulicher sind die Menschenfabrikantinnen, von denen es hier wirklich allerliebste gibt. Fast alle sind wohl gestaltet und gebaut und haben die frische und rosenstäubige Farbe der Weinländer. Auch die Männer sind stark und meistens wohlgebildet.

Der heutige Morgen war kalt und schön. Fernher schimmerten aus dem Süden im Morgenglanze die Schneeberge, über welchen der Traunstein wie ein Riese mit rauher und schroffer Stirn emporragte und eine tiefe Sehnsucht nach den Alpen der Schweiz in mir erregte. Vor uns dampfte der Strom mit seinen grünen Inseln und Bergen, und die Wolken legten um die dunklen Tannen den roten Schleier der Heiligung. So schwammen wir in mannigfaltigen Windungen durch Inseln fort, die Anhöhen ferner vom Ufer. Bald sahen wir rechts die Traun in den Strom fließen, die am Traunstein entspringt[23] und an welcher sich sehr reiche und kostbare Salzwerke befinden. Ihr folgte bald die Enns, an der freundlich das Städtchen ebendesselben Namens liegt. Etwa drei Stunden von Linz fuhren wir unter dem reizenden Spielberg hin, welches bald ganz mit seinen Trümmern zusammenstürzen wird. Es ist nicht hoch über dem Wasser auf Klippen gelegen und rund vom Strom umflossen, der eine waldige Insel bildet, die lieblichste, die die Phantasie zaubern kann. Bis Mauthausen ist die Fahrt von Linz her immer durch Ebene und Inseln gegangen. Nun erhebt sich die Gegend wieder zu Hügeln, und man schifft mit einer Krümmung nordöstlich unter dem schönen Schlosse Wallsee hin, welches vor sich im Nordosten eine äußerst liebliche Gegend

Der Donaustrudel bei Grein, um 1850

hat. Man sieht weithin den geraden Strom entlang und
jenseits ein flaches Amphitheater, das sich mit Feldern,
Dörfern und Büschen zu einem schönen Halbmond run-
det und, nach den freundlichen und stillen Inseln, die
ebenso fröhliche Idee des Ackerbaues und des ländlichen Lebens lebendig erregt. Nun treten die Berge allmählich näher, und man kommt nach einer langen
Krümmung unter das stolze Schloß Grein, welches hoch
und auf schroffen Felsen hängt, unter sich brausende
Wasser an seinen Klippen brüllen hört und hinter sich
das Dorf Kreuzen als Kontrast aus der Ferne darhält.
Das Wasser drunten bricht sich zuweilen so kraus und
laut, daß es den Namen »Greiner Schwall« davongetra-
gen hat.

Hier werden die Berge schroffer, die Ufer enger, das
Wasser wilder. Hohe Felsen in fürchterlicher Unordnung und Größe liegen wie Schneebälle der Titanen auf-
einandergehäuft. Man merkt es an allem, daß der Strudel
nahe ist. Mehrere beten und falten die Hände, und der
alte helfende und führende Pilot hält seine Hand gegen
die Brust und bekreuzigt sich. Ich habe den ganzen Vormittag gebetet, und die brausenden Wasser schießen mit
meinen Empfindungen vorwärts. Das Boot tanzt auf den
Wellen, die Schiffer rüsten sich zur Arbeit. Man fährt
auf dem Strudel, ehe ich es merke, daß überall ein Strudel da ist, und bald ist man auch über den Wirbel hin-
weg, ohne daß jemand hier etwas Schlimmes und Ge-
fährliches gemerkt hätte. Dennoch kennt man Beispiele,
daß Schiffe wie das unsrige durch Unvorsichtigkeit und
Zufall verunglückten und von dem Wirbel an die zackigen Felsen geworfen wurden, um nie wieder die Donau
zu befahren. Die Donau, die dicht zwischen die steilen
Ufer geklemmt ist, hat sich hier durch den harten Fels
einen Weg gebahnt und einen Rücken mit einer zackigen Krone stehenlassen. Dieser Felsrücken ist nun eine

grüne buschige Insel, an den Seiten gemauert, damit das Wasser nicht zu sehr auseinanderfließe und durch Seichtigkeit mit seinen Klippen den Strudel noch schlimmer mache. Auf der zackigen Krone steht der Rest eines alten Turms und Gemäuer mit einem heiligen Kreuz; dieser Turm hat jenseits gegenüber seinen Bruder, der von einem gleichen Throne in die furchtbare Tiefe schaut.[24] Durch dieses herrliche Felsentor strudelt das Wasser nun rasch durch, und das Schiff tanzt nach. Reizende Schluchten öffnen sich links, und brausende Gießbäche vermehren die Schauerlichkeit der Gegend. Auch um die andere Seite der Turminsel kann man fahren, aber es geht langsam und ist seicht und nicht eben sicherer. Sowie man aus dem Strudel heraus ist, kommt man zum Wirbel. Dieser entsteht gleichfalls durch einen großen Felsenblock, welcher rechts hoch im Strom emporsteht und an dem das Wasser sich zürnend bricht und unten Schlünde bildet, die es in einem weiten Kreise umdrehen und die Schiffe zugleich mit, wenn der Schiffer nicht achtgibt. Dieser Felsen hat auch einen Turm, stattlicher als das Strudeltor, ein Emblem des Unvergänglichen im Wechsel aller Dinge. Weder Wirbel noch Strudel sind das, was man so gern daraus machen möchte, eine Skylla und Charybdis, aber in anderer Hinsicht haben sie viel Erhabenes und Großes, und man möchte, wie einige gewollt haben, die Felsentore nicht gerne wegsprengen lassen.

Kaum waren wir aus dem Wirbel herausgetanzt, so kam ein Mönchlein aus dem nächsten Dorfe mit Sankt Nikolaus, dem Seepatron, und bat um eine kleine Spende für den Heiligen und seine Offizianten und erhielt von jedermänniglich nach Stand und Würden. Auch unsere Schiffsleute ließen einen Teller rundgehen, um etwas zur Erquickung zu haben, nach überstandener Arbeit und Gefahr. Sodann fuhren wir fast zwei Stunden hinter dem Strudel mit stillerem Strome fort, als eine himmlische Aussicht in den Osten sich öffnete. Mehrere alte Schlösser, furchtbare Felsen, schöne Türme sieht man über die Fläche herdämmern, ohne den Strom zu sehen, und eine bunte Ebene schwimmt wie ein Paradies unter Ruinen mit einem fort. Rechts liegt eine Lobschrift des großen Kaisers Joseph: das prächtige Armenhaus zu Ybbs, worin wohl Fürsten wohnen könnten.[25] Von hier hebt sich die Gegend wieder, und der Strom fließt enger und schneller. Links hoch im Gebirge liegt ein altes Schloß mit seinen Trümmern und rechts Weissenberg [vermutlich Säusenstein] auf schroffem Felsen. Mit einem Male wendet sich der nördlich fließende Strom wieder östlich, und man sieht hoch im Gebirge das niedliche Maria Taferl unter seinen tausend Weinstöcken. Dieses ist einer der besuchtesten Orte im österreichischen Lande, und Jahr für Jahr wallfahrten viele Tausende mit Gaben und Gelübden zur gnadenreichen Mutter Gottes, die sich durch Wunder und Erscheinungen bei den gläubigen Christen berühmt gemacht hat. Bald kamen auch Sankt Martinus in einem Boote und die Heilige Jungfrau in einem anderen und holten sich Almosen ein. Links sind die Ufer schroff und steil, rechts sanfter geneigt und mit den schönsten Reben bedeckt. So läuft man rechts unter einem zertrümmerten Schlosse hin und ist, wie durch einen Zauberschlag, unter Melk, nachdem man um die lange Krümmung kommt. Diese Abtei, wohin der Heilige Vater, Pius VI.[26], einmal in seinen Nöten ziehen wollte, gehört zu den schönsten Ansichten des Donaustroms und würde täglich von mir zum Wohnort gewählt werden, wenn nur keine Benediktiner darin hausten. Sie liegt stattlich da, mit kecken Türmen und Mauern, und lacht gleichsam über den Strom, der so arm zu ihren ehernen Füßen zu spielen scheint. Hinten steigt ein schöner Garten empor, und südlich

Dürnstein

breiten sich die lieblichsten Dörfer mit ihren Hocken und Halmen aus.

Bald hinter Melk kommen rechts die herrlichen Trümmer von Schönbühel, die wie ein Rabennest über dem Strom hängen. Wir bejammerten es alle, daß so ein herrliches Schloß so ganz in Schutt und Asche zerfallen muß. Gleich daneben liegt das zweite Schloß, kleiner als das zerbröckelnde, aber auch lieblich im Strome sich spiegelnd. Die Gegend wird hier zur rechten Hand immer schauervoller und heiliger und springt mit hohen Felsenzacken immer höher in die Wolken; zur Linken sind die Berge bald steiler, bald sanfter geneigt und, wo irgend ein Abhang ist, mit lustigen Reben bepflanzt. Weiterhin findet man eine natürliche Felsmauer mit einigen Rissen von oben bis unten hinablaufen. Sie heißt Teufelsmauer. Es heißt, der Teufel wollte die Donau zumauern, aber die Steine entglitten ihm immer, wenn er sie zusammenfügen wollte, und der Strom spottet noch jetzt über sein eitles Unterfangen. Hinter dieser Mauer liegt das Schloß Spitz mit den schönsten Weinbergen rings umher; ein Weinberg liegt da, eben kein großes Rund, der »Spitz am Platz« heißt und jährlich an die tausend Eimer Wein liefert. Hinter Spitz wird die rechte Seite immer kahler und schroffer. Man sieht die schönen Trümmer des Schlosses Dürnstein, wo der große Richard Löwenherz von seinem kleinherzigen Feinde ins Gefängnis geworfen wurde.[27] Dieses Schloß, fast das schönste an den Donauufern, liegt oben am Gebirge, mit einer Felsenmauer furchtbar schön umzackt. Die alte Burg liegt zertrümmert mit ihren Türmen in einem schönen Amphitheater, und die Felsen bilden bis zum unteren Schlosse eine starke Umschanzung zu beiden Seiten und decken mit grauen sonnenvergoldeten Spitzen seinen Rücken. Im unteren Schloß mit seinen Nebengebäuden hausen Mönche, die hoch über der Donau auf

Felsen thronen. Wir wandten uns nun wieder gegen Osten; rechts grüne Berge, die zur Ebene werden, und links Weinberge, die sich immer weiter und weiter ausbreiten. Bald landeten wir in Stein.

Die Donau fließt auf diesem Wege von Linz nach Stein, welches zwanzig Meilen sein sollen, bald breiter, bald enger, aber immer an Schnelligkeit wachsend, je näher sie der großen Kaiserstadt kommt. Jetzt ist sie mit einer Menge großer Fahrzeuge bedeckt, welche Proviant führen für die Armeen in Bayern und Schwaben. Oft sind vier bis fünf mit mehreren kleinen Booten, die zum Lenken und Übersetzen der Pferde von einer Seite zur andern dienen, aneinandergekettet, und ein Zug von vierzig bis fünfzig Pferden mit dreißig und vierzig Menschen zieht so stromaufwärts. Das Schreien der Menschen, das Knarren der Boote, das Stöhnen der Seile und das Brausen des weichenden Wassers machen ein wildes Getöse, das man schon lange vorher aus der Ferne vernimmt. Diese Züge gehen äußerst langsam, und so ein Zug braucht von Wien nach Regensburg sechs bis acht Wochen. Alle Augenblicke müssen die Pferde abgeschirrt und einzeln in kleinen Booten zum jenseitigen Ufer übergesetzt werden, weil sie nicht überall Pfade zum Gehen finden und zuweilen fast schwimmen und sich aneinander und hintereinander schlimm fortarbeiten müssen. Außer diesen großen Schiffen sieht man überall kleine Boote, von ein, zwei, drei Pferden, auch Kähne, von einigen Menschen gezogen und fortgerudert, und einzelne fliegen mit ihren Schaufeln herüber und hinüber, und unten am Gebirge, um das Ganze noch mehr zu beleben, wandern und fahren oft Menschen. Die Häuser in den Dörfern sind meistens reinlich und, wo der Ort nicht zu schlecht ist, auch zierlich von außen und innen, meistens gelb und weiß angestrichen, mit lichten Fenstern; doch sind die Schindeldächer mit

Steinen belastet, ein trauriger und finsterer Anblick. Strohdächer findet man an diesen Gebirgsufern selten, öfter Ziegeldächer. Man hat die schroffen Berghänge, daß der Regen die Erde nicht fortspüle, ummauert und dazwischen Korn gesät und Reben gepflanzt. Eine sonderbare Mode beobachtet man hier bei den Mandeln Getreides; über vier, fünf Garben nämlich ist eine Garbe verkehrt, die Ähren nach unten, wie ein Schirm gestülpt, so daß es wie ein umgestülpter Hühnerkorb aussieht. Essen mag hier ein jeder gern gut und läßt sich nichts abgehen: man merkt es schon, daß man sich Wien nähert.

Stein ist eigentlich nur eine lange Gasse, welche, mit einigen Nebengäßchen, längs der Donau unter dem Berge hinläuft; eine halbe Viertelstunde davon liegt Krems, wohin eine schnurgerade Allee führt. Man kann beide Städtchen, die in der Bauart Linz gleichen, als eine ansehen, da sie beide auch einen Magistrat haben. Krems liegt nicht so nahe am Wasser wie Stein, sondern hat Wiesen und Büsche vor sich an der Donau. Im Rükken der Städtchen heben sich weite Weinberge mit sanftem Abhange empor, östlich fließt der große Strom und zeigt grüne Inseln und Gebüsch; gegenüber der Stadt im Süden liegen Waldberge und auf stumpfem Kegel das schöne Kloster Göttweig, Benediktiner Regel, welches romantisch mit seinen schimmernden Mauern und Türmen auf die Stadt hinabzusehen scheint.

Sonntag, den 15. Juli, Ankunft in Wien

Heute morgen, den 15. Juli, fuhren wir um sechs Uhr von dannen, durch eine milde und flache Gegend, die in der Ferne Weinberge zeigte und hie und da waldige Hügel und Bergrücken. Alle Augenblicke fuhren wir um ein lachendes Eiland. Es war ein friedvoller Morgen, kein

Lüftchen regte sich, der Sonnenstrahl war matt und der Strom so hell, daß die Bäume und Inseln sich bis zum Grunde in ihm malten. Schöne Herden am Ufer, Enten und Möwen belebten die Gegend, und einige alte Burgen erinnerten an vergangene Tage. Gegen zehn Uhr wurde der Tag heiß, und die Sonne schoß brennende Pfeile auf unsere Köpfe herab. Bald sahen wir Klosterneuburg mit höheren Ufern voller Weinberge, bald den Leopoldsberg, und einige Stimmen riefen: »Wien! Wien!« Sie säumte nicht, die herrliche und majestätische Stadt, die langersehnte, sich unseren suchenden Blicken zu zeigen. Weit breitete sich die Donau mit einem Male aus, sie zu empfangen, und schimmerte fernher mit ihren Inseln, die sie mit blauen und schmeichelnden Armen umfaßt. Die Stadt selbst, mit ihren hohen Türmen und Zinnen, lag plötzlich vor uns. Alles schrie: »Halt!«, und so stiegen wir bei Nußdorf unter dem Leopoldsberg aus, wo ein schreckliches Gewimmel von Mietkutschen und Menschen war, die in den Gärten und Tanzhäusern hier den Sonntag zu feiern kamen. Ich hielt mich nicht auf, sondern nahm eine Mietkutsche und rollte an der Stadt vorbei zur Leopoldstadt.

Wien und was ihm zugehört

Wanderungen um Wien

Kahlenberg oder Kaltenberg. Leopoldsberg

Ich habe heute, den 19. Juli, einen entzückend schönen Tag gehabt, und mein ganzes Herz regt sich noch freudig bei der Erinnerung an alle Schönheiten und Lieblichkeiten, wovon es überströmt worden ist. Ich war um sechs Uhr auf den Beinen und wanderte durch die Roßau längs der Donau über grüne Weiden fort, worauf die schönsten Herden grasten: ein ganz neuer Schlag von Vieh, Kühe beinahe von der Größe wie Schweizerkühe, mit schönen Hörnern, und nebenan in den Koppeln und Gehegen silberweiße ungarische Ochsen von einer Schönheit und einem Hörnerschlag, wie man sie im nördlichen Deutschland nirgends sieht.

Der Strom rauschte sanft, kaum wehte ein Lüftchen, und die gestreiften Flammenwolken verkündeten einen heißen Tag. Ich genoß den herrlichen Morgen und schlenderte unter den Bergen fort, fast bis Klosterneuburg, durch schöne Baumgruppen und Alleen, rechts die Donau mit ihren Inseln, in der Ferne die Türme von Wien mit ihrem Glockengetön, das wie Geisterstimmen aus der Tiefe empor zu klagen schien. Endlich wandte ich mich wieder, klomm allmählich zwischen Weinbergen über Schluchten und Gräben empor, netzte meine heißen Knie an einem Quell, und so ging's rascher bergan, obgleich im Schweiße meines Angesichts. Aber auch der Lohn war groß, als ich auf dem Leopoldsberg stand und die schöne Welt mit ihrer Herrlichkeit unter mir liegen sah.

Ich stieg oben auf die Burg, und Auge und Herz öffneten sich den Wundern, die in Kraft und Fülle nach allen Seiten ausgebreitet lagen. Welche Aussicht über den Strom und die herrliche Stadt hin! Dieser Leopoldsberg liegt steil über der Donau, und ich war schon an ihm vorbeigesegelt. Er ist nach drei Seiten mit Reben und gegen Westen mit Buchen bekränzt.

Im Osten sieht man den mächtigen Strom, wie er mit blauen Armen liebliche Eilande umschlingt, die in der Ferne mit seinen Wellen wegzuschwimmen scheinen. Auf den einen weiden spielende Herden, auf den anderen ist das ächzende Geklapper der hundert Mühlen im Strom, wieder andere liegen still mit ihren gewaltigen Bäumen da. Bald fließt der Strom breit und mächtig wie ein See, bald verschwindet er in dünnen Streifen unter den Inseln, die er umschlingt, und den Wäldern, die er säugt; endlich fernerhin sieht man ihn wieder ganz den stolzen Lauf ins reiche Ungarland lenken. Augarten und Prater mit ihren Inseln, Wassern und Häusern, die schönen Vorstädte, die er umfaßt, und endlich die Stadt selbst, mit ihren Zinnen und Türmen sich kühn und herrlich an seine Ufer lehnend, geben ein großes Gefühl.

Fernhin im Norden, über den Strom hinaus, breitet sich eine weite blühende Ebene aus, von dämmernden Bergen umschlossen. Man sieht nichts als die schönsten Kornfelder, in denen die einzelnen Dörfer wie grüne Pünktchen mit ihren Büschen und Bäumen verschwimmen. Alles war in Bewegung, und die arbeitenden Menschen gaben ein sehr anmutiges Bild. Hier standen Hocken in langer Reihe, dort rührten sich die Schnitter, deren Jubeln und Tosen man selbst über den Strom hören konnte; hier wälzten sich schwere Wagen mit ihren Staubwolken fort, dort schnitt ein schneller Pflug das kaum abgeerntete Feld in schwarzen Furchen durch. Ohne diese reizende Ebene wäre die ganze Aussicht nicht halb so schön. Im Nordwesten lehnt sich unter Weinbergen Korneuburg an den Strom und seine Inseln, und links liegt das schöne Klosterneuburg an der silbernen Flut, mit dunklen Bäumen und Alleen umschattet und hoch empor mit einem grünen Kranz von Weinbergen umwunden, die, mit einzelnen weißen Kornfeldern durchstreift, endlich in Tannen und Buchen sich verlieren, sanfter im Westen, schroffer und steiler im Osten gegen Leopolds- und Kaltenberg.

Im Süden unter diesen Bergen sieht man bis dicht an die Stadt hin, fast eine halbe Meile weit, nichts als Weinberge, in deren Schluchten einzelne Dörfer versteckt liegen. Weiter hinten dämmern flaches Gefilde, schöne Wälder, Schlösser und sanftere Hügel. Seitwärts läuft der Kaltenberg mit seinen grünen Spitzen und Wäldern fort. Dieser Kaltenberg, den einige Kahlenberg nennen[28] und der durch eine Schlucht vom Leopoldsberg getrennt ist und von ihm im Halbmond bis zum Gallitzinberg südwestlich fortläuft, gibt fast dieselbe Aussicht, zum Teil schöner, zum Teil schlechter; manche Gegenstände gewinnen offenbar durch das Dämmerlicht, worin die Entfernung sie zeigt. Aber unbegrenzter nach allen Seiten ist die vom Leopoldsberg und seiner Burg, weil kein Wald noch vorliegender Berg sie hemmt. Hier sieht man die schöne Ebene nur zur Hälfte, und die freundliche Nordwestseite von Klosterneuburg und Korneuburg ist durch den Wald im Rücken abgeschnitten.

Ich wanderte am Rücken des Kaltenbergs fort über den schönen Cobenzl mit seinen Gärten und Gefilden, durch die reizenden Berge über Sievering und ging durch dieses Dorf wieder auf die Stadt zu. Die Weinberge am Kaltenberg hält man mit für die besten und ergiebigsten in ganz Österreich. Der Wein soll viel Milde und Feuer haben. Ich habe davon die beste Art getrunken; sein Geschmack ist lieblich, aber Glut hat er nicht viel.

Aussicht von einem Heiligenstädter Weinberg

Gallitzinberg und Annerlabend,
den 25. Juli

Es war heute ein schrecklich heißer Tag. Erst gegen
sechs Uhr abends machte ich mich auf und trat mit zwei
lieben Landsleuten eine kleine Wanderung nach dem
schönen Gallitzinberg an. Dieser bildet beinahe den
Schluß der schönen Bergreihe, die mit dem Leopolds-
und Kahlenberg anhebt. Man steigt sanft durch die
freundlichsten Weinberge hinauf und gelangt endlich
auf einen glatten und frischen Rasen, worauf unten einige Häuser zur Wirtschaft und als Schenken und weiter
oben einige zierlichere gebaut sind. Die schönen Büsche
hat man mit einfachen Gängen und Steigen durchschnitten und oben mit viel Mühe einige zertrümmerte und
durchgerissene Ruinen hingepflanzt, die jedoch die
Schönheit der Gegend eben nicht verderben.

Wir lagerten uns an einer derselben, die Sonne war im
Westen erblaßt und schimmerte mit ihren letzten Strahlen durch die dunklen Tannen des Hintergrundes. Die
Berge im Süden mit ihren Dörfern und Landhäusern
sanken in Dämmerung wie auch das stolze Wien im
Osten mit seinen Türmen, die aus den Nebeln trübe vor-
ragten und durch ihre melancholischen Glocken uns erinnerten, welch ein Gewimmel noch drinnen sei. Unter
uns lagen grüne Büsche und Weinberge und tiefer Felder und Wiesen, über uns ging der liebe Mond auf und
goß auf alle Gegenstände einen magischen Schimmer
und zeigte sie in der milden Beleuchtung, die dem Auge
und dem Herzen so wohltut.

So saßen wir und wanderten spät in die Stadt zurück,
wo uns ein ungeheurer Jubel empfing. Es war einer der
schönsten Sommerabende, mild und lau nach dem heißen Tage, und fast das ganze schöne und junge Wien
war auf den Gassen. Es ist heute nämlich ein ganz be-

102

sonderer Abend. Morgen ist St.-Annen-Tag, und da die meisten Weiber und Mädchen in dieser schönweibrigen Stadt den Namen der heiligen Anna führen, so gibt es dabei allerlei kleine Scherze und allerliebste Aufmerksamkeiten, die den Nannetten, Annerln und Nannerln, wie sie hier heißen, erwiesen und ihnen zu Ehren angestellt werden. Es ist nämlich hier Sitte, nicht den Geburts-, sondern den Namenstag zu feiern. Alle Buchläden, Buchbinder und Kunsthändler bieten Gedichte, Verslein und Souvenirs für die reizenden Nannerln feil; Kasperl und Schikaneder kündigen für morgen in ihrem Schauspielhause Belustigungen für die Nannetten an, und Stuwer[29] hat seine Ankündigung eines Feuerwerks an allen Ecken der vornehmsten Plätze und Straßen angeklebt. Was also nun ein Annerl ist oder mit einem Annerl zusammenhängt oder zusammenhängen möchte, das jubiliert billig und promeniert ein wenig länger als gewöhnlich herum. Alle Stutzer und Nichtstutzer, denen ihr Bett, oder was drinnen ist, noch nicht zu sehr ans Herz gewachsen ist, opfern so einem Abend billig einige Stunden. Da sind Entdeckungen zu machen, neue Bekanntschaften zu erjagen, neue Vergnügen für die folgenden lästigen Tage einer langen Woche festzumachen und zu verabreden.

Wir setzten uns am Graben vor ein Kaffeehaus und ließen die Welt vorüberwallen; nachher strömten wir mit fort über den Kohlmarkt und so über alle lebendigsten Plätze und Gassen der Stadt. Gegen elf Uhr huben denn die Musiken und die Ständchen an, die den Nannetten an diesem Vorabende dargebracht werden. Überall und von überall her ertönte es durch die nächtliche Stille. Gewöhnlich lassen an diesem großen Abend sich die besten Spieler und Virtuosen hören, die ihren Freundinnen und Gönnerinnen damit eine kleine unschuldige Aufwartung machen, welche zugleich für jeden ist, der

Ohren hat zu hören. Das war ein Jubel und Gewimmel durch die Nacht! Bewundernswürdig war die Ruhe des Pöbels, ohne jede Wache. Aber man weiß hier, daß die Polizei nie schläft, sonst könnte die Gewalt der Saiten allein die rohen Gemüter nicht bändigen. Ich ging trunken und selig, Dank sei's den schönen Annen, um zwei Uhr nach Hause.

Die Brühl, Heiligenkreuz,
den 26. Juli

Heute, am Annentagsmorgen um sieben Uhr, fuhr ich mit meinen Gefährten durch die Wiesen aufs freie Land hinaus. Es war ein schöner Morgen, kühl und umwölkt. Überall war das frohe Gewimmel der erntenden Menschen, der Fuhrleute und Fiaker, die auf dieser großen Straße immer zu Hunderten fahren, der Pflüger, die die Stoppeln gleich wieder unterpflügten, und der schönen Herden, die man da und dort auf das Feld hinausgetrieben hatte. Wir fuhren über den Wienerberg, die Anhöhen vor der Stadt, und sahen die Verschanzungen, unter deren Schutz eine zahlreiche Armee die Franzosen hier in letzter Instanz hatte empfangen wollen.[30] Rechts hatten wir Schönbrunn mit der Reihe lieblicher Dörfer, die am Grünen Berge fortlaufen bis nach Mödling, mit den schönen Ruinen des Schlosses Liechtenstein auf den Bergen, links eine weite Ebene, die mit Dörfern und Feldern bis an die Grenzen Ungarns fortläuft.

Sobald wir durch den niedlichen Flecken Mödling gekommen waren, stiegen die Berge zu beiden Seiten immer höher und enger empor und kamen endlich wie ein rauhes Felsentor näher und näher zusammen. Gewaltige Blöcke von Kalkstein liegen hier in wunderbaren Massen aufeinandergetürmt, die kein Grashalm, keine magere Tanne zwischen den Felsritzen schmückt. Wir stiegen aus, um an diesen Wundern der Natur in stiller Andacht vorüberzugehen, und begegneten einem schönen Regimente Infanterie, dem Kaiser Franz mit einer kleinen Begleitung folgte. Das Felsentor wurde immer noch enger, und wir gingen durch dasselbe in die Brühl hinein und ließen uns ein gutes Frühstück schmecken, anfangs schon fürchtend, es könnte die marschierende Mannschaft alles aufgezehrt haben.

Nun ging es bergan zu den östlich des Dorfes liegenden Ruinen. Bald standen wir oben auf den Trümmern der alten Burg, von der nur noch einiges Gemäuer und ein zerbröckelter Turm stehen und deren Steine bis unten ins Dorf hinein die Seiten des Berges bunt färben. Man hat von hier eine unbeschreibbar schöne Aussicht. Selbst die vom Leopoldsberg in all ihrer Herrlichkeit ist hiemit nicht zu vergleichen. Man sieht das über zwei Meilen entfernte Wien mit all seinen Türmen, Inseln und Donauwassern, die schönen Berge, vom Kahlenberg an bis Mödling, mit ihren Umgebungen im Norden und Westen. Nach Osten hinaus öffnet sich eine grenzenlose Aussicht über fruchtbares Blachfeld, mit seinen Dörfern und Flecken, und fernher dämmern wieder dunkle Berge. Wenn der Blick schwärmerisch lange so in die Ferne geschweift ist, läßt er sich gern durch die näheren Gegenstände fesseln, die die Brühl und ihren Felsenkessel zu einem Tempel machen. Dieses schöne, von schroffen Bergen eingeschlossene Tal verdient von jedem Freunde und Bewunderer schöner und erhabener Natur recht oft besucht zu werden. Die Wiener lassen es auch daran nicht fehlen; doch sind Tanz und Schmaus und ihre anderen Unterhaltungen sicher der wichtigste Beweggrund. Ein Vergnügen durch Entbehrung, durch Schweiß und ein kleines Bergklettern zu erkaufen fällt diesen Menschen nicht ein.

Wir stiegen hinab und wanderten durch die schönen

Wiesen und Felder in die Weinberge gegenüber hinauf und sahen noch einmal schweigend und bewundernd zu den Riesenbildern empor. Im Norden sieht man nichts als kahle Felsen, hie und da mit Tannengestrüpp bewachsen. Diese lassen eine enge Öffnung, durch die wir eingefahren waren, und steigen im Osten jäh mit den Ruinen der alten Burg empor, worauf wir standen, und winden sich, mit sanfterer Neigung weiter zurücktretend und dann wieder mächtige Felszacken zeigend, südlich herum, wo sie, oben mit Buchen und Tannen bekränzt, zu Feldern und Wiesen werden. Im Südwesten endlich treten sie noch weiter zurück und bilden einen reizenden Halbmond von Weinbergen, zu deren Füßen Korn und Wiesen prangen. So ist dieses liebliche Felsental wegen seiner sonderbaren Kontraste in der Umgebung und seiner unbeschreiblichen Aussichten von oben eine der reizendsten Landschaften, die man im nächsten Umkreise der Kaiserstadt findet.

Wir fuhren um elf Uhr weiter, immer zwischen Bergen und Kalkbrennereien, kamen durch das anmutige Dorf Gaaden, das in einem ähnlichen, doch nicht so tiefen und engen Tale liegt, und endlich, nach einem langen Walde, sahen wir die wunderschöne Abtei Heiligenkreuz vor uns, die am Fuße schöner grüner Berge liegt und schöne Täler und Felder unter sich ausgebreitet sieht. Es wurde ein Mittagessen bestellt, und wir gingen in die Kirche. Hierauf ließen wir uns durch die Klostergänge führen und beschauten die Gemälde, alle Darstellungen der Wunder des heiligen Bernhard, des Vorbilds der Zisterzienser, die in dieser Abtei wohnen. Man zeigte uns im Schatze eine Monstranz, die auf dreißigtausend Gulden geschätzt wird, mit köstlichen Juwelen besetzt, und, unter anderen kostbaren Reliquien, ein Stück Holz vom Heiligen Kreuze, welches natürlich nicht zu taxieren ist. Die Mönche, die wir sahen, hatten freundliche und unverdunkelte Mienen. Sie halten das Leben hier wohl aus; denn an köstlichem Seime und gutem Brote mangelt es sie nicht, und wenn sie die Promenade hinauf zu dem kleinen Kapellchen und außerhalb der Abtei durch die hübsche Allee, die sieben Stationen durch, oft machen und den schönen Hof und Garten oft durchspazieren, wie sollten sie nicht alt werden? Kloster und Kirche sind recht hübsch, licht und anmutig, wie die Gegend. Besser indessen noch behagte uns unser Wirt, ein Fleischer, der mit seinem Weibe und seinen neun Kindern gar stattlich auf einem großen Gemälde im Speisesaal dargestellt ist, aber stattlicher noch in der lebendigen Person wirkt. Wir sagten ihm, daß wir für seine Person alle Mönche und den Abt obendrein hingäben; er meinte indessen, die geistlichen Herren müßten auch sein, sonst hätte alles in der Welt, selbst die Kinderzucht, kein Gedeihen. Ich wünschte, er hätte das ironisch gemeint.

Feuerwerk im Prater

Alles ließ gestern mit den schönen Nannerln die Köpfe hängen, weil der abendliche Regen die Stuwersche Lustbarkeit so unverantwortlich vereitelt hatte. Ich konnte mit meinem Tage wohl zufrieden sein, er gehörte zu den angenehmsten, die ich hier genossen habe. Indessen freute es mich doch, als am Nachmittag das Feuerwerk für heute auf allen Gassen ausgetrommelt wurde.

Es schlug sieben Uhr, als ich mein Zimmer verließ. Ein Strom von Menschen und ein langer Zug von Kutschen zeigten auch dem Unkundigsten leicht den Weg. So mußte man sich durchdrängen und mit dem vollen Strome fortschwimmen. Soweit man von der Leopoldstädter Brücke sehen konnte, waren Köpfe auf der

Straße und Kutschen und Fiaker, die langsam wie ein Leichenzug – denn die Rückkehrenden, ein ebensolanger Schwanz, forderten Vorsicht – zum Freudengelage zogen. Wolken von Staub wirbelten zu beiden Seiten empor. Dragoner hielten hie und da am Wege, um Unordnung zu verhüten, bis zum vulkanischen Netz, welches Herr Stuwer gezogen hat. Dies ist kein Scherz, sondern der ganze Prater wird schon um Mittag, wo er zugänglich ist, mit einem Netze umzogen, und an dem einzigen Eingange empfängt jeder Eintretende ein Billett, das er bis um sieben Uhr zurückgeben und seine Auslage zurückfordern kann; nachher ist dies nicht mehr möglich. Hie und da stehen einzelne Wachen am Netze, und es ist bewundernswürdig, wie der Wiener Pöbel diese Schranken respektiert. Am Eingange gibt man sein Billett ab und geht hinein. Bis an das Gerüst hin, wo der vulkanische Künstler seine Hexerei treiben soll, halten am Wege zu beiden Seiten noch einzelne Kavalleristen, auch im Inneren des Praters.

Schon das ist ein großes Vergnügen, unter Tausenden froher, schöner und eleganter Menschen so mit fortzuschlendern; aber weit schöner ist es, nachher mit ihnen auf den Platz der Ruhe zu kommen und unter ihnen ein wenig herumzuspionieren. Der Wiener ist ein harmloses und frohherziges Geschöpf, das sich nicht gern geniert und all seine kleinen Begierden und Bedürfnisse anspruchslos und bequem befriedigt, wie er kann. Mir machte es riesigen Spaß zu sehen, wie gierig alles um die Tische sich lagerte und Bier, Wein und Braten nebst Back- und Naschwerk aus den Kellern und dampfenden Küchen der Restaurationen hervorkam. Sobald der Mund in Arbeit ist, öffnen sich auch Herz und Lippen, und alle Züge schwimmen in Lächeln und Wohlwollen. Ein Wiener, der zwei Stunden verlebt, ohne daß sein Mund von den köstlichen Gaben Gottes genieße, ist sicher ein rarer Vogel. Indessen ist es ein himmlisches Vergnügen, alles im Genuß und zum Genuß einladend zu sehen, und ich glaube, es gibt kein Volk auf der Welt und keine Stadt, wo man dies bei einer großen Masse von Menschen so vollkommen fände wie bei den Wienern.

Ich trieb mich fröhlich unter den Stehenden, Liegenden, Sitzenden und Gehenden herum, fand bald diesen, bald jenen Bekannten, freute mich an den durch Lüsternheit und Rot des Krämers gefärbten Wangen, den schelmischen Augen, die im Halbdunkel so viel Freiheit haben, an den vielen hübschen Jünglingen und Mädchen, die in allerlei Trachten und Gruppen umherwallten, und sah, wie die Paare sich für eine frohere Rückkehr hier zusammenschlossen; denn so ein Feuerwerk hat viel Erotisches und Entzündendes an sich, besonders am St.-Annen-Tage.

Man kennt die eigentlichen Töchter des Vergnügens – im weiteren Sinne sind es in so einer Stadt wohl die meisten – gewöhnlich daran, daß sie allein oder zu zweien und dreien ohne eine Mannsperson gehen; sie suchen eine. Ein kühnerer Schritt und freierer Schwung des Körpers und ein flüchtigeres Augenspiel mögen sie zuweilen auch bezeichnen, obgleich das hier nichts Außergewöhnliches ist. Daß unter ihnen die schönsten Gestalten sind, darf ich wohl eben nicht sagen, das versteht sich am Rande. Am widerlichsten unter den Weibern ist hier der Schlag, der sich, zwischen vierzig und fünfzig Jahren alt, schon mit dem Verwelken beschäftigt. Gewöhnlich sind sie bis an Augen und Ohren ekelhaft rot beschmiert, und ihr Augenspiel ist wie das Blinzeln eines zerbrochenen Ölkrugs in einer sternenhellen Sommernacht.

So war ich durch die Gesellschaft und das Gestrudel froher Menschenkinder gestimmt, als die letzten Kanonen abbrannten und das berühmte Werk des Herrn Stuwer zu spielen begann. Schade, daß der Mond durch die Bäume schien und mit allen Sternen des Himmels leuchtete; in einer dunklen Nacht wäre es freilich weit schöner gewesen. Herr Stuwer mag durchaus ein großer Feuerkünstler sein, er machte auch ganz hübsche Sachen, befriedigte aber meine Vorstellung nicht, die nun freilich durch die vielen Berichte und Erzählungen und Prahlereien vom Wiener Feuerwerke zu hoch gespannt sein mochte. Der Brief, der sich öffnete und die Worte »Ich gratuliere« zeigte, die Landkarte von Österreich mit seinen größten Städten, Bergen und Grenzen waren wirklich hübsch anzusehen und die gewöhnlichen Begleitungen von Raketen, Knallfeuern und Sternenscharen recht ergötzlich; aber Großes und Wunderbares sah ich nicht; nichts, das ich in zehnmal kleineren Städten nicht ebensogut gesehen hätte. Aber der Mensch ist es, der alles groß und klein macht; ohne ihn würde eine Sonne selbst unbewundert und unangebetet ihre ewige Bahn durchwandeln.

Bewundernswürdig war der Anblick wegen der schönen Erleuchtung, die Myriaden von Menschen in mancherlei Stellungen und Gruppen zeigte; wegen des Jubelns und Jauchzens und lebendigen Hin- und Herwogens dieser Tausende; und einzig war der Eindruck, als dies fröhliche Leben nun auf einmal in Nacht versank, die Menschenkinder sich taumelnd zwischen den Bäumen fortdrängten, die Wagen langsamer in der Dunkelheit fortstöhnten und die Fackeln der Magnaten mit den weißen Läufern dies alles zu einem Leichenzuge machten.

Der Platz, wo die Feuerwerke gegeben werden, ist ein grüner Rasenzirkel, rings mit großen Ahornbäumen umpflanzt und an den Seiten mit kleinen Häusern umgeben, wo man lärmende Musik hören und an Speise und

Trank sich gütlich tun kann. Am westlichen Ende bringt
Herr Stuwer seine Vorrichtung an. Gegenüber ist ein
amphitheatralisches Gerüst gebaut, wo man für zwanzig
Kreuzer Einlaß bekommen, aber nicht besser sehen und
lange nicht so fidel und frei sein kann wie draußen. In
der Mitte dieser Tribüne ist eine eigene Abteilung für
die kaiserliche Familie, die heute aber leer stand. Die
meisten bleiben im Freien und tummeln sich lustig mit
dem großen Haufen auf dem Rasen herum. Der Einlaß
zum Feuerwerk kostet zwanzig Kreuzer. Gewöhnlich
gibt Stuwer jährlich fünf, die von den freudelustigen
Wienern nie ausgelassen werden. Überall ist es zum Erstaunen, wie dieses Völkchen der alltäglichen Vergnügungen und Possen nie satt wird und wie doch bei so
viel Freuden und Unterhaltungen sein Geschmack nicht
wählerischer und feiner wird. Es scheint fast, als brauche
es in allen Künsten, Musik allein ausgenommen, gerade
nur soviel, daß es vom Schlaf bewahrt werde und seine
Magenseele, durch ein wenig Nachdenken nicht geplagt
und empört, einen gehörigen Aufguß der gröberen Freuden ertragen könne.

Dornbach

Dornbach ist ein anmutiges Dorf, das in einem engen
Tale zwischen dem Cobenzl und dem Gallitzinberg,
doch dem letzteren viel näher, liegt. Es hat hier und da
hübsche Häuser und ein paar Gasthäuser, die durch ihr
stattliches Inneres und Äußeres dartun, daß es hier täglich muntere Gelage geben muß. Man merkt es kaum,
daß man von Wien an sanft bergan geht, so allmählich ist
die Steigung. Zur Rechten am Eingange hat man Weinberge, die noch hinter dem Dorfe gegen Nordosten fortlaufen. Im Südwesten zur Linken sind zunächst Kornfel-

der, Wiesen und Obstbäume, bis sich mit einem Male das Waldgebirge erhebt und in einem weiten Halbmonde eine Viertelmeile nach Norden läuft. Dieser halbe Kreis ist ein wahres Paradies an Fruchtbarkeit und Lieblichkeit.

Wenn man links vom Dorfe gegen Westen aufsteigt, so führt eine hohe Lindenallee zu der niedlichen Villa des Besitzers dieser Ländereien bergan, und diese steigt immer höher ins Tal hinauf und hat zu beiden Seiten schöne Buchen, die links zu einem dampfenden Gebirge aufsteigen. Dieses Gebirge läuft unten in feine Wiesen aus, die ein Kranz dunkler Eichen einfaßt und ein Bach durchrauscht. Über die Wiesen kommt man zu den hohen Eichen, hinter welchen Gehege für Wild sind. Oben hat die Kunst kleine Bauernhütten angelegt und bevölkert. Das gehört zu den Raritäten. Doch besucht man solchen Quark mit Entzücken, da man doch besser täte, unten im Dorfe in die erste beste Hütte eines Armen zu gehen und einige Kreuzer zu spenden.

Rechts an der Nordostseite des Tals sind die reizenden Gartenanlagen, die diesen Ort zum Paradiese machen. Es ist dies ein sanfter Bergabhang, mit der weisesten Wahl und Mäßigkeit genutzt. Es sind freilich die gewöhnlichen kleinen Gartenzierate: Häuschen, Hütten, Tempelchen, Brücken, Grotten; aber alles zeugt von Geschmack, und es stellt sich einem fast nie die fatale Frage: »Warum ist dies gerade hier?« Man wandelt durch Wiesen, mit klaren Wassern durchschnitten und durchrieselt, durch Blumenstücke, Baumgruppen, wildes Gestrüpp, Felsenstücke, vom Wasser durchrauscht, an Schwanen- und Ententeichen hin, stößt bald auf kleine Asyle der stillen Betrachtung, bald auf Jäger-, Gärtner- und Hirtenhäuschen, sieht hier ein bebautes Kartoffel- und Blumenfeld, dort einen Streifen mit Hafer und Stoppeln. Die Berge steigen im Norden hoch über dieses Tal

Ansicht des Gartens Neuwaldegg zu Dornbach, 1792

hinauf, und man hat durch den Buchenwald einzelne Durchhaue, die nun verwachsen sind. Weiter östlich sind sie niedriger und weniger dunkel belaubt und untenhin mit Reben und noch weiter unten mit Kornfeldern eingefaßt. Dieses ganze Tal hat einen Anstrich von äußerster Milde und Verschwiegenheit und dann wieder eine romantische Erhabenheit und Schauerlichkeit. Man findet so vieles beisammen. Die Aussicht ist begrenzt, und man sieht von einigen Punkten etwa die Hälfte von Wien und seinen Vorstädten. Da haben der Leopoldsberg und der Kahlenberg unstreitig ihre Vorzüge, aber nur durch ihre Umgebung. Dornbach gefällt durch sich selbst und genügt sich allein.

Hadersdorf und Mauerbach

Den 7. August war ich schon um sechs Uhr morgens auf den Beinen und schlenderte im schönsten Morgenschimmer über Mariahilf, Gumpendorf, Grünberg, Schönbrunn, Maria Hietzing und Penzing fort. Von hier ging es immer an den Ufern der Wien entlang, die freilich jetzt seicht und kümmerlich überall mit Stecken und Schuhsohlen zu passieren, aber nach dem weiten Kiesbette zu urteilen nicht immer so ein harmloses Strömlein ist. Die Gegend fängt bald hinter Maria Hietzing an, sich mehr einzuengen. Links geht man unter dem schönen Kloster Sankt Veit vorbei, das an einer bunten Anhöhe, einen Kranz von Bergen hinter sich, liegt; dann hat man das Dorf Hacking mit seinem lustigen Schlosse am Berge und den kleineren Sommerhäuschen, und nun kommt an derselben Seite der hohe Forst, mit einer langen weißen Mauer umgeben, näher und näher zum Bach herab.

Bald kam ich nach Hütteldorf und auf die Linzer

Chaussee und war ringsherum dicht mit Wald eingeschlossen. Gleich hinter Hütteldorf am Wege ist wieder
eine Dreifaltigkeitssäule, die die Kaiserin Eleonora[32] gelobt hat; freilich keine Pracht daran, wie an der Linzer
und Wiener, aber doch immerhin ein unkünstliches
Kunstwerk. Bei dem reizenden Mariabrunn, das man
bald erreicht, dehnt sich der Wald wieder zu allen Seiten
aus und bildet eine fröhliche Gegend, durch die die
Wien ihre rauschenden Wellen wälzt. Wenn man von
Mariabrunn einen spitzen Winkel schneidet, so liegen
westlich und nördlich die schönen Schlösser des alten
Laudon und seines Weibes[33], Hadersdorf und Weidlin-
gau, die dem Auge einen süßen Ruhepunkt geben.

Das Kloster zu Mariabrunn hat nur noch wenige Mönche, es ist eines von denen, die aussterben sollen. Acht
Herren sind nur noch drin, sagte mir ein alter Bauer. Immer noch zu viele, dachte ich und ging auf Hadersdorf
zu. Es liegt im Tale zwischen engen Bergen dicht an der
Wien und ist ein ganz stattliches Dorf. Das Schloß ist
einfach und prunklos und rings mit einem Wassergraben
umgeben. Man geht gleich an der Hinterseite in den
Garten. Auch dieser ist einfach und natürlich, und der
Geist seines alten Besitzers scheint aus ihm zu sprechen.
Dicht am Schlosse sind Blumenstöcke und Orangerien;
dann kommen schöne Alleen von Linden, Kastanien
und Pappeln und endlich Obstbäume und Wiesen, alles
auf der Seite des Weges nach Mauerbach. Aber links an
der Wien findet man nichts als Wiesen und Baumpflanzungen, mit wasserreichen Gräben durchschnitten. Hier
sind die schönsten Bäume, Lauben und Einsiedeleien,
die ich in meinem Leben sah, und üppige bunte Wiesen.
Die Bäche rieseln unter dem traurigen Grün der Trauer-
weiden und des Seedorns dahin, und aus den Platanen,
Ahornen, Linden, Ulmen und Birken säuselt der stille
Geist der Betrachtung. Wenige kleine Bildsäulen stehen

hier und dort, mit Weisheit und Sparsamkeit angebracht. Inmitten dieser freundlichen und melancholischen Natur steht eine ernste Figur, mit einem aufgeschlagenen Buche, worin man die Worte liest: »meditatio mortis optima philosophia«, ein Satz, gegen welchen ich sogleich lebhaft protestierte.

Durch diesen Garten wanderte ich nun in einer Allee lombardischer Pappeln weiter ins Freie hinaus, meinen einsamen Pfad unter dem Wald hin, bis mich der Weg nach Mauerbach empfing. Dieser, von hier etwa fünf Viertelstunden lang, ist einer der angenehmsten. Er geht, sanft sich hebend, immer durch Wiesen hin, die die Berge zu beiden Seiten dicht einschließen. Herden des schönsten Viehs sieht man selten, seltener eines der vernunftbegabten Lebewesen. Keine Vogelstimme, einzelne Geier kreisen in der Luft. Etwas über die Hälfte des Weges findet man ein Kruzifix unter einem blanken Dache, und bald darauf freut man sich an einer zierlichen Grotte rechts am Wege. Ich ging hastig hinein und fand ein häßliches Kruzifix aus Sandstein und einen verstümmelten Heiligen neben ihm; unten Tuffsteinstücke mit Engelsköpfen und die Worte, ihnen aus dem Hals geschrieben: »Domine da mihi hanc aquam!«[34] Zugleich stürzte dieses Wasser kristallklar aus einer Röhre hervor. Warum setzte man nicht lieber den Herrn mit der Samariterin hin? Ich hielt mich indessen an die Inschrift und ließ mir das Wasser gut schmecken. Von hier geht man einen Fußsteig durch den Wald und sieht bald Mauerbach unter sich. Es ist hier keine Spur von Feldbau. Alles sind Weideplätze oder Wiesen. Hier strichen Mäher auf den Bergen ihre Sensen, dort weideten Kühe, tiefer unten breiten sich Wiesen blumig aus.

Ich ging durch das Dorf hinab, stieg hinter der Kartause auf den Hügel und setzte mich auf einen alten Baumstamm am Wald, die stille und blühende Gegend zu genießen; es ist eine Gegend der Hirten und Mönche. Unter mir lag die schöne Kartause mit ihren weiten Gebäuden und gemahnte mich zuweilen durch einen dumpfen Glockenschlag an Menschen. Eine schöne Stunde ließ ich so mein Herz spielen, dann stieg ich um zwölf Uhr zur Kartause hinab. Diese Kartause war eine der reichsten und anmutigsten, ehe Joseph ihre Bewohner zerstreute. Sie liegt dicht am Walde, am Hange des Berges, und hat hinter sich schöne Wiesen und Gärten. Am Eingang stehen stattliche Linden, und die Aufschrift meldet, daß König Friedrich der Schöne, der durch sein Unglück und seinen Edelmut so berühmt ist, sie 1313 baute.[35] Sie ist nun einem edleren und besseren Gebrauche geweiht, nicht die Jugend des Landes zur faulen Andacht zu verführen, sondern Alten und Elenden ihr trauriges Dasein etwas milder zu machen. Man hat nämlich aus der Kartause ein Spital, Armen- und Zuchthaus gemacht. Das letztere mag aus manchen Gründen wohl nicht eben zu dem ersteren passen. Hilflosigkeit und Verbrechen sollten nie miteinander vermischt werden.

Im vorderen Hofe des Klosters ist der Wirtschaftstrakt: der Verwalter, die Kanzlei, das Waschhaus, Brauhaus, Wirtshaus, die Pferdeställe und der Förster an der Seite. Am Eingange des zweiten Hofes ist die Behausung der Wächter, und in den zahlreichen Zimmern und Zellen, die in alle Richtungen nach hinten auslaufen, wohnen die Pfleglinge und Zuchthäusler. Viele sind arm an Geist und Körper und fristen ein elendes und hinwelkendes Dasein wie Pflanzen; andere, die noch arbeiten können, haben dazu ihre eigenen Stuben, die reinlich und wohl eingerichtet sind. Ich sah dort auch Kinder, Buben und Mädchen, mitarbeiten. Das war mir widerlich. Das junge Alter gehört nicht unter den Abschaum und Schlamm des Lebens. Auch die Gänge und Wohnräume und das große Krankenzimmer fand ich luftig

und reinlich und mit der Freigebigkeit ausgerüstet, die
alle diese wohltätigen Anstalten Jospehs auch in Wien
charakterisiert. Es ist hier ein eigener Chirurgus für die
Kranken und Gebrechlichen, und wöchentlich kommt
ein Oberarzt von Wien. Die Kirche ist ganz hübsch und
mit einem großen Gemälde aller möglichen Märtyrer
und aller Martern geschmückt, die je gewesen sind oder
haben sein können; eine schöne Komposition für einen
Künstler. Die Höfe der Gebäude sind schöne grüne
Rechtecke und geben denen, die spazieren wollen, Luft
und Licht genug wie auch die nach hinten liegenden
Gärten. Die Gefangenen müssen arbeiten, Saiten schlagen, kämmen, Wolle und Seide spinnen.

Ich verließ das Kloster und vernahm noch die Legende von einem Kaiser Ludwig, einem der Karolinger.
Dieser verirrte sich auf der Jagd, und seine Gemahlin tat
in der Angst ein Gelübde, in dieser Wildnis eine Kapelle
zu bauen, wenn sie ihren Herrn wiederfände. Wo das
Kloster steht, trafen sie einander, und das Kapellchen
stieg auf. Ich ging mit frommen Gefühlen weg, als hätte
ich noch Kartäusern Lebewohl gesagt, kam wieder bei
der heiligen Grotte vorbei und langte endlich wieder in
Hadersdorf an. Hier sah ich am Wege links in einer kleinen Einfriedung das Denkmal des Helden[36]. Nach dem
Schlosse zu gehen und Diener und Schlüssel zu holen
schien meiner Ungeduld zu umständlich. Ich schaute, ob
die Gegend rein war, denn als Einbrecher wollte ich
mich doch nicht ertappen lassen, und schwang mich
schnell über die hohe Einfassung. Dieses Denkmal ist
ein etwa drei Ellen hoher Sarkophag, mit einem flachen
Dache und rundherum mit Trophäen in Haut-Reliefs
umwunden und mit einigen allegorischen Figuren –
Ruhm, Friede, Tapferkeit, Wahrheit – geziert; nicht von
besonderer Schönheit, doch gefällig durch das Einfache.
Am Vorderende ruht ein geharnischter Krieger in einer

trauernden Stellung mit gesenktem Blick, seinen Schild neben sich, sein Schwert der Hand entsinkend, mit aufgezogenem Visier, eine ganz edle und brave Gestalt. Auf einer Marmorplatte ist eine Inschrift angebracht. Die Masse ist leider nur Sandstein. Warum setzt ihm der Staat kein Denkmal? Etwa weil er sich selbst ein ewiges im Staate gesetzt hat?

Ich schwang mich wieder über die Einfriedung und ging mit erhabenen Gedanken immer links am Wege durch einen Tiergarten mit einfachen Fußsteigen und kleinen Häuschen. Nun erst vermeinte ich den Garten an der anderen Seite zu verstehen, welchen ich heute morgen besah. Auch er ist einfach und bescheiden. Ich mußte ihn nachher noch einmal durchwandern, machte dann schnell meinen Rückweg durch Baumgarten und hielt dort in einem bäurischen Tanzsaal einen kleinen Imbiß. Hier lagen unter dem großen Zelte, mit Säulen gestützt, die grünes Tannenlaub und Rosenbänder umwanden, noch die Überreste der Sonntagsfreuden umher: verwelkte Blumen, Stückchen von Bändern und Flitter, Pfeifenstiele und andere Sächelchen. Ich bewunderte auf dem Glacis noch drei schöne Regimenter, die dort vor dem Kaiser ihre Übungen machten. Der Gedanke, daß von ihnen nach zwei Jahren vielleicht nur mehr Gebein übrig sein wird, versetzte mich in eine wehmütige Stimmung, und so begab ich mich in die Stadt, wo ich dem Marinellischen Kasperl und den kasperlischen Zuhörern diesen Abend nichts abgewinnen konnte.

Der Prater

Dieser schöne Tummelplatz der Freude und des Vergnügens liegt eine gute Viertelstunde von der Brücke entfernt, welche die Stadt von der Leopoldstadt scheidet, durch welche eine lange Allee, zu beiden Seiten mit Fußsteigen, dahin führt. Am Ende der Leopoldstadt ist man alsbald unter den Bäumen des Praters, und zwei breite Wege, der eine rechts, der andere links, führen hinein, und ein dritter, ganz links, geht zum Augarten und zur Donaubrücke der böhmischen Landstraße. Für die Fußgänger sind Seitensteige neben den Wegen, und die weiten Wiesen und Flächen sind mit Bäumen bedeckt, wo sie nach Gefallen dem wirbelnden Staub der Wege ausweichen können.

Man kann den Prater und Augarten füglich als eine Donauinsel ansehen, worauf zugleich die Leopoldstadt liegt und woran weiter im Nordwesten eine Menge kleinerer Eilande grenzt. Diese große Insel wird durch den mittleren, größten Donauarm und durch den kleineren gebildet, der dicht an Wien, zwischen der Roßau und der Leopoldstadt, zwischen der Leopoldstadt und der Stadt und zwischen dem Prater und dem Erdberg hinfließt, immer von Westen nach Osten, um endlich nach dem Lauf einer starken Meile sich nördlich zu beugen und in den großen Arm zu fließen, der all die anderen schon früher in sich aufgenommen hat. Vom Augarten wird der Prater durch mehrere Häuser und Gärten und einen Zwischenraum abgeschnitten, durch den die böhmische Landstraße geht; und er ist von da an gerechnet bis zum äußersten nordöstlichen Ende nach dem niedlichen Jägerhäuschen gewiß an drei Viertel Meilen lang; seine höchste Breite ist wohl nicht ganz eine halbe. Er besteht größtenteils aus schönen grünen Rasen, gruppenweise mit Bäumen, hauptsächlich Ahorn und Silberpappeln, bedeckt, aus anmutigen Flächen, grünen Wiesen, Erlensümpfen, hie und da mit Rohr bewachsen und von Wasser durchschnitten. Weiter hinten hin, wo das Gewühl der Menschen nicht gar zu groß ist, weiden viele hundert Hirsche, die während des Winters zu

Das Lusthaus im Prater, 1783

schlimmer Zeit zum Teil mit dem Heu gefüttert werden, das jetzt für sie in großen Schuppen aufbewahrt wird. Sie sind gewöhnlich zahm und fürchten die Menschen nicht. Man sieht außerordentlich schöne Tiere. Sonderbar ist es, daß die Hindinnen mit ihren Kälbern sich gewöhnlich allein halten.

Dieser große Raum, den der Prater ausmacht, hat nun wieder seine einzelnen Gehege und einige Plätze, wo nicht jeder reiten, gehen und fahren darf; sonst ist alles seit Josephs Zeit ein freier Tummelplatz und ein schöner und freundlicher Vergnügungsort für die frohen Menschenkinder. Nach allen Ecken laufen Wege, Alleen und Fußsteige aus, die selten menschenleer sind. Die schönste Gegend des Praters ist unstreitig die nordwestliche, wo die große Donau ihn zunächst umfließt, der Teil, der gerade zwischen der Leopoldstadt und der Donau liegt. Da hat man eine wunderschöne Aussicht auf eine Menge lieblicher Eilande, die gegenüber liegen, in einem Kranz von Erlen und Weiden. Auf einigen grasen Kühe, auf anderen springen muntere Hirsche, auf anderen wiehernde Rosse, und von wieder anderen endlich klappern Mühlen ihren einförmigen und unmelodischen Gesang. Fernher schimmern der Leopolds- und Kaltenberg im Westen mit ihren grünen Reben, und eine schöne Ebene dehnt sich jenseits gegen Norden in die Unendlichkeit aus. Hier habe ich oft auf einem Deiche geruht, der, mit Schilfrohr bedeckt, von Rohrsperlingen umtönt und Eisvögeln umpiept, in den Strom hineinläuft.

Vorne im Prater, gleich am Strome, dem Erdberg gegenüber, sind einige kleine Wohnungen und Gärten, so wie auch an der linken Allee, unweit des Eingangs. Weiter hinein liegt links und rechts eine Menge kleiner Häuschen, Garküchen, Schenken und Keller, die um sich her, wie in einem Lager, große und kleine Sitze,

Tischchen, Stühle, Bänke und andere Vorrichtungen des Vergnügens haben. Diese Wohnungen mit den Plätzen herum geben eine kleine Pacht, und so können die Unternehmer sich mit ihren Sachen und Leuten darin einrichten.

Des Morgens ist hier nie etwas zu tun. Wer sich dann vergnügen und unterhalten will, der geht und fährt in den Augarten; aber des Nachmittags, von drei bis neun Uhr, findet man hier immer Gesellschaft. Am zahlreichsten ist sie indessen an den Feuerwerkstagen und an schönen Sonntagen, wo alle Geschäfte ruhen und wo der Wiener gewiß eine große Sünde zu begehen meint, wenn er seine Zeit nicht den Vergnügungen weiht. Dann herrscht auf dem Weg vom Leopoldstädter Tor bis zur Allee rechter Hand in den Prater ein Gewimmel, wie wenn Ameisen wandern. Man sieht eine lange Reihe der schönsten Equipagen und Fiaker, die immer nebeneinander mit »Hoo!«, »Hoo!« hin und her rollen, während zu beiden Seiten die zahlreichen Fußgänger im Staub und Gedränge beinahe ersticken. Hier an der rechten Allee steigt man aus und läßt die Kutschen halten oder kutschiert auch weiterhin in alle Richtungen den Prater auf und ab.

Diese Gegend also ist der Tummelplatz der hohen und besseren Gesellschaft. Sie spaziert entweder die Seitensteige auf und ab und läßt sich bewundern oder läßt sich unter den Tausenden mit wohl- und hochgeborenen Hintern nieder, nimmt geschlagenes Obers (Kern, Rahm), Kaffee, Schokolade, Limonade, Eis, Himbeersaft usw. ein und läßt sich im neuesten Schmuck aus London oder Paris begaffen. Da ist ein Flattern und Fliegen und Sumsen der Stutzer, der brillanten Huren, und dazwischen das Schreien der Marköre, Bedienten und Kutscher, wovon nur eine dunkle Vorstellung dem Träumer bleibt, wenn er aus diesem Faschingsspiel in die Stille kommt – ein flüchtiges und vergängliches Bild des Menschenlebens, ebenso flüchtig und vergänglich, wie dieses selbst ist.

Man glaube aber nicht, bloß hohe Gesellschaft hier zu sehen; nein, alles ist traulich untereinander, nicht allein auf den Spaziergängen, sondern auch auf den Bänken und Sesseln, an den Tischen, unter den Bäumen wie auch in den kleinen Zimmern. Es ist ja alle acht Tage, oft noch öfter, so ein Karneval, wo der Größte und der Kleinste gleiche Luft atmen und oft gleiche Tassen berühren, nur daß jener endlich stolz mit einem Paar Engländer oder Neapolitaner fortrasselt, vom Schimmer der Livreen umgeben und von einem Fackelträger begleitet, während dieser in einem Fiaker ebenso schnell oder auf seinen Füßen ebenso glücklich an den Ort seiner Ruhe kommt, wo ihn der Staub, den jener mit seinen Rossen aufwirbelt, und der Dampf nicht ärgern, den sein Fackelträger ihm unter die Nase schwingt.

Es ist eine Freude, so ein wenig herumzulauschen und zu sehen, wie jeder hier das Seine sucht. Die dicken Bäuche in ihrer ehrenfesten Ruhe, wie sie alles gewöhnlich genießen und für das übrige kaum die Augen offen haben, wenn nur ein Täßchen nach dem anderen die Kehle hinabgleitet und ein Kipferl (eine Art Brot) auf das andere gepfropft wird. Die alten Weiber mit aufgespannten Busen und rot, daß sie sich schämen sollten, wie sie wohlgefällig die vorübergehenden Herrchen mustern und rezensieren, doch mit einer Miene der Gutherzigkeit, daß man höchstens über sie lachen kann. Die jungen Dinger, die in der Welt weiter nichts wissen noch kennen als das schöne Wien (Wiähn) und das herrliche Wien, wie sie mit hübschen Gesichtchen umhergucken und jene Blitze senden möchten, die sie nicht haben, und wie endlich ihr ganzes Wesen sich in einem holden Lächeln auftut, wenn ein Süßling mit einem faden Witz und einer albernen Frage die Langeweile des Wartens unterbricht. Die Stutzer endlich, dieses zahllose Heer, jetzt alle schwarz angetan von unten bis oben und anglisiert an Köpfen und Füßen, so sehr wie es die Wiener Polizei gut findet, wie sie bald wohlgefällig auf ihre netten Beine, bald auf die blanke Halskette schauen, woran ihre Uhr hängt, dann mit einer Zehenhebung einen Salto mortale machen, plötzlich horchen und ebenso plötzlich auflachen, als hätten sie was Wichtiges gehört und gesagt, um dann endlich wieder, ihrer Rolle eingedenk, in die alte feinenglische, etwas plumpe Stellung zu fallen, bis endlich die Lünetten auf der Nase plaziert und die Unterröcke einer nach dem anderen gemustert werden. Auch Abbés kann man hier mit diesen Instrumenten der Galanterie sehen, mit schönen rundfrisierten Haaren und roten Strümpfen; die echten Pariser hingegen haben selbst im Exile jetzt noch einen ganz anderen Schnitt.

Bei diesem Gewirre der Tausende verleugnet der Wiener sein Phlegma und seine Gutmütigkeit nicht. Es ist wie ein Bienensumsen um die Abendzeit, was freilich zusammen ein feines Getöse macht, wovon man aber selbst in der Nähe keine Stimme erschallen, keinen Laut tönen hört. Die meisten sitzen stumm und mit abgebrochenen und zischenden Worten, und die Sprechenden tun es so in ihrer bequemen und stillen Manier, daß sie nicht einen Schritt weit hörbar sind. Kein Anstoßen, keine Händel, niemals lebendige Wortwechsel. Bloß die Kutscher lassen durch derbe Stimmen und herzhafte Flüche noch zuweilen vernehmen, daß es hier leidenschaftliche und beseelte Lebewesen gibt.

Wenn man von hier nun den Weg über den Rasen auf die linke Allee zu einschlägt, so stößt man immer auf neue Häuschen und Schenken, und die zahllosen Feuer und der angenehme Fettduft, den man eine halbe

Stunde weit riechen kann, sagen einem, welchen Göttern hier geopfert wird. Auch hier ist, wie oben, vollkommene Gleichheit, gute und schlechte Gesellschaft in einer reizenden Unordnung untereinander. So laufen die kleinen Häuschen und Restaurationen nach allen Ekken und Enden hin, weit über die linke Allee, und bei jedem findet man neue Arten von Spaß und Vergnügungen. Kegelbahnen sind überall; gewaltige Schaukeln, worin die Bürger und Bürgerinnen sich nach den Strapazen ihrer Beine wiegen lassen und die, in einer langen Reihe geschwungen, mit ihren Insassen oft ein äußerst drolliges und lächerliches Schauspiel geben, wenn man das Geschrei der Ohnmächtigwerdenden und das Gewühl in den dicken Bäuchen, worin die gebratenen Hendln und gefüllten Kalbsköpfe umgerüht werden, mit dazurechnet. In anderen Häuschen laufen die Karussells rund, mit allerlei Volk besetzt, und türkische Trommeln und quiekende Pfeifen machen eine wilde Musik, die man fernhin donnern hört. Spieler aller Art sitzen nun da auf einem beliebig aufgeschlagenen Thron und donnern in das wilde Getöse der Tausende hinein meistens populäre Stücke und muntern zu Speise und Trank auf.

Man sollte glauben, hier gehe es wilder und lärmender her, nach der Art des gemeinen Volks, welches hier doch häufiger ist. Aber nein. Nie sieht man einmal Buben sich raufen oder schelten, was in anderen Städten einem Wunder gleich scheinen würde. Jeder genießt reichlich, was sein Vermögen und Magen vermag, kümmert sich nicht um seinen Nachbarn noch um die ganze Welt und erhebt kaum Auge und Ohr von seinem Seidel Wein, gebackenen Hendl oder Kapaunerl, wenn ein ungewohntes Tosen erschallt. Da sitzt und liegt und tummelt sich das liebe Menschengeschlecht in gar mancherlei Gruppen und freut sich über die hellodernden

Küchen und die lustige Musik, indem eine Tasse die andere jagt und Seidel auf Seidel und Plutzerl auf Plutzerl (ein irdener Krug von der Form eines Kürbisses, der hier Plutzerl heißt) die Nase röter färben, bis endlich Braten, Kuchen und Fische ihnen die Sprache ganz rauben. Hier ist es Zeit für die liebe genußfrohe Jugend, sich heranzumachen. Die Wienerinnen sind mit Blicken sehr gütig und nehmen, wie die meisten Weiber, gewisse Anträge nie übel. Einladend sind die Bäume, sich zur Vorrede vertraulich hinzulagern, und Büsche gibt es auch, wenngleich die fromme Kaiserin manches schädliche Gesträuch weghauen und den Prater lichten hat lassen, um Amors lose Diebsschliche auszurotten.

Endlich kommt denn doch das trauliche Dunkel der grauen Nacht, wo alles zu zweien, dreien, vieren sich aufmachen kann und wo den wenig bedürfenden Sterblichen ein Baum oder Strauch allenthalben zu einer didonischen Höhle wird. Es ist ein sonderbares Gefühl, welches mich immer ergreift, wenn nun alles forteilt. Das Tosen der Wagen, das Lärmen der Kutscher und Fiaker, das Lachen und Plappern so vieler illuminierter und froher Menschen wälzen sich wie in einem Strome fort und vereinigen sich zu einem wilden Klang. Stiller wird es und stiller unter den Bäumen, ein Licht erlischt nach dem anderen, eine Musik verstummt nach der anderen, bis endlich die letzten dumpfen Töne einer einsamen Trommel oder einige gellende Pfeifen durch das einsame Dunkel schallen und einzelne Menschengestalten still und verloren vorüberhuschen. Warum wird einem unter so einem großen Menschenhaufen, wo man keiner Seele angehört und wie ein Tropfen in dem großen Strome fortrinnt, warum wird einem da so wehmütig? Warum erregt alle Pracht der Welt, alles, was dem Ohr und dem Auge schmeichelt, alles, was die Sinne reizen und ergötzen kann, warum erregt das lebendigste und strudelndste Leben nur das große Gefühl der Vergänglichkeit?

Der Augarten

Will man den Prater eine Laïs und Phryne nennen, so ist der Augarten eine sittsame Danaë oder eine in eigene Unschuld und Milde versunkene Psyche, der man sich mit bescheideneren Blicken und ruhigerem Blute nähern muß. In der Tat, der Charakter dieser beiden Lusthaine ist ebenso verschieden wie der Charakter der Vergnügungen daselbst, wenngleich diese sehr oft einander ähnlich werden müssen. Der Augarten liegt südwestlich von der Leopoldstadt und macht zusammen mit der Brigittenau den südwestlichen[37] Teil der großen Insel aus, von welcher die Leopoldstadt und der Prater der größere Teil sind. Er trägt durchaus das Gepräge der Lieblichkeit und Anmut und hat in jeder Hinsicht Vorzüge vor dem Prater, wenn man das zahlreichere Menschengewühl in diesem abrechnet.

An seinem Eingange stehen mehrere große Gebäude, von Kaiser Joseph gebaut, in einem Viereck, und das Portal trägt eine Aufschrift, die mehr die Humanität als den Geschmack dieses großen Mannes bezeugt: »Allen Menschen geweiht von ihrem Schätzer«.[38] Diese Räume hat ein gewisser Jahn gepachtet, bei dem alle möglichen Artikel des Magenluxus oder der bloßen Leibesnotdurft wohlfeil und teuer zu haben sind. Hier ist meistens des Morgens Gesellschaft, die einen Kaffee oder eine Schokolade einnimmt und in den schönen Gängen oft bis Mittag herumwandelt und in den Sälen oder unter den hohen Kastanien und Pappeln endlich ein weidliches Mahl hält. In den größten Sälen werden häufig Akademien abgehalten oder Musiken von Dilettanten aufgeführt, wie es jetzt alle Donnerstage geschieht. Häufig lädt man hierher auch eine ganze Gesellschaft, und Jahn richtet die Bewirtung ein, je nachdem man prächtiger oder frugaler schmausen will. Diese schönen Gebäude, sind wiederum mit österreichischer Liberalität zum allgemeinen Vergnügen hergegeben. Zu Mittag findet man meistens Musik da, oft das Orchester der Leopoldstädter Bühne.

Von diesen Gebäuden laufen nun die prächtigsten Alleen nach allen Seiten der Donau hin, deren beide Arme hier nicht so weit auseinander sind. Die Gänge sind durchgehauen und werden unter der Schere gehalten, das andere Gehölz ist dichtes Gebüsch. Schöneren und üppigeren Baumwuchs als hier kann man sich gar nicht vorstellen, noch kühlere und lieblichere Schatten zu allen Stunden des Tages; deswegen würde der Augarten, wenn ich in Wien bliebe, auch immer mein Lieblingsplatz sein. Er ist es auch für die Wiener Schönen, die man hier des Morgens, besonders an Konzerttagen, in großer Menge auf- und abwandeln sieht, in der liebenswürdigen und schmachtenden Blässe des Morgens – das ist nicht wahr, denn die meisten beschmieren sich bis an die Ohren mit Rot, sowie sie aus dem Bette steigen. Hier also nimmt das große Schauspiel eines langen lästigen Tages seinen Anfang, löst sich im Prater, in Maria Hietzing, Schönbrunn, und wo sonst noch, auf und endet im Hoftheater, in der Oper, auf der Burgbastei oder zum Spaß auch wohl bei Schikaneder und dem Kasperl.

Die schönen Alleen bestehen hier aus Kastanien, Silberpappeln, auch wohl aus Ulmen und Linden. Ich habe nie so hohe Bäume gesehen, selbst auf dem Schießwall zu Regensburg nicht, und nirgends ein lachenderes und dunkleres Grün. Das schönste hiebei ist, daß man sogleich ins Freie gelangt und zur Donau, wo sich die reizendsten Gegenden dem Blicke öffnen. Rechts vom Augarten führt die Straße nach Böhmen über eine lange Donaubrücke durch freundliche Inselchen fort, und von der Seite quer über diese Straße geht und fährt man in den Prater. Hinten im Westende kommen nun mehrere kleine Häuschen und Küchen, wo es wie im Prater hergeht, nur sind Frequenz und Maße kleiner. Hinter diesen läuft die lustige Brigittenau, zwischen zwei Donauarmen eingeklemmt, fort, wo man die schönsten Spaziergänge hat und jenseits die Roßau und den schönen Weg nach Nußdorf mit den Wiesen am Strom liegen sieht. Da kann man sich ergehen, wenn man im vorderen Teil des Gartens nicht müde werden kann oder wenn man sich nach der Einsamkeit und einer schönen einfachen und unbeschnittenen Natur sehnt. Im Augarten wird übrigens weder gefahren noch geritten.

Schönbrunn

Dieses hübsche ländliche Schloß liegt von Wien etwa anderthalb Stunden, von den Vorstädten aber, nämlich von Mariahilf und den zunächst anstoßenden, etwa eine halbe bis dreiviertel Stunde entfernt in einer sehr angenehmen Gegend und hat einen Kranz lustiger Dörfer um sich, wie Gumpendorf, Grünberg, Maria Hietzing und wie sie weiter heißen, unter denen es sich prächtig emporhebt.

Das Schloß selbst liegt in einer Ebene oder vielmehr in einem Tale, dicht an der Wien, und hinter ihm erhebt sich sogleich ein schöner Hügel, und weiterhin schimmern grüne Berge. Es ist im gleichen Stile wie Laxenburg, doch noch etwas gezierter und verschnörkelter, gebaut, wie sie denn beide als Gebäude nichts Schönes und Erhabenes haben. Es hat vorn einen schönen Hof zur Auffahrt, und an den Außenseiten laufen große

Schönbrunn. Ansicht der Gloriette, um 1792

Reitställe hin, worin kaiserliche Pferde stehen. Die Möbel drinnen sind sehr veraltet und keineswegs prächtig. Selten kommt der Hof hierher, öfter die jungen Erzherzöge.

Hinter dem Schlosse ist der Garten. Vorn hat man einen weiten offenen Platz bloßen Sandes, den endlich ein großer Teich mit neptunischer Steinhauerei beschließt, worin zahlreiche Goldfische umherschwimmen. Zu beiden Seiten dieses Platzes laufen Gänge und Alleen mit schönen Bäumen nach Westen und Osten fort, ganz im alten französischen verzierten Geschmack. Gleich unten am Schlosse sind Blumen- und Fruchtgärten in einer Vertiefung. Der freie Platz und die Baumreihen und das Innere der Lauben sind mit einer Menge Statuen besetzt, die zum Teil gut gearbeitet sind. Rechter Hand, vom Schlosse westlich, kommt man zu einer Menagerie von allerlei Tieren, die im Garten, auf freien Plätzen und Höfen, in Zimmern und Käfigen aufbewahrt werden. Man sieht da manches Merkwürdige, besonders einen schönen weißen Bären, Fasane, Pelikane und eine ganz vorzügliche Sammlung der kaiserlichen und szepterhaltenden Vögel.

Aus diesen Abschnitten steigt ein Hügel sanft empor und neigt sich jenseits ebenso sanft zu Wiesen und Waldgesträuch hinab. An seiner linken östlichen Seite steht ein ganz feiner Obelisk und in der Mitte, dem Schlosse gerade im Angesicht, eine niedliche Villa[39], aus einem großen Saale und zwei Arkaden zu beiden Enden bestehend. Hoch breiten darüber ihre Flügel die goldenen Adler aus, die man weithin schimmern sieht. Die Aussicht, die man von hier oben auf das Gewimmel in Schloß und Garten, auf die reizende Gegend und auf die Kaiserstadt hat, und endlich auf die ferneren südöstlichen Gebirge, ist entzückend und diese Villa unstreitig der schönste Punkt in Schönbrunn. Hinten, wo der Hügel noch höher steigt, hat man einen wilden Wald mit Eichen und Tannen und Fasanengebüsch. Der Botanische Garten hier gehört zu den berühmten in Europa; mehr kann ich Unkundiger nicht von ihm sagen; mich hat er bloß ergötzt.

Dieses Schönbrunn mit seiner Umgebung gehört, weil es so nahe ist, zu den von den Wienern am meisten besuchten Orten. Alle Tage geht und fährt und reitet es da in hellen Haufen. Ja, mancher Wiener hat in den niedlichen umliegenden Dörfern, vorzüglich in Maria Hietzing, seine Sommerwohnung aufgeschlagen, und mancher Fremde ahmt ihn darin nach. Besonders Meidling und Maria Hietzing sind immer voll Jubel und Gewimmel. Der Haupttag indessen ist der Sonntag. Ist dieser heiter, so kann man schon frühmorgens, von sechs, sieben Uhr an, alle Wege und Fußsteige voll bunter und fein herausgeputzter Menschen sehen. Die Fiaker nehmen die Feineren mit, andere schleppt der lange Schwanz eines Zeiselwagens, die Person für drei, vier Kreuzer, zu fünfzehn bis zwanzig zusammengepackt, die zwei arme Gäule, immer im Trab, ziehen müssen. Viele endlich gebrauchen das natürliche Gespann des Menschen und trocknen sich oft Schweiß und Staub von der Stirne, in Erwartung der Freuden und Belustigungen, die die Mühen und Arbeiten vieler saurer Tage belohnen sollen. Ländliche Musikanten stehen dann hie und da am Wege und blasen und sehen den zufliegenden Kreuzern der Vorüberfahrenden mit Sehnsucht entgegen. Vor den Schloßtoren aber harren die Fratschlerinnen mit Obst, Pflaumen, Pfirsichen, Kuchen, Brot, Wein und Rosolio und haben gewöhnlich ihren Vorrat vor der Zeit abgesetzt.

So wimmelt und strudelt es wie ein ewiger Bienenschwarm im Schloß und Schloßgarten hin und her und ist sozusagen ein Prater im kleinen für den Morgen und

Vormittag. Scharenweise sieht man die Spazierenden nun in den kühlen Gängen auf und ab wandeln oder sich auch paarweise weiter in die Vertiefungen des Parks verlieren. Andere füttern die Goldfische in dem großen neptunischen Becken mit Brosamen. Die meisten aber sind um die Tiere in der Menagerie herum. Da wird durch mancherlei Späße, Neckereien, Urteile und Anmerkungen für den lustigen Seher und Horcher die Menschenmenagerie endlich noch die lustigste. Diese Wirtschaft dauert so bis um Mittag fort, wo die meisten sich zerstreuen und nach Meidling, Nußdorf, Gumpendorf für die fernere Unterhaltung des Mittags und Nachmittags ziehen. Manche aber bleiben hier und lassen sich in den wohlausgerüsteten Gasthäusern und Garküchen ein weidliches Mittagsmahl schmecken und die heißen Stunden vorübergehen, wohl wissend, daß es noch lange dauert, bis der Prater mit seinen Trommeln tost und seine dampfenden Garküchen auftut oder Schikaneder und der Kasperl ihre Späße auftischen.

Laxenburg

Dieser schöne Sommeraufenthalt der kaiserlichen Familie liegt zwei kleine Meilen von Wien in einer schönen Ebene, die im Südosten die Berge hinter sich hat, welche von Wiener Neustadt nach Ödenburg bis zum Neusiedler See in Ungarn fortlaufen. Große und erhabene Gegenstände der Natur und Kunst sucht man in Laxenburg vergebens, aber von dem, was sie Sanftes und Holdes hat, was in den meisten Stunden des Lebens der menschlichen Gemütsstimmung nicht widerstrebt, von dem findet man hier vieles beisammen.

Ich will das, was einen schönen Morgen meines Lebens ausgemacht hat, aus der Erinnerung zusammenlesen und eine kurze Schilderung davon entwerfen. Das Schloß ist im Geschmacke von Schönbrunn, leicht und anspruchslos, und auch sein Inneres ohne Prunk und Zierde. Hieran stößt nun gleich der Garten und Park, und man geht durch das Schloß oder eine der Seitenpforten hinein. In zwei Hälften teilt ihn ein großer breiter Weg, der vom Schlosse sanft ansteigt und endlich in einen grünen Hügel über dem Park ausläuft. Mehrere Durchschnitte sind zu beiden Seiten durch den Wald, und Baumpflanzungen, Wiesen, Anger und Gänge wechseln ab, hie und da mit Wassern durchflossen und in der lieblichen Mannigfaltigkeit und Unordnung, worin uns die Natur so sehr gefällt. Statuen sind sparsam angebracht und Schnitzelei an Bäumen selten. Die rechte Seite, vom Schlosse aufsteigend, ist die höhere und hat hübsche Abschnitte und Gänge, aber die linke ist wasserreicher und zum Lieblingsplatz der kaiserlichen Familie geworden. Hier wandeln sie oft und tummeln sich herum, speisen im Freien und feiern kleine Feste an den bäurischen Tischen und in den offenen Pavillons, und man bekommt durch das Ganze eine recht freundliche Vorstellung von ihrem häuslichen Leben. Die Kaiserin[40] selbst soll die Seele von allem und sehr munter und beherzt sein und selbst oft den Wagen lenken, so hoch in die Berge hinein und so keck über holperige und abschüssige Stellen, daß der furchtsamere Gemahl oft ernsthafte Einwendungen dagegen gemacht hat. Die kleinen Gebäude und Anlagen dieser linken Seite sind meist ihrem Kopfe entsprungen und machen ihrem Geschmack Ehre.

Gleich oben ist ein kleines Fischerdörfchen, das aus mehreren Häusern besteht, in welchen man vieles findet, was zum Fischerleben und Fischergeräte gehört, alles freilich zierlicher und netter, als es dieses arme Völkchen gewöhnlich haben kann oder das nasse Element es verträgt, in dem es seine mühselige Ernte hält. Indessen werden doch auf Befehl und unter den Augen der Kaiserin häufig Proben damit in der umliegenden Gegend gemacht. Nicht weit davon ist ein Teich mit einem sehr hübschen chinesischen Glockenschlößchen an einem Ende und einem Zelt an dem anderen. Aber niedlicher und reeller ist weiterhin das holländische Kaffeehaus mit Billard, Küche, Speisesaal und dem zugehörigen Apparat, sehr einfach und geschmackvoll eingerichtet. Ebenso auch das sogenannte türkische Zelt und die Einsiedelei mit ihren Grotten, Gärtchen und dem Taubenschlage. Aber bei weitem das schönste ist und bleibt die lebendige Natur, die kleinen Bäche, die grünen Wiesen und der herrliche Baumwuchs der alten Eichen, Ahorne und Platanen. Auch hier sind Durchschnitte auf die Ebene hinaus, auf die Dörfer und Turmspitzen.

Ganz am äußersten Ende des Parks arbeitet man emsig an einem großen Gebäude, woraus ein Rittersaal oder, besser, eine Ritterburg werden soll.[41] Unser Führer sagte uns sehr naiv, die Kaiserin wolle ihrem Herrn eine Freude damit machen, wenn es nun mit einem Male, wie durch eine Hexerei, dastehe. »Ja«, setzte er lachend hinzu, »er weiß es wohl, er tut es ihr aber zu Gefallen, daß er nie nach dieser Seite des Parks hingeht.«

Näher am Schlosse sind Gänge und Gärtchen im französischen Stil und kleine Becken mit Goldfischen. Hier ist auch eine Reiterstatue Kaiser Josephs aus Bronze, kaum halbe Lebensgröße. Sie ist wohlgeraten und der Kaiser gut getroffen, aber doch macht das Werk keinen Eindruck, weil es wirklich zu winzig ist. Sie wurde erst diesen Sommer aufgestellt. Laxenburg selbst ist ein nettes Dörfchen, hat einige gute Wirtshäuser, ein zierliches Kaffeehaus und alles, was ein Ort haben muß, der den vergnügenliebenden Wienern so nah ist. Von hier bis

Wien fährt man fast immer in einer Allee, welche die Kaiserstraße genannt wird und die keine anderen Wagen befahren dürfen als solche, die Menschen geladen haben.

Wien und was drinnen ist

Taubstummeninstitut

Dieses Institut liegt nahe an der Maut bei den Dominikanern, in einem von Joseph eigens dazu bestimmten und eingerichteten Hause. Unten ist eine große Buchdruckerei, die verpachtet ist und an das Institut bezahlt und worin mehrere seiner Zöglinge arbeiten. Die Speisezimmer, die Schlafzimmer, die Betten, alles ist äußerst reinlich und ordentlich und erregt für das Ganze gleich eine vorteilhafte Idee. Dieser Idee entspricht auch das Äußere der Kinder, das Gesundheit und frohen Mut verrät. Sie sind meistens in Grau gekleidet, einige reichere in beliebigen Farben. Die bestimmte Zahl ist fünfundvierzig, und nur wenn mehrere ausgetreten sind, werden neue aufgenommen. Die meisten vom niedrigen Stande lernen ein Handwerk, wenige eine Kunst; einige werden auch als Schönschreiber in den Kanzleien angestellt. Der Direktor des Instituts ist ein Mann, der all die Freundlichkeit und Geduld zu haben scheint, die zum Umgang mit Kindern, noch vielmehr mit solchen Kindern, durchaus nötig sind.

Jeden Sonnabend ist von zehn bis zwölf Uhr öffentliche Prüfung, wo ein jeder hingehen und sich eine Idee von der Art des Unterrichts und der Behandlung dieser armen Kinder holen kann. Bei dem Examen ging es wie bei fast allen Examen. Es wurden Kunststücke gemacht,

die die meisten Zuschauer und Zuhörer außerordentlich, mich sehr wenig erbauten. Ein Knabe hatte zuerst
ein Büchlein und las in seiner Art zu artikulieren die
Worte her, indem er Zeichen dazu machte; nach diesen
Worten und Zeichen schrieb es ein anderer auf die Tafel, und ein dritter mußte es hierauf wieder ablesen.
Dann stellte sich der Lehrer hin und machte Zeichen,
und die Kinder sprachen, wie sie konnten, die bezeichneten Worte nach, die er ihnen zum Teil mit dem
Munde vormachte. Nachher wurden Rechenübungen
angestellt, ganz einfache, die gut abliefen.

Wie man aber Kindern von abstrakten Gegenständen
nur einigermaßen richtige Begriffe beibringt, das begreife ich, trotz allem Geschwätz und Erklären der Lehrer, nicht. Man sollte da, glaube ich, nicht so viel an
ihnen künsteln, sondern sie ihrem eigenen Brüten und
Nachdenken überlassen; sicher wären sie dabei glücklicher als mit all dem Zeuge, das man ihnen nun von Dog-
matik einpfropft. Das ist ja gemacht, täglich viele zu ver-
wirren, die Gehör und Sprache haben; wie sollte es denn
bei diesen Armen dies nicht doppelt und dreifach tun?
Für die alltäglichen Dinge des Lebens mag es gut sein,
ihre Sprache zu üben und sie Namen und Worte auch
aussprechen zu lassen. Aber das, glaube ich, vergessen
sie leicht nach der Schule, weil sie es nie üben wie hier.
Da wird denn doch die Zeichensprache wieder alles tun
müssen, und die reicht schon hin für die meisten Dinge
und Geschäfte des Lebens. Doch auch so, bei allem Lei-
ermäßigen und Dressurartigen, was bei dergleichen großen Anstalten fast nie ganz zu vermeiden ist, ist es eine
schöne und menschenfreundliche Anstalt des großen
Mannes, der für seine Monarchie und für Deutschland
dreißig Jahre zu früh starb.

Der Narrenturm [42]

Dieser sogenannte Turm liegt hinter dem großen Spital und seitwärts vom Militärspital an der Alser- und Währingergasse, ein starkes zirkelförmiges Gebäude, doch kein Pantheon; wieder ein Denkmal österreichischer Freigebigkeit. Alles ist mit der größten Sorgfalt und Genauigkeit eingerichtet und wird in Ordnung und Reinlichkeit gehalten, daß ich erstaunt bin, wie es unter diesen Halbmenschen möglich sei. Dieser Turm hat nach allen Seiten reichen Luftzug und Himmelslicht. Unten ist ein Garten, wo die Halbtollen und Genesenden spazieren können. Die, versteht sich, die stark genug dazu sind, müssen auch kleine Arbeiten tun, Holz und Wasser tragen, fegen und dergleichen. Die Gänge und Treppen und selbst die Zimmer lassen es kaum vermuten, wo man ist, wenn man nicht durch das wilde Schreien und Lärmen der Umherstehenden und Gehenden und durch das Gewimmer und Gebelle der Rasenden und Geschlossenen drinnen allzu lebhaft daran erinnert würde. Der Aufseher und Oberarzt, D. North, ist ein Mann, dem man den liebenswürdigen und menschenfreundlichen Charakter, durch den er berühmt ist, aus jedem Zuge anerkennt, wie auch seine seltene Geschicklichkeit und seinen außerordentlichen Scharfsinn in der Behandlung dieser Unglücklichen. Auch die Aufseher und Krankenwärter tragen nichts von der gewöhnlichen Rauheit und Härte an sich, die solchen Leuten freilich bei diesem Geschäfte leicht natürlich werden.

Die meisten dieser Armen tragen sich mit einer gewissen fixen Idee, welche auszurotten oder auf etwas anderes hinzulenken des Arztes größte Kunst ist. Andere sind wegen menschlichen Elends oder zerrütteter Organe entweder in einem stillen schwermütigen oder wilden rasenden Zustande. Diejenigen, denen man trauen darf, laufen in den Zimmern und Gängen ungehindert nebeneinander herum, lachen und schäkern oder klagen; jeder tut und treibt gewöhnlich das Seine, ohne sich um die anderen zu kümmern oder sie zu verletzen. Andere sind an den Händen geschlossen, da sie entweder sich selbst ein Leid antun wollen oder sonst nicht zu bändigen sind. In jedem Zimmer wohnen zwei, jeder bleibt für sich und hält sich auf dem Territorium seiner Bettseite, gewöhnlich so, daß sie niemals ein Wort miteinander sprechen, wenngleich die Zunge sehr geläufig ist. Dies möchte auch angehen bei der großen Ordnung und Sauberkeit, die hier durchaus herrscht: Aber es hat in Hinsicht auf die Krankheit doch seine Nachteile, besonders wenn der eine still und der andere laut ist, oder der eine auf dem Wege der Besserung ist und der andere Tag und Nacht wütet und tobt. Mich dünkt, bei so einem könnte ein Gesunder verrückt werden, aber nicht ein Verrückter gesund. Die Gewohnheit ist freilich eine mächtige Göttin, und es scheint hier wirklich so zu sein. Aber mich dünkt doch, die besonders Argen und Lärmenden müßten allein sein.

Beiläufig, ehe ich von einigen merkwürdigen Phänomenen dieser lauten Gesellschaft eine kleine Skizze gebe, will ich denen, die sich einer Glatze schämen und nicht Gelegenheit haben, sie, wie Cäsar, mit einem Lorbeerkranze zu bedecken, raten, sich einige Monate hier in die Kur zu begeben. Denn D. North bemerkt, daß nach den Vesikatorien die Haare außerordentlich wachsen und daß verschiedene, die glatzig hineinkamen, nach einigen derben Ziehpflastern krausköpfig wieder heimgingen.

Der Lottospieler: Dieser war munter und wohlgemut. Er erzählte uns, es sei sein größtes Unglück, daß er nicht freigelassen werde. Alle Nacht zeige ihm der Traum die Nummern, welche bei der nächsten Ziehung

Der Narrenturm

herauskommen würden; er könnte ein steinreicher Mann sein, wenn das Schicksal ihm nicht so hart mitspielte: »Aber, meine Herren, wie ich hier bin, habe ich kein Geld und kann auch nicht einsetzen. Bitten Sie doch den Herrn von North für mich, die schöne Zeit vergeht sonst. Sie sollen auch was davon abkriegen.« Sollte dieser arme Teufel vielleicht im Lotto das Seinige verspielt haben und hinterdrein toll geworden sein? Ein Wunder wäre es nicht, wenn dieses schändliche Spiel, dessen Kollekturen man auf allen Dörfern sieht, hier viele toll machte.

Der Krebs: Dieser arme Teufel glaubt, er sei des Todes, wenn er vorwärts gehe, und hat eine ganz entsetzliche Angst, wenn man ihn so fortbewegt. Rückwärts gehen muß er, das ist nun einmal seine Natur. »Ich bin unterdrückt«, schrie er, »und ein Krebs geworden, darf nie mehr vorwärts gehen.« Wie viele möchten da wohl mit ihm einstimmen!

Der Franzose: Eine sehr interessante Gestalt, ein schön gebildeter Mann, dessen Züge aber alle eine tiefe Schwermut und ein düsteres Gefühl sprachen. Seine Hände waren zusammengeschlossen, weil er vorher einmal versucht hatte, sich zu erhängen. Er flehte zu North im französischen Dialekt: »O Ihr Gnaden, nehmen Sie mir doch die Ketten ab! Ich schäme mich fast zu Tode vor den anderen, sie lachen immer so über mich, und das kann ich nicht ertragen. Lassen Sie mich doch ein wenig in den Garten gehen, ich werde mit Gottes Hilfe schon wieder besser werden und will es mir nicht so zu Herzen nehmen.« – »Daran tun Sie wohl«, antwortete ihm der Arzt, »ein entlaufenes Weib ist keiner Träne, geschweige denn des Tollwerdens wert.« Ein kleiner Bube, den North hatte kommen lassen, hatte uns unten nämlich seine Tollheitsgeschichte etwas aufgeklärt. »Er hat«, sagte er, »mehrere Jahre als Gärtner bei meinem Vater gedient, immer still und außerordentlich fleißig und arbeitsam; ja, so fleißig, daß mein Vater ihn oft abrufen mußte; denn er arbeitete vom Morgen bis zum Abend und in der größten Sonnenglut. Schon damals bemerkte man eine gewisse Schwermut an ihm, die sein Schicksal eines Vertriebenen und von einem feinen Vermögen Verjagten sehr erklärlich machte, noch mehr aber ein böses Weib, das Gott ihm als einen Satansengel und einen Pfahl im Fleisch gegeben hatte. Diese lief endlich von ihm weg, und zwar ohne sein Wissen, nach Maria Taferl zu den heiligen und unheiligen Orgien. Er grämte sich und ging ihr nach. Da fanden ihn Menschen in der Gegend ohne Verstand und Bewußtsein, im Begriffe, sich zu erdrosseln. Dies war einige Tage nach seiner Abreise; so kam er denn hierher.« Wir bedauerten ihn. Vielleicht genäse er bald, wenn man ihm anschaulich machen könnte und fühlbar, wie viele mit ihm aus gleichen Ursachen eine Hölle im Herzen und auf der Stirn tragen, ohne so glücklich zu sein, von Sinnen zu kommen.

Diebswut: Ein munterer, lachender Kerl, der ganz vernünftig sprach und dessen ganze Wut darin bestand, daß er zuweilen einen unwiderstehlichen Anfall zum Stehlen kriegt und dann mit der größten List und Verschmitztheit seine Kunst in allen Winkeln und Kammern ausübt. Bloß deswegen waren seine Hände zusammengeschlossen. Ertappt man ihn, so kriegt er schmähliche Streiche: aber es fruchtet nichts. Es wäre doch schade, wenn dieser lustige Narr einmal hängen müßte.

Die Hirnlose: Diese bestätigt das, was die sogenannten Klugen von allen denen glauben, die in diesem Turm sind, daß sie nämlich im Gehirn nicht recht verwahrt sind. Denn sie hat die fixe Idee, von der sie weder Hölle noch Himmel abbringen, ihr Kopf sei ohne Gehirn. So klopft und schlägt sie unaufhörlich daran, um zu fühlen, ob er hohl sei, drückt ihn und tastet mit einer unbeschreiblichen Angst, die aus ihren hohlen und starren Augen spricht, überall auf ihm herum, ob der letzte Rest dieses Verstandesbreis auch noch auslaufe. So lächerlich die Idee auch ist, so elend ist das traurige Dasein, worin sie versunken ist.

Die Kindergebärerin: Eine andere Geängstete, die aber zuweilen sehr lustig und aufgeräumt sein kann, ist die sogenannte Kindergebärerin, die schon lange hier ist. Sie schlägt sich immer an ihren Bauch, in dem eine Menge Kinder sich regen, die ans Licht der Welt wollen und die sie ungern dahin befördern will. Sie ängstigt sich oft sehr dabei, wie sie zu anderen Weilen wieder ganz keck dabei ist. Ich fragte sie das letzte Mal, was ihre Kinder machten und ob sie noch nicht still sein wollten. »No, Ihr Gnodn, sie regen sich halter immer noch, und ich denke, es wäre besser, wenn man sie herausgengen ließe.« Vielleicht wäre das einzige Heilmittel, ihr zu einer wirklichen Geburt zu verhelfen; doch wer würde dazu den Grund legen wollen?

Westfälischer Christus: Ein ewig brüllendes und bellendes Tier voll der ungeheuersten Ideen, die nur in eines Menschen Gehirn kommen können. Er ist ein großer, robuster Kerl aus dem Münsterschen, der in seinem halbholländischen Dialekte immerfort deklamiert, schimpft und wütet. Er hatte ein paar Stückchen Holz vor sich, die er wie ein Kreuz legte. Dann gaffte er sie stier an und faltete seine plumpen und breiten Fäuste: »Seht hier, diese Hände sind das Ebenbild Gottes, und Gott hat mir Gesundheit und Vernunft in diese Augen gegeben wie euch, darum dürft ihr nicht lachen. Und seht hier die Nägelmale an meinen Händen, wie sie geschwollen sind. Und was Gott der Vater und unser Herr Christus mir eingeben, das muß ich wohl reden, und das ist besser als Sein dummes Zeug [zum Doktor], und Er meint, Er sei wohl klug, und weiß nichts von unserm Herrn Christus.« – »Geht nur! Geht, und der Teufel mit euch!« hörten wie ihn uns nachbrüllen, als wir gingen.

Wien. Die Stadt

Die eigentliche Stadt ist nicht groß. Sie bildet ungefähr einen Kreis und hat bei einem mäßigen Schritt drei Viertelstunden im Umfang. In diesem engen Raum sind über 50.000 Menschen zusammengedrängt, und während des Tages mehr als ein Drittel der Einwohner der Vorstädte. Dies gibt ein unbeschreibliches Gewühl und Leben, und wenn man die Menge der Fiaker, die herrlichen Equipagen der vielen Magnaten, die hier leben, und die Müßiggänger, die hier auch mehr als an einem anderen Ort gleicher Größe zu finden sind, dazurechnet, so gibt es wohl nicht leicht eine Stadt, die ein ähnliches Bild der Tätigkeit und des Gewimmels in allen Gassen und zu allen Stunden des Tages darböte wie eben Wien. Schön kann man die Stadt freilich nicht nennen, aber wahrlich auch nicht häßlich, weil doch alle Häuser tüchtig gebaut sind, meist mit schönen Fenstern und zierlich abgeputzt, während man in Italien oft die herrlichsten Gebäude und Paläste mit Rauch und Schmutz bedeckt sieht. Die Gassen sind meistens eng, und man sieht keine einzige gerade durchlaufen. Dies und die Höhe der Häuser macht sie zum Teil finster und das Gewühl und Gedränge oft unbeschreiblich lebendig. Die meisten

Häuser haben vier Stock, viele fünf, derer mit sechs sind wenige und mit sieben nur einige der Seltenheit wegen. Schon im ersten Anfang der Stadt muß man sehr auf die Einsparung des Raumes bedacht gewesen sein, denn man findet keinen einzigen Platz, der einer solchen Stadt angemessen wäre. Der munterste von ihnen ist der Graben, ein unregelmäßiges Rechteck, der freilich in einer anderen Stadt nur eine breite Gasse sein würde. Hier sind auch die größten Häuser der Stadt, unter anderen das neue Trattnersche von sechs Geschoß. Hier steht auch die berühmte Dreifaltigkeitssäule, von der sich in allen kleineren Städten der Monarchie Kopien befinden. Sie verdankt, wie die Karl-Borromäus-Kirche, einem Pestgelübde Leopolds[44] von 1679 ihre Entstehung, wie die Inschrift sagt, und hat unten zwei Springbrunnen. Das Ganze ist eine abenteuerliche Idee, und nur frommen Christen können die vergoldeten, pausbäckigen Engelein und die Trinitas auf einem Monumente gefallen. Der beste von allen Plätzen ist unstreitig der Hof, der sich sonst durch seine Umgebung nicht eben auszeichnet, denn auch das ehemalige Jesuitenkollegium, oder die jetzige Hofkriegskanzlei, hat nichts Besonderes an sich. Hier sieht man wieder ein Monument, das von Ferdinand III. in der Angst vor den Schweden gelobt und, wie es in der Angst gewöhnlich geht, schlecht gewählt ist: eine Säule zu Ehren der Unbefleckten Empfängnis[45]. Nahe beim Hof ist die Freyung, auch eine Art Platz. Den Hohen Markt findet man weiter nach dem nordwestlichen Ende der Stadt[46] zwischen dem Graben und dem Hof, und er prangt mit den Statuen von St. Joseph und Maria, die auch einem Gelübde ihr Dasein verdanken, als nämlich der Erzherzog, nachher Kaiser Joseph I., glücklich in die Arme seines bangen Herrn Vaters von der Rheinarmee zurückkehrte.[47] Dieser und der Neue Markt zwischen dem Kärntner- und Burgtor sind am we-

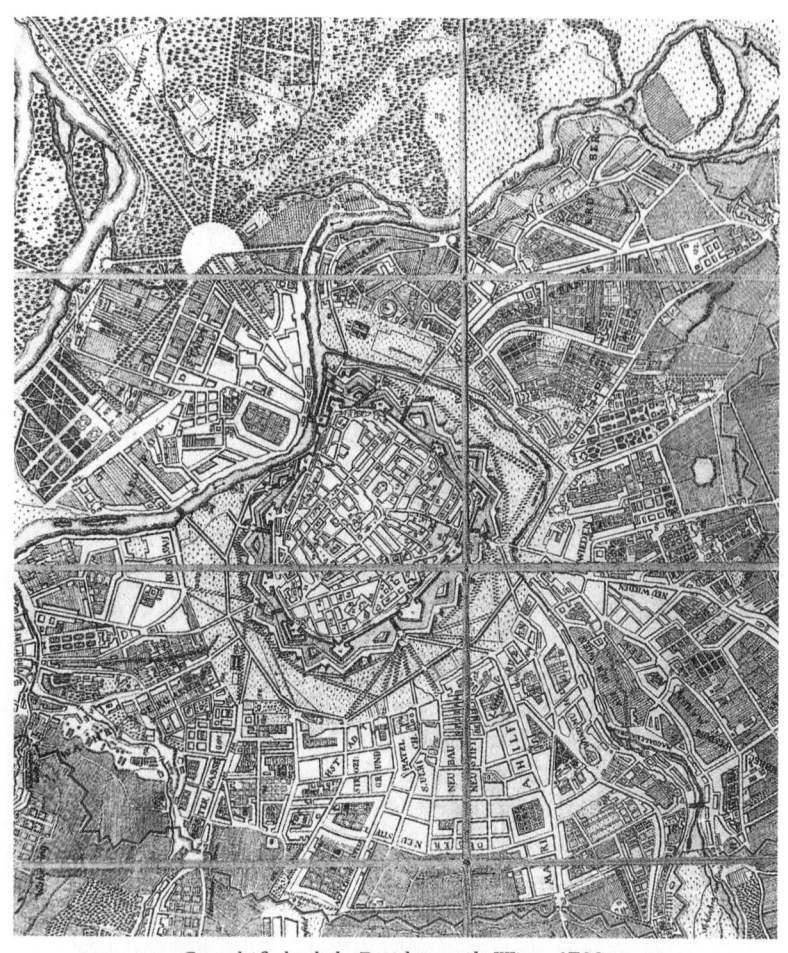

Grundriß der k. k. Residenzstadt Wien, 1783

nigsten lebhaft. Auf dem Neuen Markt ist aber das einzige Denkmal, das als Kunstwerk Erwähnung verdient, nämlich eine schöne Nymphe, aus Blei gegossen von dem berühmten Donner aus Augsburg[48], welche das Wasser des Brunnens beherrscht und ungeachtet einiger Risse außerordentlich schön ist.

147

Bei all dieser Enge und Beschränktheit indessen hat die Stadt sehr viele schöne Häuser, öffentliche Gebäude und Paläste, die nur leider oft zu versteckt und eng liegen, als daß sie dem Auge recht erscheinen könnten. Fast alle Großen haben in der Stadt oder in den Vorstädten stattliche Paläste. Ich will mit dem bedeutendsten Einwohner anfangen, mit dem Kaiser. Dieser wohnt am Burgtor noch immer in der alten Burg, die von außen und innen gar kein kaiserliches Aussehen hat. Schöner und in einem besseren Stile erbaut ist der neue Teil der Burg, wo der Sitz der Reichskanzlei ist, ein Werk Fischers von Erlach[49], dessen Tore gigantische Riesen bewachen. Ein schöner und äußerst lebendiger Platz ist der Hof, den diese Burggebäude einschließen, beinahe ein regelmäßiges Viereck.

In der alten Burg befinden sich die vortreffliche Naturalien- und Mineraliensammlung und das Münzkabinett, welches zu den ersten Europas gehört. Auch die Schatzkammer ist hier in einem hinteren Seitenflügel. Hier muß ich auch das Theater am Burgtor erwähnen, welches von außen gar nicht auffällt, aber innen fast zu zierlich und golden geschmückt und für Wien nicht groß genug ist. Gleich hinter der Burg ist der herrliche Redoutensaal, in der Mitte dieses Jahrhunderts auf dem Platze erbaut, wo das alte Opernhaus stand, und die schöne Reitschule, die zum Michaelerplatz hinläuft, nebst der Bibliothek zwischen der alten Burg und der Augustinerkirche – alles von Fischer von Erlach. Näher am Kärntnertore ist das zweite Theater, etwas größer das burgtorsche und wegen seiner Einfachheit jenem vorzuziehen.

Von den Palästen will ich nur die beiden Liechtensteinischen, den Lobkowitzischen, Friesischen und Starhembergischen nennen. Die Münze, die Ungarische Hofkanzlei, das Zeughaus und andere öffentliche Ge-

Der Hof: Jesuitenkirche und Mariensäule, um 1730

bäude sind mehr durch ihre Masse als durch ihre Schönheit bemerkenswert. An Eleganz und Geschmack behauptet der neue Liechtensteinische Palast in der Herrengasse vor allen Gebäuden in und um Wien sicher den ersten Platz. Alles ist mit einer kaiserlichen Pracht und zugleich mit viel Geschmack eingerichtet und angeordnet, und der Fürst hat es sich zum Gesetz gemacht, bei dem ganzen Bau sowohl als auch bei der Ausschmükkung, durchaus alles von österreichischen Künstlern und Fabriken machen zu lassen, und der Fremde wird es gewiß gern und mit Bewunderung gestehen, daß das Ganze der österreichischen Industrie Ehre macht. Man sieht vortreffliche Damaste und Hautelisse aus der Fabrik von Klosterneuburg, schöne Spiegel aus der Spiegelgießerei bei Wiener Neustadt. Im Erdgeschoß ist ein prächtiger Reitstall, und die Hälfte der zwei oberen Geschosse ist zu einer Bibliothek eingerichtet.

Das Zeughaus gehört unstreitig mit zum Merkwürdigsten und Sehenswertesten in Wien. Es liegt nicht weit von der Freyung in der Renngasse und ist, als Bau betrachtet, nicht erwähnenswert, aber wegen der trefflichen Anordnung und Einrichtung möchte man es einzig nennen. Man tritt zuerst in einen geräumigen Hof, um welchen das Gebäude im Viereck herumläuft. Hier findet man allerlei Merkwürdigkeiten, besonders ungeheure Kanonen und Mörser türkischer Herkunft, und aus allen anderen großen Kriegen und Feldzügen der österreichischen Monarchie einige zur Probe, mit sinnreichen und witzigen Inschriften, und zwar von der Art, wie sie Mädchen lachen machen, wie wir es an unserer Gesellschaft erfuhren, wo einige ganz junge Kinder, die vor den Leuten billig hätten erröten sollen, dergleichen zu verstehen, oder wenn sie es verstanden, nicht davor zu erröten, in ein lautes Geschmetter ausbrachen.

Das Pflaster von Wien ist vortrefflich, aus schönen

Das alte Burgtheater am Michaelerplatz

viereckigen Steinen zusammengesetzt, die, sobald eine
Höhlung entsteht, wieder zurechtgesetzt werden. Weil
sie aber kalkartig sind, blättert die Oberfläche ab, und es
entsteht ein unsäglicher Staub, der ungeachtet des Sprit-
zens auf den lebhaftesten Straßen und des fleißigen Fe-
gens nicht zu ändern ist. Aber ebensoschnell ist beim geringsten Regen auch alles voll Dreck, dem die
Fußgänger nicht entgehen können, obgleich in den meisten Gassen durch breitere Steine zunächst an den Häusern sehr gut für sie gesorgt ist. Die Stadt ist mit einer
Mauer und einem Graben umgeben und mit einem Glacis, das sechs- bis siebenhundert Schritt von den Vorstädten entfernt ist.[50] Diese Vorstädte machen den größ-

151

ten Teil von dem aus, was man im ganzen Wien nennt, und mit ihnen zusammen gibt man der Stadt 220 000 Einwohner, wiewohl einige diese Zahl noch höher rechnen, bis auf 250 000. Sie sind am Anfange dieses Jahrhunderts vom Erdberg bis zur Roßau mit Linien und Schlagbäumen eingefaßt worden.[51] Es liegen aber innerhalb dieser Linien viele Gärten und Felder, und man kann noch Jahrhunderte bauen, ehe diese Plätze alle voll werden, wenn man vollends das Glacis noch rechnet, das doch zu nichts dient, weil ja die Stadt keine Festung mehr ist.

Die Vorstädte haben meist schöne Gassen und Häuser von zwei bis drei Stock; die Gassen sind aber nicht gepflastert, sondern bloße Chaussee. Auch hier wird in den heißen Sommermonaten fleißig mit Wasser gesprengt; aber es reicht nicht aus. Die Wege auf dem Glacis sind dann eine einzige Staubwolke, und in den Gassen und auf den Brücken ist es vollends so arg, daß man zuweilen ersticken möchte. Es wäre allerdings eine der ersten Pflichten einer sonst so aufmerksamen Polizei, diesem Übel, sosehr es angeht, abzuhelfen und die Hauptwege nach den Vorstädten wenigstens sowie die Hauptstraßen der Vorstädte selbst ordentlich zu pflastern. Man hat von diesem Staub nirgends in der Welt, glaub' ich, eine Vorstellung. An heißen Sommertagen ist die Luft um Wien eine halbe Meile weit nur eine Wolke, man sieht kein grünes Blatt auf den schönen Bäumen, die an den Wegen und Pfaden auf dem Glacis gesetzt sind, und keine Läden und Jalousien können die Zimmer, welche den gangbaren Straßen zunächst liegen, vor dem feinen Staub schützen. Das Glacis selbst ist ein schöner freier Platz um die Stadt, der mit seinem Grün und seinen Akazien und Kastaniengängen noch einen fröhlicheren Anblick bieten würde, wenn der Staub es nicht zu früh bedeckte. Die Hauptwege zu den Vorstäd-

ten sind, wie die Stadt selbst, im Sommer und Winter erleuchtet und gewähren mit den Lichtern der Vorstädte
und den hohen Häusern der Stadt einen wunderschönen
Anblick. Man gibt der Stadt gewöhnlich mit den Linien
der Vorstädte und der Leopoldstadt drei Meilen im Umfange. Sie hat wohl nicht ganz soviel, wenn man nicht
den Augarten und einen Teil des Praters mitrechnet;
aber viel wird daran nicht fehlen.

Die muntersten Vorstädte sind die Leopoldstadt, die
Wieden und Mariahilf sowie die Alsergasse, besonders
auch wegen der vielen Landstraßen und Wege, die in die
Monarchie, nach Deutschland oder auch nur in die Orte
des öffentlichen Vergnügens führen. In der Stadt sind
der Kohlmarkt und der Graben nebst der Kärntnergasse
am muntersten. Diese und die Wollzeile und Herrengasse vom Burg- bis zum Schottentor gehören außerdem
auch zu den schönsten Gegenden der Stadt.

Stephansturm und Kirche

Ich hatte mit meinen Freunden im Ungarischen Keller
zuviel vom guten Weine zu mir genommen, und wir fanden es also allesamt gut, einmal eine Spazierfahrt in frischer Luft anzustellen. Da lag uns nun der Heilige Stephan mit seiner ganzen Stattlichkeit vor Augen, und
bald war der Entschluß einmütig, seine Höhe zu ersteigen. So gingen wir denn vier Mann hoch hin, holten uns
ein Billett, und der Aufstieg wurde angetreten. Zum
Glück hatten wir einen kühlen Tag und einen alten,
phlegmatischen Führer, sonst sollte es uns doch sicher
manche Schweißtropfen mehr gekostet haben.

So ging es stufenweise hinauf, und stufenweise will
ich es beschreiben. Unten im Turm, wo er etwa mit dem
Gewölbe des Doms gleich hoch ist, sind die herrlichen

Einrichtungen für die Sicherheit dieses alten erlauchten Gebäudes. Da stehen nicht weniger als tausend Eimer Wasser in großen Kufen, und sobald ein Gewitter aufzieht, müssen acht Mann hinauf und an ihrem Platze stehen. Alles andere, was zur Sicherheit der Menschen und der Vorräte, die hier reichlich sind, dienen kann, ist wieder mit österreichischer Freigebigkeit vorhanden. Von hier aufsteigend, trifft man als die erste Sehenswürdigkeit die große Glocke,[52] die im südlichen Deutschlande der Erfurter im nördlichen an Berühmtheit die Waage hält. Sie ist ein stattliches Ding, im Anfange dieses Jahrhunderts, 1711, aus türkischen Kanonen gegossen, und wird nur an Sonn- und Festtagen von acht Mann geläutet. Ihr ganzes Gewicht mit dem Anhang und Umhang von Eisen und Holz beträgt 525 Zentner, ihr eigenstes 373; der Klöppel wiegt 15 und ein anderer 17. Ihre Höhe ist zehn Schuh, wie ihr unterster Durchmesser. Außer dieser Glocke sind noch mehrere andere hier, wie die gewöhnliche Läutglocke, die Feuerglocke und das Zügenglöcklein, das geläutet wird zum Trost der Sterbenden. Von hier steigt man noch eine beträchtliche Höhe zur Wohnung der Wächter hinauf, die ganz luftig über den Köpfen der unteren Erdenwürmer wohnen.

Welch eine Welt öffnet sich einem hier! Man genießt eine der grenzenlosesten Aussichten über den lieblichsten Flecken der Erde. Unter sich hat man die Stadt mit allen ihren Vorstädten, mit den blauen Adern der Donau, die sich durch die grünen Eilande hinschlingen, und fernher begegnet einem ein Kranz schöner Berge mit ihren Schlössern und Dörfern. Sehnend läuft das Auge dem stolzen Strome nach und findet ferne seine Ruhe an einem hohen Berge, an den sich ein kleinerer stützt, von dessen Hange man das Schloß von Preßburg (Bratislava) in Ungarn herüberschimmern sehen kann. Wir genossen eine gute Stunde stumm und staunend

Der Stephansdom, um 1730

diesen himmlischen Anblick, bewunderten die freundlichen und netten Wohnungen der Wächter und stiegen dann immer noch höher, bis es oben endlich dunkel und umschlossen wurde. Man schätzt die Höhe dieses schlanken Porzellanturms (denn so bunt erscheint er von außen) nahe an fünfhundert Fuß, und er soll nur um ein Geringes niedriger sein als das Münster in Straßburg.

Auch die Kirche, ein stolzes gotisches Gebäude, macht dem Turm, der über ihr steht, keine Schande. Man tritt mit einer Art von Schauer in ihre düsteren Hallen ein und fühlt sich wie in einer fremden Welt. Größer noch würde der Anblick sein und mächtiger ergreifen, wenn nicht das ewige Geplärr der Betenden und die Fußtritte der Durchgänger einen so schnell aus der süßen Welt der Gedanken herausrissen. Der Dom ist kühn gewölbt, und herrlich sind seine Säulen, doch muß ich sagen, der Passauer hat einen weit kühneren und majestätischeren Schwung, und auch die Sebalduskirche in Nürnberg. In der Kirche sind die gewöhnlichen Verzierungen, auch ein großes Altarbild von Sandrart. – Von außen muß man die Kirche ansehen, wenn sie Wirkung haben soll. Die kühne Höhe der Kuppel, das bunte Dach, selbst die kleinen Türme, die wie Porzellanaufsätze dastehen, all das vereint Altertum und Größe! Und erst der große, schöne, schlanke Turm, der so leicht in die Wolken auffliegt – da möchte man niederfallen und anbeten, und nicht vor den elenden Fratzen, die draußen, von Knienden umringt, aufgeputzt dastehen. Die Kirche wurde in der Mitte des zwölften Jahrhunderts gebaut und im vierzehnten vollendet. Oben zeigte man uns noch mehrere Schnurrigkeiten, Löcher in den Dächern, von türkischen Bomben geschlagen und nun mit bunten Steinen ausgelegt, den Platz auf dem Turm, von wo der Kommandant Starhemberg[53] das türkische Lager erkundete, und alte jämmerliche Schafstallschlösser an der Feuerfahne, weil nach der Tradition auf diesem Platze vor dem geistlichen ein leiblicher und leibhaftiger Schafstall stand.

Die Vorstädte

Ich will mit der Leopoldstadt, der nächsten und lebendigsten Vorstadt, anfangen und von ihr mit der Sonne von Osten nach Westen bis zur Roßau um die Stadt herumlaufen und so einiges, was mir einer kleinen Erwähnung wert scheint, kurz hinwerfen.

Die Leopoldstadt

Man kann sie füglich die erste der Wiener Vorstädte nennen. Sie ist unstreitig die größte und bestgebaute von allen, wenn man das Ganze rechnet, obgleich hier keine besonderen Paläste und öffentlichen Gebäude sind; aber sie hat bei weitem die geradesten Gassen und, durch ihre Lage längs der Donau, eine Munterkeit und Lebhaftigkeit, die den meisten anderen fehlt. Es wohnen hier daher auch viele Kaufleute, unter anderen Griechen und Raizen, und die Donauschiffahrt und die Menge der Boote und Barken, die mit Holz und Lebensmitteln täglich anlegen, geben ihr eine eigene Lebendigkeit. Ferner grenzt diese schöne Vorstadt an die ersten und lebhaftesten Promenaden Wiens, an den Augarten und den Prater, ein Vorzug, gegen welchen die anderen nichts aufzubieten haben. Ja, wegen ihrer Nähe an der Stadt, von der sie bloß ein Arm der Donau scheidet, kann man sie beinahe als einen integrierten Teil derselben ansehen. Diese Vorstadt wächst auch von Jahr zu Jahr an Häusern, und auch jetzt wieder waren neue im Bau.

Zu ihren Merkwürdigkeiten gehören zunächst die Barmherzigen Brüder. Diese wohnen etwa mitten in der Stadt in der schönsten Gasse, geradeaus von der Donaubrücke zum Augarten. Sie haben sich bekanntlich der Pflege der Kranken gewidmet und sind in dieser Hinsicht als ein nützlicher und wohltätiger Orden anzusehen. Die Kranken werden in einem langen und hellen Saale gepflegt, wo zu beiden Seiten die Betten, doch eben nicht zu dicht, nebeneinander stehen und durch die hohen Fenster und Gewölbe Licht und Luft gehörig streichen kann. Alles ist sehr nett und reinlich eingerichtet und hat ein heiteres und fröhliches Aussehen. Man sah auch nichts Mönchisches zur Unzeit hervorstechen, sondern alles war frei, und dicht bei dem heiligen Marienbilde spielten ein paar Genesende Karten. Man glaubt immer, daß die Brüder alles nach eigenem Kopf dirigieren, verschreiben, Ader lassen und was ihnen einfällt, aber das ist nicht so, sondern es ist da ein eigener Arzt, der seine gewissen Ordinationsstunden hat und nach dessen Vorschriften sie sich denn doch meistens richten müssen. Hier werden fremde Handwerksburschen und andere verlassene Kranke unentgeltlich aufgenommen und bei ihrer Wiederherstellung entlassen, und wer weiß, wie gute Pflege oft mehr als alle Arzneien vermag, der wird mit mir diese Anstalt bei allen Mängeln, die sie haben mag, doch immer segnen. Daß sie Vertrauen findet oder vielmehr daß genug sind, die ihrer bedürfen, zeigte sich am besten darin, daß fast alle Betten besetzt waren, und das schönste Lob für ihre Wohltäter legten die wiedergenesenden und herumsitzenden Kranken durch ihre zufriedene Miene ab.

Vom Marinellischen Theater und dem Kasperl an einer anderen Stelle; aber das Hugelmannische Kaffeehaus kann ich nicht unerwähnt lassen. Dieses liegt hart an der Brücke, über die man aus der Stadt kommt, links

*Kloster und Kirche der Barmherzigen Brüder in der
Leopoldstadt, 1783*

am Wege zum Prater, und hat den ganzen Tag einen großen und unterhaltenden Zustrom. Es ist freilich nicht
prächtig, aber doch groß und hell, und auch die obere
Etage ist zu demselben Gebrauch eingerichtet. Die Bedienung ist gut und schnell, die Gesellschaft freilich aus
allen Klassen gemischt, aber eben darum die unterhal-
tendste. Hier und in dem gegenüberliegenden Kaffeehaus findet man viele Griechen und Raizen und
Fremde, die aus Ungarn kommen oder dahin wollen; ich
glaube auch, hier die einzige ungarische Zeitung gesehen zu haben, die in Wien erhältlich ist. Wenn man vollends an die Lebhaftigkeit auf der Brücke, dem Strom
und den beiden berühmten Straßen des Vergnügens
denkt, so zieht man dieses Kaffeehaus allen selbst in der
Stadt vor. Gleich unter diesem Kaffeehause, diesseits
der Brücke, liegen die Schiffe, die auf der Donau nach

Ungarn und von da weiter zum Schwarzen Meer gehen, und werden hier befrachtet, was die Lebendigkeit des Ortes noch vermehrt. Die Obstweiber verstehen sich sicher auf ihre Plätze, und gerade hier haben drei ihre reichen Buden nebeneinander aufgeschlagen.

An der anderen Seite der Donaubrücke, und zwar am jenseitigen Ufer zwischen der Stadt selbst und dem Strom, ist der erste und vorzüglichste Obstmarkt der großen Stadt, und dort landen ganze Boote mit allen möglichen Früchten, so schön und üppig, wie sie dieses reiche Land nur hervorbringt. Es ist ein gar freundlicher Anblick, wenn so Boot an Boot liegt, von unten bis oben mit Pflaumen, Nüssen, Weintrauben, Pfirsichen und Äpfeln angefüllt, und was die gütige Natur sonst noch alles den Menschenkindern gibt. Aber lustiger noch ist das Gedränge der Käufer und Verkäufer und das Geschrei der Buben, Hunde, Bettler, die, jeder in seinem Geschäft, sich hier tummeln. Die Fratschler und Fratschlerinnen, die im großen kaufen, haben natürlich den ersten Platz, den sie sich auch nicht nehmen lassen. Von ihnen kaufen dann sogleich die anderen wieder oder warten, bis auch an sie die Reihe kommt. Diese, die bessere Gesellschaft, spazieren längs dem Ufer hin und her oder sitzen schmausend und schauend auf einer Reihe von Bänken, die oben an einer Mauer stehen. Hier liegen auch die Holzschiffe und Flöße, und auch da ist eine kleine Welt versammelt. Einige baden sich die Füße, die sie zwischen den Balken durchstrecken oder von den Seiten herabhängen lassen, andere stehen und wandern darauf herum und richten ihre Pudel ab, aus dem Wasser zu apportieren. Alte Weiber endlich und Kerle baden Hunde, die durch das Lärmen und Tosen der Buben ängstlich heulen, und wieder andere sitzen und benutzen diese vergänglichen Brücken zu Waschplätzen. Nicht weit von hier ist, ebenfalls dicht am Ufer, ein niedliches und wohleingerichtetes Badehaus, wo man immer morgens und abends Menschen findet, die zum Teil bloß die Erfrischungen, die dort gereicht werden, sich schmecken lassen. Vor dem Häuschen stehen grüne Akazien mit zierlichen Bänken, wo man ausruhen und das Gewimmel des Stromes und seiner Ufer betrachten kann. Aber hier ist eine interessante Gesellschaft, gleich unter den Füßen der Sitzenden. Auf der Donau nämlich sind Fußbäder angelegt, fünf, sechs Reihen von Sitzen über dem Wasser mit Durchschnitten, die gerade für das dickste Bein weit genug sind. Da wimmelt es von Menschen an warmen Tagen, die ungeniert, allen Alters und Geschlechts, nebeneinander sitzen, Strümpfe und Schuhe ablegen und sich bis auf die Knie entblößen. So plätschern und schlagen sie nebeneinander mit den Beinen im Wasser und aneinander, und oft vielleicht führt diese Bekanntschaft der Füße zu einer höheren, wie im Theater die zufällige Nachbarschaft des Nebeneinandersitzens so manches süße Abenteuer veranlaßt. Man kann hier umsonst manch schön gedrechselte Wade und Knie sehen, besonders beim Heraussteigen, wo sie sich abtrocknen oder langsam von Luft und Sonne trocknen lassen. Dies sind freilich nicht die einzigen Bäder, sondern beim Augarten gibt es noch weit größere an einem Donauarm, und auch in der Währinger- und Alservorstadt findet man kalte und warme. Aber bei weitem die lustigsten sind diese hier, und mir hat dieses harmlose und ungenierte Menschengewimmel vom Obstlandungsplatze bis zum Badehäuschen mehr als einmal einen munteren Abend beschert.

Erdberg, Landstraße, Wieden, Mariahilf, Laimgrube, Gumpendorf

Wenn man aus dem Prater unweit der Leopoldstadt über die Donau fährt, so ist die nächste Vorstadt der Erdberg, die schlechteste und unansehnlichste von allen. Sie besteht hauptsächlich aus Gärten und hat häßliche Straßen und viele ebenso häßliche Häuser. Dafür werden hier aber viele Küchenkräuter und Gemüse für die Stadt und für eigene Bedürfnisse angebaut. Das einzige Schöne ist ein großer Garten des russischen Gesandten, des Grafen Rasumofskij,[54] der mit seinen Anlagen und Gebäuden eine beträchtliche Strecke längs der Donau einnimmt. Zunächst an diesen Erdberg stößt die Landstraße, wohin aus der Stadt das Stubentor führt. Hier ist gleich am Glacis das stattliche Invalidenhaus, wo eine Menge alter Krieger verpflegt werden. Auch dieses ist gut eingerichtet und wird äußerst reinlich und nett gehalten. Am äußersten entgegengesetzten Ende der Landstraße, gegen die Linien hin, findet man ein ebenso ansehnliches Gebäude: das große Waisenhaus. Die Kinder, die ich sah, waren gut gekleidet und sahen nicht verhungert aus, wie man es sonst leider bei den meisten ähnlichen Anstalten findet. Hier sind auch große Kasernen für die Kavallerie, die bis zur Wieden fortlaufen. Aber auch eine andere Anstalt für die Kavallerie muß ich noch erwähnen, und zwar die Roßarzneischule, die sich gleichfalls an der Landstraße befindet, wo ein Professor und mehrere Gehilfen angestellt sind, die junge Fahnenschmiede ausbilden sollen und zugleich praktische Übungen bei den Pferden durchführen, die in mehreren Ställen kuriert werden. In der Mitte der Landstraße etwa befindet sich der vortreffliche Botanische Garten, der neben den Pflanzen in Schönbrunn zu den reichsten und vorzüglichsten in Deutschland gehört. Auf der Landstraße hätte ich fast das Wichtigste vergessen; das sind die Elisabethinerinnen, die Schwestern der Barmherzigen Brüder in der Leopoldstadt, gleichfalls der Pflege und Wiederherstellung armer und notleidender Kranker gewidmet. Die Einrichtung ist dieselbe wie bei den Barmherzigen Brüdern, und auch sie haben einen leitenden Arzt, der gewisse Stunden des Tages die Ordination verrichtet. Ich weiß nicht, ob ihr Geschäft es bewirkt oder was sonst die Ursache ist, sie hatten alle etwas sehr Männliches und Barsches in ihren Gesichtern. Diese Geschäfte sind dem weiblichen Geschlecht allerdings sehr fremdartig. Denn wenngleich sie die geborenen Pflegerinnen der Kindheit, des Alters und der Krankheit sind, so fallen hier doch manche Dinge in ihre Pflichten hinein, die Weiber zu hart machen müssen, wenngleich sie im Ertragen uns Männer unendlich übertreffen. Ich sah es wirklich mit Erstaunen, wie beherzt sie zur Ader ließen und chirurgische Verbände vornahmen. Auch hier scheinen die Kranken eine gute Pflege zu genießen, wozu der Arzt redlich das Seinige tut, der als Brownianer[55] fleißig nährende Fleischsuppen und Wein verschreibt. Die Priorin ging als Oberaufseherin immer mit uns umher, und auf ihre Hand, wie auf die der älteren Schwestern, regnete es Küsse, die sie mit gebührender Grandezza entgegennahm. Nun, wie dem auch sei; wer Gutes tut, und wirklich aus freundlichem Herzen, wie es hier schien, verdient die Achtung anderer. Freilich, die Hände hätte ich doch lieber ein paar hübschen Rekonvaleszentinnen geküßt.

An die Landstraße stoßen die Alte und Neue Wieden, eine der größten und muntersten Vorstädte, wodurch die Straße nach Graz, Baden und Laxenburg und allenfalls auch ins Ungarland geht. Hier findet man schöne Gärten und Paläste, unter denen ich nur das Belvedere und den Palast des Fürsten Schwarzenberg nennen will.

In der sogenannten Starhembergischen Freyung, einem Gebäude, worin allein einige tausend Menschen leben, ist das Schikanedersche Theater. Aber das bedeutendste Bauwerk nächst dem Belvedere ist in dieser Vorstadt die Karl-Borromäus-Kirche. Sie steht ganz frei auf einer ziemlich erhabenen Gegend gleich am Glacis und erhebt sich mit ihren beiden zierlichen Säulen und ihrer prächtigen Kuppel hoch über ihre Schwestern. Sie wurde von Karl VI. am Anfange dieses Jahrhunderts während der großen Pest von 1713 gelobt, und 1716 fingen die Fischer den Bau an, der ihnen und seinem Gelober Ehre macht. Auch das Innere dieser schönen Kirche ist geschmackvoll und nicht so mit Prunk überladen, wie man es sonst gewöhnlich findet. Sie steht ihrer älteren und mächtigeren Schwester, der Stephanskirche, fast gegenüber zwischen dem Kärntner- und dem Burgtore, doch dem ersteren näher.

Die Gegend zwischen der Wieden und Mariahilf heißt die Laimgrube. Sie wird von der Wien durchströmt, einem trüben, ärmlichen Flüßchen, das beim Erdberg in die Donau fließt und der Stadt ihren Namen gibt. Hier sind gleich vorne am Glacis die kaiserlichen Reitställe und höher hinauf Kadettenhäuser. Das Kaffeehaus links am Eingange der großen Straße gehört zu den muntersten und lustigsten in den Vorstädten. Es liegt ziemlich erhaben, und man übersieht alles, was aus dem Burgtore kommt, das ganze Glacis mit seinem Gewimmel von der Wieden bis zur Josefstadt, und was vollends durch diese besuchteste Straße nach Schönbrunn fährt, nach Maria Hietzing, nach Linz und ins Reich hinein, muß hier unter den Augen der Besucher vorbei. Hier habe ich manche frohen Nachmittagsstunden die getümmelvolle Welt unter mir angeschaut und betrachtet. Wenn man diese Straße immer bergan in die Vorstadt steigt, so kommt man an die Haupt- und Pfarrkirche von

Die Karlskirche, um 1730

Mariahilf, die nun den folgenden Gassen bis an die Linien ihren Namen gibt. Diese Kirche ist durch Wallfahrten berühmt, ihre Jungfrau durch Wunder, und sie zählt auch immer eine Menge froher Beter. Die Jungfrau ist zwar nur eine Kopie des Mariahilf-Bildes zu Passau am Berge, aber sie hat doch auch ihre Gaben erhalten und so ihre Filialherkunft ziemlich in Vergessenheit gebracht. Hier ist die höchste Gegend, ich möchte sagen, aller Vorstädte und eine sehr gesunde Luft. Man findet viele schöne Häuser, und es wohnen selbst viele Große und Reiche hier, die es in der Stadt zu eng finden. Nicht weit von der Kirche ist der schöne und edle Palast des unsterblichen Kaunitz[56] mit einem ganz hübschen, doch zu sehr verschnörkelten Garten.

Josefstadt, Alt- und Neu-Lerchenfeld, Alser- und Währingergasse, Roßau

Von hier kommt man in die Josefstadt, an die die Vorstädte Alt- und Neu-Lerchenfeld stoßen. Ein weiter Raum, der nur am Glacis und vorn hinein anmutig ist, weiter draußen aber wenig Schönes zeigt, sondern nach Wiener Art schlechte Häuser hat. Das einzige schöne Gebäude hier ist der Palast der ungarischen Nobelgarde, gleich am Glacis, von Fischer von Erlach für einen Fürsten Trautson[57] erbaut, von dem es Maria Theresia zu diesem Behufe erstand.

Angenehmer und interessanter für den Fremden wegen mancher Dinge, die sie in sich enthalten, sind die Alser- und Währingergasse und endlich die Roßau, die letzte Vorstadt, die wieder an die Donau sich anschließt und die Leopoldstadt, mit der wir anfingen, sich gegenüber hat. Die Alser- und Währingergasse sind vor allem für die Ärzte von Bedeutung, und hier wohnt auch gewöhnlich eine Menge junger Ärzte, die bei den berühmten Vorständen der Spitäler entweder noch Unterricht haben oder doch im Praktischen sich üben. Hier hat Joseph, durch so viele Verdienste um seine Monarchie unsterblich, sich auch um die Leidenden und Elenden unsterblich verdient gemacht. Das große Spital war früher in der Stadt zwischen dem Kärntnertore und der Burg, wo es nun besser zur Wohnung für die Gesunden dient.

Gleich am Glacis fängt die große Kaserne an, ein Gebäude, worin an die drei- bis viertausend Soldaten und ihre Offiziere wohnen, groß und stattlich, mit ebensoviel Pracht wie Bequemlichkeit ausgestattet, mit einem schönen geräumigen Hof, der mit Maulbeeren und Pappeln bepflanzt ist. Damit unter so vielen Menschen keine Unordnung einreißt, gibt es eine strenge und weise Aufsicht, die nicht nur für ihre Diät sorgt, sondern auch dafür, daß keine zu großen Ausschweifungen vorkommen, obgleich sie ganz zu verhindern unmöglich ist. In der Terrasse sind große Schank- und Speisezimmer, wo sie so wohlfeil, wie es hier möglich ist, für ihre Bedürfnisse gesorgt finden.

Hinter dieser Kaserne ist das große militärische Lazarett, welches weiter hinten zur Währingergasse hinausläuft und freie Luft und Himmel im Hintergrunde hat. An dieses grenzt endlich das große Spital, das bis gegen die Pfarrkirche hinläuft und die Krönung dieser kostbaren Einrichtungen ist.[58] Es besteht aus zwei großen Vierecken, die schöne Höfe mit Gängen und Alleen von Pappeln und Maulbeeren einschließen, in deren Zwischenraum der lieblichste Rasen grünt, worauf die Wiedergenesenden sich sonnen und frei atmen können.

Dieses Spital kann über dreitausend Kranke fassen, ohne daß sie dicht aufeinander gepackt werden müßten wie die Heringe. Es sind mehrere Oberärzte und Chirurgen, die wieder ihre Assistenten haben, vorhanden. Die

Zimmer der Patienten gleichen Sälen in Palästen und sind mit allem Notwendigen, und selbst manchem Zierlichen, versehen, und meistens merkt man es der Luft gar nicht an, daß hier Menschen leben, die Pest aushauchen und Fiebergift atmen. Die Ärzte selbst haben in diesem herrlichen Bau ihre Wohnungen und halten bei ihren Besuchen zum Teil Vorlesungen, wo jeder nach dem Vertrauen, das er einflößt, oder dem Bedürfnisse, das die Zuhörer haben, sein Häuflein um sich sammelt. Obgleich nun von den verschiedenen Ärzten jeder nach seinem eigenen, oder fremden, verschiedenen System kuriert, so preisen doch alle die Anstalt über die Maßen und rühmen, wie·die meisten Kranken geheilt von dannen gehen. Ein Beweis, daß es am Ende doch wohl die Mutter Natur selbst ist, die ihren Kindern hilft, wenn die Ärzte nur nicht gar zu tiefe Eingriffe in ihre heiligen Rechte wagen.

In der Mitte des ersten Hofes steht für die Wiedergenesenden eine Kirche und ganz hinten zuletzt der Narrenturm, den und seine lustigen Bewohner ich schon erwähnt habe. Besonders lehrreich aber und interessant war für mich nächst den Narren die venerische Abteilung sowie ein Kranker, der einige Tage vor meiner Abreise starb. Dieser, ein Jüngling von siebzehn Jahren, war bei einem Schuhmacher in der Lehre, bekam Anfälle von Wut und Wasserscheu und wurde in eines der Zimmer gebracht, die für diese elendsten unter allen Kranken dienen. Er war anfangs ruhig und still, bis auf einige Zuckungen, empfand einen brennenden Durst und forderte zu trinken; sobald er aber etwas Flüssiges sah, wurde er wild, und seine Gebärde verstellte sich aufs gräßlichste. Nachher lag er wieder ruhig auf seiner Schlachtbank, wie ein Lamm. Er erzählte, er sei vor neun Wochen von einem Hündchen, das er durch Necken zornig gemacht habe, ein wenig über der Nase geschrammt worden und habe es weiter nicht beachtet; heute früh aber habe er Anfälle der Wut gespürt, und er wisse wohl, daß er ohne Rettung sterben müsse. Ein furchtbarer Gedanke, der keinem glaublich war, der seine frische und schöne Jugend sah, als er hereingebracht wurde. Aber wie ganz anders war er des Abends um neun Uhr schon! Er lag, an Händen und Füßen festgebunden, auf dem Lager und schäumte; der Schweiß floß von seiner Stirne, und mit brennenden Augen und wildem Blick sah er die Neugierigen an, die durch ein Guckloch auf ihn schauten. Am folgenden Morgen ging ich wieder hin. Nun war die Wut aufs äußerste gestiegen, doch hatte er immer noch ein dumpfes Bewußtsein und schrie: »Helft mir! Kommt herein, ihr Doktoren! Aber ihr seid feige Schurken, und verlassen muß ich sterben.« Schaum und Geifer flossen aus seinem Munde, und er spie wütend gegen die, die durch das Loch guckten; er sah noch lebenskräftig aus; doch der Krampf riß um elf Uhr den Faden seines jungen Lebens. Eine alte Frau saß da als Wärterin. Sie war mehr als zwanzig Jahre bei solchen Kranken gebraucht worden und erzählte uns ihre Erfahrungen mit folgenden Worten: »Von allen, die mit der Wasserscheu hieher gebracht wurden, ist auch kein einziger gerettet worden. Einige haben wir gehabt, denen der Krampf Löwenkräfte gab, die alle Bande zerrissen und alle Türen zerschlugen und Schlösser durchbrachen. Alle Arten haben wir hier gehabt, bis zu dem Grade, daß sie wie Hunde gebellt und wie Katzen miaut haben. Die vom Katzenbiß Tollgewordenen waren viel wütender als die vom Hundsbiß.« So viel weiß ich, spürte ich den ersten Anfall dieses Übels, ich hielte es für recht, mir das Gehirn mit einem Schuß Pulver zu verbrennen.

Dem Spital gegenüber liegt das Findelhaus, so gut eingerichtet, wie solche notwendigen Mördergruben der jungen Menschheit eingerichtet sein können. Auch hier sterben bei der besten Aufsicht zwei Drittel der Kinder. Der, der alle Findelhäuser zerstörte, wäre vielleicht ein Wohltäter für die Menschheit. Es wäre besser, man überließe diese hingeworfenen Pflänzchen dem Zufall und dem menschlichen Gefühle des Finders. So würden mehr zum Leben erwachsen als hier, denn auch die Überlebenden werden meist elende und jämmerliche Menschen. – Am Ende der Alser vor den Linien liegt das niedliche Dörfchen Hernals, wohin eine berühmte Wallfahrt zum Heiligen Grabe mit dreizehn Stationen führt, welche gleich vor den Toren Wiens anfängt und noch immer ihre Besucher hat. In dieser Gegend gibt es viele hübsche Gärten und Gartenhäuser, öffentliche und private. Doch alle Gärten und Gartenhäuser in den Vorstädten übertrifft bei weitem der schöne Garten und Gartenpalast des Fürsten Liechtenstein in der Roßau, wo man eben die Eleganz und den Geschmack wiederfindet, die man in dem neuen Liechtensteinischen Palast in der Herrengasse bewundert.

In der Währingerstraße ist ein großes Gebäude, welches medizinischen und chirurgischen Vorlesungen gewidmet ist und wo zugleich mancherlei Instrumente und Präparate aufbewahrt werden. Auch hier sieht man die Pracht und Fülle, welche alle Anstalten und Stiftungen der Österreichischen Monarchie charakterisieren, sowie die Humanität, mit der alles zur Belehrung und zum Vergnügen der Fremden und Einheimischen preisgegeben wird. Es stehen mehrere große Säle zur Verfügung, alle äußerst prächtig und geschmackvoll ausgeziert. Rund umher stehen die Schränke, worin Mineralien, Bücher, Instrumente, Skelette, Raritäten, Mißgeburten und Naturspiele in großem Reichtum aufbewahrt werden. Auch ein schöner Hörsaal ist hier, wo Vorlesungen gehalten werden. Die anatomischen Wachspräparate sind sehr mannigfaltig und mit bewundernswürdiger Genauigkeit und Schönheit gearbeitet und gemalt. Jeder Teil hat sein gläsernes Schränkchen mit grünen Vorhängen von Taft, aus Mahagonienholz gearbeitet. Eine kurze Überschrift, lateinisch oder italienisch, sagt dem Unkundigen, welchen Teil er vor sich sieht. Die meisten dieser Wachspräparate stammen aus Florenz, doch sollen auch hier einige gemacht worden sein. Es gibt hier schöne und kraftvolle männliche Körper und zarte und reizende weibliche. Ja, man war keck genug, den einen ein Nachbild der Mediceischen Venus zu nennen. Noch interessanter indessen war es, hier an den öffentlichen Tagen, wo Menschen allen Geschlechts hereinströmen, die Lebendigen zu beobachten als die toten Bilder. Es entschlüpften manche naiven Worte, manche Gefühle ließen sich wenigstens von der Oberhaut des Gesichts nicht zurückdrängen, wenngleich von den Lippen. Ob alles allen offen sein sollte, weiß ich nicht. Manches ist offenbar zu scheußlich und häßlich, als daß es die junge Phantasie eines vierzehn-, sechzehnjährigen Mädchens nicht beflecken sollte oder gar zerstören. Schöne menschliche Körper in allen Stellungen mit allen ihren Teilen zu zeigen ist gewiß lehrreich und gut, wenn nur der Zeigende ein Mensch von Herz und Sitten ist.

Zwischen der Roßau und der Währingerstraße sind große Gewehrfabriken, und in der Roßau selbst ist die berühmte kaiserliche Porzellanfabrik, worin an die zwölfhundert Menschen Arbeit und Brot finden. Die Erde kommt von der passauischen Grenze her, und man hat davon noch immer einen unerschöpflichen Vorrat. Diese Fabrik ist bestens im Gange und hat einen reißenden Absatz, so daß der Vorrat immer äußerst gering ist. Die Zeichnungen und der Schmelz der Farben sind so schön, wie ich sie weder in Berlin noch in Dresden sah, und der Geschmack ist so simpel und antik, daß es diesen schönen Arbeiten nie an Absatz fehlen kann. Es gibt Service zu allen Preisen, doch keines den Teller unter drei Gulden, die kostbarsten pro Teller 36 bis 45 österreichische Gulden. Der Vorrat, der in den Schränken steht, ist meist alte Ware, im türkischen und chinesischen Geschmack. Doch sieht man viele allerliebste Arbeiten en biscuit, ganze Gruppen von Menschen und Tieren und viele mythologische Geschichten, mit einer Leichtigkeit und Natürlichkeit vollendet, die erstaunt. Ihr größter Absatz geht nach Rußland und England, wenig ins Morgenland. Man zeigt dem Fremden alles ohne Ängstlichkeit; er bedarf bloß eines Erlaubnisscheins, den man ihm ohne Bedenken erteilt.

Wien und seine Bewohner

Gasthäuser, Kaffeehäuser, Miete

Gasthäuser findet man in Wien wenige von der Eleganz und Größe, wie man es erwarten sollte, und sie haben – zwei ausgenommen – sehr mittelmäßige Zimmer und Bedienung. Dafür ist es in Wien aber im Verhältnis zum Ort auch bei weitem nicht so teuer wie oft in viel kleineren Städten, wo alles prachtvoll und äußerst vollständig eingerichtet ist und sich mit den durchziehenden Reisenden bezahlt machen muß.

Die meisten Gasthäuser sind zugleich Speisehäuser, und zwar so, daß zu einer Seite oder unten im Zimmer Plätze für die niedere Klasse und zur anderen mehrere für die bessere bestimmt sind. Man nimmt von den leeren einen beliebigen Platz ein und hört nun den Markör den Küchenzettel herhaspeln oder findet ihn auch auf dem Tische und sucht sich heraus, was einem gefällig ist.

So kann man, den Wein mit eingeschlossen, recht gut für einen halben Gulden zu Mittag essen und drei Gerichte und allenfalls noch einen Kuchen obendrauf haben. Dies ist die gewöhnliche Art, und Tables d'hôte, wo die Preise ein für allemal bestimmt sind und man alle Gerichte mit durchmachen muß, findet man in der Regel nicht. Auf diese Art lebt eine Menge Einheimischer und Fremder hier, und man kann so in einer Woche jeden Tag in einer anderen Gesellschaft speisen. Das Zeichen dieser Speisehäuser, die zugleich Weinhäuser sind, ist ein Büschel oder ein ganzer Regenschirm von Tannenzweigen.

Die zweite Klasse bilden die Bierhäuser mit einem Büschel feiner Späne, die, oben zusammengebunden, wie Schilf in Gestalt einer Glocke über den Türen hängen. Auch hier wird gespeist – Würste, Käse, Suppen und was es sonst noch gibt –, doch alles dem Bierhause angemessen. Es gibt noch eine dritte Klasse von Bier- und Weinhäusern, meistens in den Kellern, wo auch die ersten Lebensmittel zum Imbiß zu haben sind und die Fiaker, Kutscher, Bedienten und Leute des gleichen Schlags verkehren. Diese finden auch in Buden in den engeren Straßen und in den Vorstädten ihre Garküchen, wo immer Würste, Geschlinge und Gekröse und auch wohl besseres Fleisch über dem Feuer schmoren und lieblich durch die Nase zum Herzen dringen.

Die Zubereitung der Speisen ist hier freilich besser als in Sachsen und Thüringen und den meisten Gegenden Frankens, aber doch findet der nördliche Deutsche sie schon zu weichlich und zugleich nicht raffiniert genug. Man findet fast alle Speisen immer wieder durchaus auf dieselbe Art zubereitet und alle Kuchen, alle Naschereien immer ebenso wieder, wie man sie gestern und ehegestern gegessen hat. Der gewöhnliche Wein ist weißer österreichischer und roter ungarischer – meistens

Ofener –, die für 24 Kreuzer das Maß schon recht gut sind. Gewöhnlich mischt man den Wein hier mit Wasser, oder besser, man trinkt das Wasser mit Wein. Der alte Österreicher ist ein recht braver Wein, und sogar die Ungarn trinken ihn bei sich zu Hause, wie man auch uns auf der Palatinus-Insel bei Ofen welchen vorsetzte. Jung ist er herb und wäßrig, und selbst dem alten ziehe ich den Ofener als Tischwein immer noch vor. Will man aber wirklich trinken, so sollte man nicht in diese Häuser, sondern in die Keller gehen, wo alle Arten ungarischer Weine und viele italienische zu haben sind und mit Salami, Parmesankäse und anderen Leckerbissen recht gut gleiten. Auch das Bier ist hier ziemlich gut, das beste aber auch teurer als der junge Wein. Man hat zwei Sorten, das Mailänder und das Horner, von denen ich das erstere vorziehe, dessen gewöhnlicher Preis für das Maß acht Kreuzer und darüber sind.

Kaffeehäuser gibt es in der Stadt und den Vorstädten eine unendliche Zahl, aber ich wüßte kein einziges, das sich durch seine Nettigkeit und Feinheit besonders auszeichnete, wie man sie in kleineren Städten, z. B. in Ungarn, oft findet, sondern fast alle haben ein sehr gewöhnliches Aussehen, obgleich sie immer wimmeln und von den besten Leuten in der Stadt besucht werden. Die lebhaftesten sind das am Graben und »Milano« am Kohlmarkt, in den Vorstädten das Hugelmannische und je eines auf der Laimgrube und auf der Wieden. Hier geht man hin, wenn man gerade eine leere und verlorene Stunde auszufüllen hat oder jemanden sprechen will, den man meistens an so einen sicheren dritten Ort hinbestellt. Gesellschaft ist immer da, aber selten Unterhaltung, und vergebens sucht man das Leben und die Munterkeit, die man in Berlin und in den freieren Kaffees der Italiener und Franzosen findet. Man trinkt seinen Kaffee und Schokolade, ißt sein Gefrorenes und liest

Das Kaffeehausleben zwischen 1800 und 1810

eine Zeitung nach der anderen oder spielt Billard (denn Billards sind fast bei allen), und dann geht man wieder und hat zwar Menschen genug gehört, aber keinen gesprochen. Denn was gesprochen wird, bleibt unter zweien und dreien und in der Furchtsamkeit des Flüsterns. Das einzige also, was man hier hat, ist die Menge verschiedener Menschen, fremder und einheimischer, die wie Erscheinungen im Schattenspiel vorübergehen.

So wohlfeil nun auch Speise und Trank in Wien sind, so ein kostbarer Artikel wird die Miete denen, die in der Stadt, und zwar nicht an einem ganz toten Orte, wohnen wollen. Hier, wo alle Hauptgeschäfte des Lebens, aller Handel und Verkehr doch hauptsächlich konzentriert sind, ist es natürlich am teuersten zu leben und wird in dem Verhältnisse wohlfeiler, nach welchem man sich mehr von dem Mittelpunkte entfernt. Außer den Speisen ist hier alles zwei- und dreifach teurer, und Kleider, Wäsche und die anderen Artikel des täglichen Bedarfs stehen bezüglich ihrer Preise im genauen Verhältnis zu der Größe der Stadt, und man fühlt den Unterschied zwischen einem Ort wie Erlangen oder Altenburg und Wien. Bei weitem das teuerste aber ist die Miete. Man bezahlt in den besten und muntersten Gegenden der Stadt im ersten und zweiten Stock für ein gutes Zimmer 15, 20, 24 Gulden, und im dritten und vierten Stocke ist selbst für ein sehr mittelmäßiges, mit ebenso mittelmäßigen Möbeln und Betten ausgestattetes, der Preis von acht bis neun Gulden pro Monat durchaus gewöhnlich. Die Preise sinken nun, je weiter man sich von der Stadt entfernt, und in einigen Vorstädten kann man wohl um drei, vier Gulden monatlich ein ebensogutes Zimmer haben wie um zwölf bis sechzehn in der Stadt.

Für alle ersten Bedürfnisse des Lebens ist hier vortrefflich und im Überschuß, und durchaus nicht teuer, gesorgt. Das reiche Ungarn schickt Ochsen, Schweine,

Eierweib, 1775

Korn, Wein und Mehl in Menge, und die Provinzen umher gehören selbst mit zu den gesegnetsten des Deutschen Reiches. Man sieht es auch allen, selbst den Armen und Niedrigen, an, daß sie nicht hungern müssen, wie dies leider in den meisten Städten der Fall ist, wo der größte Luxus und Glanz herrscht. Das Brot, dieses erste und notwendigste Nahrungsmittel, ist hier so schön und so wohlfeil wie nur irgendwo in der kleinsten Stadt, und von allen Dörfern und Flecken umher wird es an Markttagen auf großen Wagen eingeführt, damit die städtischen Bäcker es nicht überteuern können. Auch das Fleisch ist nicht teuer, wohl aber manches Gemüse, z. B. die Kartoffeln, die man in diesen Gegenden und überall in österreichischen Landen wenig anbaut und ißt. Die Hauptplätze für den Einkauf sind in der Stadt der Hof und der Neue Markt und außerhalb der Stadt eine große, weite Strecke auf dem Glacis nach der Karl-Borromäus-Kirche sowie der Obstmarkt an der Donau in der Leopoldstadt. Eigene Artikel dieser weichlichen Fresser des südlichen Deutschlands sind die kleinen Ferkel, die jungen, kaum befiederten Gänse und alles Geflügel in diesem Geschmacke. Die Fische sind sehr teuer, gehören nicht zu den besten Arten und werden schlecht zubereitet.

Fratschler und Fratschlerinnen

Zu dieser Klasse kann man eigentlich alle die rechnen, durch deren Hände die gewöhnlichen Nahrungsmittel, entweder im natürlichen Zustande oder zum Teil schon zubereitet und verändert, gehen, und ihre Anzahl muß also in einer Stadt wie Wien, besonders in einer Stadt, die so gute Mägen hat, schon ziemlich bedeutend sein. Dies ist allerdings wahr, aber sie zeichnen sich doch we-

178

nig aus, und man findet diese Klasse ganz anders in den Seestädten Deutschlands oder in den größeren Städten Italiens, wo sie ganz andere Geschäfte machen. Ob die Polizei hier wacht oder ob der Wiener selbst alles noch mehr aus erster Hand erwirbt, soviel ist gewiß, man sieht ihrer gar nicht eine so ungeheure Zahl. Jene Geflügel-putzer und Improvisatoren aller ersten Materialien des Magens, die man zu Tausenden in den großen Städten Italiens trifft, findet man hier noch äußerst selten; die Wirte und andere kaufen wohl unmittelbar von den Märkten oder von ihren Kunden vom Lande. Das ein-zige, was in ihren Händen ist und wofür auch immer eine eigene Berufsklasse von Leuten nötig ist, die es ver-teilen, sind die Früchte und alle jene kleinen Leckereien und Naschereien, die damit verwandt sind. Leider sind auch hier, wie an den meisten Orten, größtenteils alte, schmutzige Weiber im Besitz dieses ansehnlichen Mo-nopols, denn bei manchen geht es wirklich ziemlich ins Große, und sie mögen wohl zuweilen an die zwanzig Gulden den Tag über einnehmen. Aber sie sind weder in ihrem äußeren Aufzuge noch in ihren Taschen so ver-mögend, wie Herr Schulz[59] sie machte. Sie sind meistens alte gutherzige und freundliche Kreaturen, aber ohne Pracht, weder an sich noch an ihrem Warenlager, wel-ches gegen die Fruchtstapel der netten Italiener sehr ab-fällt. Diese Weiber haben ihre Grade in den Preisen je nach den Orten, wo sie stehen. Am teuersten sind sie mitten in der Stadt am Graben und auf dem Hof, wohl-feiler vor den Toren, am wohlfeilsten in der Leopold-stadt, wo auch die besten Früchte sind. Doch sind diese überall teurer in Wien, als man bei der großen Zufuhr und der Wohlfeilheit mancher anderer Güter des tägli-chen Lebens erwarten sollte.

179

Die Fiaker

Die Menge der Equipagen und Reitpferde ist bei den vielen Großen und Reichen, die in dieser Residenz leben, sehr groß, so wie sie auch sicher zu den schönsten und kostbarsten gehören. Aber doch bleibt noch immer eine große Zahl von Leuten, die nicht zu Fuß gehen mögen noch können, und für diese ist denn der Fiaker eine wohltätige Einrichtung. Man schätzt ihre Zahl auf rund siebenhundert; bis Nummer 670 habe ich gezählt. Man findet sie an allen Toren wie auch an allen Plätzen der Stadt und in allen lebhaften Gassen, und sie bieten sich mit dem gewöhnlichen Gruß: »Fahren mer, Ihr Gnodn?« an. Ihre Wagen sind größtenteils sehr bequem, oft auch zierlich, und ebenso Pferde und Geschirr, wenngleich es auch lumpiges Zeug gibt, und alle haben das Verdienst, daß sie ebenso rasch wie geschickt fahren. Sie wissen in vollem Galopp so geschickt aneinander vorbeizustreifen und zu wenden und doch dabei die Fußgänger wahrzunehmen, daß es eine Lust ist zuzusehen; und man hat fast kein Beispiel, daß in den engen Gassen und bei dem ungeheuren Gedränge der Equipagen und Menschen jemand überfahren worden wäre. Diese Geschicklichkeit kommt freilich den Fuhrleuten, aber ebensosehr der Polizei zugute, die auf alles, was das Leben und die Sicherheit der Bürger angeht, ein sehr wachsames Auge hat und bei der geringsten Schuld unerbittlich strenge ist. Hier sollen auch die Zeiselwagen Erwähnung finden, die auch weit über Land kutschieren und mit denen die Person um ein paar Dukaten vierzig bis fünfzig Meilen zurücklegen kann, weil sie Menschen aufeinanderzupakken wissen. In diesen läßt sich keiner der Honoratioren, nicht einmal ein ehrsamer Bürger, in der Stadt und den Vorstädten gerne sehen, weil er gar zu offen unter allerlei Gesindel sitzen muß. Die Fiaker haben keine be-

Ein Wiener Fiaker, durch ein Stadttor einfahrend, Anfang 19. Jh.

stimmte Taxe, und dies ist auch unmöglich, weil die Zeiten und Entfernungen sich nie genau bemessen lassen, und am wenigsten das Wetter. Man muß immer mit ihnen verhandeln, und man tut wohl, wenn man es recht bestimmt tut, denn sonst sind sie, wie alle Fähr- und Fuhrleute, trotz ihrem »Ihr Gnodn«, am Ende die unverschämtesten Schlingel von der Welt. Der gewöhnliche Preis für eine halbe Stunde ist ein halber Gulden oder zwei Siebenzehner; das hängt vom Wetter ab. An schönen, heiteren und kühlen Tagen müssen sie schon wohlfeileren Preis bieten. Man hat Beispiele, daß sie bei schlechtem Regenwetter, wenn viele gerade von einem Platze haben abfahren wollen, ihren gewöhnlichen Preis vier-, ja sechsfach gesteigert und Dukaten gefordert und erhalten haben, wo man sonst einen Gulden gibt. Aber auf diese Art wissen die meisten Menschen die Not ihrer Mitbürger einzuschätzen, und ich will also dies den Fiakern nicht als Verbrechen anrechnen.

Die Polizei

Die Wiener Polizei ist weit und breit berühmt, und sie verdient diesen Ruhm vollkommen, wenn man die Polizei bloß auf das bezieht, was zur Sicherheit und zur Erhaltung des Lebens der einzelnen und des Ganzen gehört; denn auch der Staat ist als ein einzelnes Leben anzusehen, das nur zu verletzlich und zu leicht zu töten ist. Freilich ist und bleibt es immer eine sehr verwickelte Frage, was Polizei sei. Keiner hat noch recht zu sagen gewußt, was sie eigentlich solle und wie weit ihre Grenzen gehen. Alles also, was zunächst zum Körper gehört und zur Leibesweide, zur Sicherheit und Bequemlichkeit der Bürger, alles dies leistet die Wiener Polizei vollkommen, und in dieser Hinsicht ist sie vortrefflich.

Viele wollen aber behaupten, daß sie auch in das Gebiet eindringt, wo die Geistesweide anfängt, und zwar tiefer, als löblich ist. Das kann sich nun freilich eher sagen als beweisen lassen; aber soviel ist gewiß, daß die Wiener Polizei überall ihre Diener hat und sicher, wenn zwei, drei Menschen versammelt sind, einer von diesen unter ihnen ist. Manches mögen die jetzigen politischen Umstände entschuldigen, wenn diese Hilfe nur nicht zu unwirksam und tatsächlich gefährlicher als zweckmäßig wäre. Denn die meisten Menschen sind schon zufrieden, wenn sie nur sagen dürfen, was sie meinen, und lassen es damit meist gut sein. Nur die Bösen sollten die Polizei fürchten; aber hier verstummen die bravsten und redlichsten Leute bei Dingen, worüber man sonst in der ganzen Welt laut spricht und lacht. Eben daher ist auch mit einem Wiener an einem öffentlichen Orte kein vernünftiges Gespräch möglich, weil er daran von Jugend auf nicht gewöhnt ist und nur in einem engeren Kreise seinen Verstand zu betätigen weiß, der sogleich stolpert, sobald er über diese Grenzen hinauskommt. Doch hierüber weiter unten.

Auch in Hinsicht auf die Fremden ist die Polizei ebenso streng wie gerecht, und das finde ich recht und billig. Es schleichen sich in große Städte doch immer genug Vagabunden ein, die auszutreiben, oder nur erst aufzuspüren, die beste Polizei verzweifelt. Daß man Fremde aus verdächtigen Gegenden auch mit mehr Strenge examiniert oder gar aus der Stadt weist, mag die heillose Zeit entschuldigen; denn geht es anders her in Rom und Paris, wo man so laut über Despotismus schreit? Sobald man ankommt, reicht einem der Wirt einen Zettel, worauf man sich und seine Sachen haarklein aufschreiben muß. Am folgenden Tag geht man zur Polizei, wo man seinen Paß findet, der einem an den Linien von einem Polizeibedienten abgenommen worden ist. Dieser bleibt auf der Polizei, und man erhält einen Schein, daß man ihn abgeliefert hat. Reist man ab, so erhält man gegen diesen einen neuen kaiserlichen Paß, den zu bekommen man einige Stunden lang braucht, da man durch mehrere Instanzen zur Kriegskanzlei und endlich zur Regierung gehen muß, wo er von vielen Augen visiert und von mehreren Händen unterschrieben wird. Aber all dies geschieht nur gegen Vorzeigung eines Scheins vom Grundrichter, daß man sich bei ihm als dem Wirte nichts schuldig legitimiert und nirgends eine Klage gegen sich habe. Dies ist allerdings etwas langwierig, aber man wird überall mit Artigkeit und Höflichkeit wie ein Gentleman behandelt, nicht in dem soldatischen preußischen »Er«-Ton, und kann sich also für alle Sicherheit und allen Schutz, den man so lange an einem lieben Orte genossen hat, dies wohl gefallen lassen. Hohe und privilegierte Personen sind hievon freilich ausgenommen sowie die Reisenden, die nur einige Tage bleiben, weil die wirklich Ursache hätten, über eine solche Einrichtung zu klagen.

Lotto

Dieses heillose Übel, das doch keine gute Regierung dulden sollte, sitzt hier recht auf seinem Thron und wird in einem fürchterlichen Ausmaße gefördert und zeigt durch die Menge der Kollekturen, daß es reichlich Abnehmer findet. Wenn man doch bedächte, daß es meistens die ärmere Klasse ist, das Heer der Bedienten und Mägde, und eine Menge anderer junger Leute, die sich vom Glücke äffen lassen; daß diese zu Diebstählen und Spitzbübereien verführt werden, um den Spieltrieb zu befriedigen, und oft den letzten Groschen hierher tragen, während ihre Kinder daheim um Brot schreien.

Joseph II.

Wenn man bedächte, wie dieses Spiel nicht nur der Ruin ganzer Familien, sondern auch der Moralität ist, so würde man es sicher abstellen. Nicht bloß in den Städten ist dieses Unwesen im Gange, sondern auch jedes Dorf hat seine Lotteriekollektur, und immer mit der schönen Aufschrift: »Heute ist der letzte Tag«, als wenn der Verlust unersetzlich wäre, wenn jemand dieses Glück so entschlüpfen ließe. Ja, man treibt die Methode so weit, daß bei diesen Kollekturen auch häufig Traumbücher angekündigt sind. Vielleicht aber ist dies keine Erfindung Wiens; denn auch in Florenz und anderen Städten Italiens fand ich bei den Nummern fast immer ausgehängt: »qui si vendono libri di sogni«.

Joseph war auf dem Wege, etwas Gutes zu machen, aber er fuhr zu rasch dahin, wie auch sein Leben, und mit ihm sank das meiste wieder in Nichts und Nacht zurück. Ich will nicht sagen, daß unter ihm schon alles herrlich gewesen sei, das war nicht möglich; aber es war doch vieles im Werden, und manche warfen alte Ketten ab und versuchten, sich selbst und anderen einen Schwung zu geben, und dieser Schwung wurde endlich schon fühlbar. Es traten Männer auf, die, unter seiner Ägide, freilich nicht ganz gedeckt, die Stimme erhoben gegen die alten Ausgeburten des Aberglaubens und Pfaffenregimes. Seine Nachfolger wollten den Kampf nicht erneuern, welchem er erlag, und Kardinal Migazzi,[60] Zensur und Papst traten wieder in ihre alten Rechte ein. So ist es auch noch, und was bei der Zeit, die mit einem gewaltigen Strome gegen alles Alte läuft, nur irgend haltbar ist, das suchen sie wieder festzumachen. Vielleicht haben sie den Regenten auch mit Gespenstern der Revolution und des Umsturzes aller alten Verfassungen, mit dem Sturz der Hierarchie geschreckt. Freilich sind viele, die, durch den Geist der Zeit ergriffen und von jenem Lichtfunken erleuchtet, der unter Joseph ausgestreut wurde, freier und kühner denken, aber sie dürfen nicht frei und kühn sprechen. Wer findet es z.B. nicht ehrwürdig, Menschen zu sehen, die das Bedürfnis nach einem höheren Wesen fühlen und diesem gemäß handeln, wie anders er selbst vielleicht hierüber denken mag? Aber so den düstersten Aberglauben, die kindischesten Possen in der Hauptstadt Deutschlands und am Ende des achtzehnten Jahrhunderts vor aller Augen zu sehen; zu sehen, wie Menschen, die klüger sein sollten, zu Tausenden vor einer Hostie sich in den Kot werfen und götzendienend knien vor einem ekelhaften Bilde, das

Schweine scheu machen könnte, das empört bis ins Innerste! Zu sehen, wie ganze Herden von Bauern und Handwerkern über Land ziehen nach Hernals, Mariazell oder Maria Taferl und mit ihrem dummen Geplärr Gott und ihrer Arbeit den Tag, ihren Kindern aber das Brot stehlen und selbst für allerlei Liederlichkeit Gelegenheit und zugleich auch Ablaß finden! Hierüber klagen selbst eifrige Katholiken, die wohl einsehen, daß der Mensch in jeder Religion Anleitung zur Tugend und Glückseligkeit findet, wenn er nur erst von den Possen der Priester und den Satzungen finsterer Jahrhunderte sich losgemacht hat. Wenn man nun vollends sieht, wie diese Übungen des Aberglaubens bei aller Stierheit des Blicks und aller Roheit der Begriffe bloß etwas Äußeres sind, womit sich so bequem der Schmutz der Sünden abwaschen läßt, wobei man mit seinem Nachbarn liebäugeln und allerlei fremde Spiele und Gedanken treiben kann, wenn nur der äußere Takt mit Augen, Händen und Knien gewahrt wird; zu sehen, daß für hundert, tausend, ja zehntausend Tage vollkommener Ablaß erteilt wird, wenn man sich einige Stunden so zerarbeitet hat; und wie dies nicht bloß auf allen Tafeln zu lesen ist, sondern in gedruckten Ankündigungen, Zettelchen, Büchelchen und Predigten noch täglich dem Volk vorgekaut wird, das kann einem die Laus über die Leber laufen lassen. Wundert man sich dann noch über den plötzlichen Umsturz alles Alten und schreit: »Ungeheuer!«? Das ist es nicht, sondern das Natürlichste. Nur durch Fortschreiten zum Besseren kann das Gute der alten Religionen und Verfassungen erhalten werden. Der Sklave, von seinen Ketten gelöst, ist ein Tyrann.

Wie es nun um die Wissenschaften steht und was sich unter diesen Umständen für sie tun läßt, das sieht ein Kind ein. Die gewöhnlichen sogenannten Brotstudien gehen zwar ganz gemächlich ihren alten Weg weiter, und man kann es da immer zu einem hohen Grade von Gelehrsamkeit bringen. Aber alles, was ins Gebiet des Unbestimmten und Unerforschten einschlägt, vielleicht sollte ich sagen des Unerforschlichen und Unbestimmbaren, worüber der Mensch doch so gern grübelt und nachdenkt und worüber er auch nachdenken soll, alles, was die Philosophie beleuchten soll, hielte man hier gern unter ewiger Nacht begraben, wenn es sich nur halten lassen wollte. In diesem ewigen Graben und Suchen nach dem Ungewissen und Entfliehenden, darin liegt der schönste Trieb des Menschen, der dem flüchtigen Leben selbst Festigkeit und dem Festen und Sicheren, wovon er so wenig hat, süßeren und dauernderen Genuß gibt. Wo man diesen heilsamen Strom eindämmt, welch unsägliche Pest entspringt da mit all ihren Übeln, die sich hinterher erst richtig offenbaren!

Man sehe nur den Katalog der verbotenen Bücher an, wie er jedes Jahr zu einem dicken Bande anschwillt und wie die Zensur oft lächerliche Bockstreiche macht und bloß nach dem Titel ausstreicht, wo doch mancher gefährliche Wolf sich unter einem frommen Schafskleide einzuschleichen weiß. Doch alles dies würde so viel nicht schaden, wenn nur die menschliche Zunge ihr heiliges Recht behielte, aber auch die Stimme des Lehrers und des Klugen oder Toren wird versperrt. Und alle diese gehören doch notwendig zur besten und freiesten Welt und müssen im ewigen Kampf sein wie die Stürme des Himmels, wenn etwas wachsen und gedeihen soll. Dies ist so schlimm, daß der Hörer wie der Lehrer bloße Nullen sind, die einander was vorlügen und sich vorlügen lassen. Was dies auf alle Disziplinen für einen verräterischen Einfluß hat, das weiß jeder, der die Welt ein bißchen ansieht oder die Geschichte, ein langes Register von Sünden und Narrheiten, nur mit flüchtigen Händen vom Staub der Jahre gesäubert hat.

Was also Philosophie und Theologie in Wien heißen, das begreift sich hieraus sehr leicht. In der Jurisprudenz, wie sie einmal ist, kann einer auch ohne alle Philosophie zum Reichshofrat und Reichskanzler sich aufschwingen, und die Mediziner wissen ihre Geheimnisse schon so zu verstecken, daß ihnen nicht leicht jemand was anhaben kann. Diese letztgenannte Wissenschaft wird hier nach der allgemeinen Aussage der Lernenden am besten gelehrt. Die schönen Wissenschaften hängen mit der Philosophie am engsten zusammen, weil sie nur durch Schwung und Enthusiasmus des ganzen denkenden und empfindenden Wesens bestehen. Die besten Köpfe, die unter Joseph auflebten, sind unter der Erde, und der alte Denis[61] gräbt nun in Manuskripten und schilt als frommer Katholik über die heillosen Zeiten, die er hat erleben müssen. Auch in den übrigen schönen Künsten, in der Bildhauerei und Malerei, soll der alte Eifer sehr erkalten, obgleich Zauner und Füger[62] wohl eine Flamme entzünden könnten, wenn nur ein lebendiger Wind von oben oder aus dem ganzen Volksleben dreinhauchte. Vortrefflich sind die Muster und die Abgüsse der Meisterstücke des alten Griechenlands, welche auf der Kunstakademie in schöner Ordnung, für den jungen Künstler wie den Liebhaber, ausgestellt sind, so wie er im Belvedere und im Liechtensteinischen Palast Nahrung für sein heiliges Feuer finden kann.

Die Universität selbst ist sehr groß und zählt über viertausend Studenten. Die Einrichtung ist bei weitem anders als auf den übrigen Universitäten Deutschlands und die Subordination, nicht bloß bei den Theologen, die gewöhnlich schon ihren Oberen unterstehen, viel größer. Daher kommt es, daß man die Studenten in Wien, wo sie freilich doch keine der ersten Rollen spielen würden wie in den kleineren Städten Deutschlands, nicht bemerkt. Sie sind aber nicht nur unbemerkt, sondern auch ungeachtet, und das ist wieder schlimmer als das Großtun und Aufschneiden ihrer Brüder im übrigen Vaterlande. Denn werden dem Jüngling die Flügel lahm geschlagen, so bleiben sie es gewöhnlich für immer. Es ist hier noch schlimmer als in Leipzig. Es gibt zwei Universitätsgebäude: das alte und das neue nächst dem Stubentore bei den Dominikanern. Das neue wurde 1756 von Maria Theresia erbaut und ist ein stattliches Gebäude. Ihre eigene Bibliothek ist nicht vorzüglich, doch haben die Studenten die kaiserliche zu benutzen, die aber doch mehr für die reifen Köpfe ist sowie für jene, die außer den kurzen Jahren des Studierens noch Mittel haben, an einem Orte wie Wien länger sich aufzuhalten.

Das vortreffliche Bibliotheksgebäude wurde am Anfang dieses Jahrhunderts unter Karl VI. von Fischer von Erlach erbaut. Es stößt hinten an die Burg und kann, wenn man will, zu ihr gerechnet werden. Vorn hat es einen schönen freien Platz, der Josephsplatz heißt, und sieht den Friesischen Palast, einen der neuesten und stattlichsten in Wien, an. Es ist ein Hauptgebäude mit zwei Flügeln. Das Hauptgebäude ist eigentlich die Bibliothek; an den rechten Flügel stoßen die schöne Reitbahn und der prächtige Redoutensaal am Michaelerplatz, und der linke enthält das sogenannte Physikalische Kabinett, Instrumente und allerlei Vorrichtungen der physischen und mathematischen Wissenschaften. So schön indessen dieser Bau anfangs auch in die Augen fällt, so erregt er doch endlich ein Gefühl des Schweren und Unbeholfenen, welches, wie mich dünkt, auch den besten Werken Fischers nicht ganz fehlt.

Die Bibliothek ist im Hauptgebäude in einem großen Saal im zweiten Stock und in mehreren Nebensälen und Zimmern aufgestellt. Sie soll jetzt über 300.000 Bände an gedruckten Büchern und Manuskripten enthalten, ungerechnet manches, was da und dort noch ungeordnet und

Die Kaiserliche Bibliothek, um 1730

unentstaubt übereinandergeworfen liegt. Der große Saal ist ein herrliches Werk und zwei Stock hoch. Seine schöne von Gran[63] gemalte Decke ruht auf zierlichen Säulen, und die Wände sind mit weißem Marmor ausgelegt. Mehrere Büsten und Köpfe aus dem Altertum zieren ihn sowie wohlgearbeitete Statuen der Habsburger, von Rudolf I. bis zu Karl VI. Schade, daß die Zierate und Vergoldungen und andere Schnörkel, wofür Fischer nichts kann, den einfachen Eindruck dieses prächtigen Zimmers zu sehr stören. Von Codices, die zum Teil noch ununtersucht sind, und von alten Drucken ist hier eine sehr stattliche Sammlung. Es gibt ein eigenes großes Zimmer für die, die hier lesen, nachschlagen oder exzerpieren wollen, zu welchem Behufe die Bibliothek täglich acht Stunden des Sommers und Winters offen ist.

Unten am Eingange im linken Seitenflügel ist das herrliche Physikalische Kabinett, das einen Tag in der Woche für jedermann, der sich ein Erlaubnisbillett holt, offen ist. Auch das Naturalienkabinett und die Schatzkammer sind in der Nähe. Das erstere soll an Mineralien und Versteinerungen eines der bedeutendsten in Europa sein; das andere Schöne nicht einmal gerechnet. Man findet hier auch viele Tische und andere Arbeiten im florentinischen Geschmacke aus zusammengelegten Steinen und Scagliola, auch kleine Gemälde in Mosaik. Den Schatz zu beschreiben, muß man einen Schatzgeschmack haben; das wäre etwas für Weiber. Mich dünkt, solche Kostbarkeiten, Kunstwerke und Raritäten wollen nur gesehen werden, obgleich es an sich ein Leichtes wäre, über die ausgestellten Schnurrigkeiten und Seltenheiten mehr als einen Bogen zu füllen. Das schönste sind unstreitig die Gefäße aus kostbaren Steinen und die kleinen Kunstarbeiten des berühmten Donner.

In diese Rubrik paßt auch sehr gut eine kleine Skizze des Belvederes und der Liechtensteinischen Gemälde-

Schloß Belvedere, das Gartenpalais des Prinzen Eugen, um 1730

sammlung, die mir während meines Aufenthaltes in Wien so manche selige Stunde verschafft haben und die unstreitig von allem, was hier zur lebendigen Erwekkung und Förderung der Kunst da ist, den ersten Rang einnehmen. Es gibt von beiden Kataloge, und ich werde den Leser nicht mit einer tötenden Aufzählung aller Stücke quälen, sondern nur von einigem, was mich am lebendigsten durchdrang und ergriff, ein schwaches Bild meiner Empfindungen zu geben suchen. Man möchte so gerne das, was einem selbst gefiel, im Besitze der Bewunderung aller sehen.

Das liebliche Belvedere, eine Villa des großen Eugen,[64] liegt auf der Wieden und hat eine weite Aussicht über die Stadt und die Vorstädte hinaus. Es ist leicht und anmutig gebaut und liegt mitten in einem schönen Garten, der freilich etwas zu sehr französisiert ist. Man hat dieses Belvedere benutzt, die Gemäldesammlung des Kaisers darin aufzustellen. Diese ist während des ganzen Sommers und Frühlings drei Tage in der Woche von neun bis zwölf und von drei bis sechs Uhr jedem offen, und Bediente sind da, einem unentgeltlich alles zu zeigen. Für junge Künstler ist es nicht bloß zu diesen Stunden offen. Man hat von den italienischen und niederländischen Gemälden jetzt ein Verzeichnis von Joseph Rosa, das zugleich Nachrichten und Fingerzeige enthält und 1796 bei Schmidt in Wien herausgekommen ist.[65] Der Garten selbst ist zu allen Tageszeiten offen, wird aber, weil er so entlegen ist, wenig zum Spazieren benutzt.

Aus der Lombardischen Schule:

Marc Antonio Franceschini[66]: Die Mutterliebe. Ein schönes, blühendes Weib hält mit der einen Hand eine große Frucht empor und ruht mit der anderen, einen Blick unaussprechlicher Liebe auf ihre Kinder geheftet, deren

194

drei, liebliche Geschöpfe, auf ihren Knien und in ihrem Schoße ruhen und sich zur Frucht und zu ihrem Kuß anklammern. Alle Figuren sind nackt und überlebensgroß. Franceschini ist vorzüglich in unbekleideten Figuren.

Annibale Caracci[67]: Adonis, ein schöner, männlicher Jüngling, tritt mit seinem Bogen und seinen Jagdhunden aus dem Hain hervor und schaut auf die ruhende Venus, eine üppige, wollüstige Gestalt, die einen Blick voll Sehnsucht und Liebe auf den geliebten Schäfer wirft. Schalkhaft steht ihr Amor mit einem Pfeil zur Seite und deutet auf ein kleines rotes Fleckchen auf der wogenden Brust, das dieser Pfeil gegraben hat.

Guido Reni: Magdalene vor dem Kruzifix; eines der holdesten weiblichen Wesen, die je aus der Idee eines Sterblichen geflossen sind. Welch ein Geist, der so einen Geist empfangen und darstellen konnte! Alles, was Empfindung Süßes, was Liebe Holdes, was Anmut und Weiblichkeit Unnennbares hat, ist in dieser Gestalt vereinigt und das Ganze mit einer stillen Ruhe und süßen Schwermut überschattet, die dieses Bild mit unauslöschlichen Zügen ins Herz brennt. Ein bloßes Brustbild.

Anton Correggio: Io sitzt auf einem Rosenhügel voll süßer Wollust und läßt sich von einer Wolke umfangen, indem sie ihre trunkenen Blicke aufwärts richtet. Eine herrliche Gestalt und Stellung.

Correggio[68]: Der bogenschnitzende Cupido, den ich für den Preis der ganzen Sammlung erklären möchte; wenigstens nähme ich ihn, wenn mir die Wahl freistünde. Er stemmt sich mit seinem Messer auf einen Stock, den er unten auf Folianten gestellt hat, worauf er selbst steht. Die ganze Gestalt atmet Grazie und Wohllaut des Daseins und Empfindens und ist mit einem unaussprechlichen Zauber übergossen. Hinter ihm ist eine kleinere Ausgabe von Amor zu sehen, ein Erzaushecker aller Schelmerei und Tücke. Er kneift ein kleines Mädchen, das zu schreien scheint, und sein Lächeln drückt Mutwillen und Schelmkniffe unaussprechlich aus.

Correggio[69]: Ganymedes, von Jupiters Adler entführt. Sein Hund sieht ihm trauernd nach. Es ist die Gestalt eines feinen Knaben, der scheu und leichtschwebend mit dem stolzen szeptertragenden König der Vögel emporfliegt. Correggios Reiz und Lebendigkeit in der Darstellung leuchten kräftig aus allen Zügen hervor.

Aus der Florentinischen Schule:

Carlo Dolci: Zwei kleine Madonnenköpfe in all ihrer gewöhnlichen Milde und Lieblichkeit, mit der stillen Wehmut der Betrachtung übergossen. Dies ist sein Gebiet. Sein Christus, der das Kreuz trägt, ist nur das stille Bild der Unschuld, nicht das starke Symbol der Manneskraft.

Horatio Gentileschi[70]: Die Reise nach Ägypten, eine Szene unterwegs. Joseph liegt und schläft. Maria sitzt und reicht ihrem holden Säugling die Brust. Ein gar sanftes Stück. Die stille Zärtlichkeit der Mutter, die auf ihr Kind blickt, und das kindliche Wohlgefallen des Knaben, besonders der Ausdruck seiner kleinen Augen, sind unübertrefflich und der schönsten Natur abgeschaut.

Gentileschi[71]: Eine ruhende Magdalena, die ich oft stundenlang mit Sehnsucht angeschaut habe und die an Ausdruck und lebendiger Empfindung das meiste in dieser Sammlung übertrifft. Sie hat nicht die süße Ruhe und stille Sehnsucht der Guidoschen Maria vor dem Kreuzbilde, sondern ihre Stirn umwölkt ein leiser Zug tieferer Trauer, aber die süßeste Schwermut, die trunkenste Schwärmerei eines holden weiblichen Gesichtes ist lebendig darauf ausgedrückt. Man möchte sagen, sie wolle ganz mit dem Himmel in eins zerfließen, nach welchem sie so inbrünstige und heiße Blicke sendet. War es aber die Haltung ihres Charakters oder des Künstlers Eigenart, der in allen seinen Stücken viel Irdisches hat, daß selbst ihre fromme Schwärmerei so voll erhabener Sinnlichkeit ist?

Aus der Römischen Schule:

Nicolas Poussin: Salomos Urteil in kleinen Figuren, ein treffliches Gemälde, was Zeichnung, Kolorit und Charakter anlangt. Welch ein Ausdruck in der Mutter, der man ihren Liebling zerhauen will! Es ist reich an Köpfen; denn im Hintergrunde sitzt der König noch, von einer Menge von Hofleuten umgeben.

Raffael: Sankt Margaretha tritt den häßlichen Wurm, den Drachen, nieder.

Raffael: Eine Heilige Familie; Maria mit ihrem Knaben, den sie dem kleinen Johannes hinhält. Dieser bringt ihm Früchte, und Joseph steht hinter ihm und scheint ihn hinanheben zu wollen. Die Mutter ist ein feines Weib voll unschuldiger Grazie. Guidos und Tizians Kinder mögen wohl schöner sein.

Raffael[72]: Die Mutter Jesu mit ihrem Kinde und Johannes, der ein kleines Kreuz aus Rohr hält. Dieses Gemälde trägt noch das Steife seines Lehrers Pietro Perugino. Es soll schon in seinem dreiundzwanzigsten Lebensjahre von ihm gemalt worden sein.

197

ist außerordentlich reich vertreten; von allen ihren berühmtesten Meistern gibt es Beispiele; insbesondere schöne Porträts von Tizian:

Tizian[73]: Christus wird dem Volke von dem Landpfleger vorgestellt. Ein großes Gemälde, das als eines der Meisterstücke des Tizianischen Pinsels gilt. Es gibt freilich keine Ideale, aber ein schönes Kolorit, eine herrliche Komposition der vielen Figuren, die in mancherlei Stellungen, Handlungen und Gebärden sich zeigen. Unter diesen sind viele Porträts; so hat Tizian sich selbst, Karl V. und Soliman den Großen dargestellt.

Tizian[74]: Maria mit dem Kinde, das vor ihr auf dem Tische steht, unnachahmlich schön gemalt, wenngleich die Mutter nicht Guidoisch noch Dolcisch ist. Tizian ist überall wegen seiner schönen Kinder berühmt.

Tizian[75]: Maria, Joseph, Joachim und die beiden heiligen Kinder, von denen das ältere dem anderen Erdbeeren reicht. Ein herrliches Stück; die Kinder möchte man den Triumph der Kunst nennen.

Tizian: Danaë, auf ihrem Polster hingestreckt. Der goldene Regen strömt herab und wird von einer Alten in einem Becken aufgefangen. Ein schönes, wollüstig ruhendes Weib, deren ganzes Wesen Fülle und deren Blick selige Trunkenheit spricht. Der Zauber des Tizianischen Pinsels offenbart sich vorzüglich in diesem Stücke.

Die Niederländer:

Es ist einem unmöglich, die meisten Gemälde dieser Schule, so schön und vollendet auch manches davon sein mag, mit Wohlgefallen zu betrachten, wenn man einige Stunden unter den Italienern verweilt hat. Sie haben allerdings auch große Meister, wie Rubens, Rembrandt, van Dyck, aber selbst bei den besten, sogar bei van Dyck, vermißt man die italienische Zartheit und Grazie der Körper und Leidenschaften. Sie fassen meist nur die gröberen und stärkeren Züge der Leidenschaften, die freilich außerordentlichen Effekt machen, aber nicht die Stille und Mäßigung haben, noch sie geben können, wodurch die Kunst auf das Gefühl des Guten und Schönen vormals solche Wunder gewirkt haben soll. Bleiben sie bloß bei der niederländischen Natur, bei ihren Sitten und Lebensweisen, wollen sie nicht mehr als diese schildern, so sind sie meisterhaft und bringen ihre lebendigen Originale treffend und mit der größten Sorgfalt und Genauigkeit zum Ausdruck. In Landschaften, Tier-, Jagd-, Blumen- und Seestücken haben die Niederländer außerordentlich viel geleistet; und darin gesteht man ihnen mit Freuden ihren Vorrang zu.

Van Dyck[76]: Simson und die Philister. Die Köpfe sind alle Porträts und voll individuellen Ausdrucks. Simson ist hier fast zu passiv von Aussehen und Delila eine wohlbeleibte Hure.

Van Dyck[77]: Die heilige Rosalia kniet vor der Madonna und dem Kinde, das ihr ein Kreuz reicht. Apostel stehn zur Seite des Throns und ein Engel mit Rosen. Der Engel und Rosalia sind edle Gestalten. Zu einer solchen Heiligen möchte ein Ketzer auch wohl mal einige Stufen hinauf- und herabrutschen.

Van Dyck[78]: Sankt Herrmann, Prämonstratenser, empfängt von der Heiligen Mutter einen Ring, ein Engel steht bei ihr, und ein rüstiger Jüngling, van Dyck selbst, sieht von hinten her zu. Auch wenn man mich nicht mit der Nase darauf gestoßen hätte, würde dieses Gemälde mir sogleich als das erste der van Dyckischen aufgefallen sein. Welch ein Charakter erhabener Menschheit in dem Heiligen! Und wie himmlisch Mutter und Engel! Dieses Gemälde soll Rubens fast eifersüchtig auf seinen großen Schüler gemacht haben.

Rubens[79]: Ignaz von Loyola heilt die Besessenen und segnet die Kranken. Sowohl der Priester als auch die Rasenden haben einen gewaltigen Ausdruck. Man möchte sagen, er sei zu stark. Denn nie hat Verrücktheit und Wut rasender und treffender dargestellt werden können. Auch sonst rechnet man dies große Gemälde wegen der Gruppierung und des Kolorits zu seinen besten Arbeiten. Seine Körper sind hier, wie fast überall, riesenmäßig und kolossalisch.

Rubens[80]: Xaver predigt und erweckt einen Toten. Eine Menge Zuschauer. Die Religion schwebt hoch oben. Wieder ein hoher Ausdruck der Leidenschaften auf den Gesichtern der erstaunten Menge. Das ist Rubens in seiner ganzen Glorie.

Rubens: Das Venusfest; ein großes, figuren- und lebensreiches Gemälde, das zu den schönsten seiner Hand gehört. Der Tempel der Göttin steht hoch am Hügel und ihre Bildsäule in Idaliums Hain, welcher Bacchanten in munterem Reigen zueilen. Kleine flatternde Genien hängen Blumen auf und Früchte oben in den Zweigen. Amoretten schlingen einen Ring um die Säule, und Weihrauch wirbelt vom Altar, von einer frommen Prie-

Palais Liechtenstein in der Roßau, um 1730

sterin angezündet. Faunen und Satyrn mit ihren Nymphen bilden im Vordergrunde lüsterne Gruppen, und Amor tändelt mit einem kleinen Mägdlein im Grünen. Es ist die freundliche Stunde des sinkenden Tages, und das Abendrot schimmert durch die Bäume.

Angelika Kauffmann: Äneas, über Pallas in trauernder Stellung gebeugt, will den Helden, der in einem Rosenkorbe liegt, mit einem Gewande bedecken. Trauernde Frauen weinen um ihn. So lebhaft auch das Kolorit ist und so edel zum Teil die Ideen sind, so vermißt man doch das richtige Verhältnis und die anatomische Richtigkeit der Zeichnung. Man möchte sagen, man sehe es den Figuren an, daß ein sanftes Weib sie gemacht habe, so weich, so weiblich und ungezeichnet von Muskeln und Nerven sind die schlanken und überschlanken Körper.

Der Saal am Eingange:

Dieser enthält mehrere Porträts des Habsburgischen und Lothringischen Hauses. Hier sitzen wegen der Helle und Geräumigkeit gewöhnlich junge Künstler, welche zeichnen und malen, und die Bedienten stehen und gehen von hier, als ihrer Hauptwache, durch alle Säle.

Auch im zweiten Geschoß ist eine vortreffliche Sammlung, insbesondere alter niederländischer und deutscher Gemälde, von Dürer, Cranach, Sandrart, van Eyck und anderen, die ohne Ordnung zum Teil aufgehängt sind, zum Teil umherstehen und -liegen, und die, geordnet, eine Sammlung ergeben würden, die sich der unteren nicht zu schämen hätte.

202

Die Liechtensteinische Sammlung

Diese schöne Gemäldesammlung, die in mancher Hinsicht selbst gegenüber der Kaiserlichen im Belvedere Vorzüge hat, befindet sich im Liechtensteinischen Palast bei den Schotten und der Böhmisch-Ungarischen Kanzlei. Sie ist hauptsächlich von dem wackeren Fürsten Wenzel[81] gestiftet und steht alle Tage mit österreichischer Humanität den Künstlern, die dort arbeiten, wie den Liebhabern, die schauen wollen, offen. Die Gemälde sind im dritten Stock in zwölf Sälen aufgestellt, denen es weder an fürstlicher Pracht noch an himmlischem Lichte fehlt.

Den Stifter dieser Sammlung, den alten Fürsten Wenzel Liechtenstein, den Ratgeber und Freund Maria Theresiens, kann man im sechsten oder siebenten Zimmer als Bruststück in Mosaik sehen.

Vergnügungen

Hiemit ist vielleicht keine Stadt so reichlich versorgt wie Wien, und keine benutzt sie besser. Im Sommer gibt es täglich Spazierfahrten nach Schönbrunn, Laxenburg, Maria Hietzing, Dornbach, der Brühl und allen jenen schönen Dörfern und Landhäusern und Schlössern, womit das herrliche Bergtal umgeben ist, in welchem die Riesenstadt liegt. Näher hat man den Prater und Augarten, deren Lustbarkeiten ich schon beschrieben habe. In der Stadt stehen die Kaffee- und Speisehäuser zur Verfügung und die lustige Promenade und Abendgesellschaft auf der Burgbastei, und vier Schauspielhäuser und die Oper sind fast immer im Gange und reichlich besucht. Für Liebhaber gibt es außer den großen Winterkonzerten eine Menge Privatkonzerte, so wie das der Dilettanten im Augarten während des Sommers, wo es nicht schwerfällt, Eintritt zu bekommen. An die Nachtmusiken, Akademien, Gassationen, Feuerwerke und anderen außerordentlichen Lustbarkeiten nicht einmal zu denken, die auch wohl mal so anfallen. So geht es im Frühling und Sommer, und jeder hat allerdings den Willen zu genießen, und die Orte und Arten des Vergnügens, bis zu den sonntäglichen Tanzplätzen in Meidling und in der Roßau, sind reichlich besucht. Mit dem Winter erhalten nun Schauspiel und Oper erst recht ihren Glanz und ihre Zeit. Dann werden auch von Zeit zu Zeit die großen Musiken aufgeführt, die von ganz Deutschland, nach allgemeinem Urteile, in Wien noch immer einzigartig sind. Aber der Gipfel und die Blüte aller Freuden beginnt mit dem Karneval, wo alles wild und lustig durch- und untereinander geht. Dann öffnet sich der prächtige Redoutensaal, und jeder kann an diesem glänzenden Vergnügen teilnehmen, der die Ergötzbarkeit und ein anständiges Kleid mitbringt. Ich bin leider so glücklich nicht gewesen, diese Zeit hier zu erleben, die die Wiener ihre goldene nennen und die bei der Pracht und dem Luxus dieser reichen Stadt es wohl sein kann. Alle indessen behaupten, daß es dann nur einen Redoutensaal gebe, der wert sei, besucht zu werden.

Die Musik

Schon bei mehreren Gelegenheiten habe ich erwähnt, daß das einzige, was der Wiener mit einigem Interesse liebt und übt und worauf er sich selbst etwas einbildet, die himmlische Tonkunst ist. Es herrscht nun einmal der Geschmack, daß jedes junge Mädchen und jeder junge Mann, der auf Erziehung Anspruch erheben will, Musik lernen muß. Wenngleich nun nicht alle die Anlage zu dieser Kunst haben und wenige Meister aus diesen Jün-

Joseph Haydn (1732–1809)

gern hervorgehen, so bekommen doch viele einige
Kenntnis und Freude an der Kunst, und die anderen
tun, als sei es auch mit ihnen so, und das ist schon ein
wirklicher Gewinn für die Kunst. So können viele junge
Künstler hier vom Unterricht leben und sich weiter ausbilden. Die zahlreichen Kirchenmusiken, die Orchester
bei den Theatern, die Oper und manche der Großen unterhalten auch eine große Anzahl, und viele der bedeutendsten Komponisten lebten und leben hier, die wiederum ihre Schüler und Verehrer nach sich ziehen. Man
braucht nur den einzigen Haydn zu nennen, den Esterházyschen[82] Kapellmeister, der tausend große Namen
tief unter sich sieht; und außer ihm leben hier so viele
andere verdiente Männer, wie Beethoven, Wranitzky,
Krommer, Kotzeluch. Aber auch die bloße Klasse der

Dilettanten ist so groß, daß sie an jedem anderen Orte als Wien eine Kapelle bilden würde. Diese geben gewöhnlich des Sommers wöchentlich einmal in dem großen Saal des Augartens Konzerte; und außerdem sind im Winter und Sommer ähnliche Konzerte und Akademien in Privathäusern. An den Theatern werden im Winter die großen Stücke von Haydn, seine »Sieben Worte« und seine »Schöpfung«, und Stücke von anderen Meistern gegeben; und von den sämtlichen Virtuosen, Komponisten und Professoren Musiken zugunsten der Witwenkasse, die sie unter sich errichtet haben und wo ein jeder mittels eines gewissen Zuschusses beitreten kann. Ferner gibt es an einzelnen Lieblingstagen, z. B. am St.-Annen-Abend, öffentliche Nachtmusiken und Gassationen. Die Orchester der Theater und Oper haben doch auch ganz geschickte Direktoren, welche wieder junge Genies ausbilden helfen; und endlich die allgemeine Stimme des Publikums, die sich für diese Kunst ausspricht, wie sollte sie nicht mehr tun als alles übrige, sie, die eigentlich die lebendigste und wirksamste Pflegerin alles Guten und Schönen ist, wenn es einen rechten Schwung bekommen soll. So ist es denn Wahrheit, daß Musik hier das einzige ist, was wirklich kultiviert und verstanden wird und was man an keinem Orte Deutschlands, und jetzt auch Italiens, so gut findet wie in Wien. Ich habe es oben schon gesagt, in den Musiken des Augartens muß man die Schönen Wiens sehen, wenn sie gefallen sollen. Da sieht man Männer und Weiber ganz anders als sonst. Ein süßes Gefühl rötet ihre Wangen – wenn sie nicht schon geschminkt sind – und funkelt aus ihren Augen, und die Männer selbst wandeln lebendiger und geistiger einher.

Als der verstorbene Fürst Esterházy von Galántha[83] einmal auf den Einfall kam, seine ganze Kapelle außer Haydn zu entlassen, und dieser große Künstler einen

Wink davon bekam, so heckte er einen feinen Einfall aus. Er machte eine Symphonie, sehr vollständig mit allen Instrumenten besetzt, und hatte sogleich das ganze Orchester in Bewegung, aber er hatte es so eingerichtet, daß die Instrumente eines nach dem anderen ausfielen. Nun wurde diese, als der Fürst einer großen Gesellschaft zu Ehren seine Kapelle in Bewegung setzen ließ, aufgeführt. Die Spieler waren unterrichtet. So wie sie ausfielen, löschten sie ihr Licht, nahmen ihre Instrumente und Musikalien und packten ein. Dies ging so fort, bis zuletzt nur noch ein einziger spielte, das letzte Licht löschte und den letzten Stuhl wegschob. Der Fürst merkte die Satire, lächelte und behielt die Kapelle ganz.[84] – Haydn ist trotz seiner fast siebzig Jahre ein munterer und jovialer Mann voll Witz und Einfällen. Er ist ein geborener Salzburger[85], wo sein Bruder Kapellmeister ist. Gewöhnlich lebt er in Eisenstadt in Ungarn; wenn er hier ist, wohnt er in Gumpendorf, wo er sein eigenes Haus hat. Als Spieler auf dem Pianoforte ist er verlegen und läßt sich selbst unter Freunden nicht gerne hören.

Mozart war nach der allgemeinen Stimme wohl das größte musikalische Genie des Jahrhunderts; aber sein ganzes Wesen war auch auf diese eine Kunst beschränkt. Von nichts hat er sonst sprechen mögen noch können, noch für irgend etwas in der Welt Interesse gehabt als für die Musik. Das Feuer seiner heftigen und ungebändigten Leidenschaften hat ihn früh ausgebrannt; er starb im sechsunddreißigsten Lebensjahre.

Als Leopold Joseph einmal besuchte, wurden die beiden Helden der Kunst, Mozart und Clementi[86], die auch als Spieler groß waren, geladen, und jeder mußte eine eigene Symphonie spielen und spielte sie brav. Darauf wurden die Noten ausgetauscht. Clementi exekutierte Mozarts Stück wacker. Mozart spielte Clementis Stück,

das in E gesetzt war, aus H an. Clementi meinte, es sei
ein Mißgriff und zitterte für ihn und für sein Stück.
Aber Mozart setzte es sogleich im Kopfe um und spielte
es ohne Anstoß bis zu Ende durch. Da fühlte Clementi
seinen Sieger und gestand ihn ein.

Daß Mozart fremdes Verdienst zu schätzen wußte, bezeugt folgende Anekdote, die zu schön ist, als daß sie
nicht wahr sein sollte. Es wurde ein Stück von Haydn
aufgeführt, wobei mehrere große Künstler zugegen waren. Ein Neider Haydns machte bei einem Geniesprung,
sich zu Mozart wendend, die Bemerkung: »Das hätte ich
nicht gewagt!« – »Ich auch nicht«, sagt Mozart. Jener
denkt nach und ist über Mozarts Sinn verlegen, rückt
wieder zu ihm und fragt: »Aber warum hätten Sie es
nicht gewagt?« – »Weil das nur einem Haydn einfallen
konnte.«

Theater

Wie ich eben das Wiener Publikum in Hinsicht auf die
Musik mit so viel Vergnügen erwähnt habe, so sehe ich
mich gezwungen, gleich hier einen Widerruf anzustim-
men und geradeheraus zu gestehen, daß sie wohl den
Kasperl und die Hetze seligen Andenkens, aber kein
ernsthafteres Spiel des freien Geschmacks zu schätzen
wissen. Doch ich will nicht vorgreifen, sondern schildern, wie es ist.

Das Nationaltheater

Dieses sogenannte Deutsche Nationaltheater, oder Hoftheater, wird vom Hofe besoldet und steht unter der Direktion eines Barons von Braun, vielleicht jetzt auch etwas mit unter dem Einfluß des Theaterdichters, des
Herrn von Kotzebue, der freilich eine sehr mißliche

Lage in diesem doppelten Posten hat, da auch einige der Schauspieler mutige dramatische Dichter sind.[87] Dieser Herr von Braun engagiert, unter Beiziehung der Veteranen und angesehener Mitglieder der Bühne, die neuen Mitglieder, die erst vor dem Publikum einige Proben durchlaufen müssen, um zu sehen, wie sie gefallen. Man pries mir diese Gesellschaft als die erste in Deutschland und als der Berliner in jedem Stücke vorzuziehen. Ich muß aber gestehen, daß ich von einer ziemlichen Höhe der Erwartung herunterfiel.

Es ist wahr, ich würde sehr im Unrecht sein, nicht zu gestehen, daß sie oft vortrefflich spielen; aber oft sind sie auch unter aller Kritik, und zwar gerade, wenn sie in Wien am meisten gefallen. Wenn sie in ernsthaften Rollen nicht die Sprache würgen, nicht auf Stelzen gehen wie die Sentenzen, die gleich Schneeflocken aus dem Munde fliegen, nicht in einem Pathos reden, das selbst der überspanntesten Empfindung unnatürlich ist, so werden sich schwerlich Hände zum Klatschen erheben und Lippen zum Bravo öffnen. Alles, was recht fein, recht leicht und natürlich ist im Dialog wie in der Sprache, gefällt doch nicht, wenn der Schauspieler es nicht einige Grade höherzuschrauben weiß. Aber Stücke, wie sie Herr Ziegler[88] so leicht aus seinen Fingerspitzen schüttelt, die von moralischen Sentenzen und feinen Regeln strotzen, im übrigen aber weder über Leichtigkeit des Dialogs noch Feinheit des Witzes oder Gewandtheit der Darstellung verfügen, solche Stücke, die ihnen alles so recht, wie warme Torten, ins Maul streichen, verfehlen, hübsch weinerlich und erbärmlich gespielt, nie den Beifall des großen Haufens, wenn auch einige wenige Vernünftige den Kopf schütteln.

Ich will damit nicht eben sagen, daß die Wiener das Gute und Feine gar nicht fühlen noch unterscheiden. O ja, sie begreifen oft recht hübsch den feinen Witz des

Dichters, die zarte Hand des Künstlers, wie das leichte und durchdachte Spiel des Schauspielers; aber was hilft das, wenn sie das Schlechte nicht ebenso schnell durchschauen und bestrafen? Und das können sie nicht, sondern die goldene Mittelmäßigkeit bleibt in ihrem Besitz ebenso ruhmvoll wie das Schönste und Beste, und Herr Ziegler ist klug genug, mit einigen Katzenbuckeln dem Publikum zuzurufen: »Bleibt mir nur der Beifall meines verehrungswürdigen Publikums, so ist der Dichter und Schauspieler belohnt genug und kann über alle anderen Kritiken und Schmähungen lachen.« Die Stücke und das Spiel dieses Mannes sind auch gleichsam das Echo des großen Haufens, der durchaus alles verzerren und überspannen will; der das Trommelfell seiner Ohren, wie die Fühlhörner des Herzens, durchaus mit Donnerwettern der Deklamation und mit Kartätschenschüssen der Moral erschüttert und zermalmt wissen will. Die meisten Schauspieler, selbst die guten, die hierherkommen, lernen diese Stimmung des Publikums bald und fallen aus dem leichtesten und ungezwungensten Spiele in ein affektiertes und überspanntes. Hierüber klagen die wenigen Einsichtsvollen genug, aber sie können nicht an gegen den Strom. Dieses Nationaltheater wechselt mit der Oper ab und spielt bald am Burg-, bald am Kärntnertor, wo die Bühnen ungefähr gleich sind.

Man sieht aus alledem recht gut, daß es dem Theater nicht an vorzüglichen Darstellern, wohl aber an einem leitenden und lenkenden Geist fehlt, der alles immer im rechten Takt erhält, der sich freilich allzu leicht aus der guten Mitte der Musen und Grazien verirrt. Es fehlt hier ein Mann wie weiland Schröder oder Iffland. Das Publikum ist freilich noch immer an den meisten Orten ein Kind, das geleitet werden muß; ein Glück, wenn sich solche Leiter finden. Hier ist es offenbar auf dem falschesten Wege, und wer ihm irgend positiven Ge-

schmack bescheinigt, der bezeigt ihm eine unverdiente
Ehre. Es fühlt einzelne Schönheiten, das habe ich mehr
als einmal gesagt, es erhascht oft feine Züge in den Stük-
ken wie in ihrer Darstellung sehr gut; aber was soll man
hievon denken, wenn man sieht, wie es das verschroben-
ste Spiel beklatscht und dem alltäglichen Gewäsch seine
Ohren und sein Zwerchfell leiht. Kotzebue fing an,
kleine Kritiken in die »Wiener Zeitung« einzurücken; es
hätte doch seinen Nutzen haben können; aber man hat
ihm das zum Verbrechen gemacht, und so ist es unter-
blieben. Viele behaupten, das Theater, wie alles andere,
habe seit zehn Jahren unendlich verloren. Das begreift
sich. Der menschliche Geist hat nur eine Kette. Sobald
einige Glieder zerbrochen oder auch nur verbogen werden, so gerät er ins Wanken.

Vorstädtische Theater

Das Schikandersche, nächst dem Hoftheater das erste,
ist auf der Wieden in der vorteilhaftesten Gegend einer
großen Volksmenge, nahe am Glacis, und also auch für
die Städter nicht zu entfernt. Es ist in der großen Starhembergischen Freyung, einem Bau, worin allein viele
tausend Menschen wohnen. Das Theater ist recht
hübsch und gewöhnlich auch reichlich besetzt. Sein Direktor, Herr Schikaneder,[89] ist ein unermüdlicher Opern-
fabrikant, und sein schöpferisches Genie und seine Erfindungskraft haben ihm in ganz Deutschland einen
berühmten Namen eingebracht. Er hat das Glück gehabt, durch Mozart gehoben zu werden, und hält sich
auch jetzt noch immer ganz leidliche Komponisten an
der Hand. Hätte er gespart, er müßte ein reicher Mann
sein; so aber steht er unter der Vormundschaft seiner
Gläubiger, die ihm einen gewissen Betrag auswerfen
und die Truppe bezahlen, deren Direktor er noch immer

ist. Man kann ihm wirklich das Verdienst eines tätigen Mannes nicht absprechen, der immer durch frische und aufgewürzte oder doch etwas anders bereitete Speise die Leute anzulocken weiß. Er frönt geradezu seinem Publikum und haut durch allen Geschmack und alle Sitten durch, wenn er nur weiß, daß sein Stück wienerisch ist. Es ist unglaublich, welche Zoten man für Witz und Albernheit verkauft. Tolle Ritterschauspiele, travestierte Hamlets und wie das tolle Zeug heißt, das diese Vorstädter Theaterdirektoren mit ihren Theaterdichtern aushekken – alles geht hier reißend ab, und das spielt man auch am besten. Sind sie aber einmal so unglücklich, wirklich ein gutes Stück zu wählen, so gähnt das Publikum, nicht bloß, weil es dergleichen überhaupt nicht leiden kann, sondern auch, weil die Spieler diesem nicht gewachsen sind; denn diese haben sich aus der schönen und edlen Natur so herabgespielt, wie man gemein und närrisch wird, wenn man immer mit dem Pöbel oder mit Verrückten umgeht. Das Orchester ist sehr gut, und für die Oper hat er ganz brave Leute. Ich habe dieselben Opern zum Teil hier und auf dem Nationaltheater gesehen und muß gestehen, daß mir Schikaneder oft ebensosehr genügte. Er spielt selbst zuweilen mit, mit seinem dicklichen und bauchigen Körper, und macht Zoten und Schweinereien, wofür er nur zu oft beklatscht wird. Er hat nun auch den zweiten Teil seiner Zauberflöte herausgegeben, von Winter[90] komponiert, ungeheures Geschmier, das aber von den Wienern vergöttert wird.

Das Leopoldstädter Theater wird von Marinelli[91] geleitet und ist der Sitz des Kasperl, der noch immer in Ehren und Würden ist und den die Wiener selbst auf dem Nationaltheater noch gern sehen. Herr Marinelli ist durch diesen Kasperl reich geworden und befindet sich ganz wohl dabei, ihn nicht aus der Mode kommen zu lassen. Er lebt noch immer, der alte berühmte Kasperl,

W. A. Mozart – »Zauberflöte«: Emanuel Schikaneder als
»Papageno«, 1791

Laroche[92], und spielt seine Rollen wirklich allerliebst, so daß man ihn einige Male mit Vergnügen sieht, besonders aber um der Freude willen, die man an dem ganzen Publikum hat, welches mitfühlend alle kasperlischen Falten seines Gemütes in einem entzückten Gesichte enthüllt und sie durch witzige Bemerkungen, Nachempfindungen und Nachgespräche oder durch ein lautes Klatschen offenbart. Aber öfter ist es auch gar nicht auszuhalten, und es ist mir der sicherste Beweis für den Wiener Geschmack, daß die Bühne immer voll ist, und nicht bloß vom Pöbel, sondern von Herren und Damen aus den besten Ständen. Auch seine Opern hat Herr Marinelli und an Wenzel Müller[93] einen allzeit fertigen Komponisten. Diese sind meistens nach dem Kasperl modifiziert, und die übrigen Stücke, die ohne ihn eines großen Reizes entbehren würden, schlagen alle diesen Weg ein. Jedes dieser vorstädtischen Theater hat seinen wohlgerüsteten Dichter, der aus einem Ritterroman drei, vier Stücke produziert, die dann als erster, zweiter, dritter Teil nacheinander hier gespielt werden. Ja, fast jeder Schauspieler dieser Bühne würde es für eine Schande halten, wenn er nicht in acht Tagen so ein Stück fertigen könnte. Da sind Parodien, komische Trauerspiele, Gespenster- und Geistergeschichten und was die tolle Zeit nur irgend Tolles und Abenteuerliches ausheckt.

Das Josefstädter Theater endlich, das letzte in Rangordnung und Zelebrität, ist unter aller Kritik. Die anderen haben doch noch einen Schatten von Kunst und bilden sich selbst noch was darauf ein; aber hier fehlt selbst unter den Spielern das Vertrauen, und sie bescheiden sich gern, ihre Unbekanntheit zur Schau zu tragen und mit den erbärmlichsten Jämmerlichkeiten ihre Nacktheit einzugestehen. Die anderen wagen sich doch noch zuweilen an was Gutes, aber diese spielen immer ihre eigenen Fabrikate fort und haben doch ihr Publikum, wovon sie existieren können. O ihr Deutschen, was für Speise könnt ihr ertragen? Ein französischer oder italienischer Bauer würde sich solcher Possen, nicht Possen, sondern solch hölzernen Wortstapels schämen und aus dem Stegreif das erste Mal besser spielen. Dieses Josefstädter Theater könnte man auch das Theater der Dilettanten nennen. Es soll nämlich oft der Fall sein, daß der Unternehmer in der Verlegenheit um eine Person irgendeine hübsche Kammerjungfer, einen gewandten Markör und Lakaien für einen Abend dingt, die dann die ersten erotischen Rollen spielen müssen. Von einigen meiner Bekannten weiß ich, daß sie aus Scherz wohl mal aufgetreten sind, um recht tolles Zeug und eine Komödie in der Komödie zu spielen. Denn wer Lust hat, kann gar leicht zu einer Probe, auch wohl mit einer kleinen Gratifikation, hierherkommen.

Diese Theater sind besonders die Rendezvous- und Tummelplätze der Huren, die man hier aus allen Klassen und nach allen Rubriken des Alters und der Preise sehen kann. Dies lockt dann eine Menge alter und junger Lekker her, auch Fürsten und Grafen nicht selten, die auf die Witterung ausgehen. Diese Sachen werden dann während des Stücks betrieben, und man hat das Vergnügen, wenn es munter hergeht, ein Paar nach dem anderen abfliegen zu sehen, wie dies denn durch Worte, Winke oder Gesandtschaften geregelt wird. Oft auch gibt es lustige Prellereien und Foppereien, die den Neutralen ergötzen, und so hat man doch nie umsonst seinen halben Gulden ausgegeben, wenn man nur ein bißchen Hirn und Lust, sich zu freuen, mitbringt. Aber auch ohne diese Geschäfte kommen hier besternte und bebänderte Männer und Damen mit hundertsechsunddreißig Ahnen in Menge her, um sich an Kasperls und Schikaneders feurigen Opern zu ergötzen, wenn man ihnen in Wien selbst die Sachen zu ernsthaft oder gar einmal zu witzig gestaltet. Hier lachen sie sich doch einmal aus ganzer Seele aus und schütteln das innere Räderwerk mal wieder recht in seine Fugen. Und was soll ich es nicht gestehen, auch mich hat der Kasperl ergötzt, mehr durch seine Wirkung auf die Zuschauer als auf mich.

Die Oper

Ich habe schon bei mehreren Gelegenheiten geäußert, daß die Neigung wie der Geschmack für die Musik das einzige sei, was man bei den Wienern herrschend nennen könne, und es läßt sich also wohl erwarten, daß die Oper sich besonders ihres Beifalls und eines richtenden und lenkenden Urteils zu erfreuen haben werde. Beifall hat sie freilich genug, ich will aber darum noch nicht behaupten, daß ein leitender Geschmack des Publikums da sei. Es fällt einem auch hier wieder ein, daß der Wiener aus bloßer Gutmütigkeit vieles nicht fallenlassen und zurückweisen mag, von dem Kenntnis und Gefühl ihm sagen, daß es äußerst mittelmäßig sei. Es ist wahr, er kennt seine besten Stücke wie auch die besten Spieler, aber da er leicht ergötzbar ist, nimmt er mit mittelmäßigem Spiel und ebensolcher Komposition vorlieb, und es müßte etwas ungeheuer Elendes sein, was unbeklatscht von dannen ginge. Das Ensemble besteht aus Italienern und Deutschen, doch behaupten die italienischen Spieler meistens den Vorrang, so wie auch gewöhnlich italienische Opern gegeben werden.

Man weiß, was eine Oper als Kunstwerk des Dichters gewöhnlich sagen will, da mögen sich die beiden Nationen nicht viel vorzuwerfen haben. Die Opera buffa zeigt eine Menschenwelt, wie sie nirgends unter dem Monde existiert hat, und gehört mit den Puppen- und Marionettenspielen in eine Klasse, nur daß diese oft noch ergötzlicher sind. Ich weiß nicht, warum die Narren nicht, wie die Franzosen in ihren kleinen Stücken, der naiven und gewöhnlichen Natur des gemeinen Lebens nähertreten. Aber dazu gehört Salz und Witz; Albernheiten und frostige Possen finden doch ihre Liebhaber, die nichts weiter als Lärm und Gepolter im Handeln und Reden verlangen. Hier muß alles in Kleidung, in Sitten, ja in der Sprache selbst, um einige Jahrhunderte zurück sein. Die meisten finden das ganz belustigend, und die tollen Sprünge und Streiche, wie man sie nie im Leben sieht, dünken sie nicht unnatürlich, vielleicht weil sie nicht deutsch sind. Wenn man aber auf die lebendige Darstellung auch selbst der besseren Stücke, auf Leichtigkeit und Gewandtheit schaut, so erkennt man den Italiener leicht vor dem Deutschen. Wie die Oper ein Kind seines heiteren und lustigen Himmels ist, so scheint er selbst auch dafür gemacht und bewegt sich mit all der Possierlichkeit und Laune darin, die dieses launenhafte Geschöpf selbst zu fordern scheint. Man sollte denken, das Beispiel könne wirken, aber die Deutschen, die hier mitspielen, sind steife Stöcke und nehmen sich wie Gliederpuppen und Stelzentreter aus, besonders wenn alles flink und toll untereinandergehen soll.

Was diese Oper indessen Vorzügliches hat, beruht doch meistens auf der guten Besetzung des Orchesters. Der Geschmack des Publikums hat auf die Wahl der Stücke und ihre Ausführung nur zu viel Einfluß, und dieser sowie die Sparsamkeit und Einschränkung vielleicht, welche die Zeit notwendig macht, sind wohl schuld, daß man fast nie die Arbeiten von Gluck und Salieri, selten einige Mozartsche, sondern meistens die leichtere und magerere Kost der Opera buffa findet, die durch die ewige Plattheit und Einerleiheit, die dem Geist nichts Größeres gibt, endlich ermattet und erschöpft.

Das Ballett

Man behandelt dieses an den meisten Orten wie eine Nebensache, eine kleine Augenbelustigung, einen Tanz, der etwas besser ist als der gewöhnliche, und damit ist man zufrieden, weil man nicht mehr erwartete noch forderte. Man will nur Leichtigkeit und Stärke des menschlichen Körpers sehen und sieht selbst diese nicht einmal. Daß aber diesem Menschenkörper in der bloßen Mannigfaltigkeit und Verschiedenheit seiner Bewegungen die beredteste und verständlichste Sprache gegeben sei, daß in dem Rhythmus und Schwung seiner Glieder, in der Kraft und Gewandtheit des Leibes eine der schönsten Künste verborgen liege, wie viele können dies ahnen, und wie viele empfinden diese Kunst, selbst wo der Tanz, wie man ihn gewöhnlich nennt, zu ihr sich erhebt? Man kann wohl mit Recht sagen, daß das Ballett in Wien sich zur Kunst erhoben habe und den vorzüglichsten Beifall verdiene, den es genießt. Vigano und sein noch begnadeteres Weib[94] (wie alle behaupten, die beide als Künstler gesehen haben) gaben dieser schönen Unterhaltung, die vor ihnen auch hier noch in den Kinderschuhen war, einen höheren Rang und erwarben sich Ruhm und Bewunderung ohne Grenzen. Wohin sie nur kamen, flogen ihnen alle Herzen entgegen, und alle empfanden zum ersten Mal etwas, das ihnen vorher kein Tänzer hatte abgewinnen können.

Was nun für diese beiden und die anderen Helden und Heldinnen der Kunst gilt, das muß ich auch von den Spielern des zweiten und dritten Ranges sagen. Jeder füllt als ein würdiges Glied seinen Platz aus und würde auf anderen Bühnen glänzen. Auch die Springer und Springerinnen sind vorzüglich, obgleich man ihrer hier vergißt, wo man bloße körperliche Stärke und Kühnheit nur als Nebensache bewundert.

Ballett-Aufführung im Burgtheater am 26. April 1758

Die Huren

Es gibt in Wien keine Bordelle wie in Berlin, und Ärzte beschuldigen die Polizei überall, daß sie hinsichtlich dieser Geschichten für das Wohl ihrer Mitbürger viel zu nachlässig sei, und meinen, es sei weit ratsamer, einer solchen Sache unter besserer Aufsicht gleichsam eine Sonderstellung einzuräumen, als so ganz die Augen zuzutun und nicht sehen zu wollen, was ein jeder sehen kann. Ich finde dies auch ganz vernünftig, wenn die Sitten einmal dahin gekommen sind, daß die Sache selbst nichts Schändliches mehr ist, und jeder es beinahe frei und öffentlich tut und gesteht und wenn alles bloß noch an der Art, es zu tun, sich stößt. Die Moralität, die nichts mehr ist, kann durch so eine Einrichtung auch nichts verlieren, und die Gesundheit mancher Mitbürger gewinnt vielleicht dabei. Jetzt treibt jede Hure ihr Werk, wie sie kann, ganz auf ihre eigene Faust, und man findet sie freilich in allen Klassen; unter den äußersten Dachböden wie im untersten Erdgeschoß, während die besseren in schön möblierten Zimmern im dritten, vierten Stock ganz nett wohnen und ihre Besuche empfangen. Es gibt zwar einige vornehme und berühmte hier, aber doch keine einzige, die rechtes Aufsehen machte, wie dies in Paris und London so häufig ist. Wenige werden bei der Art, ihr Gewerbe zu treiben, reich, wenn ihnen nicht ein Großer ins Netz fällt, wovon man einige Beispiele erzählt. Die meisten haben so ihr tägliches Brot, solange noch ein wenig Reiz da ist, und steigen oder sinken dann unter die Dächer und in die Keller, und von da an ...

Man hört hier von keinen gefährlichen Geschichten mit diesen Kreaturen, wie sie unter den schlaueren Völkern Europas so alltäglich sind; sondern der ehrliche und schlichte deutsche Charakter behauptet sich selbst in der Ausartung, und dies ist wohl die Ursache, warum so wenige von ihnen auf einen grünen Zweig kommen, was wahrlich vielen möglich sein sollte, wenn sie so viel List und Schlauheit zu dem Gewerbe mitbrächten, wie sie Reiz und Schönheit haben. Man sieht sie übrigens überall, auf allen öffentlichen Plätzen, auf den Promenaden, in den Schauspielhäusern, und sie stehen an Eleganz und Feinheit den Besten nichts nach, so wie viele durch Schönheit und Niedlichkeit beschämen. In den Sommermonaten ist ihr Schlachtfeld, wo sie ihre siegreichen Waffen ausbreiten, gar häufig die Burgbastei, wo beständig, alle regenlosen Abende, Musik und matte Beleuchtung ist und die muntere Jugend mit den verführerischen Gelüsten der Halbnacht im Herzen sich herumtummelt oder auch eigentlich gleich etwas aufzusuchen kam. Da sitzt und schäkert und flüstert und spaziert alles, vergessen und vergessend, untereinander, und nicht bloß bei diesen armen Geschöpfen kann der Lustige und Kühne sein Glück machen.

Man erkennt sie übrigens überall leicht, selbst der Fremde, wenn er nur einmal die Art gesehen hat. Fast immer ist es eine sichere Regel, die selten in Verlegenheit bringt, wo eine mit einer gewissen Freiheit allein, oder höchstens in Gesellschaft einer anderen, mitten in einem ganzen Haufen Menschen geht, da mache dich dran, wenn dich nach der losen Speise gelüstet. Wie beredt übrigens Winke, eine aufgehobene Hand, ein plötzliches Stillstehen, ein »Pst!« sind, das habe ich tausendmal mit Vergnügen gesehen. Wenn man vollends Gelegenheit hat, auf der Bastei oder im Parterre bei einer zu sitzen, so hat man das Ganze gleich weg.

Leider sind die armen Dinger ebenso dumm wie unverschämt, und das ist eben ihr Unglück, sonst würden sie dieses Geschäft, wie es nun einmal ist, mit mehr Methode betreiben. Man sage so einem Geschöpf nur einen unschuldigen Scherz, so schlägt sie gleich mit der Plumpkeule drein oder mit einem: »Sie sind sehr schlimm, Sie sehen frommer aus, als Sie sind.« – Eine kleine Aufforderung, daß man bei ihr immer schlimm und gottlos sein darf. Nein, die schönen und braven Wienerinnen sind nicht zu Huren gemacht und täten besser, sie überließen die ganze Geschichte schlaueren und gescheiteren Weibern.

Das Militär

Ich will und darf mich hier auf nichts weiter einlassen als auf die äußere Erscheinung und das Innere dem Kenner überlassen, der tief in die Geheimnisse der Taktik eingedrungen ist und Vergleiche unter den berühmten Kriegsheeren Europas anstellen kann. Ich schildere die Dinge bloß, wie sie erscheinen, greife allenfalls die nächsten Verhältnisse und Ursachen auf, die so nahe liegen, daß man darüberstolpern muß, das andere lasse ich gut sein und jeden sehen, was er sehen mag.

Der österreichische Soldat gehört gewiß zu den schönsten und bravsten Leuten von der Welt, und ich fordere einen jeden auf, mir im preußischen und französischen Heere schönere Regimenter zu zeigen als die, die ich diesen Sommer täglich habe exerzieren sehen. Sie haben nicht allein eine brave Miene, sondern sind auch brav und besser gekleidet und verpflegt als die meisten anderen Heere; und selbst ihre Feinde stellen ihnen das Zeugnis tapferer Krieger aus. Ja, wenn man nach den Körpern schließen sollte, so erstaunt man, wenn man sie mit den Franzosen vergleicht, welche sie doch besiegt haben.

Aber freilich ist es was Besseres als der Körper, was Heere siegreich macht, und dieses Bessere, dieser Geist, fehlt, soviel ich bemerkt habe, in der ganzen österreichischen Armee; er fehlt gerade da, von wo er ausgehen sollte, bei den Offizieren. Da ist kein Gemeingeist, kein Ehrgefühl, das auf einen Punkt ausläuft und das Ganze zusammenhält. Österreich hat das Unglück gehabt, seit Jahrhunderten keinen Regenten zu haben, der Soldat war: selbst Joseph hatte vom Kriegstalente kein Äderchen. Nur einzelne große Männer gaben dem österreichischen Heere für einige Zeit einen Schwung, der aber sogleich mit ihnen wieder dahin war.

Wie ganz anders ist dies im preußischen Heere, wo der alte Geist des Mutes und der alte Ruhm vom Vater auf den Sohn vererbt wird. Da genießt das Militär die höchste Achtung, weil der Regent immer der erste General ist. Diese Achtung sollte es allenthalben haben, weil der Soldat nächst den Bauern der zweite Stand ist und weil nur die Ehre ihn fähig macht, seine Pflichten gegen Vaterland und Regenten würdig und tapfer zu erfüllen. Da genießt der kleinste Subalternoffizier, ja der Gemeine selbst, mehr Auszeichnung als im österreichischen die Ersten. Wenngleich dies den preußischen Offizier zuweilen etwas keck und hochfahrend macht, so ist das ein kleiner Übelstand, der in den meisten Ländern zu finden ist. Hier aber scheint man den Offizier mit zu den Untersten zu rechnen, und jeder Bub, der mit ihm gleich bezahlen kann, genießt allenthalben gleiche Ehre wie er.

Auch im preußischen Dienste gibt es mehr arme als reiche Offiziere, aber wer würde darum seiner Ehre was vergeben? Hier gehen sie zum Teil wie die Schuhputzer einher, ja so lumpig und schlotterig, daß es eine Schande ist. Kein Markör, kein Träger macht ihnen Platz oder räumt ihnen einen kleinen Vorzug ein, und sie selbst scheinen diese Behandlung auch nicht zu fühlen. Freilich wäre es fein, wenn die Offiziere in allen Ländern sich nicht ein ungebührendes Oberrecht und Vorrecht vor allen Ständen herausnähmen, sondern im Bewußtsein ihres großen Berufes gern mit den übrigen Bürgern auf gleichem Fuß ständen und bescheiden und still wären wie ein anderer. Dies sind die Österreicher wirklich, aber sie sind auch nichts von dem, was sie sein sollen; da ist kein Anstand, keine Kühnheit und Freiheit der Person, kein Bestreben, durch die äußere Erscheinung Eindruck zu machen, was doch durchaus beim Soldaten sein muß; kein Gefühl für das Unschickliche, wie ein gemeiner Schlucker einherzugehen. Der Soldat muß nett und zierlich sein, wenn auch das Glockenspiel seines Magens und seines Geldbeutels hohler als das Jüngste Gericht erklingt.

Auch der Point d'honneur fehlt ganz, und sie gehen miteinander ebenso gemein um, wie sie von anderen behandelt werden. Ich muß es aufrichtig sagen, die Unteroffiziere gefallen mir weit besser. Sie halten sich nach Verhältnis viel netter als ihre Offiziere und sind in der Regel gebildeter, als man es hier erwarten sollte. Ich will keineswegs die Preußen in Schutz nehmen, die wieder zu hölzern und steif sind, aber als bessere Soldaten erscheinen sie wirklich und genießen auch bei ihren Untergebenen und im ganzen Staate eine größere Achtung. In Preußen ist jeder gemeine Soldat schon eine geehrte Person und muß es sein; hier steht er unter dem untersten Pöbel. Wo bleiben Heroismus und Enthusiasmus bei fünf, sechs Kreuzern täglich? So behandelt man seine Krieger im Lande, in der Hauptstadt selbst, und entrüstet sich dann noch, wenn sie auswärts verachtet werden, und wundert sich, wenn sie ohne Ehre aus dem Felde heimkommen. Sonst ist der österreichische Offizier gewiß ebenso gebildet, und ich möchte sagen, nach Verhältnis mehr als der preußische, und es gibt hier wie in den Provinzen Kadettenhäuser für alle Zweige der Kriegskunst, woraus doch immer einige gute Köpfe hervorgehen.

Jetzt besteht übrigens der Plan, eine neue Montur einzuführen, die mir ganz zweckmäßig scheint, nämlich lange graue Jacken mit ungarischen Hosen, um so für Leichtigkeit und Bequemlichkeit zugleich zu sorgen. Im Felde tadelt man das viele Gepäck, das die Offiziere schleppen, was die Märsche außerordentlich erschwert und die Österreicher im Vergleich zu den leichten Franzosen zu einer persischen Eunuchenarmee macht. Ich habe einen alten, verwundeten Offizier die Sache sehr gut auseinandersetzen hören. »Unsere Armee«, sprach er, »verliert fast täglich einen halben Marsch gegen die Franzosen, deren Gemeine doch dieselbe Last tragen wie die unsrigen. Aber welch eine Arbeit, ehe wir in Bewegung kommen! Der französische Offizier geht allenfalls selbst zu Fuß mit und trägt sein Bündel, wenn es sein muß. Bei uns hat jede Kompanie einen ganzen Schwanz von Wagen, die bloß das Gepäck der Offiziere schleppen, welche, wenn es möglich wäre, noch gern einen warmen Ofen und einen Lehnstuhl mitführten, um so recht bequem dem Feinde unter die Augen zu treten. Was gibt das für Mut bei dem Gemeinen, und wie lernt er selbst von seiner Pflicht denken, wenn er einen Vergleich zwischen sich und seinem Offizier anstellt? Daher, und weil unsere Offiziere im Treffen nicht voran sind, geht es oft so unbegreiflich zu, wenn man doch denken sollte, unsere gewaltigen Soldaten müßten mit dem Bajonett gegen Riesen bestehen können.«

Die Menschen

Die Österreicher im Durchschnitt, nicht allein die Wiener, gehören sicher zu den schönsten Menschen, die es in Deutschland gibt, wie auch ihre Provinz eine der reichsten und fruchtbarsten ist. Man mag in die niedrigste Hütte des Landmannes oder in die Paläste der Großen treten, überall findet man große, rüstige Körper mit starker Brust und starken Schultern und schönen Beinen. Dieser Wuchs ist fast allgemein und erhält sich sogar bei den niedrigeren Handwerkern, von denen manche sonst so sehr verkrüppelte Körper haben. So sieht man das Äußere und freut sich; aber beobachtet man näher, dringt man etwas tiefer ein, so hat man es auch

225

gleich heraus, daß diesen schönen Automaten das Leben fehlt und ihre Schönheit nur zu sehr mit Unbeholfenheit und Ungeschmeidigkeit gepaart ist; man merkt es gleich, daß Gemächlichkeit und Sorglosigkeit ein Hauptzug im Charakter dieser guten Menschen sind und daß alles, was eine große Anstrengung erfordert, was Aufopferungen ihrer gewöhnlichen Freuden und Vergnügungen notwendig macht und den harmlosen Kreis ihres heiteren Lebens verrückt, nicht ihre Sache ist. Sie sind gefällig, dienstfertig, höflich, ja sogar munter, aber alles nur bis zu einem gewissen Punkt, über den sie nicht hinausgehen. Der Wiener will gut essen und trinken, will auch wohl lachen, ein öffentliches Spiel sehen, aber alles ohne Mühe. Er kauft die Freude nicht gern durch Kopfzerbrechen oder Schweiß, wenn sie auch zehnmal süßer dadurch würde. Man will dies erst nicht glauben, wenn die Menschen, diese wohlgestalten, schönen Menschen, vor einem erscheinen mit einem so munteren und lebensfrohen Blick und mit dem Lächeln der Freude, wie man sie in wenigen Städten findet. Aber man lebe einige Monate unter ihnen, und sie werden einem ebenso langweilig, wie man ihnen wegen ihrer Gutmütigkeit und Harmlosigkeit zugetan sein muß. Da ist aber auch gar keine herrschende Leidenschaft, keine vorstechende Neigung zu irgend etwas, kein lebendiges Interesse, was den Menschen sonst allerorten zu etwas zieht und eben dadurch ihn anderen genießbar macht. Man sieht selten Extreme, weder im Guten noch im Bösen, und selbst das Vergnügen und Wohlleben, das der Wiener so sehr liebt, kann ihn nicht in Schwung bringen. Sie essen viel und gut, sie trinken gern, aber fast nie betrinkt sich einer. Sie lieben Schauspiel und Musik, aber es gibt wenige Kenner, noch weniger Enthusiasten, obgleich man bei der Musik eine Ausnahme machen muß. Fast täglich müssen sie ihr Vergnügen haben, und Festtage zu versäumen, ohne ein Wohlleben, würden sie für eine der größten Sünden halten. Dies alles gönnt ihnen wahrlich keiner mehr als ich, und es freut mich, daß sie es haben können. Aber man sollte denken, daß so vieles Reiben untereinander endlich einige Funken aus dem kalten Stein herausschlagen würde, aber vergebens. Sie sitzen und wandeln nebeneinander wie die kraftlosen Schattengestalten der Unterwelt – nein, beleibt und kräftig genug von Aussehen sind sie; ich wollte nur sagen, stumm und unbeweglich – und genießen die köstlichen Gaben des Himmels und der Erde und die schöne Gesellschaft, die um sie her strudelt oder sitzt. So sieht man den Wiener im Prater, so in den Kaffeehäusern, so beim Schauspiel. Auch sprechen sie genug, aber gar seicht und von gar seichten Dingen, wie vom Wetter, von der gestrigen Unterhaltung, wo die Hendln am besten, wo das Obers am fettesten, wo der Donaukarpfen am delikatesten waren und wo heute oder morgen, oder am kommenden Sonntag, der beste Tanzplatz aufgetan werden wird. Dies ist ihnen so eigen, daß Unterhaltung bei einem Wiener nichts anderes heißt als gut essen und trinken und allenfalls einen Tanz machen oder einem Schauspiel und Feuerwerke zusehen. Ein Wunder ist es, wenn sie einmal warm werden über Dinge, worüber an anderen Orten die Unberufensten selbst in Enthusiasmus geraten. Ich habe oft darüber nachgedacht, wie dies alles denn so sein kann, und ich bin auf manche Dinge verfallen; unter anderen auch auf die oben erwähnte Polizei. Es ist unmöglich, daß kraftvolle und schöne Menschen in dem reichsten Lande, unter dem schönsten Himmel, in der Fülle der Vergnügungen und des Lebens, solche Stöcke sein könnten, wenn nicht eine Augenverkleisterung und Stirnbebretterung vorgenommen würde, die sie so weit nur sehen und laufen läßt, wie man gerade will. Hier wäre der Ort, etwas darüber zu sagen, inwiefern eine Regierung und wie weit sie berechtigt sei, in das Gebiet des Geistes einzugreifen und diesem Feuerelement ihr erkaltendes und löschendes Wasser zuzugießen. Es ist unangezweifelt, daß sie den Wiener so am Gängelband führt, daß er das Bewußtsein seiner Kraft verliert und endlich nicht mehr ahnt, daß der Mensch bessere Angelegenheiten habe als Essen und Trinken und Sichschlafenlegen. Der Wiener weiß nur zu gut, daß es gefährlich ist, über gewisse Dinge nur zu denken, geschweige denn zu sprechen, und so hält er das Maul, aber eben diese Maulsperre macht ihn endlich zu dem, was er ist, und sein Geist verliert alle Gewandtheit und zugleich alle Lust, sich zu tummeln. Für seinen Leib und seine übrigen Freuden findet er durch ebendiese Polizei gut gesorgt, findet sich endlich zufrieden und lebt so ganz harmlos und glücklich in dem Wahn, daß er der klügste und glücklichste sei und Wien die Königin aller Städte des Erdbodens. Denn davon ist der Wiener überzeugt, daß es keinen besseren Ort gebe in der Welt als das schöne Wien und das süperbe Wien, und welche Schmeichelnamen er ihm sonst noch alle gibt. Ich will darüber nicht streiten; Wien ist sicher einer der schönsten und lustigsten Orte, die ich gesehen habe, und ich werde seine Bewohner und die Stadt selbst immer rühmen. Aber was würde Wien sein, wenn zu allen seinen Vorzügen noch Geistesfreiheit und Freiheit des Geschmacks hinzukämen, die doch den Menschen erst zum Menschen machen?

Dieses Fade und Geschmacklose der Unterhaltung, dieses Nichtbewußtsein des Edelsten fällt nun bei keinem Geschöpfe der großen Kaiserstadt mehr auf als bei den Jünglingen, die die Feinen und Eleganten ausmachen. Freilich sind diese an den meisten Orten sehr leichte und arme Kreaturen, aber sie haben doch eine gewisse quecksilbrige Gewandtheit, eine gewisse Geläu-

228

figkeit des Körpers und der Zunge, die der Jugend wohl ansteht. Aber der Wiener, schön und wohlgebaut wie er immer sein mag, ist doch der ärgste und traurigste Bock, den man sehen kann, besonders wenn er in dem neuen Geschmack des englischen Ernstes, oder richtiger: der englischen Plumpheit, auftritt und mit steifem Schritt und großem Auge die Leute anstarrt. Da ist nichts von der Keckheit und Freiheit, nichts selbst von der liebenswürdigen Impertinenz, die jungen Leuten so leicht verziehen wird, nichts von dem Aufsprudeln und Ausschlagen, das man anderswo sieht. So gehen sie durch die Jahre der Zier in die der Ruhe über und werden endlich gute, ehrliche Bürger, aber selten feine und gebildete, oder auch nur für das Feine und Bildende sich interessierende Menschen.

Die österreichische Regierung ist von mir mehr als einmal wegen der Liberalität und Humanität gerühmt worden, mit der sie alles öffentlich und gemeinnützig zu machen sucht, was sonst unter Schloß und Riegel und meistens nur für den Genuß des Reichen gehalten wird. Ich habe es mehr als einmal gepriesen, daß alles Schöne und Sehenswerte dieser Stadt und ihrer Umgebung jedem zum Vergnügen und zur Belehrung und Bildung offensteht; wie auch Fremde und Einheimische mit Artigkeit behandelt werden, wo an anderen Orten die Grobheit zu thronen pflegt; wie sorgsam die Polizei über alles wacht, was für die Bequemlichkeit und das Vergnügen des Publikums dient. Aber alles dies, was ist es als eine kluge Gängelei, die keiner Regierung erlaubt ist, als eine Einschläferung seiner edelsten Kräfte und Unterdrückung des heiligen Rechts, das jeder Mensch hat, nämlich sich seines eigenen Daseins lebendig und vollständig bewußt zu werden, ehe er daran denkt, daß ein Staat in der Welt sei? Ehe man dem Wiener diese Freiheit wiedergibt, ehe man ihm erlaubt, sich auf den unermeßlichen Gefilden des Geistes zu tummeln, eher wird er nicht anders werden, man mag so viel an ihm flicken und bilden, wie man will, und über die guten öffentlichen Anstalten und Einrichtungen in alle Länder hinausposaunen. Sie helfen nichts, wenn der Mensch sich nicht über alle Dinge lautmachen und mitteilen darf, und das ist in Wien seit Joseph wieder verpönt.[95] Freilich hatte man es mir gegenüber übertrieben, und ich fand es so arg nicht, wie das Gericht sagte; aber eine allgemeine Behutsamkeit und Furcht vor der Polizei war offenbar da; und bei Worten, die an anderen Orten von den gemeinsten Lippen hervorbrechen, spitzten die Leute hier die Ohren und riefen: »C'est un grand mot à Vienne.« Man vermeidet wohlbedacht, über Religion und Politik zu sprechen oder über die großen Gegenstände des Tages, und ebenso behutsam geht man mit der großen Schöpferin der Dinge, der Philosophie, um. Wenn nun über diese Dinge der Mund verstopft ist, so erstarrt der Geist allmählich, und so wird die Gelassenheit der Wiener erklärlich, wie auch ihre Unbeholfenheit im Urteilen über feinere Gegenstände auch des gemeinen Lebens oder gar des Geschmacks. So bleiben Schauspiel und Oper, so auch das zahlreiche Heer der öffentlichen Freuden, die die Menschen sonst bilden, für sie unwirksam, und sie genießen dies alles mit gleichen Sinnen wie die gebackenen Henderl und gefüllten Kapaune.

Man glaube aber nicht, daß diese Polizei im übrigen die Wiener zu Sklaven oder gar zu mißtrauischen und niederträchtigen Schurken und Spionen gemacht habe. Nein, sie sind ein biederes und braves Volk, dienstfertig und frohherzig, gutmütig und vergnügenliebend, wie es kein zweites gibt, und man sehnt sich oft unter so gute Menschen wieder zurück. Man macht es ihnen in meinem nördlichen und hungrigen Vaterlande gewöhnlich zum Vorwurf, daß sie Vergnügen und Wohlleben zu sehr lieben und nicht genug arbeiten. Das finde ich lächerlich. Da sie leben und gut leben können, so wie sie leben, wären sie Toren, sich unnütz abzuarbeiten, wie dies freilich in den Sandwüsten der Mark und in anderen hungrigen Gegenden der arme Bürger tun muß, der am Ende doch nicht so viel übrig hat, daß er des Sonntags sich einen frohen Tag machen kann. Auch das Vergnügen ist Pflicht und wird bei den meisten Menschen durch das Bedürfnis seine rechte Grenze finden. Ich verteidige damit die reichen Müßiggänger nicht, die im ererbten Gelde das Vorrecht zu haben glauben, nichts zu tun, als es aufzuzehren.

Nun zu euch, ihr holden Geschöpfe, die das Leben erst zum Leben machen und allen Freuden die rechte Würze geben, zu euch, ihr schönen Wienerinnen, nachdem ich euren Männern die Wahrheit gesagt habe. Ihr habt nichts zu fürchten; wie immer ihr sein mögt, ihr hört doch nie auf, liebenswürdig zu sein und mit süßen Waffen eure Gegner zu besiegen. Ich habe die Männer in Wien schön genannt, wie sollten es denn die Weiber nicht sein? Ja, fast alle Mädchen und Frauen in den Jahren der Blüte sind schön gewachsen, voll und schlank, und wissen ihren Leib wohl ins Licht zu setzen. Ihre Wangen blühen frisch wie die Rosen, und ihren Augen fehlt es nicht an Feuer, zu zünden und zu erwärmen. Aber bei ihrem gewöhnlich so schönen Teint, selbst wenn er etwas ins Bleiche fallen sollte, haben die meisten die Unart, sich zu schminken, und die Alternden tun dies mit einer abscheulichen Impertinenz, so daß man über ihre Röte rot werden möchte. Es ist eine Lust, so an einem öffentlichen Orte, z. B. im Prater, stillzustehen und die vielen schönen und anmutigen Gestalten vorbeispazieren zu lassen. Da findet man sie denn aus allen Klassen und in jedem Alter: die zarten Schößlinge, die holden Knospen, denen man einen heiteren Himmel und milde Luft wünschen muß, und die, welche in tausendblättriger Schönheit prangen, wie auch die, welche die welkenden Blätter schon zusammenlegen und überstreichen müssen, damit ihre Blöße nicht so durchscheine. Wenn man nun aber fragt, wie es mit dem Geist dieser holden Geschöpfe aussehe, so ist die Antwort: ebensogut wie an den meisten anderen Orten, wo doch immer das Weib auch hinsichtlich des Wissens noch unter Vormundschaft gehalten wird und selten an der Bildung der Männer gleichen Teil hat. Freilich, wenn die Männer sind, wie ich sie eben geschildert habe, so kann man davon eben keinen günstigen Schluß auf die Weiber ziehen, denn diese dürfen ihren Herren unmöglich so weit voraus sein, daß sie sich zu schämen hätten. Die schönen Kinder lernen meistens Französisch und Italienisch, wie man diese Sprachen an den meisten Orten lernt, und Musik fast ohne Ausnahme, weil diese Kunst hier durchaus zur Bildung eines Fräuleins gehört, und diejenige, die nicht ein bißchen klimpern könnte, eine schlechte Rolle in der Gesellschaft spielen würde. Dies und die gewöhnlichen kleinen Weiberarbeiten sind hier die Hauptsache; an Erleuchtung des Kopfes und Bildung eines feinen Geschmacks ist freilich gar nicht zu denken, und die Klage, die man bei den Männern führt, gilt auch bei den Weibern, daß sie bei aller Schönheit viel Leere haben, immerhin aber doch mehr Leben und Munterkeit als die Männer. Eine Kunst verstehen die schönen Wienerinnen sehr gut, sich geschmackvoll zu kleiden, mit der größten Mannigfaltigkeit und Verschiedenheit in den Anzügen. Will man sie auf ihrem Platz sehen, so muß man an den schönen Sommermorgen in den Augarten gehen, wo sie ihre Morgenandacht halten, besonders an den Tagen, wenn die Akademien sind. Auch des Abends auf der Bastei hat man einen guten Standort.

Was hier von den Sitten zu sagen wäre, weiß jeder schon vorher, der große Städte und die Denkungsart der Zeit über diesen Punkt kennt. Sie sind natürlich ziemlich lose bei Männern und Weibern, und es finden sich welche, die aus dieser Losheit der Sitten ein förmliches Gewerbe machen. Da kann man Wien nicht mehr zur Last legen, als was von anderen großen Städten gilt. Zahllos ist hier übrigens die Klasse hübscher Stubenmädchen, die auch ihre Tage haben, wo sie als Damen im feinsten Musselin und in atlassenen Schuhen erscheinen und in Fiakern keck durch die Straßen rollen. Diese werden meist aus den Provinzen rekrutiert, aus Linz, Passau und anderen Städten, wo es feine Mädel gibt. Man sieht dies ganze Geschlecht, die Köchinnen und Wäscherinnen in einer schönen Schlangenhaut an Sonntagen im Prater und auf den Dörfern, nachdem sie den Staub der Woche und die Küchenschürze und Haube abgelegt haben. Sie sind nicht der unbelustigendste Teil des schönen Gewimmels, und mancher fehlt es an nichts als am Zufall, um in der glänzendsten Equipage, von sechs Schimmeln gezogen, als Königin unter den Frauen zu schimmern. Sie tun es übrigens, was Feinheit der Stoffe und Kopfputz und Pracht anlangt, den ersten Damen gleich. – Die ehrbaren Bürgerinnen und ihre Töchter, die noch auf alte Sitte halten, gehen nach Art der Großmutter in Rock und Schürze und mit einem feinen Kamisölchen und einer Mütze auf dem Kopfe, deren Spiegel fast aus purem Golde besteht. Ihre Kleider sind übrigens aus kostbarer Seide oder aus den feinsten baumwollenen Zeugen, und auch die Schuhe sind reich mit Gold und Silber bestickt. Man glaubt nicht, wie gut diese Tracht den schöngewachsenen Bürgerinnen steht! Diese Frauen und Mädchen hüten sich übrigens wohl, mit den Kammerjungfern und Dienstmädchen in eine Klasse vermischt zu werden, ungeachtet dessen, daß diese sie an modischer Eleganz und Verfeinerung übertreffen.

Der Ton ist hier übrigens so gezwungen nicht, wie man nach der Steifheit der Leute denken sollte – ich rede hier von den gewöhnlichen Kreisen des Mittelstandes –, sondern es geht ziemlich leicht her, und man ist durch die ewige Vermischung aller Klassen auf den öffentlichen Plätzen einmal gewohnt, keine Umstände zu machen noch zu erwarten. Gastfrei ist man und gefällig, und jeder wird gleich wie ein alter Freund des Hauses behandelt. Doch ist eines hier, was vielleicht von der ehemaligen spanischen Grandezza und der Menge der Magnaten aller Art herrührt, die sich hier eingenistet haben; man macht nämlich in echt aristokratischem Sinn lächerliche Klassifikationen, die den titelreichen Deutschen überall so sehr auszeichnen. Alles, was von gutem Mittelstande ist und zu den gebildeten Klassen gehört, Kaufleute, Künstler, Gelehrte, Beamte, passiert unter dem Namen »Herr von«, und ihre Weiber und Töchter heißen »Gnädige Frau« und »Fräulein«; von der unteren Klasse gerufen, hört man immer nur »Ihr Gnaden«. Damit nun aber die wirklichen Edelleute hiebei nicht verlieren, so nennen sie sich »Edler von«, welches freilich in der Unterhaltung wegfällt, wo man mit dem »Herr von« allenthalben durchkommt. Die nun hieran zunächst grenzen oder die man nicht recht zu nennen und zu klassifizieren weiß, laufen alle unter dem Namen »Monsieur«, der daher wenig beliebt ist. »Herr« ist übrigens das Gemeinste, was es gibt, und so nennt man jeden Unbekannten, den man anredet, sei es auch der lumpigste Sackträger. Das Wort »Herr« ist hier ungefähr synonym mit dem »Er« im unteren und mittleren Deutschlande.

Die kaiserliche Familie lebt ganz still und zurückgezogen, ohne den Schwarm eines glänzenden Hofes immer um sich zu haben und die Sklavin vieler Sklaven zu sein. Den Sommer bringt sie gewöhnlich in Laxenburg zu, von wo der Kaiser des Morgens sich an Audienztagen oder bei wichtigen Angelegenheiten in die Residenz begibt. Auch wenn sie ins Schauspiel kommen, bleiben sie selten die Nacht über in der Stadt. Ich habe an einer anderen Stelle von Laxenburg eine kleine Skizze entworfen, die ihr Leben so ziemlich schildert. Im Winter leben sie gewöhnlich in Wien und wohnen den Vergnügungen und Festen bei, die diese kurzen und traurigen Tage verjagen helfen. Aber auch dann leben sie, wie man sagt, außer an den festlichen Tagen, ohne Prunk und Etikette. Mit mehr Getümmel und Pracht umgeben sich die Magnaten Ungarns, Böhmens und Österreichs, die in dieser großen Stadt entweder ihre Einkünfte ausgeben oder durch Ämter und Würden an Wien gebunden sind. Es ist bekannt, welch reiche und mächtige Häuser es unter diesen gibt. Doch ist der reichste Magnat Ungarns, Esterházy,[96] flügellahm geworden und hat so mit seinen Reichtümern hausgehalten, daß er sich etwas einschränken und eine Zeitlang auf dem Lande oder auswärts leben muß, um seine Finanzen zu verbessern, denn in Wien selbst könnte er das nicht vor den Augen der Welt so zeigen und mit einem Male kleiner anfangen, als die Leute dies von ihm gewohnt waren. Doch lebt er in Ungarn immer noch mit einer Art von fürstlichem Hofstaat, obgleich er seine Kapelle abgedankt hat und auch kein Schauspiel mehr unterhält. Die Liechtenstein, Auersperg und Dietrichstein sind nächst diesem die ersten, und auch eine unzählige Menge anderer, vom zweiten Range, lebt hier, die an jedem anderen Orte den ersten einnehmen würde. Diese und die vielen Fremden, die hier eine Zeitlang von großen oder kleinen Renten leben, die Reichen, die Handel und Industrie oder Zufall in einer großen Stadt zu versammeln pflegt, helfen den äußeren Prunk und die Freude und den Glanz der öffentlichen Tummelplätze vermehren und bringen auch wirkliches Blut in die Adern des Staates. Übrigens zeigen die Großen keinen Übermut und Stolz und maßen sich an keinem Orte Privilegien an als die, die ihnen ihre vollere Börse gibt. Man sieht sie überall unter allerlei Menschenkinder gemischt und erkennt sie nur, wenn die Fackelträger voranlaufen und die schimmernden Heiducken hinten auf den Wagen springen. Sonst hält der Fiaker mit ihnen gleichen Schritt, und sie dürfen auf kein Vorrecht pochen, das man ihnen nicht freiwillig einräumt. Übrigens bemerkt man gar keine Tendenz des Volkes zu einer Revolution oder zu gefährlichen Bemerkungen über die Vorrechte der Edlen und Großen, wenngleich es richtig genug ist, daß Bernadotte[97] nicht so ganz unschuldig seine Fahnen ausgehängt hatte. Wegen dieser Geschichte sind manche Familien, die zwanzig, dreißig, vierzig Jahre in Wien gewohnt haben, verbannt worden, viele freilich auf bloßen Verdacht. Man urteilt über solche Vorfälle immer einseitig, ich will also schweigen und dem Schreien gegen die hiesige Regierung und ihre Maßregeln nur entgegensetzen, daß die Franzosen es allerorten ebenso und noch ärger machen und mit Feuer und Schwert jene verfolgen, die nicht sogleich ihrem Systeme huldigen. Ist die Sache vielleicht anders, wenn sie eine Demokratie tut? Sind Zensur und Geisteszwang weniger groß, wenn der Wind von fünfhundert Regenten herweht?[98] O wir Kindsköpfe mit unseren Urteilen! Wann lernen wir endlich, konsequent zu sein? Wann werden wir gerecht richten, so verschieden auch die Meinungen sein mögen?

Ein weniges über den Bauernstand um Wien

Österreich selbst ist sicher eine der schönsten und reichsten Provinzen des Deutschen Reiches und bringt beinahe alles hervor, was die Menschen selbst zum üppigen Leben benötigen. Es ist also wohl zu erwarten, daß die Bewohner eines so schönen Landes sich im Wohlstande und in Wohlgemütigkeit befinden. Es ist bekannt, daß der größte Teil der schönen Dörfer und Güter, die man in Österreich sieht, meistens dem hohen und niederen Adel gehören; um so mehr muß es auffallen, daß dieser nicht so wuchernd und filzig die Säfte des Landes an sich saugt, sondern auch dem Baum, der ihm seine Früchte gibt, den Sonnenschein und Regen des Himmels nicht mißgönnt. Wie ganz anders ist dies größtenteils im nördlichen Deutschlande, wo dieser Teil der Staatsbürger, der erste und ehrenvollste Stand, noch immer sehr negerartig behandelt wird oder doch behandelt werden kann. Man findet bei dem Bauern in Österreich im Durchschnitt Wohlsein und Freude. Er trinkt seinen Wein, ißt sein schönes Brot und trinkt seine fette Milch, ohne vor seinem Tyrannen zittern zu müssen, daß dieser vielleicht in seine Schüssel gucke und mit der Bemerkung von dannen gehe: »Siehe, das ist zu viel; der Bauer ist geboren, zu arbeiten und sich satt zu essen; was darüber hinausgeht, das ist von Übel und gehört nach dem Recht der Bibel und der Natur seinem gnädigen Herrn.« Nein, dafür haben hier die Gesetze gesorgt. Die Dörfer sind meistens nett und zierlich und laufen nach sächsischer Art in einer oder mehreren Gassen hin.

Die Häuser sind fast alle von unten auf gemauert oder aus Bruchsteinen aufgeführt, mit hellen und leichten Fenstern, oft Fensterläden und Jalousien, und innen und außen so geputzt, daß man sich recht froh darin fühlt; dagegen fehlen Ziegel- und Strohdach, und man sieht meistens nur Schindeln nach der Art des ganzen Landes, die nur in Wien eine Ausnahme macht. An diese Häuser schließen sich denn die Ställe, Korn- und Heuschober ebenso nett an; vorne stehen Schattenbäume, oder ein lustiger Kranz von Reben windet sich um die weißen Mauern, und hinten ist meistens ein kleines Gärtchen für Gartengewächse und Obst.

Gewöhnlich hat der Bauer entsprechend seinen Besitzungen ein paar Pferde, einige mächtige Ochsen und mehrere Kühe, alle brav und stattlich von Wuchs, wie er selbst. Denn auch von ihm und seinen Weibern gilt, was ich von der Gestalt der Österreicher bei Gelegenheit der Wiener gesagt habe. Man sieht meistens starke und schöne Leute und so hübsche Weiber und Jungfrauen, wie man sie sonst selten unter Bauern findet. Dies ist immer, unter vielen anderen zweideutigen Beweisen, der sicherste für den Wohlstand der Menschen. Nur mäßige Arbeit und Anstrengung in den Jahren des menschlichen Frühlings macht schöne Körper.

Freilich wirft man dem Österreicher, wie dem Bayern, mit Recht vor, daß er noch immer ein zu bigottes und priesterliches Geschöpf sei, und meint also, er müsse, weil er solchem Vieh sich so unterbeuge, auch in anderer Hinsicht mit dem Ochsen- und Eselsgeschlechte noch sehr verwandt sein; aber doch ist dies nicht so; die Menschen sind hier weiter in Kultur als im ärmeren Norden, ihr äußerer Zustand ist besser, und das verbessert auch den inneren; viel trägt nun auch die nahe Hauptstadt dazu bei. Sie sind ganz vernünftig, bis auf diesen einen Punkt, und ein ebenso guter Schlag Menschen wie die Wiener, dienstfertig und gefällig, aber auch zu langmütig und bequem und dem Wohlleben vielleicht zu sehr ergeben. Industrie suche man nicht unter ihnen, noch den Fleiß und die Arbeitsamkeit des Sachsen und Pommern oder die Gewandtheit des Thü-

*Bauernmädchen aus Ober-Österreich, das Milch zum Markt trägt,
um 1825*

ringers und Franken. Sie haben beides so sehr nicht nötig. Auch ist ihr Ackerbau, soviel ich davon gesehen habe, bei weitem nicht mit dem des nördlichen Deutschlands zu vergleichen, und wer da gewesen ist, muß sich hier notwendigerweise ärgern. Anders ist es mit dem Wein- und Obstbau und leichteren Arbeiten des Landmanns, die sie recht gut betreiben. Die Viehzucht wird vielleicht nach dem Lande nicht genug getrieben, noch nach dem Vorteil, den sie um Wien bringen könnte. Luxus ist hier allerdings mehr als andernorts, wo mehr Armut und Arbeit ist, aber man fühlt seinen schädlichen Einfluß auf die Sitten und Gesundheit der Menschen nicht recht, obgleich der Bauer hier so gut lebt wie in Sachsen und Thüringen der Edelmann. Oh, wir wollen ihm seinen Kaffee, seinen Reis und Braten herzlich gern gönnen und sein gebackenes Hendl alle Sonn- und Festtage, wenn er sie haben kann. Seine Kleidung zeichnet sich durch nichts vor der gewöhnlichen deutschen Bauerntracht aus, es sei denn, daß man zuweilen Haarflechten und Zöpfe bei den Weibern und meistens Strohhüte bei den ärmeren Männern sieht.

Eine Sonderbarkeit, und zwar eine recht liebe, ist in Wien, daß man lumpigen und unverschämten Pöbel fast nicht findet, sondern alles einen gewissen Grad des Bürgerlichen hat. So ist es auch beinahe mit der Sprache, die echt österreichisch und charakterzeichnend ist und durch alle Stände, vom Sackträger bis zum Magnaten, ihre volle und träge Dicktönigkeit behauptet. Über diesen sogenannten österreichischen Dialekt ließe sich allein ein Buch schreiben, das belustigend genug sein würde. Ich will nur eines sagen, daß die schmeichelnden Diminutive durchaus für die Dinge sind, die dem fünften und sechsten Sinne dienen.

Erinnerungen an Ungarn

Ein kleines Anhängsel

Es scheint mir für mich nicht ganz uninteressant, und ist es vielleicht auch für den Leser nicht, wenn ich hier dem Schlusse meines Lebens in Wien noch einige kleine Erinnerungen an das liebe Ungarland beifüge, einige flüchtig aufgegriffene und leicht hingeworfene Skizzen von einem vierzehntägigen Ausflug in dieses schöne, vom Himmel reichlich gesegnete, von Menschen jedoch zerstörte und niedergetretene Land. Ich entwerfe diese kleinen Bilder hier in erster Linie für mich und meine Freunde und Reisegesellen, die mich oft mahnten und fragten, warum von unseren ungarischen Dingen in meinen Büchern nichts vorkomme; zweitens auch für die Leser, mit der Bitte, sich diese kleinen Abschweifungen und Einschübe gefallenzulassen unter so vielen ähnlichen. Doch Schluß mit den Vorreden. Ich führe den Leser sogleich·in die volle Aktion. Er denke sich uns den 17. August mit unseren Sachen, des Morgens um neun Uhr, zur Leopoldstädter Donaubrücke abgefahren und in Hugelmanns Kaffeehause bei einem munteren Frühstück, fünf Mann hoch, sitzen. Es war nämlich der Reiseplan gemacht worden, nach Preßburg und Ofen auf dem Strom mit dem Schiffe zu fahren und von dort zu Fuß und zu Wagen über Land zurückzukehren; ein Plan, der nur Reizendes und Anmutiges bieten konnte in einem so schönen Lande und in einem so üppig zeugenden Monat, wie der August in diesen Klimaten ist.

Also, am Morgen des 17. August 1798 saßen wir von neun bis elf Uhr bei Hugelmanns und von elf bis halb ein Uhr im Schiffe, ehe es abstieß, wobei wir eine schmähliche Hitze ausstehen mußten. Doch gab es auch hier Scherze und Späße in Menge mit den mancherlei Passagieren, ihren Begleitern und ihrer Ausrüstung. Aber leider gingen verschiedene holde Gestalten und einige possierliche, die den Reisenden immer am meisten versprechen, wie Schatten vorüber, und es schien fast, als sei nicht viel für uns übriggeblieben, obgleich Männer und Weiber genug, Junggesellen und Mädchen, klerikale und unheilige Personen, Juden und Christen da waren. Die Juden, von denen eine Menge einstieg, um zur Pester Messe zu fahren, hatten sich wohlweislich ins Hinterende unseres Schiffleins zurückgezogen, woher sie sich an den folgenden Tagen unseren Nasen empfindlich genug bemerkbar machten. Den ersten Spaß bereitete uns ein altes Weib, eine sogenannte ehrbare und fromme Frau, welche anfing, auf die Juden zu schimpfen. Unser kleiner gewandter Freund M., der in alle Formen leicht überspringen und sich brav darin behaupten konnte, machte mit seiner konterfeienden Stimme nun flugs den Hebräer, nahm sich der Juden als seiner Sippschaft an und brachte die Zunge der Alten, zur ungeheuren Belustigung der Gesellschaft, wieder in Bewegung; erst als sie es bis zu persönlichen Angriffen treiben und ihn als ein gemeines jüdisches Halbtier züchtigen wollte, da erst trat er durch unjüdischen Mut des Widerstandes aus seiner Maske hervor, und die Alte, obgleich sie lange nicht glauben wollte, daß er ein Unbeschnittener sei, mußte zuletzt doch mitlachen über ihren Irrtum. Ein Knabe, eines von den Gesichtern, bei welchen die fünf Finger einem unwillkürlich zu kribbeln anfangen, ärgerte uns durch seine Anmaßung und Selbstgefälligkeit, doch nicht ganz ohne Spaß, indem er von seinen Taten bei Graz und Innsbruck gegen die Franzosen aufschnitt, seine Flasche Österreicher herumgehen ließ und von dem Tokajer prahlte, den er hie und da getrunken habe, und zugleich sein fein Wienerisches »Gelten Sie« und »Is schon recht« eintönen ließ.

Endlich schlug es zwölf, und bald darauf stießen wir ab. Wir waren schon viel früher fertig, aber ein Schifferaberglauben hielt uns so lange zurück. Gleich nach zehn Uhr war alles bereit, aber zwischen zehn und zwölf Uhr legt hier kein Schiffer ab; weil es nicht gut ist, sagen sie; da muß man erst voll zwölf ausschlagen lassen. Wären wir aber um neun oder vor zehn Uhr fertig gewesen, so hätten wir gleich abstoßen können. Ich habe den Ursprung und die Deutung dieses Wahnes nicht erfahren können. Auch das Pfeifen war hier, wie auf dem Regensburger Schiffe, etwas Verpöntes und wurde mit der äußersten Grobheit geahndet. Die Meinung ist nämlich allgemein, man rege dadurch die Stürme, und was für Ungetüme unter den Klippen lauern, auf, und da läßt sich freilich gegen ein grobes Wort nicht viel einwenden, da es offenbar zum Heil so vieler Seelen gesprochen wird. Eine reiche Ladung von Menschen hatten wir, so daß es fast an Platz fehlte. Sie waren auf Kisten, Koffern, Ballen und Betten gelagert, so glücklich und gut jeder seinen Platz finden oder durch Unterlagen sich bereiten konnte. Doch war auch hier, was der Humanität selbst unserer Gesellschaft Ehre machte, eine freiwillige Scheidung gemacht worden, und alles eigentliche Gesindel war zu den Juden in den Hinterteil entwichen und belästigte uns höchstens bei großer Hitze mit seinen Ausdünstungen. Ich hielt mich daher meist auf dem Verdecke auf, was ich überall getan habe, um die frische Luft und die feinen Gegenden zu genießen.

Wir fuhren zuerst bei dem Prater herum, an der Landstraße, dem Erdberge und dem Rasumofskijschen Garten vorbei und erreichten am Ausgange des Praters den vollen, ungeteilten Strom. So ging es vier Meilen durch schöne Ebenen und Inseln, durch feine Dörfer und Gefilde zu beiden Seiten hin, auf denen einzelne Pflüge und Eggen, aber von der Ernte keine Spuren mehr zu sehen waren. Enten und kleine Möwen und Strandläufer waren meistens unsere einzige lebendige Gesellschaft, selten sahen wir einzelne Menschen, seltener Herden auf den Wiesen am Ufer. Die Dörfer werden dem Äußeren nach bescheidener und ärmer, je näher man der ungarischen Grenze kommt. Keine Ziegeldächer, keine gemauerten Wände, keine stattlichen Fenster mehr; nur Stroh und Lehm und hie und da Kalk aufgestrichen, kleine, trübe und niedrige Fenster; kurz, alles klein, demütig und mystisch trübe, wie in den Fischerdörfern meiner heimischen Inseln. Mir war es hinfort auf dem Verdecke nicht zu heiß, denn bald überschleierte eine wohltätige Wolke den Himmel, und ein kühler Wind stieg auf. So kamen wir an Petronell vorbei, das rechts in Bäumen und schilfigen Ufern sehr angenehm liegt. Das schöne Deutsch-Altenburg, das uns bald nachher auch rechts zulächelte, liegt auf einer lieblichen Anhöhe, von der grüne Wiesen mit Erlen und Weiden und üppigen Herden zum Strom hinablaufen. Die Berge steigen von hier rechts immer höher und höher, und auch links erhebt sich das Land. Man hat rechter Hand die schönen Hainburger Berge, die man nachher von Preßburg aus und weit hinter Preßburg noch sehen konnte. Diese bilden unstreitig eine der schönsten Donauansichten, die man von ihrem Ursprunge bis zur siebenarmigen Mündung nur haben kann, so steil und durchgerissen und mit so reizenden grünen Talklüften laufen sie empor. In einem dieser Zwischentäler liegt das Dorf Hainburg mit einem ganz hübschen Schlosse am Abhange des Berges. Aber weit höher, wie ein Greifennest unter Wolken, liegen die Ruinen da und stehen die grauen Türme des alten Schlosses Hainburg, das seit den Türkenkriegen der Zerstörung durch die Zeit und ihre Gehilfen, Hagel,

Schnee und Regen, ausgeliefert ist. Wir ergötzten uns an diesen Ansichten, bis der Strom sich plötzlich wandte, um uns eine weit schönere zu zeigen. Wo die March in die Donau stürzt, heben sich links die Berge plötzlich steil und mächtig empor und scheinen ihren Hainburger Brüdern, die jenseits von fern herüberschimmern, gleichsam die Stirn bieten zu wollen. Hier prangt gerade über der Einmündung des Flüßchens in den Strom ein einzelner Fels, wie ein stumpfer Kegel abgeplattet, worauf ein stolzer Turm und ein Schloß thronen, das mit seinen Mauern über einen schmalen Rücken nach Osten fortläuft und unter sich das kleine Städtchen oder den Flecken Theben (Devín) hat. Berge laufen mit grünen Waldhäuptern und tieferen Weinbergen bis in die Wolken und begleiten den Schiffer links bis nach Preßburg, bald näher, bald ferner. Im Westen sieht man eine weite hügelige Ebene und das Schloß Schamses in der Ferne, im Norden die Gebirgskette mit den schönen Trümmern, und die March fließt an ihrem Fuße zürnend und strudelnd mit den mächtigen Wassern der Donau zusammen; rechts hat man die Hainburger Berge und vor sich die breite Fläche des Stroms, der immer stolzer und majestätischer mit seinen tausend Wellen fortbraust. So ging es fröhlich und wohlgemut weiter, bis die Berge rechts in Ebenen ausliefen, die am Strome hie und da Inseln werden. Wir waren um halb acht Uhr in Preßburg.

Preßburg

Hier ging es vom Schiffe rasch auf den »Grünen Baum« zu, an den wir gewiesen waren, aber er hatte für uns nicht Dach noch Schatten; alle seine Plätze waren besetzt. Die »Traube« hatten wir verschmäht, nun blieb uns also nur noch die »Sonne« in der Nähe. Wir fanden dort, was wir suchten, bestellten uns ein Abendessen und machten sogleich einen Ausflug auf die schöne Promenade. Dort war ein wahres Bienengesumm im Abendschimmer, und die Menge der feinen Mägdlein lächelte uns Fremdlinge mit gar freundlichen Augen an und möchte es wohl mit noch freundlicheren getan haben, wenn nicht ein Feldpater mit uns spaziert wäre, der in unserem Hause logierte. Von hier besuchten wir noch das prächtige Kaffeehaus an der Promenade, wo wir uns ein halbes Stündchen in bunter Gesellschaft herumtrieben, und dann ging es wieder heim. Wir fanden den Tisch nach der Fülle und Üppigkeit des Landes gedeckt und tranken zuerst den Wein aus Melonen. Die Gesellschaft war mannigfaltig, Appetit und Laune schön, und die Tafel wäre noch lustiger gewesen, wenn nicht mehrere der Gesellschaft, auf abendliche Experimente gefaßt, sich beeilt hätten, das Essen auf das schnellste zu beendigen; auch ich wollte, wenn nicht den Experimentator, so doch den Zuschauer und allenfalls den Schützer der Experimentatoren machen und beschloß mitzugehen. Auf dem Rückwege nämlich von der Promenade erzählte uns einer unserer heutigen Schiffsgenossen, ein liebenswürdiger junger Ungar, der Pater habe sich bei ihm erkundigt, wo es ein gutes Institut öffentlicher Freude gebe, und er habe ihm versprechen müssen, ihn zu einem zu führen. Dies war für den größten Teil der Gesellschaft ein herrlicher Spaß, und es wurde einmütig beschlossen, mitzugehen und den geistlichen Herrn agieren zu sehen. Gegen zehn Uhr war alles auf den Beinen. Ich und M. aber hatten uns verspätet, oder vielmehr, die anderen hatten uns im Eifer vergessen, und wir konnten sie nirgends finden, weder im Hause noch auf den Gassen; kein Schreien und Rufen konnte uns da helfen. So steuerten wir also auf gut Glück ihnen nach, und zwar dem Schloßberge zu, weil der Ungar uns gesagt hatte, das erste Seminarium des Teufels liege hart an den Pforten des geistlichen Seminariums, weil der Teufel sich immer, wo seinem Reiche Gefahr droht, Ableger und Ableiter zu machen sucht. Indessen konnten wir lange unser Ziel nicht erreichen, weil wir mit verschämter Umschweifung danach zu fragen versuchten. Man verstand uns nicht oder wollte uns nicht verstehen, und wir mußten schon zuletzt mit den nacktesten Fragen heraus, wo uns sogleich Buben und Mädchen lächelnd Kunde gaben und wir sicher in den Hafen der Venus einliefen. Die Gesellschaft fanden wir hier, aber was sonst? Eine scheußliche Gemeinheit, die dem ersten B. einer der ersten Städte Ungarns wenig Ehre machte. Desto fataler war es für uns, daß einige der Gesellschaft, die uns lieb geworden waren, sich von der Nacht und dem Mondschein des Himmels und der Wollust hatten fangen lassen. Übrigens traten wir mit gehöriger Freiheit ein, mimten sogleich die alten Bekannten des Hauses und maßen das große Zimmer einige Male in der Länge und Breite und mischten uns dann mit Worten und Mienen in die Unterhaltung, so sehr sich dies nur mit einiger Sicherheit tun ließ. Freundlich und zuvorkommend empfing uns die saubere Glucke der gockelnden und lockenden Hühner, eine wahre dickleibige Quickly mit zwei vollen, rosig gefärbten Pausbacken und einer dikken Kupfernase, an deren Seiten zwei kleine graue Schweinsaugen mit schweinisch-unverschämter Freundlichkeit flimmerten, sogar mit dem typischen Schlüsselbunde am Hintern. Ihr Leben war das geschäftigste. Sie stand am Kaminfeuer, wodurch sich die fleischige Röte ihrer Wangen noch erhöhte, und quirlte Schokolade und blies die Kohlen der Teetöpfe an. Denn etwas muß hier jeder genießen – dies ist der Brauch des Orts – und so sein Entree bezahlen. Deswegen bezahlten auch wir die

Portion Schokolade und Tee am Schluß des unlieblichen Lustspiels mit einem österreichischen Gulden. Wir sahen uns zuerst nach dem geistlichen Herrn um, hüteten uns aber wohl, ihm durch Zudringlichkeiten und Zeichen der Bekanntschaft in dieser seiner leiblichen Verpuppung beschwerlich zu werden. An einem kleinen Tische saß er, zwei Bouteillen Bier vor seinem feurigen Mosesangesichte und ein kleines Kirchenlämmlein auf seinen Knien, mit dem er mit Gesten und Mienen in einem sehr ernsthaften Gespräche begriffen war. Ich weiß nicht, ob es wegen einer geistlichen Demut und Zerknirschung war oder ob der Zufall oder gar die Laune der Dirnen es so gewollt hatte, er hatte jedenfalls das kleinste und häßlichste Schäfchen aus dem Stalle an seiner Krippe und saß mit einem merkwürdigen Ernst und einer Würde da, die von der übrigen Gesellschaft keine Notiz nahm, übrigens mit seinem vollen geistlichen Kleide angetan, wie er es im Schiffe und im Gasthause trug. Ich frage, wie ist dies möglich in einer Gesellschaft, worin ihn so viele kannten? Ich frage, wie ist das andere möglich, daß die Gesellschaft seinem Erscheinen und Treiben ohne Verwunderung zusah? Sind sie das von den geistlichen Herrn gewohnt? Diese Frage soll nicht boshaft sein; aber ich kann es nicht erklären. Ebensowenig schien man es zu merken, als er seinen feinen Schatz in die engere Beichte nahm und aus der Versammlung der Sünder und Schlemmer entführte. Dies taten indessen auch andere, und es ging im Strudel und Gewimmel überall toll und bunt genug her. Bemerkenswert ist es, wie ruhig, wie echt sultanisch-orientalisch die anwesenden Ungarn dies Werk trieben und wie unbekümmert und ungereizt die Unbeschäftigten auf dem hinten hinausgehenden Balkon saßen und auf den gestirnten Himmel und die Stadt unten schauten, ihren Rauch aus den Pfeifen bliesen und ihr Naß schlürften, als sei dies ein gewöhnliches Menschenleben. Alle, die von der deutschen Zunge zugegen waren, trieben sich wenigstens unruhiger und unsteter herum, wenngleich sie nicht in Circens Park verlockt wurden. Es wurde den meisten von uns hier doch bald zu arg, und wir grüßten die »Goldene Dirne« – dies war der Name dieser kleinen Teufelei – auf immer und waren um halb zwölf im Bette, wo noch eine Weile christliche und unchristliche Gespräche geführt wurden über feines und grobes Gefühl, über Weiber und Ehestand und wer weiß über wie viele Dinge, die für heute billig hätten unberührt bleiben sollen.

Heute, den 18. August, waren wir recht früh auf. Wir wollten nämlich diesen Tag recht genießen, die Stadt und ihre Zierlichkeiten besichtigen, die Gegend umher beschauen, vor allem aber die jenseits liegenden schönen Haine, Inselchen und Dörfchen näher besehen und einen leichten Eindruck vom ungarischen Dorfleben erhalten. Nachdem wir im Kaffeehause ein Frühstück von Kaffee, Schokolade, Weintrauben und getrockneten Früchten eingenommen hatten, besahen wir des Grafen Batthyány[99] schwimmende Arche auf der Donau. Es ist dies ein prächtiges Stück Arbeit, das mehrere Zwecke miteinander verbinden soll und deswegen vielleicht an Schwimm- und Segelfertigkeit auf dem Strome verliert; darüber indessen ließ sich damals noch nicht urteilen, weil daran noch nicht alles vollendet war, was zum Gebrauche und zur Zier gehört. Es ist nämlich diese Arche ein großes Schiff von sechzig Fuß Länge und dreißig Breite, und es ist für die verschiedenen Zwecke eines Transport-, Lade- und Lustschiffes eingerichtet. Die Badezimmer im Grunde, worin man nach Belieben heißes und kaltes Wasser pumpen kann, wieviel und wann immer man will, lassen alles, was ich in dieser Art gesehen habe, an Eleganz und Nettigkeit weit hinter sich. Die

Säle und Zimmer oben sind zu Ball- und Tafelzimmern, zu Schlafkammern und Spielzimmern so prachtvoll und geschmackvoll eingerichtet und zugleich mit Tapezierungen, Gemälden, Möbeln usw. so verschwenderisch ausgestattet, daß nur ein reicher ungarischer Magnat dergleichen ausführen kann.

Von dieser Arche, die aber nicht dazu bestimmt ist, sich mit dem Vieh und den Bestien zu beladen, gingen wir zur fliegenden Brücke, die den ganzen Tag von einem Ufer zum anderen in Bewegung ist, und fuhren dann hinüber zu der schönen Au, einer waldigen Donauinsel, wo sich die Preßburger Gesellschaft auf wienerische Praterart erlustigt. Es gibt hier ganz feine Promenaden, die durch die Gewässer und Arme der Donau und durch ihren blauen Spiegel selbst mit den hohen Erlen und Ulmen sehr anmutig werden; auch kleine Restaurationshäuschen, Kegelbahnen und andere Dinge findet man, Stern- und Kreuzgänge und wie man es sonst nennt; doch würden die Preßburger übeltun, dies alles mit dem Prater zu vergleichen, der mehr Anmut und tausendmal mehr Gewühl alle Tage hat. Doch gehen auch durch diese Insel zwei Straßen, die eine nach Wien, die andere nach Ofen. Von Hasen, Schnepfen und anderem Geflügel wimmelte es. An Jagdfreuden soll kein Land Europas mit Ungarn zu vergleichen sein; deswegen hat auch kaum ein Volk so treffliche Schützen wie die Ungarn. Von hier gingen wir über den Wiener Weg und die große Brücke nach der Milchau, einer zweiten kleinen Insel, wo ein anmutiges, doch unansehnliches Dorf steht, um welches herum auf den reichen Wiesen unendliche Herden von Rindern und Pferden grasten. Wir gingen an ein niedriges Häuschen, mit Stroh gedeckt. Ein altes freundliches Mütterchen saß mit der Spindel unter einer Rebenlaube, deren üppige Trauben ihr ins graue Haar hingen, zwei freundliche Kindlein spielten mit Kürbissen und Melonen; die gelben Lehmwände verdeckten Reben und Pfirsiche, die ihre Früchte in die offenen Fenster beugten. Die Alte nötigte uns freundlich einzutreten; wir ließen uns Milch geben, sie weigerte sich lange, etwas dafür zu nehmen. Wir tranken sie im Garten unter den hängenden Trauben einer Rebenlaube. Die Sonne schien hell, die gewaltigen Bäume umher mit ihrem üppigen Laube standen still und fest und patriarchalisch da. Wir fühlten so recht das süße Leben der Frömmigkeit und Genügsamkeit, das einem reinen Herzen in so einer Hütte und so einem Gärtchen möglich wäre; die freundliche Alte, die sich neben uns in die Sonne setzte, die spielenden Kinder, die stillen Bäume und Herden, das ferne Brausen des Stroms. – Oh, wir sprachen wehmütig zuletzt, wie uns nach dreißig Jahren ums Herz sein würde bei der Erinnerung an diesen süßen Sitz und dieses Jugendleben, wenn jeder daheim auf seinen nördlicheren Fluren und Ufern wieder wohnte, wo keine Trauben hängen und keines Winzers Stimme schallt. O Südland! O südlicher Himmel, warum bist du nicht allen beschieden?

Nach langem Sitzen in diesem kleinen Paradiese tummelten wir uns noch ein fröhliches Stündchen auf den Wiesen und in den Büschen und schwammen gegen Mittag wieder in die Stadt hinüber. Beim Mittagessen lernten wir die ganze ungarische Fülle und Frohherzigkeit kennen; denn zuletzt wich der Ernst dem Weine, und nach Sang und Klang standen wir vom Tische auf und gingen aus, am Nachmittag die Schönheiten der Stadt zu besehen und oben vom Schlosse die herrliche Gegend umher zu entdecken. Wir sahen den alten Stephan in Wien aus weiter Ferne, wie wir einmal von ihm schon das schimmernde Preßburg in Wolken, wie unter uns, gesehen hatten.

Nach diesen Anstrengungen der Beine und der Augen

sollte der Rest des Tages dem Spielen und Genießen geweiht werden. Wir wanderten zuerst ins Kaffeehaus und bewunderten in dem schönen Redoutensaal manch schneeweißes Weibergesicht und manchen stattlichen Minerven- und Dianenwuchs, ein Vorzug, der sich an wenigen europäischen Leibern so ausgezeichnet findet wie an den ungarischen. Von hier ging es zum Schauspielhaus, und zwar zum interessantesten, zum Sommertheater, das jetzt allein seine Frequenz behauptet, denn das wegen seiner Mittelmäßigkeit mehr für das Gähnen eingerichtete ordentliche Schauspielhaus ist den Sommer über geschlossen. Dieses Sommertheater ist ein feines, bretternes Haus mit Galerie, Parterre und Nobelparterre, wo die Angesehenen des Volkes und auch Mistress Quickly mit ihren Mädchen saßen. Sie erkannten sogleich die gestrigen Vögel und winkten und grüßten freundlich; aber wie verändert trotz Schminke und Zieraten von gestern! Daß solche Geschöpfe es überhaupt wagen, ans Tageslicht zu kommen. Auch wir wollten heute keine Plebejer sein und wagten jeder unsere zehn Kreuzer fürs Nobelparterre. Dieses Theater ist von fünf bis zehn Uhr abends offen. Jeder sieht für sein Geld die drei Akte durch, welche das Stück hat, gleichviel in welchem er zuerst eintritt. Bei jedem Akt wird neu im voraus bezahlt, doch sind Galerie und Nobelparterre von diesem entehrenden Vorgehen durch ihre Billetts befreit, von denen sie bei jedem Akt eines abgeben. Das Orchester bestand aus einigen lahmen Pfeifen, einer Trommel und einer elenden Pauke. Das Stück war »Kasperls Erbschaft« betitelt und hatte alle möglichen Requisiten des heutigen Lieblingsgeschmacks: Ritter, Knappen, edle Jungfrauen, Zauberer, Riesen, Gespenster, blutige Mordtaten und was in eine höllisch-elegische Tragikomödie sonst noch gehört. Der Kasperl spielte gut, vielleicht hatte er seine Lehrjahre in Wien gemacht oder doch dem Marinellischen Kasperl was abgeguckt und abgelauscht. Von den Weibern war die eine wunderschön und offenbar zu gut für diese Truppe, aber sie und die übrigen spielten abscheulich, und auch die Ritter waren elende, stolpernde und buchstabierende Gesellen; doch dünkte sich der eine, ein wahrer Eduard III. mit langen Beinen, kein gemeiner Sterblicher zu sein, und schritt so hochmögend und mächtig einher, als habe er wenigstens ein Wiener Nationaltheaterpublikum vor sich; so ehrte er doch sich und seine Zehnkreuzer-Nobelparterristen durch seinen hohen Ernst im Narrenspiel. Und wer sollte vollends einen Kasperl nicht liebhaben, wenn man sieht, welche Macht er hat, Stirnen zu entrunzeln und Lippen mit Lächeln zu umziehen? Auch hier war Amors gemeiner Taubenschlag der Feldflüchter offen, und er flog immer auf und zu, besonders als die Dämmerung und die leuchtenden Sterne zu Morpheus' und Luzifers Ruhestunden einzuladen anfingen. Wir hielten hier nicht so lange aus, sondern gingen nach anderthalb Akten, doch oft ins Gewimmel zurückkehrend, unter die Menschenkinder auf der Promenade und an der Donau, wo der Wind seinen Staub, wie die Neugier die Menschen, umhertrieb. Wir ließen die Zeit und das Leben fliegen, und die Mitternacht erinnerte uns erst, daß wir morgen früh ablegen wollten. Auf dem Heimwege zur »Sonne« lockten uns Musik und Saitenspiel, einem ungarischen Hochzeittanze zuzusehen. Endlich aber, als uns Mienen und Winke sagten, daß es den Gästen unangenehm sei, ungebetene Vögel einen schon okkupierten Platz einnehmen zu sehen, entfernten wir uns und sanken, teils des süßen Weines voll und alle wenigstens von seinem Feuer und den Sternen der Nacht begeistert, mit süßen Träumen in die Arme des Schlafes.

Schon um fünf Uhr mußten wir am Morgen des 19. August wieder heraus, welches einigen, die jetzt ebenso düsteräugig und kopfhängerisch wie gestern nacht tanz- und springlustig waren, sehr schwerfiel. Als ich und M. endlich die übrigen mobil gemacht hatten, wurde Kaffee zur Ermunterung getrunken, die Zeche beglichen und um sechs Uhr vom Lande gestoßen.

Die Stadt Preßburg hat eine der schönsten und lustigsten Lagen von der Welt, in einer Gegend, die alles reichlich hervorbringt, was der Mensch für seine ersten, zweiten und dritten Bedürfnisse notwendig braucht, an dem großen Donaustrom, der zum Transport hin und her dient und der Stadt so mancherlei große Vorteile und Erleichterungen bringt. Sie selbst liegt südwestlich[100] an diesem Strom der Länge nach und läuft nordöstlich unter einer Kette von hohen Rebenbergen weiter in die Ebene hinein, die sich unermeßlich in den Osten hinein dehnt. Die eigentliche Stadt ist nur klein, aber die Vorstädte sind dreimal so groß, und da nun doch alles in eins läuft, so kann man es füglich als eine einzige große Stadt ansehen, wie Linz mit seinen Vorstädten und andere. Die eigentliche Stadt möchte sich denn doch von den Vorstädten dadurch auszeichnen, daß sie bei weitem besser gebaut ist und manche hübsche ziegelgedeckte Häuser hat, während die der Vorstädte zum Teil aus Lehm gebaut und mit Schindeln gedeckt sind. Dies ist für das Auge traurig und bei Feuersbrünsten gefährlich, die hier mit einer gar fürchterlichen Leichtigkeit Nahrung finden. Auch brannten etwa acht Tage nach meiner Abreise in der Stadt selbst über dreißig Häuser und eine Menge Ställe, ein Holzmagazin und eine große Bandfabrik ab, ein Schaden, den man auf 40.000 Fl.[101] geschätzt hat. Die Häuser sind zum Teil gut gebaut, selbst die beschindelten, und man findet einige schöne und gerade Straßen, aber im ganzen kann man die Stadt unmöglich schön nennen. Sie liegt zum Teil am Berge und ist höckerig, schief und krumm gebaut und meistens elend gepflastert, und ihr ganzer nordöstlicher Raum ist öde und menschenleer. Bloß die Seite an der Donau entlang ist munter und lustig, und da findet man breite Straßen, hübsche Promenaden und feine Häuser nach Preßburger Art. Hier ist auch der Mittelpunkt allen Lebens und Gewimmels, aller Geschäfte und Vergnügungen, und weiter braucht man nicht zu gehen, um die Einwohner und ihr Leben und Treiben zu sehen. Hier sind die besten Gasthäuser und einige große Magazine, hier steht eine stattliche Kaserne und ein elegantes Komödien- und Ballhaus; hier ist die fliegende Brücke, hier kommen und gehen die Donauschiffe, hier legen die leichten Kähne und Boote mit ihren reichen und wohlfeilen Jahresprodukten an: kurz, hier ist das Leben. Das Schauspiel- und Ballhaus ist wirklich recht hübsch und gewinnt durch seine angenehme Lage an der Donau noch mehr. Es ist ein langes und einfaches Gebäude in einem simplen Stil. Die eine Hälfte ist zu einem artigen Komödienhause eingerichtet, die andere besteht oben aus einem sehr feinen Ballsaal, mit Erfrischungszimmern, Küche und anderen Notwendigkeiten, und unten ist ein äußerst elegantes Kaffeehaus eingerichtet, wie Wien kein einziges aufzuweisen hat, mit einem großen Saale, mehreren Seitenzimmern, Billardstuben, alles mit großen Marmortischen, Spiegeln und Kronleuchtern auf das schimmerndste verziert. Während des Winters sind hier wöchentlich bestimmte Assembleen, häufig auch Bälle und Redouten, wofür jeder anständige Mann und jede ehrbare Familie abonnieren kann und woran die ersten Männer und die größten Magnaten, die in dieser Stadt leben, teilnehmen. Das Ganze ist auch das Werk einer Assoziation mehrerer magnatischer und reicher Einwohner der Stadt.

Gleich von diesem Hause gelangt man am nördlichen Ende in eine hübsche Promenade, wo auf einem anmuti-

gen freien Platz mehrere Gänge von Linden und Kastanien angelegt sind, die des Abends, wie die nahen Ufer
der Donau, immer von Spazierenden wimmeln. Gleich
am Eingang dieser Promenade ist das Schauspielhaus
zweiten Ranges, freilich nur ein ärmliches, einen Stock
hoch und mit Schindeln gedeckt: das sogenannte Sommertheater, welches ich vorher schon erwähnt habe, wo
der Kasperl sein Wesen treibt, der hier immer seines Publikums und einer sicheren Einnahme gewiß sein kann.
Tiefer in der Stadt sind noch der Palast des Erzbischofs
Primas Batthyány und das Komitatshaus, ganz ansehnliche, wenngleich den Personen und Versammlungen
nicht ganz angemessene Gebäude. Hoch über der Stadt
liegt das alte Schloß am Anfang der Berge, die nach
Nordosten in einem Halbkreis um die Stadt laufen, hart
über der Donau, eine ehrwürdige Erinnerung an längst
vergangene Zeiten, worin manche Könige einst wohn-
ten, welches aber seinem unvermeidlichen Verfall sicht-
bar entgegenbröckelt. Am östlichen Ende hat Maria Theresia einen Flügel im neuen Stil angebaut, als sie mit
ihrem Prinzen Joseph hier auf der Flucht lebte, in ihren
ersten schlimmen Zeiten, und die edlen und heroischen
Ungarn von hier ausschickte, ihre alten Erbstaaten den
Franzosen, Bayern und Brandenburgern aus den Händen
zu reißen.[102] Jetzt bewohnen die Gemächer der Kaiserin
und alle übrigen alten und neuen junge Geistliche, die
hier unter verschiedenen Lehrern ihre Vorbereitung für
ihren künftigen Stand erhalten: die sogenannten Semina-
risten des Erzbischofs. Es sah drinnen wüst aus, und die
jungen Geistlichen halten, wie es scheint, nicht viel auf
Ordnung und Eleganz. Was an Denkmälern, alten Gemälden, Waffenrüstungen, türkischen Trophäen und anderen Schnurrigkeiten sonst noch hier gewesen ist, das
hat man nach Ofen ins dortige Schloß transportiert und
so die Preßburger auch dieses Schatzes beraubt, worüber

Preßburg: Burg und Stadt vom Süden her, 1735

sie nicht wenig erbittert sind. Man hat von dem Schlosse und schon von seinen umgebenden Mauern eine herrliche Aussicht auf die Stadt, das reiche Land umher, den stolzen Strom und die fernen Berge und Hügel bis Mähren und bis an die Spitze des alten Stephans in Wien. Die Straße, die zum Schlosse führt, ist steil, eng und häßlich, und die Töchter der Freude haben hier ihre Schlupfwinkel und ihre nächtlichen Nester angeklebt. Freilich sollte der Erzbischof sie von hier wohl in eine andere Gegend der Stadt verbannen, wenn er sie auch aus christlicher Barmherzigkeit nicht ganz exilieren will; denn die Bequemlichkeit und also auch die Gefahr für seine schwarzröckigen Zöglinge droben ist doch gar zu groß, und wer weiß, ob sie nicht bei ihrer Ankunft diese sogleich ins Auge gefaßt haben.

Über die Donau führt, wie schon erwähnt, eine fliegende Brücke, die alle halben Stunden hin- und hergeht. Über diese kommt man jenseits in einen heiteren Park, wo es hübsche Promenaden, gewaltige Bäume, Wasser, grüne Wiesen und Anger gibt. Auch die Kunst hat einige Zierlichkeiten angebracht, die aber nicht viel sagen wollen. Indessen hat der Preßburger hier doch immer hübsche Spazierwege und an Tagen der Freude seine Unterhaltung im Wiener Sinn in den kleinen Häuschen, wo er Erfrischungen, ein Kegelspiel, sein Pfeifchen, zuweilen auch einen lustigen Tanz und Musik haben kann. Weiter ins Gebüsch hinein gehend, hat man eine lustige Wildnis, die von Enten und Schnepfen wimmelt. Immer ist die Straße, die nach Wien, Raab und Pest führt, mit Wagen und Reitern belebt, die auch dem Unterhaltung geben, der nach Menschen sucht. Diese Chaussee hat eine große steinerne Brücke über einem Wasser, das diesen ersten Teil zu einer Insel macht und von einem zweiten Abschnitt scheidet, welcher den Namen Milchau, oder Milchinsel, führt. Diese letztere ist in einem ganz anderen Stil und erfreut desto mehr, wenn man die Lust der ersten genossen hat. Ich habe oben schon eine Schilderung von dieser freundlichen Milchinsel gegeben. Sie würde meine tägliche Gesellschafterin jenseits des Stroms sein, wenn ich in Preßburg lebte, denn sie ist von der Donau nur eine Viertelstunde entfernt. Bloß an den Wassern und an dem Donauarme hat diese Insel Büsche und Bäume; das übrige sind große Wiesen des üppigsten Grüns, mit Herden von Rindern und Pferden bedeckt. Ein paar niedliche Dörfchen mit Strohdächern und mit Wein- und Obstgärten, des Sommers und Winters immer reichlich Milch und Butter, die Bäume, die Last ihrer Pflaumen und Aprikosen zur Erde neigend, die Melonen unter dem hohen Mais in lustigen Reihen mit ihrem grüngesprenkelten Golde liegend, die schattigen Lauben mit den wollüstigen Traubenbüscheln – oh, die Erde hat noch Paradiese genug, auch ohne alles Ideal, wenn es nur mehr fromme Herzen gäbe, sie zu bewohnen.

Preßburg ist eigentlich die Hauptstadt Ungarns, aber Ofen und Pest haben ihr schon immer den Rang streitig gemacht; und da in Ofen der Palatinus residiert, da eben daselbst der Sitz der höchsten Gerichte und der meisten Kollegien ist, so kann Preßburg jetzt kaum so angesehen werden. Man sieht hier auch wenige Magnaten und Adel; doch es ist Sommer, und im Winter soll es weit munterer hergehen mit Bällen, Redouten, Schauspielen und anderen Lustbarkeiten. Da diese Stadt so nahe an Deutschland liegt und mit Wien und anderen Orten den nächsten und ersten Verkehr und einen so engen Zusammenhang hat, ist fast alles germanisiert, und selbst in der Tracht sieht man nicht viel Ungarisches. Die meisten Ungarn sprechen Deutsch, und sogar der gemeine Mann versteht es gewöhnlich. Viele Einwohner dieser Gegenden westlich von der Donau sind auch im eigentlichen

Sinn deutschen Ursprungs, von jenen Kolonisten abstammend, die im Mittelalter von ungarischen Königen, die ihr asiatisches Volk europäisieren und humanisieren wollten, ins Land gerufen und denen Städte und Dörfer zur Bevölkerung und zum Anbau übergeben wurden. Ihr Sommer- und Wintertheater, ihre Lektüre und selbst ihre Buchhandlungen sind fast ausschließlich deutsch, und ich habe es selbst von gebürtigen Ungarn gehört, daß es ihnen zum Teil schwer wird, ihre Muttersprache geläufig zu sprechen, so fremd hat die lange Gewohnheit sie ihnen gemacht. Auch sind die Ungarn hier nicht so ernst und verschlossen, wie sie es sonst gegen Fremde und Einheimische sind, was jedoch nicht aus Plumpheit und Ungefälligkeit, sondern aus ihrem Charakter entspringt; sondern sie sind zuvorkommend, freundlich und dienstfertig und lassen sich sogleich mit einem Fremden in Gespräch und Unterhaltung ein. In den Kaffeehäusern, Billards und auf den Promenaden hört man fast nichts als Deutsch sprechen. Nur der entferntere Bauer, der in der Stadt selten etwas zu tun hat, spricht lieber in den geläufigeren und süßeren Tönen seiner Väter, auch wenn er ganz gut Deutsch versteht. Übrigens ist der Ort im ganzen doch tot und für seine Größe nicht bevölkert, und das Salz der Erde, Industrie und freie Tätigkeit, Manufakturen und Fabriken, fehlt noch gar zu sehr; sie können freilich bei der jetzigen Lage des Landes und der Nation schwerlich emporkommen. Alle ersten Naturprodukte, Früchte, Wein sind unbeschreiblich wohlfeil und ganz vorzüglich, und man bereitet die Speisen hier durchgehends schon besser als in Wien. Doch davon weiter unten beim Abschnitt Ofen und Pest. Desto schlimmer steht es um die Seelennahrung, und man sucht hier vergebens echtes Literaturleben, welches ohne Freiheit nirgends ist. Schon in Wien wird häufig gutem deutschem Witz und echter Vernunft der Weg gesperrt; noch weniger kann hierher etwas durchdringen. Romane und anderes unbedeutendes Papier, wie es die Messen für die schwachen und verdorbenen Mägen in Menge liefern und wie es die spionische Wiener Zensur allein durchläßt, sind hier das, was die Buchhändler am meisten absetzen und was mit dem Sommertheater und seinem Kasperl den Geschmack bessern und die Sitten veredeln und verfeinern soll; und in dieser Hinsicht lieben die Ungarn und Ungarinnen das Lesen ebensosehr wie die Bewohner einer Stadt in Deutschland, und ihre Bürgerstöchter, Frisöre und Lakaien stehen darin den unsrigen nicht im geringsten nach.

Allzu früh mußten wir heute, den 19. August, heraus und dem freundlichen Preßburg auf immer Lebewohl sagen. Aber alles war noch müde und verdrossen und der Morgen kalt, und so dauerte es lange, ehe Leben und Lust unter die Menschen kam. Ich ließ endlich gegen acht Uhr die Frühstücksglocke mit Gläsern und Flaschen klingen, und dies wirkte. Wir hatten uns nämlich in Wien ordentlich für die Reise ausgerüstet, was jeder tun muß, der auf so einem Schiffe fährt, weil des Mittags nie angelegt wird, man des Abends in den unvorbereiteten Wirtshäusern oft schmal abgespeist wird und des Morgens gewöhnlich so früh heraus muß, daß man noch keinen Frühstücksappetit haben kann. Wir hatten uns also für die Reise nach Ofen mit Schinken, Zungen, italienischen Würsten, Käse, Wein und Bier reichlich versorgt. Durch diese verlockenden Zauberklänge siegte meine Erfindsamkeit endlich über Schlaf und Verdrossenheit meiner Gefährten. Wir spielten, scherzten und schwatzten auf dem Verdecke bis um die Mittagsstunde, als uns die Hitze vertrieb. Es war drinnen leidlich und nicht so vollgepfropft. Doch konnte ich es wegen der Beklommenheit und der Juden im hinteren Teil nicht lange aushalten. Diese machten auch häufig Musik mit Dudelsäkken und Zimbeln und sangen dazu; aber so sehr diese plärrenden Intonierungen uns anfangs ergötzten, so wurden sie uns doch zuletzt herzlich zum Ekel. Diese Wut des Gesanges dauerte mit kleinen Unterbrechungen stundenlang fort.

Unsere Fahrt ging langsam im weiten Strombette durch eine flache Gegend und wand sich um angenehme Donauinseln fort, worauf und auf den Wiesen des Ufers die schönsten Herden weideten. Selten begegneten wir einem Zuge von Pferden, der Schiffe schleppte, öfter kleinen Kähnen und Booten, die von einer Seite zur anderen fuhren. So ging es bis gegen Raab (Györ), dessen Türme man uns in der Ferne zeigte. Die Dörfer am Ufer hatten meist ein heiteres Aussehen wegen der weißgekalkten Wände, obgleich die Dächer zerrissen und die Häuser selbst sehr klein sind, wie auch die Scheunen und Ställe. Wir sahen noch viel Korn im Felde liegen und das eingeerntete meistens in runden und länglichen Haufen zwischen den Wohnungen stehen. Gegen Abend wurde das Wetter angenehm frisch, und die Gegend rechts zeigte sich etwas erhabener mit sandigen Hügeln, die uns nach der langen Ebene und den grünen Waldinseln sehr freuten. So schwammen wir an dem lustigen Gönyü vorbei, das am rechten Ufer mit freundlichen Wohnungen liegt, und hatten links ein lustiges Blachfeld mit Korn. Die Dunkelheit trat ein, und um zehn Uhr legten wir am linken Ufer, gegenüber dem Dorfe Komorn, an und eilten ins Wirtshaus, das wir lange nicht finden konnten. Als wir ankamen, fanden wir von einigen unserer Gesellschaft alle Zimmer besetzt, und zwar gerade von denen, die uns am widerlichsten waren. Auch an Essen war nichts Rechtes zu haben; eine Tanzgesellschaft nämlich hatte alles in Beschlag genommen. So sehr uns diese aber an unserer empfindlichen Seite angegriffen hatte, so machte sie es doch durch das Vergnügen gut, das sie uns bereitete und das uns eine Stunde lang hier alle Fatalitäten und Kalamitäten dieses Abends vergessen ließ. Es war nämlich Bauernball, wozu ein halbes Dutzend Zigeuner eine gellende Musik anstimmten, wobei einige von ihnen zu Zeiten auch einen ihrer Tänze zum besten gaben. Der ungarische Bauerntanz hat durchaus etwas ausgezeichnet Nationales, man möchte sagen etwas Orientalisches. In langsamen Schritten schreiten die Paare auf den Zehenspitzen vorwärts, indem die Weiber die Bewegung mit doppelter Schnelligkeit in mehreren kurz umgedrehten Wirbeln machen. Bei dem gemeinschaftlichen Halt folgen mehrere Sprünge hintereinander hoch in die Luft, und sowohl bei den Entrechats als auch beim langsamen Schreiten werden von den Männern die Sporen klirrend zusammengeschlagen, und die Weiber mit ihren langen fliegenden Locken schlagen auf die klingenden Bleche ihrer Brüste. Man muß diesen Tanz sehen, um davon entzückt zu werden. Der tiefste Ernst der Mienen und die festeste Haltung der Leiber, die Gewandtheit in den schweren Stiefeln und Sporen – denn dies ist der Tanzornat, und ohne Sporen tanzt nicht leicht ein Ungar –, der bewundernswürdige Takt und die Einheit des Sporenklirrens, all dies ist ein ganz neuer Reiz für uns, die wir nur an die seichten Äffereien und Tändeleien unserer Narrensprünge gewöhnt sind. Ganz anders war der Charakter des Zigeunertanzes, den einige der Spieler mit ihren Weibsen aufführten, ein wahrer Wildentanz im schnellsten Takt mit fortlaufenden Wirbeln der Paare und mit schnellen Verschlingungen und Entkettungen und den ungeheuersten Sprüngen und Leibesverschränkungen; auch hierin war des gelben Völkchens Charakter wunderbar ausgedrückt. So verbrachten wir unter diesen Lustigen ein fröhliches Stündchen und beschlossen dann, wenn es anginge, uns nach Komorn übersetzen zu lassen und in einem guten Gasthause Atzung und Betten zu suchen. Aber wir hörten im Schiffe, morgen gehe es mit Tagesanbruch weiter, und mußten uns also nur auf das Schiffslager schicken und zum Abendbrot ein Stück aus unseren eigenen Vorräten essen. Dann bettete sich jeder, wie und wo er konnte und wollte.

Doch nun einmal zu den Genossen unserer Fahrt und den Hauptpersonen der Geschichte. Es gab zunächst einen zahlreichen Plebs, Handwerker, Soldaten, Husaren, meistens ein guter, ehrlicher Schlag, die bald aller Freunde wurden. Diese waren mit den Schiffsleuten um die Ruder geschäftig und zahlten für diese Arbeit keine Überfahrt; denn bei dem breiten Strom und den flachen Ufern, da keine rechte Strömung im Wasser ist, muß mit den Rudern sehr geholfen werden. Der Patron des Schiffes fehlte, und seine Stelle ersetzte der Obersteuermann, ein Mensch von einer sehr braven, ernsten Miene und einem herkulisch schönen und gewandten Körperbau, der witzig scherzen und die Dummen auch wohl ein wenig prellen konnte, sonst dienstfertig und gefällig. Der zweite war der Kassenmeister Leopold, auch ein vierschrötiger Mann, und der dritte, und für uns der wichtigste, war Dannerl (Daniel), ein gutherziger und immer fröhlicher Bube. Mit ihm hatten wir am meisten Verkehr, denn er hatte die Schenke über und mußte uns bei der Tonne und bei anderen Gelegenheiten fleißig zur Hand gehen.

Unter den Passagieren war ein Pärchen, Wiener des echtesten Schlags: So ein Exemplar möchte ich wohl irgendwohin verschicken, denn ein wahreres von der gewöhnlichen Klasse gibt es vielleicht nicht. Der Herr war ein kleiner behaglicher Dickbauch mit schwarzen seidenen Unterkleidern und einem braunen Rock, den er in der Hitze gewöhnlich abgeworfen hatte. Sein Schritt wie alle seine Bewegungen deuteten die äußerste Bequemlichkeit an. Ein rundes Vollmondgesicht saß auf dem dicken Halse, woraus ein Paar Augen guckten, die meistens halbgeschlossen waren. Aller Ausdruck von Lebendigkeit war unter dem Fette von Sattheit und Schlaffheit begraben, und höchstens warf er mal einige blinzelnde Blicke des Bedauerns auf die übrige Gesellschaft, als sei er allein ein glücklicher Mensch, dem die Erde mit ihren Schätzen offenstehe. Das Weibchen bei ihm war eine langbeinige, freundliche Gans mit langen Gesichtszügen. Sie genierte sich nicht und lüftete sich in der Hitze tief unter die Brüste und legte und setzte sich in den unanständigsten Stellungen, doch dies alles ohne Absicht und Gefahr. Dieses feine Paar saß meistens vorn auf dem Verdeck, und der unbeholfene Dicke hatte lange zu tun, ehe er die Kissen und Decken und Polster alle herbeischleppte, worauf sie sich dann lagerte. Dann ging es an ein Herzen und Küssen, so langweilig und widerlich, wie die Figuren selbst waren. Zwischen diesem und Essen und Trinken wurde abgewechselt; denn alle halbe Stunde hatten sie Kuchen oder gebackene Hendln zwischen den Fingern, und die Flasche ging rund. Nach Speise und Trank schnarchte der dicke Mann, den Kopf auf dem Schoß seines Schatzes. Oft, um das Spektakel zu vollenden, guckten sie sich halbe Stunden lang mit gar zärtlichen Augen an und drückten endlich das Siegel der Zärtlichkeit auf die Plutzerllippen. Wie doch bei widerlichen und dummen Menschen das Angenehmste widerlich wird! Obgleich das Ansehen der Liebkosungen anderer ohnehin nie viel Süßes und Erbauliches hat.

Ein zweites Paar, das aber kein Rousseausches Leben der Einsamkeit liebte und mehr zur Kajütengesellschaft gehörte, war ein Siebenbürger mit seiner Frau, zwei gescheite Leute, die einzigen, mit denen sich scherzen und über alle unsere Personen plaudern und urteilen ließ. Sie reisen nach Siebenbürgen und werden von Pest aus zu Lande weitergehen. Er hat lange mehrere Länder Europas durchreist, sich zuletzt ein Weib, eine hübsche Niederländerin, gesucht und geht nun ins Vaterland zurück, um auf einigen kleinen Gütern der Ruhe und Liebe zu pflegen. Sie war ein interessantes Weib, eine schlanke Blonde, wohlgewachsen, mit Augen voll Bedeutsamkeit und Verstand, denen auch Schelmerei und Anmut nicht fehlten; so gefiel sie allen, ohne eben schön zu sein, durch ihr ungezwungenes und offenes Wesen. Über alles sprach, scherzte und lachte sie wie eine geborene Französin, und doch fiel es keinem ein, sie darum weniger zu achten und zu vergessen, daß sie ein verheiratetes Weib sei.

Eine alte Jüdin vermehrte ferner die Lust, ein nettes und fröhliches Mütterchen, das von allen Dingen zu schwatzen und zu erzählen wußte, für die Liebhaber Kaffee und Schokolade kochte und von Arzneien, Kräutern und Salben sprach. Sie hatte ihre künftige Schwiegertochter abgeholt, eine mährische Jüdin, und führte sie mit nach Ofen. Außer diesen hatten wir an unserem Ende noch ein paar ganz uninteressante elegante Juden und einen jungen Abenteurer, der einem Erzgauner gleichsah und sich Monsieur Philippe nannte.

Für heute fing uns, da die Gegend im ganzen einförmig und die Hitze meistens drückend war, die Zeit an lang zu werden; da traf B. zufällig auf ein schlafendes Mädchen, das seit Wien mit uns gewesen war, aber unsere Aufmerksamkeit nicht gereizt hatte, ein kleines volles Ding mit mattem Blick und verdrossener Miene. Sie verwarf aber alle Unterhaltung und war und blieb bissig und hyänenartig. Dies reizte die Schelme, sie zupften und zerrten das arme Katherl (so heißt Katherine) allenthalben, sangen und sagten ihr Süßigkeiten und

Schmeicheleien, die sie mit eiskalten Worten, mit grimmigen Blicken und Drohungen erwiderte. So war das arme Ding anderthalb Stunden der Gegenstand der Unterhaltung und des Gelächters. Sie flüchtete endlich auf das Verdeck, wohin sich ihr und dem schönen Abend zuliebe endlich alles begab. Hier wurde der Ton verändert, und sie saß zuletzt freundlich auf der Tonne, ließ sich von ein paar Armen umschlingen und wiegen, aß von unserem Fleische und trank von unserem Weine. Darüber geschahen die Landung und die fatale Zurückschickung aus der Schenke. Jeder mußte sich nun lagern und betten, wie er's am besten vermochte: auf Kisten, Kasten, Koffern, Säcken, zu den Füßen und Häuptern, auch wohl in den Armen von anderen, wie es der Zufall und Stern und Unstern eines jeden wollte. Dannerl stand am Lichte und trug Bier umher. Beinahe eine Stunde wurde gescherzt und geschwatzt, und Gespenstermärchen und lustige Schelmereien wurden nacheinander aufgetischt. Dabei war die Hitze der schwülen Nacht scheußlich, und die Ausdünstungen waren nicht besser. Endlich sagte Dannerl schelmisch: »Ich lösche das Licht aus, sonst ist doch keine Ruhe.« Eine Zeitlang war Stille, aber bald hörte man es nach allen Seiten sich rühren, und manche tappten in der Dunkelheit, mit den Händen geheimnisvolle Hügel zu erklimmen. Besonders das Katherl, das unerbittlich feste Kind, war für manche eine unruhige Nachbarschaft. Wer kann die Verwirrung der Nacht beschreiben? Am Morgen sah es drinnen aus wie in einem überfallenen Lager; Menschen und Dinge waren disloziert, jeder saß und lag und schnarchte auf einer anderen Stelle. Die schlaflose Nacht, die ungestillten Begierden, die Mücken, die Dämpfe konnten keine feinen Gesichter geben. Das arme Katherl saß draußen auf dem Verdeck, doch ganz angekleidet; jene, die im Wirtshause Platz gefunden hatten, fanden sich wieder ein, und um fünf Uhr stießen wir vom Lande. Nun lag das Verdeck voll Schlafender in allerlei Stellungen. Die Wachenden hatten zu lachen und mit allerlei Mienen einander zu sagen, daß sie sich angenehmere Abenteuer zutrauten, als sie erlebt hatten.

Dieser 20. August drohte ein sehr heißer Tag zu werden, und er hielt Wort, doch wurde die Landschaft, je näher wir der heißen Mittagssonne kamen, immer romantischer und hielt mich auf dem Verdecke fest. Links hatten wir ebenes Gefilde voll Herden und Dörfer, rechts Anhöhen und Weinberge, abwechselnd mit Mais und Stoppelfeld. So schwammen wir in Richtung der Stadt und Festung Gran (Esztergom) fort, die sehr anmutig zwischen Bergen und Weinhügeln liegt, auf einer hohen Bergspitze, hart über die Donau ragend. Im Hintergrunde und zu beiden Seiten findet man die räucherige und schindlige Stadt. Die Festung mag einmal sehr stattlich gewesen sein, aber sie ist nun vernachlässigt und macht mit ihren alten Mauern und Türmen einen desto angenehmeren Eindruck. Die Donau krümmt sich hier von Süden nach Norden und nimmt dann wieder von Westen nach Osten ihren alten Lauf. Es stieg ein Gewitter auf, und der Regen trieb uns vom Verdeck. So fuhren wir unter dem schönsten Bombardement der himmlischen Artillerie an der Stadt vorbei und mußten endlich wegen Sturm und Regenschauer eine halbe Stunde unterhalb anlegen. Nach einer Stunde war der Himmel wieder heiter und ruhig, und wir fuhren weiter.

Die Gegend wird hier bewundernswürdig schön und erinnert an die Fahrt zwischen Linz und Krems. Links türmen sich gewaltige Berge mit Steinmassen und Gesträuch, rechts laufen anmutige Hügel mit Weinbergen und Kornfeldern zu fernen Bergen hinan. Ich war auf dem Verdecke und ließ mir von unserem alten geistlichen Herrn seine Jagdtaten, Hundeermordungen,

Schlachten mit Räubern im Banat und von dem Leben und Treiben des östlichen Ungarn, von den unendlichen Weideplätzen jener Gegenden und den zahllosen Herden und Hirten erzählen. Er hatte zu ungarischen Stiefeln lange graue Hosen an, einen schwarzen, bis unten zugeknöpften weiten Mantel und darüber einen grauen Rock; aber ein großer dreieckiger Hut mit einem goldenen Kordon an der linken Seite vollendete den Herrn Feldpater. Er hielt sich sehr zu uns, und wir sahen ihn seit der Bekanntschaft des ersten Abends als einen integrierten Teil unseres Fünfblattes an. Links kamen wir jetzt am Eselsberge vorbei, wo man uns oben, nach der Spitze hin, mehrere Öffnungen von Höhlen zeigte, worin noch am Anfange dieses Jahrhunderts Eremiten gewohnt haben und wo noch eine Art Erdalter und einige Bilder stehen sollen: ein hohes, steiles Gebirge, so daß man kaum begreift, wie sie hinaufgekommen sind; und doch sollen ihnen Eselein auf einem Pfade das Wasser zugetragen haben. Die Landschaft bleibt immerfort noch sehr lieblich, doch werden die Berge links flacher, und rechts steigen sie. So landeten wir um halb neun Uhr abends zu Maros, einem Dorfe am linken Ufer, Visegrad gegenüber. Wir bestellten uns ein Zimmer und meinten, diesmal wenigstens zu siegen; aber die wenigen waren von dem alten Kapitän, der auch zu den Passagieren gehörte, und dem Unglückspaar wieder weggenommen, die uns durch einen vorausgeschickten Bedienten getäuscht hatten, obgleich wir sonst die ersten aus dem Schiffe und im Wirtshause waren. Wir mußten also froh sein, nur auf eine gute Streu eine Anweisung zu bekommen. Wir konnten hier keine Aristokratie des Geldes geltend machen, denn es war das einzige freie Zimmer im Hause; nur unsere eigene gesonderte Streu erhielten wir, mit Decken und Kopfkissen, durch die Kraft des Silbers. Sonst war noch allerlei kümmerliches Gesindelchen mit uns in ein Zimmer zusammengetrieben, unter andern auch eine Schwabenfamilie vom Konstanzer See. Diese armen Schwaben gehen häufig als Kolonisten ins Banat und erträumen sich da goldene Berge. Ich fragte einen großen Buben: »Nun, wo geht's hin?« – »Ins Paradies«, antwortete er. Der Himmel gebe es! Es mochten an Alten und Kindern zehn Personen sein. Sie sollen seit dem letzten Kriege sehr häufig diese Donaureisen machen.

Heute, den 21. August, rafften wir uns früh von unserem Lager auf und begaben uns an Bord. Noch dämmerte es, als wir unter dem alten Schloß Visegrad hinschwammen. Kein Lüftchen wehte, keine Welle plätscherte, außer an den Rippen unseres Schiffes, und die rosenfingrige Frühe breitete ihren Schleier immer röter und röter über den Weinbergen im Osten auf. Visegrad liegt auf einem der schönsten Berge, die ich gesehen habe, und mir wurde die Lust so stark, ihn zu besteigen, daß ich beinahe ausgestiegen wäre und die übrigen vier Meilen zu Lande gemacht hätte, wenn nicht der stille und dampfende Morgen mit einem glühenden Tag gedroht hätte. Dieses alte Schloß ist merkwürdig, weil in der Vorzeit Könige dort gekrönt worden sind und gewohnt haben. Jetzt liegt es in einem der schönsten Erdwinkel einsam und verlassen da. Fröhlich sahen wir die Sonne seine alten Türme vergolden, die nun nur noch als Adlernester und Wohnungen der Eulen und Dohlen dastehen. Vor der Pulverzeit muß es sehr stark gewesen sein, denn an den schwachen Seiten laufen Mauern mit kleinen Türmen bis unten an die Donau hinab. Ich dachte desto lebhafter an die alten Tage der Ungarn, weil gestern der Stephanstag, oder Königstag, gewesen war, der noch hie und da lustig gefeiert wird, obgleich wir keine Spur davon gesehen hatten. Wir fuhren in dem anmutigsten Wetter fort, links und rechts mit lustigen Weinbergen und niedrigeren Hügeln. Nachher senkte sich links alles bis Pest hin zu weiten Ebenen, und rechts traten die Berge weiter vom Ufer. Wir fuhren links an der Stadt Waitzen (Vác) und rechts an St. Andrä vorbei, das fast ganz von Raizen, oder Razen, wie man hier sagt, bewohnt wird. Eine anmutige Insel stößt hier an die andere; in der Ferne sahen wir Ofen mit seinem Blocksberge und hielten trotz der glühendsten Hitze auf dem Verdecke aus, bis endlich das Ziel unserer Reise nahte und wir mit einem glückweissagenden Donnerknalle bei Pest anstießen. Schnell ging es in die Stadt zu den »Sieben Churfürsten« und von dort zum »Weißen Wolf« und von da zum »Adler«, wo wir endlich Platz fanden. Ein gutes Mittagsmahl wurde sogleich von uns angeschafft, wir tranken den Ungarwein reichlich, in großen Wassermelonen gekühlt. Dann wurden unsere Koffer vom Schiffe transportiert und die Fracht bezahlt; sie kostete uns fünf mit einem großen Koffer und dem Trinkgelde von Wien bis Pest, eine Fahrt, welche man zu Wasser auf sechsundzwanzig Meilen veranschlagt, nicht mehr als elf österreichische Gulden. Um fünf Uhr waren wir mobil und gingen in das prächtige Kaffeehaus an der Schiffbrücke. Dann wurde ein bißchen die Gegend ausgekundschaftet, wir aßen von den schönen Früchten und Trauben an der Donau, wo sie in üppiger Fülle in Kähnen, Körben, auf Wagen und Karren feilgeboten wurden, und endlich ging es des Abends zum Schlosse ins Theater. Der Geschmack des Publikums offenbarte sich darin, daß aus dem Bedienten und dem Kammermädchen Kasperl und Kasperlin gemacht wurden. Auch uns ergötzte dies, noch mehr aber das Stelzenspiel und Kehlengewürge des ersten Liebhabers, und so legten wir uns nach einem frohen Tage, reichlich mit Wein und Speisen und Freude gefüllt, um zwölf Uhr aufs Ohr.

271

Aufenthalt in Ofen und Pest

Am folgenden Tag, dem 22. August, waren wir früh aus
den Federn. Erst ging es ins Kaffeehaus, dann über die
Schiffbrücke, um Ofen jenseits zu besehen. Wir wanderten zum Schloß hinauf, besahen die niedlichen Gärten
und genossen die herrlichste Aussicht von da über die
Donau und Pest und fernere Gefilde, die bei der
schrecklichen Hitze des heutigen Tages in einem Dunst
von Staub und Nebel verschwammen. Wir besahen darauf die Festung, und trotz der Einwendungen einiger
Schwacher wurde die Runde um die Mauern der Stadt
gemacht, und wir hatten so die lange Stadt unten an der
Donau und die köstlichen Weinberge im Südwesten unseren Blicken aufgetan. Auf die Hitze beschlossen wir,
ein Bad zu nehmen; die meisten zogen die warmen Bäder in Ofen in der Raizenstadt vor, der einzige A. ging
ins Donaubad bei Pest. Nach so einem Vormittag hatten
wir uns die reiche ungarische Tafel und die Unendlichkeit der Früchte wohl verdient. Manche Sehenswürdigkeit in Pest wurde noch mit den Augen wahrgenommen,
und der Abend wurde dem Sommertheater bestimmt,
welches unweit der Donau in Pest an der Promenade zu
finden ist. Man zahlt auf dem ersten Platz zwanzig Kreuzer; doch konnte man auch für jeden Akt mit sieben
Kreuzern fertig werden und dann nach Belieben weitergehen oder für den zweiten Akt vorauszahlen. Auch
hier war im ganzen dasselbe wieder wie in Preßburg, nur
alles in größeren Räumen, Massen und Maßen. Immer
floß eine strudelnde und zahllose Menschenmenge ein
und aus, sowie ein Akt oder die drei ausgespielt waren
und wieder von vorne anfingen. Dazu kam das Gewimmel der Galerie, wo ganz eigentlich das Bienenschwär-
men der losesten und lockersten Jugend war. Man sah
die Blüte der Ofener und Pester Schönen, welche, die

272

hohe Idee des Allwohls fassend, sich uneigennützig den öffentlichen Freuden opfern. Es waren sehr schöne Gestalten darunter, die bei solcher Gelegenheit wohl den Spieltrieb des Menschen erwecken können. Wunderbar war es mir, daß hier, wo es so viele schöne Weiber in allen Klassen gibt, bei diesem Freischießen Amors die Polinnen das meiste Glück machen. Nicht, daß die Ungarinnen sich zu diesem Gewerbe für zu gut hielten, sondern der Geschmack hat sich für die fremden Freudentöchter aus Lemberg, Krakau, Sendomirs, Halicz entschieden, welche die polnische Gewandtheit und leichtfertige Versatilität mitbringen, worin sie der ernstere und mehr verhaltene ungarische Charakter nicht erreichen kann. Vielleicht ist es auch eine bloße Verwöhnung des satten Luxus, der zuletzt nicht mehr weiß, was er will, und darum eben immer was Fremdes und Ungeheueres sucht. Man gab heute ein komisches Ballett, die »Judenhochzeit« benannt, mit feinen und populären Späßen und Theaterstreichen durchwebt und verbrämt. Aber leider war der Kasperl dieses Theaters nicht in seiner Rolle, und das ganze Spiel, so sehr es sein Publikum ergötzte, hatte sich ein falsches Maß gesetzt, ein Mittel zwischen den untersten Harlekinaden der Dummheit und Tölpelei und dem feinen Witz der Urbanität: Solche Mitten haben durchaus nur die Kraft, gähnen zu machen, und dies würden wir auch getan haben ohne die leichtfertigen und anmutigen Polackinnen und ohne die schöpferischen Pausen zwischen den Akten und einige sehr hübsche Theaterprinzessinnen, die schlecht spielten, aber die Jugend gut lockten. Die Intermezzi der Akte waren wunderbar lustig. Alles tummelte, drehte und wirbelte sich untereinander, die Hummeln des leichtfertigen Lebens summten nach fremdem Honig; für die durstigen Kehlen und dürren Zungen war in einer Öffnung an der linken Seite des Orchesters eine stattliche Bier- und Weintonne hingepflanzt. An dieses echte Symbol des Ursprungs der thespischen Kunst machten sich der erste Held und die erste Amorosa, die eben noch hoch auf dem Kothurn der Idealwelt gestanden hatten, und schöpften mit sehr irdischen Rückenbückungen sich neuen Atem der Begeisterung. Jeder der Zuschauer konnte auch hinzutreten und für zwei, drei Kreuzer sich aus dem Fasse nach Gefallen zapfen, auch allenfalls seiner Schönen mal etwas bringen. Die Messe, die Menge der Fremden, Wiener, Polen, Raizen, Türken, die losen Mädchen, die diesem merkurialischen Feldlager[103] nachgezogen und zugezogen waren, alles dies brachte neuen Glanz und frisches Leben auf die öffentlichen Plätze; und auch uns hatte der liebe Zufall so glücklich mit hineingetrieben. Wir hielten ihn bei seinen fliegenden Haaren fest, ergötzten uns königlich, aßen königlich zu Abend und schwatzten uns endlich im »Adler« königlich in den Schlaf.

Den Vormittag des 23. August nahmen allerlei neue Verrichtungen, Einkäufe, Besuche unserer Adressen in Anspruch. Nachher besuchten wir manche öffentlichen Anstalten und auch das treffliche neue Spital, welches fast von lauter venerischen Patienten besetzt war. Wir hörten zu unserem Erstaunen und Schrecken von seinem Vorsteher, daß dies hier gar gewöhnliche Übel seien; jedes Dorf, jede Hütte habe seine Kandidaten. Unter den ärmsten und einfachsten Familien sei so etwas heimisch, und es gebe so wenig Unehrliches darin, daß keiner rot werde, seine Behaftung zu gestehen. Sollten nicht die vielen Bäder, die man hier gar zu gemeinschaftlich braucht, auch eine Ursache sein können? Man will so ungern an eine in den Kern des Volks eingreifende Verdorbenheit glauben. Wir hielten spät Mittag und gingen einmal hungrig zu Tische, und so wurde denn ausgiebiger gegessen und getrunken als die vorigen Tage. Als die Hitze vorüber war, gingen wir längs dem Ufer bis gegen die schöne Donauinsel, die auch Palatinus-Insel[104] heißt, und ließen uns von den Fischern überholen. Da brachten wir einige fröhliche Stunden zu. Einige badeten, andere besahen das liebliche Eiland, noch andere zechten und spielten Billard. Es wurde ausgemacht, in diesem Paradiese einen halben Tag ganz der Freude zu widmen, und wir bestellten uns in der freundlichen Villa des Palatinus für morgen das Mittagessen. Wir fuhren nach Ofen hinüber und gingen noch einmal ins Hoftheater. Dieses ist oben in der Festung, zwar nur klein, aber doch ganz fein und zierlich eingerichtet. Man spielte ein großes Ritterstück, für das Theater mit den gehörigen Balgereien und Bärenszenen gehörig zugestutzt. Man kann sich so etwas Krasses gar nicht denken, noch etwas Tolleres und mehr Gefoltertes als die Deklamation und Aktion der Spieler. Doch je unnatürlicher und katzenjämmerlicher sie die Worte würgten, je steifer und wilder sie mit Köpfen, Händen und Füßen arbeiteten, desto mehr klatschte das Publikum. Der Palatinus war da, nebst mehreren Magnaten und einer Menge glänzender und vornehmer Damen. Sie zeigten durch Mienen und Klatschen, daß sie ergötzt wurden. Sollte man da nicht wieder geneigt werden, was ich bei Wien schon erwähnt habe, an ein Übermaß von Güte und Nachsicht zu glauben, welche niemanden verletzen wollen? Übrigens wird sowohl hier als auch im Sommertheater durchgängig deutsch gespielt. Von dieser Zunge sind auch die Spieler, von den Spielerinnen sind manche Polinnen, die, wie alle Völker slawischen Stammes, außerordentlich leicht fremde Sprachen erlernen. Der Palatinus ist ein jugendlich-freundlicher Mann mit einem noch sehr unschuldigen Gesicht. Wer seine Brüder, den Erzherzog Karl und den Kaiser, gesehen hat, der kann sich leicht sein Bild zeichnen; doch ist er rüstiger als die beiden und ein leidenschaftlicher Reiter und Jäger.

Den 24. gingen wir frühmorgens, daß uns die Hitze nicht zuvorkäme, nicht ins Kaffeehaus, sondern auf den Blocksberg über der Raizenstadt. Wir mußten den steilen Berg mit manchem Schweißtropfen ersteigen, wurden aber dafür auch durch eine himmlische Aussicht belohnt, die uns weit über die beiden Städte, die Weinberge und Gefilde und über die anmutigen Inseln offenlag, wo wir heute noch fröhlich sein wollten. Nicht weit von uns war ein kleines vergittertes Heiligtum, wo einige fromme Beter knieten. Beteten sie frommer, als wir unsere Morgenandacht hielten? Verdienstlicher war ihr Werk vielleicht und saurer, weil sie alte Knochen hatten. Dann lagerten wir uns im Schatten eines alten Gemäuers. Wahrscheinlich standen hier einmal Turm und Mauer und dienten der größeren Festung drüben zur Bedeckung, weil sie von dieser hohen Bergspitze so leicht und so fürchterlich beschossen werden konnte. Von hier stiegen wir in ein schlechtes Kaffeehaus in Ofen hinunter und schlenderten um zehn Uhr von da an die Donau und ließen uns nach unserem Eilande übersetzen. Wir kamen zuerst an eine kleine Insel, wo ein paar Dutzend Schweizerkühe des Palatinus weideten, und von da über eine Brücke zu der großen, wo die Meierei des Palatinus und einige hundert Schritt davon eine Villa ist, die auch zum Gasthause dient für die, die dieses reizende Eiland besuchen kommen. Zur Frühlingszeit wird es fleißig von den Städtern besucht, heute beherrschten wir es allein. Wir setzten uns bei dem schönen, warmen Tage draußen unter einer sehr ländlichen Arkade hin. Die Gerichte waren gut, obgleich fast alles aus Hühnern in verschiedenen Zubereitungen bestand. Zum Dessert aß ich zum ersten Mal in meinem Leben gerösteten Mais. Der Wirt pries ihn mit den ausdrücklichen Worten, der Palatinus selbst esse ihn gern so. Wir aßen aber mehr dem Wirt als dem Palatinus zu Gefallen davon; indessen, der Wein spülte bald allen etwas herben Geschmack weg. Nach der Tafel wurde noch einmal das liebliche Eiland umrundet, das mit Bäumen, Wiesen und Kornfeldern, auch einem kleinen Weingarten, wie eine Insel Gottes daliegt. Dann, nach manchem Spiel und Scherz mit uns und der unendlichen Menge von Fasanen, Rebhühnern, auch Elstern, Amseln und Staren, wobei die drei letzten Arten aber in Käfigen neben unserer Arkade hingen, fuhren wir erst in voller Abendfinsternis wieder nach Pest und tummelten uns noch ein paar Stunden auf der Promenade und dem Sommertheater.

Der 25. August war ein Tag wie die vorigen, und den 26. hatten wir zum Abzuge bestimmt, und zwar sollte es durch einen einstimmigen Beschluß zu Fuße gehen. Da ging alles noch nach verschiedenen Seiten ab, teils zum Schauen und Träumen, teils, um ein Andenken aus dem lieben Ungarlande mitzunehmen. Da wurden Säbel, Pfeifen und andere Schnurrigkeiten zusammengetragen, und um zwei Uhr saß alles bei einem frohen Mahle. Wir erstaunten, als man uns die Rechnung brachte. Sie war für sechs Tage, wo wir fast immer zu Hause gegessen hatten, tief unter unserer Erwartung. Noch wurden zum Gepäck einige Bouteillen Tokajer gestopft – beiläufig sage ich nur, daß wir selbst hier die halbe Flasche mit einem Dukaten bezahlten –, der Wagen rollte vor unsere Türe, wir rollten durch Pest über die lange Brücke nach Ofen, setzten unseren Koffer auf dem Posthause ab und machten uns auf den Weg.

Pest

Man könnte die beiden Städte Ofen und Pest[105] mit ebendem Rechte als eine ansehen wie manche andere, die durch einen großen Strom in zwei Hälften geteilt werden. Indessen, weil sie nun einmal zwei sein sollen und wollen, so will ich sie auch fein ordentlich nacheinander vorbeipassieren lassen. Pest liegt am östlichen Ufer der Donau in einem Bogen, ein offener Ort ohne Mauern, ist mit Schindeln gedeckt, und seine engen, krummen und schiefen Gassen sind schlecht gepflastert. Bloß längs der Donau hin und an dem schönen, großen Platz an der Nordseite finden sich gute, zum Teil sogar schöne Häuser, im neueren Geschmack gebaut und mit Ziegeln gedeckt. Doch wüßte ich kein einziges Gebäude, selbst von den stattlichen keines, das man ein Meisterwerk nennen könnte. Mitten in der Stadt sind ein großes Invalidenhaus und ein militärisches Lazarett, in der Mitte dieses Jahrhunderts gegründet, ganz stattlich in seiner Masse, mehr aber wegen seiner Einrichtung und der Nettigkeit und Reinlichkeit zu rühmen, die darin herrschen; ferner ein geistliches Seminarium aus Josephs Zeit, das aber mit ihm wieder eingegangen und zu einem bischöflichen geworden ist.

In einer der östlichen Vorstädte ist auch das neue Hospital in diesem Kriege gebaut worden und diesen Winter erstmals eingerichtet und bevölkert; alles mit der Ordnung, Zierlichkeit und Eleganz, wie man sie bei den öffentlichen Anstalten der österreichischen Regierung gewohnt ist. Es liegt frei und offen, wie es sein muß, und ist für tausendfünfhundert Kranke eingerichtet.

Weiters verdient das schöne Kaffeehaus Erwähnung. Es liegt gerade gegenüber der Brücke, die nach Ofen führt, und verdient durch seine Größe und Zierlichkeit gleich wärmste Empfehlung. Einen anmutigeren Ruheplatz zwischen den beiden Städten hätte man unmöglich erfinden können, noch eine schönere Lage, da sein Ausblick gerade auf die Brücke, den herrlichen Strom und sein Gewimmel geht. Nie fehlt es auch an Besuchern, und zwar, wegen der Nähe des Stroms und der Schiffbrücke, nie an mannigfaltiger und lustiger Gesellschaft.

Gleich neben diesem Kaffeehause, zur Rechten, ist das Schauspielhaus, das von innen doch besser ist, als es von draußen Miene macht, und zur Linken führt eine schöne breite Straße aus der Stadt auf die Brücke, an die sich auf einem viereckigen Platze eine angenehme Promenade schließt, mit mehreren Reihen Bäumen bepflanzt, mit Bänken für die Sitzenden und mit kleinen Buden umgeben, die abendlich erleuchtet sind und wo man Eis, Limonade, Früchte, feine Weine und anderes zur Erfrischung haben kann.

An diese Promenade stößt das hiesige Sommertheater, das oben schon mit Ehren erwähnt wurde: Es ist viel stattlicher als das Preßburger, und es werden auf ihm schon gar heroische und komische Stücke, Ballette und andere Varietäten zum besten gegeben.

Von der Donaubrücke südlich, etwa fünfhundert Schritt, sind Bäder im Flusse angelegt, die sechs bis sieben Gemächer enthalten für eine oder zwei Personen. Alles ist auch hier niedlich, und man bezahlt die Kleinigkeit von zwölf Kreuzern, so daß man für einen Gulden fünfmal baden kann. Zwischen diesen Bädern und dem Kaffeehause ist längs dem Strom ein freier, offener Platz, wie ihn Gott erschaffen hat. Hier ist das meiste und lauteste Gewimmel und das lustigste Leben der Stadt, und Wagen, Karren, Kiepen und Körbe enthalten in reicher Menge, was die hungrigen Mägen nur brauchen; anderes legt in großen Booten und Kähnen hier an, und oft ist die Donau des Morgens davon bedeckt, wie sie mit Früchten, Grün oder mancherlei kleinem

Vieh, Geflügel und Wildbret aufgefüllt sind. Am Ufer selbst liegen große Barken, von unten bis oben mit Heu vollgestopft, wovon die Bauern für ihre Ochsen und Pferde sogleich einkaufen können. Dies ist der Tummelplatz der Köche und Köchinnen, der ehrlichen Bürgerin, die für ihre Bedürfnisse selbst einkauft, der Träger, Kärrner und anderer Aufpasser, die von den Gaben Gottes, welche hier so reichlich ausgelegt sind, durch Hand- und Rückendienste auch etwas erschnappen wollen.

Die Stadt ist bei weitem munterer und lebhafter, besonders in der Donaugegend, als Preßburg und in Sitten, Kleidung und Denkungsart schon weit ungarischer; und obgleich auch hier fast alles Deutsch versteht und auch viel spricht, so ist doch die Muttersprache das gewöhnliche. – Es ist auch eine Universität hier, die in einzelnen Fächern, besonders in Arzneikunde, Physik und Mathematik, ganz tüchtige Männer haben soll, aber bei den jetzigen Umständen doch schwerlich zu einer Nährerin und Weckerin des Geistes emporkommen kann. Die Studenten gehen meist ganz ungarisch, mit mächtigen Hüten und Säbeln und Schnurrbärten, männlich und brav von Aussehen, und stolz mehr auf sich und die Nation als auf die Wissenschaft.

Ofen

liegt am anderen Ufer der Donau, Pest gegenüber. Eine lange Schiffbrücke verbindet beide, die in der Mitte einen breiten Weg für Wagen und zu beiden Seiten Gänge mit Barrieren für die Fußgänger hat. Diese Brücke bietet durch das Gewimmel der Boote und Kähne auf dem Wasser und durch die Geschäftigkeit und das Getöse an beiden Ufern einen recht angenehmen Spaziergang, und man hat von ihr eine ganz hübsche Aussicht auf den Strom und seine freundlichen Inseln.

Ofen ist noch weit unregelmäßiger gebaut als Pest, weil es zwischen Bergen und zum Teil auf Bergen liegt, aber seine Umgebung ist weit schöner. Sie ist vom Anfange der Raizenstadt unter dem Blocksberg bis zum Ende der Judenstadt weit über eine Viertelmeile breit, aber nur schmal, zwischen den Bergen eingeklemmt. Ihre Häuser sind größtenteils schlecht, schindlig und räucherig, die Gassen uneben, schlecht, an einigen Seiten hin gar nicht gepflastert. Der einzige angenehme Teil dieser Stadt ist die alte Festung, die auf einem runden Kegel liegt und wohin man auf steilen Wegen hinauffährt und -geht. Diese könnte allein schon eine ganz artige Stadt ausmachen, so geräumig ist sie. Man hat von hier eine wunderbare Aussicht auf die beiden Städte und die Gegenden umher. Im Süden ist ein schmales Tal, das diese Festung und den weit höheren Blocksberg scheidet. Dieser Blocksberg war einst ein Teil der Festung und hatte seine Türme und Mauern und sein eigenes Kastell, wie man noch an dem alten Gemäuer sieht. Jetzt ist er mit Gras und Blumen bewachsen, hat an dem einen Abhang ein kleines Heiligtum, wo fleißig gebetet wird, und seinen Fuß kränzen grüne Reben.

In dem Tal zwischen diesem Berge und der Festung ist die sogenannte Raizenstadt, immer bergan und ein Haus über dem anderen. Hier haben die Raizen auch ihre Kirche. Diese Stadt ist häßlich und schmutzig und weiter hinein wegen ihrer Höckerigkeit nicht einmal gut begehbar, geschweige denn befahrbar. Hier sind mehrere Schwefelbäder, die für manche Übel heilsam sein sollen und auch zu Bädern eingerichtet sind. Man gibt eine Kleinigkeit für ein besonderes Bad und gar nur einen oder zwei Kreuzer für das große allgemeine, worin

Männer und Weiber, Junggesellen und Jungfrauen zusammen herumplätschern und manche wohl bloß dieser Geselligkeit wegen sich einfinden. Auch wir gingen zuschauend hinein und fanden eine saubere Pöbelwirtschaft, wie sie sich leicht ein jeder ausmalen kann. Nur das Notwendigste war mit einem kurzen, um die Hüften geschlagenen Lappen, einer Art Wildenschürze, umhüllt. Schon die Bäder der mittleren Temperatur sind von einer teuflischen Hitze; uns trieben die lauen schon den Schweiß stromweise aus der Stirne. Die Einrichtung sollte und könnte wohl etwas netter und eleganter sein, und das Ganze ließe sich unter Aufsicht und Vorsorge eines Kunstverständigen zu etwas Besserem machen, als es nun ist. Es ist hier bei jedem Bade zugleich eine Schenke, wo der Wein ebenso schlecht wie wohlfeil ist. Diese Raizenstadt windet sich wie ein Sack südwestlich und nordöstlich um die Festung. Im Südwesten liegt die Judenstadt, die sich ziemlich weit ausbreitet und lang an der Donau hinläuft. Sie ist nicht so garstig, aber wenig zierlicher als die Raizenstadt. Die besten Häuser in der unteren Stadt findet man gleich unter dem Schloß längs der Donau und südlich einige an den Weinbergen und Gärten, die zugleich als Vergnügungsorte dienen. Südwestlich schließen sich nun sogleich die schönsten Rebenhügel an die Stadt an, amphitheatralisch aufsteigend, und geben ihr mit den Gärten und Gartenhäusern ein gar freundliches Aussehen. Nordwestlich läuft eine schmale Ebene an der Donau hin, auch die große Straße nach Preßburg und Wien. Hier liegt sogleich die Palatinus-Insel gegenüber, wohin die Ofener fleißig zum Vergnügen wallfahrten.

Die Weinberge rings um Ofen tragen den sogenannten roten Ofener, der, wenn er sein gehöriges Alter hat, zu den angenehmsten Tischweinen gehört, die ich kenne; wenigstens war er in Wien mein Lieblingswein.

Er wird viel nach Süddeutschland, Schlesien und Polen geliefert. Auch weißen Wein baut man auf dem leichteren und sandigen Boden, der sehr viel Mildes und Angenehmes, doch nicht das Feuer des roten hat.

Die Festung selbst mag eine gute halbe Stunde im Umfang haben; sie liegt auf einem stumpfen Berge, der sich einige hundert Fuß über die übrige Stadt erhebt. Als Festung wird sie nicht mehr angesehen, und die Türme ihrer Mauern und die Zinnen sind verfallen und die Gräben angefüllt und verwachsen. Man findet hier recht hübsche Straßen und viele ansehnliche und stattliche Häuser sowie die Staatsgebäude für die vielen Kollegien und öffentlichen Beamten, die sich hier reichlich befinden. Das alte Schloß hat nichts Vorzügliches als sein Altertum und seine Lage; aber sein Garten ist sehr hübsch. Dieser läuft vom Schlosse in Terrassen bis in die untere Stadt hinab und sieht über den Strom und Pest hin. Seine Anlagen sind niedlich und nicht eben zu geziert.

Auch hier in Ofen ist ein Schauspielhaus, wo einen Tag um den anderen gespielt wird, indem es mit dem Pester abwechselt. Es ist von außen und innen recht hübsch, stattlich und geräumig, und für die Gesellschaft, die darin spielte, offenbar viel zu elegant und geschmackvoll. Manufakturen und Fabriken sucht man hier noch vergebens; höchstens stellt man außer den gewöhnlichen Handwerken noch einige Tücher und Strümpfe her und bereitet seinen herrlichen Tabak sehr mittelmäßig, liefert auch die gröberen Eisen- und Metallwaren für die niedrige Klasse. Das Feinere und Bessere kommt fast alles aus dem Auslande, wofür sie ihre trefflichen Produkte roh und beinahe umsonst aus dem Lande schicken müssen. In dieser Hinsicht ist es hier noch finster und trüb und wird es so lange bleiben, wie das eiserne Szepter des einen privilegierten Standes so hart auf den anderen ruht und selbst den ersten aller

Stände unter einem Drucke hält, der nicht einmal den Ackerbau zu einiger Vollkommenheit kommen läßt. Doch auch hier läßt sich viel von einer wohltätigen Zukunft erhoffen.

Von der Fülle und Üppigkeit des Landes und seinem Naturreichtum hat keiner eine Vorstellung, der es nicht gesehen hat; daher und aus der wenigen Industrie die außerordentliche Wohlfeilheit. Man gehe hier des Morgens und Vormittags an den Strom, sehe die gefüllten Kähne und einen großen Teil des Ufers entlang das Lebendige und Tote für den täglichen Gebrauch ausgestellt. Da gibt man seinen Kreuzer und erhält soviel Pflaumen, Trauben und Aprikosen, daß man sie nicht halten kann; da wird ein Huhn mit sechs Kreuzern, ein feistes Lamm und Ferkel mit einem halben Gulden bezahlt. Und doch sind dies große Städte, wo Luxus herrscht und viele reiche Leute leben. Für einen Reichstaler täglich kann der Fremde hier im ersten Gasthause leben, gut logieren, zweimal seine drei, vier Gerichte essen und guten und reichlichen Wein trinken, mit allen möglichen schönsten Früchten zum Dessert. Z. B. wir, fünf Mann hoch, bezahlten für sechs Tage, wo wir so gelebt hatten, zweiundvierzig österreichische Gulden, den Gulden fünfzehn gute Groschen gerechnet.

Die Ungarn

Man verschreit die Ungarn gewöhnlich als eine häßliche Nation und hat in gewisser Hinsicht recht, in anderer aber sehr unrecht. Der gemeine Ungar ist wirklich nicht appetitlich, in seinen elenden Kleidern, von der Sonne verbrannt und in seinem Äußeren von seinen Tyrannen entstellt und niedergedrückt. Aber man gehe hin und sehe ebendiese Leute zu einem Regimente gebildet, wohl gekleidet, mit den festen, trotzigen Augen in dem sonnenverbrannten Gesichte, und entscheide dann, welche Truppen in der kaiserlichen Armee vom Aussehen her und in der Tat die bravsten sind. Dies ist freilich die Auswahl der Jugend, aber eben darum ist es begreiflich, warum der Ausschuß, der nicht an sie heranreicht, so wenig gefällt. Mongolische Nasen und Mäuler finden sich unter allen Nationen, aber man hat sehr unrecht, gleich so drauflos zu urteilen. Von Wuchs, insbesondere an Schenkeln und Füßen, sind die Ungarn dagegen schön und schöner als viele andere, weißgefärbtere Europäer, schlank, stark und kräftig. Besonders charakteristisch ist ihr Auge, das selten groß, aber fast bei allen von einem klaren und brennenden Feuer ist; auch die Ruhe und Stille ihrer Gebärden hat etwas Orientalisch-Ewiges und Bestimmtes: Ich möchte sagen, des ganzen Landes Charakter spiegle sich darin, eine feste und schwellende Üppigkeit der Vegetation, im Gefühl heißer Naturkraft und großer Genußfähigkeit still in sich selbst ruhend. Wenn ich ins Kaffeehaus trat, ist mir wirklich oft gewesen, als müßten in Shiraz und Mekka die Menschen so ruhig sitzen, ihr Dasein fromm in sich selbst beleuchtend. Aber eines fehlt fast allen Ungarn, nämlich körperliche Beweglichkeit und Gewandtheit. Der echte Ungar, in seiner prächtigsten Staatskleidung wie im alltäglichen Aufzuge, geht steif und stattlich einher, wie ein abgesessener Dragoner. Sie sind freilich gute Reiter, aber da das doch keine allgemeine Bestimmung ist, so sollten sie diese Steifheit ablegen. – Die Frauen sind nicht so braun und verbrannt, wie man die Männer immer zu denken gewohnt ist, und wissen ihren Teint fein und zierlich zu erhalten. Sie sind, wie die Männer, wohlgebaut, und ich habe in allen Städten ebenso viele schöne und niedliche gesehen, wie man nach Verhältnis in den meisten anderen Ländern findet, und sie haben dabei eine Lebendigkeit und Macht des Blicks, die man oft versucht wird, italienisch zu nennen. Ebenso findet man unter den gewöhnlichen Dienstmädchen, die in den Städten ein wenig zur Zierlichkeit erzogen sind, allerliebste Dingerchen, die Wien und Venedig keine Unehre machen würden.

Hier in Pest und Ofen, wenngleich viel Deutsches sich eingeschlichen hat, bleibt man doch noch der alten Tracht treu, und die Männer gehen in ihren Pelzkleidern oder Jacken, mit langen Hosen, weiten, bespornten Stiefeln und mit einem zierlichen Säbel an der Seite. Ein Schnurrbart verkündigt den Mann, wenn er schon so viele Haare hat. Diese Kleidung ist bei den Hohen und Niederen national und mit kleinen Abänderungen dieselbe; und wenn der Große auch noch drei, vier Zobel- und Fuchspelze darüberzöge, so sind sie doch in ebendem Schnitt. So geht der stolze Magnat, so sein Barbier und Schuhmacher, wenn er draußen erscheint, so sein Verwalter und Abschreiber, so der freie Musensohn. Jeder weiß, wie schön diese Kleidung einem gut gebauten Leibe steht und wie sie noch schöner stehen würde, wenn die Ungarn sich mit mehr Leichtigkeit und Geschmeidigkeit darin zu bewegen wüßten. Die Weiber haben, soviel ich weiß, keine Nationalkleidung, wenigstens in diesen Gegenden nicht, sondern alle, die ich gesehen habe, kleiden sich, wie es die Mode von Zeit zu Zeit in den Ländern Europas ändert, welchem die übrigen nachäffen, und man weiß in Pest so gut wie in Frankfurt, welch eine furchtbare und launische Göttin diese ist, als daß man ihr nicht dienen sollte.

Der Ungar ist allgemein wegen seiner Ehrlichkeit und Bravheit berühmt, und ich würde ungerecht sein, wenn ich ihm diese Tugenden nicht zugeständne, je mehr sie anfangen zu veralten. Man kann nicht nur mit der größ-

Ungarische Bauersleute aus der Gegend von Pest, um 1825

ten Sicherheit und Unbefangenheit unter ihnen umgehen, nicht nur jede Gefälligkeit und Freundlichkeit erwarten, wenn man sie anspricht, sondern kann auch sicher auf ihren Beistand rechnen, sobald sie einen in Verlegenheit oder gar in einer Verunglimpfung sehen. Dies ist Charakter des Volks und macht ihnen Ehre. Aber doch fällt es jedem auf, daß sie gegen Fremde sehr zurückhaltend, man möchte sagen, stumm und trotzig im äußeren Anblick sind; deswegen haben sie alle mehr oder weniger des Stolzes beschuldigt. Nun, so will ich dies auch tun und hoffe, sie sollen nicht dabei verlieren. Ja, sie sind stolz und bieten nicht gern das erste Wort, besonders einem Fremden nicht; sie haben eine gewisse Keckheit auf ihre Nation, die, eingebildet oder nicht, immer noch viel Energie verrät. Viele von ihnen sind den Deutschen herzlich gram, und sie mögen wohl einige Ursache dazu haben. Denn kostet sie ihre Verbindung mit Deutschland nicht täglich Opfer? Und was hatten und haben sie Gutes von den Deutschen, das sie nicht auch ohne diese Verbindung haben könnten? Sie fühlen es, daß sie noch mehr als diese, daß sie noch in vielem ein Volk sind, und werfen sich darauf nicht wenig in die Brust. Vieles aber von dieser Sprödigkeit und Distanziertheit liegt in ihrem ganzen Charakter. Sie können sich überall anderen nicht leicht anschmiegen, und ihr Gemüt ist in gewissem Sinn ebenso unbiegsam wie ihr Leib, und bei allem Feuer, bei allem Mut, die dieser braven Nation eigen sind, haben sie wirklich eine Selbstgenügsamkeit und eine Kälte von außen, die nahe an das Eckige grenzen und einen Fremden leicht irreführen können. Aber man gehe zu einem Ungarn, biete ihm die Hand, entdecke ihm sein Herz und sein Anliegen und lerne, ob man sich so oft betrogen findet wie bei denen, die freiwillig uns mit ihren Gefälligkeiten und Diensten überfallen und uns im Stich lassen, wenn wir sie brauchen. Ich habe in Süddeutschland und namentlich in Wien oft das Wort gehört: »Der Ungar ist so stolz, wie er dumm ist.« Sicher gilt dies auch hier von vielen, wie es überall gilt, und fällt dann freilich bei der äußeren Ungefälligkeit der Erscheinung noch mehr auf, besonders wenn ein alter berühmter Stammbaum im Hintergrunde steht. Ich will auch nicht leugnen, daß die Ungarn in allem, was Geschmack heißt, hinter den kultivierten Nationen Europas noch weit zurück sind, aber das muß ich frei gestehen, daß schon durch die lateinische und deutsche Sprache, die jeder nur mittelmäßig gebildete Ungar lernt, mehr in seinem Kopfe aufgeräumt wird, als der junge Wiener zu denken lernt, dessen glorreiche Laufbahn zwischen dem Graben und der Burgbastei, zwischen dem Prater und dem Nationaltheater beschlossen ist. Ich habe in Wien gerade unter den Ungarn die gescheitesten und gebildetsten Offiziere gefunden, wenngleich auch ihnen die äußere Grazie und Eleganz fehlt, wodurch der Schwede und Franzose sich und sein Äußeres geltend zu machen weiß.

Für diese Ungeschmeidigkeit aber und Unbeholfenheit, wie einige es nennen, für diese Eigenheit der Nation, die Sitten und Weisen anderer Völker nicht leicht zu übernehmen und sich überall dem Fremden nicht so leicht anzupassen, haben sie wieder reichliche Entschädigung in der Eigentümlichkeit und – warum soll ich es nicht sagen? – in dem Nationalcharakter, der allein doch immer nur ein Volk macht. Wem dieser Nationalcharakter, dieses Unterscheidende, fehlt, dem fehlt auch ein Land, das ihn zusammenhalte, ein Land, das in Gefahren alle Arme bewaffne, alle Herzen vereinige, Nation und Vaterland eins mache. Wo kein allgemeiner Geist mehr ist, da mag noch soviel Bildung, Bravheit und Kraft in den einzelnen sein, es hilft und wird nichts; früher oder später sinkt die Nation zusammen oder ist doch der ewige Ball derer, die sie zum Spiel brauchen können. Ungarn ist noch zu helfen, wenn es den unteren Ständen mehr Rechte gibt. Dieses Volk kann nur auf dem einen Wege sich helfen, wenn es nämlich diesen eigentümlichen Geist zuerst noch als ein Heiligtum bewahrt, immer mit der Zeit fortschreitet und allmählich denen, deren Nacken jetzt die stolzen Magnaten niedertreten, etwas von dem Gefühl zukommen läßt, daß auch sie Menschen sind.

Der Bauer

Wenn man von den Ungarn spricht, kann man diesen armen Wicht kaum mitzählen, weil er selbst von diesen noch zu den Lasttieren gerechnet wird und in mancher

Hinsicht auch vor diesen nicht viel voraushat. Freilich zeigt er, sobald er ein wenig besser angetan ist und mehr in die Welt hineingestoßen wird, daß er ein natürlicher Bruder seines ahnenreichen Tyrannen ist, ja er zeigt es selbst in seinen hottentottischen Lumpen; aber doch ist sein Zustand noch unbeschreiblich weit zurück gegenüber dem in anderen Ländern und selbst gegenüber seinen nächsten Nachbarn, den Deutschen, die unter ebendem Szepter stehen. Einige Worte über die Gründe möchte ich doch sagen, warum es nicht anders ist. Denn der alte Grundsatz der Kausalität behält in der Erfahrung noch immer seine Kraft, wenn man ihm seinen Thron in der theoretischen Philosophie auch etwas erniedrigt hat. Wenn ich also frage: Warum ist der Bauer so faul? Warum läßt er sein Korn erst halb im Felde vermodern und die beste Kraft der Halme von Regen und Sonne aussaugen? Warum wirft er es nachher in vier, fünf elenden Haufen um seine Wohnung hin? Warum ist seine Scheune nicht größer? Warum sein Haus so kümmerlich, da rund um ihn die Erde an allen Gaben so reich ist? Warum geht er zerlumpt und verdrossen einher, während seine Rosse auf fetten Weiden wiehern und seine schönen Stiere und Kühe im Grase waten? Dies sind natürliche Fragen, und natürlich war auch ihre Beantwortung, wie ich sie von einfältigen und klugen Leuten, von Hohen und Niederen vernommen habe. Sie sagen: Der Bauer verliert die Lust zu sich und zu seiner Wirtschaft, weil er nicht für sich, sondern für einen anderen arbeitet, weil er doch immer nur, mit all seinem Erworbenen, mit seinen Herden und Gütern, als ein Besitz desjenigen anzusehen ist, dem er dient; so entgeht ihm, da er seinem Ochsen gleich betrachtet wird, die Lust und die Tätigkeit. Von Frondiensten erschöpft, die in der Willkür seines Herrn stehen, kann er seine Felder nicht bestellen, wie er wohl möchte. Läßt der Himmel einen glücklichen und schönen Tag der Saat und Ernte aufgehen, und hat der Arme sich vielleicht auf so einen Tag lange gefreut, so wird er abgerufen, muß mit seinem Gespann weit übers Feld ziehen und das Seinige dem Zufall und den Tieren und Vögeln des Himmels zur Speise und den Elementen zur Zerstörung überlassen. So sahen wir in Ungarn bei allen großen Höfen die Ernte vollendet, aber bei den Dörfern lag allenthalben geschnittenes Korn, zum Teil verfault, im Felde herum, und anderes wurde gemäht, was sich lange nach der Sense gesehnt hatte. Man beschuldigt freilich die ungarischen Bauern allgemein der Unwirtschaftlichkeit und Faulheit, besonders wenn man Deutsche hört, die sich in Ungarn lange aufgehalten haben und Verwalter und Aufseher großer Güter gewesen sind: aber auch dies ist eine natürliche Folge ihrer ganzen Lage. Nur wo das Eigentum einigermaßen gesichert ist, fängt der Mensch an, an die Verbesserung seines Zustandes, an die Verzierung aller Dinge um sich her und die Anordnung und Ausschmückung seines ganzen Lebens zu denken. Nur da erwachen Tätigkeit und Klugheit. Es wird noch lange Zeit dauern, bis der ungarische Bauer es seinem österreichischen Nachbarn gleichtun lernt, selbst wenn er aus dem Zustande einer unwürdigen Knechtschaft mehr zu einem menschlichen Wesen erhoben würde. Aber selbst so, wie der arme Ungar ist, der die Heere mit tapferen Kriegern und das Land mit seinen nützlichsten Bewohnern füllt, ist er ein gar braves und gutmütiges Geschöpf, freilich etwas demütig, mehr als es dem Nationalcharakter ansteht, aber immer doch frohherzig, gefällig und dienstfertig und nicht gewohnt, für Geld alles zu tun und zu leiden. Wenn ein Volk in einem solchen Zustande noch so viel Gutes und Braves bewahrt, so muß der Grund gut sein, und es läßt sich also viel von ihm erhoffen, sobald besondere Umstände eintreten.

Man muß doch bei aller Ärmlichkeit und Kleinheit ihrer Hütten rühmen, daß sie nicht schmutzig sind, sondern daß sie alles nett und reinlich halten und selbst ihren Häusern gern um die Türen und Fenster einen munteren Anstrich von Kalk oder mit anderen Farben einige Buntheit zu geben suchen.

Ihre Kleidung ist sehr mannigfaltig, doch ich will bei der gewöhnlichen bleiben, die sie bei ihren alltäglichen Geschäften im Hause und im Felde tragen. Ihr Hemd ist eigentlich nur die Hälfte des gewöhnlichen und reicht bis zum Nabel, wo sich gleich eine lange, weite Hose anschließt, die aber nicht verhindert, daß beim Bücken und Wenden des Körpers der ganze Bauch häßlich sonnenbraun und nackt erscheint. Um die Füße wickeln sie alte Leinwand oder Lumpen, mit Bändern bis an die Knöchel umgebunden, und ziehen schwere ungarische Stiefel darüber oder binden bloß eine Art Socken unter. Dies ist die gewöhnliche Tracht. Zuweilen werfen sie noch ein Brusttuch über das Hemd, und wenn sie reisen, haben sie entweder einen weißen Mantel aus grobem Tuch, den sie kunstvoll genug zu zwei Stockwerken zu werfen und um den Leib zu legen wissen, oder sie werfen auch einen Schafspelz um, mit allen Troddeln und Zieraten der Natur versehen. Ein kleiner Schnurrbart zeichnet die Männer der Nation aus, und ein breiter und flacher Hut hängt auf dem Kopfe. In diesen Schafspelzen, mit den Lumpen um die Füße und den Socken und dem bloßen Bauche muß man sie sehen, und man hat ein lebendiges Bild von einem Hottentotten. Sie sind sehr hart, und wenn sie mit ihrem Fuhrwerk in der Stadt bleiben, wickeln sie sich in ihren Mantel und werfen sich so unter dem Wagen hin und lassen es regnen und hageln. So habe ich es in Pest, so bei einem Dorfe gesehen, wo ihrer drei, vier unter einem Wagen im tiefen Schlafe lagen, während ihre ausgespannten Pferde grasten. Des

Sonntags freilich gehen diejenigen, welche was Besseres haben, stattlicher, und man sieht dann wohl einige in blauen Jacken und Hosen, auch wohl mit Pelzwerk verbrämt, in guten Sporenstiefeln und mit dem feinen, aufgestrichenen Schnurrbart. Von den Weibern gehen, wie überall, die armen in Hemden und Jöppchen, ein Tuch leicht um den Hals geschlagen und das Haar gewöhnlich in einen oder mehrere Zöpfe geflochten, meistens einen Filzhut auf dem Kopf. Des Sonntags aber sieht man sie in feinen gelben und roten Husarenstiefeln mit hohen Absätzen, worin sie sonderbar genug einhertraben. Die vermögenderen tragen auch alltäglich diese Stiefel, denen sie, wie oft ihren Jöppchen, goldene und silberne Borten und Fransen ansetzen; oft sieht man sie auch in feinen Schuhen mit hohen Absätzen, die Strümpfe in vier, fünf, sechs Stockwerken übereinander gefaltet, so daß ihre Beine unten ein fein butterfaßmäßiges Aussehen bekommen. Dieser Menschenschlag ist immer freundlich, gefällig und naiv, und man findet unter den stillen braunen Gesichtern manche niedlichen Schelmenaugen. Besonders haben viele einen schlanken und doch derben Wuchs, schöne Füße und feine Hüften. Der Himmel gebe ihnen und ihren Söhnen und Töchtern bald glücklichere Zeiten und nehme ihnen das Joch der Sklaverei ab. Dies ist das letzte Wort, womit ich von diesen gutmütigen Landbewohnern Abschied nehme.

Abreise von Pest

Am 26. um vier Uhr waren wir auf dem Posthause fertig und gingen des Weges durch die Judenstadt Altofen; rechts kam dann eine Zeitlang schönes Blachfeld bis an die Donau, links an der Chaussee grünten die reichsten

Reben, über welche der Adlersberg[106] emporragte. Wir gingen einen Fußsteig in diese Weinberge hinein, der zwar nicht weiter, aber viel holperiger war als die gemeine Straße. So kamen wir über Stock und Stein und durch Wacholder- und Haselgesträuch endlich wieder auf die große Straße und erreichten Werischwar (Vörösvár)[107] und nach dem Zuge durch das lange Dorf endlich das Wirtshaus. Hier haben wir gute gebratene Hendln gehabt, den Wein in Melonen, mit Zucker aufgefüllt. Die Weinberge laufen etwa eine Viertelmeile hinter Ofen aus, und die Rebenstöcke sind mit einzelnen Maisstauden untermischt. Nachher treten die Berge enger zusammen, man sieht rechts nichts mehr von der Donau. Die Berge sind kahl und öd, das Tal zu beiden Seiten des Weges ist Getreidefeld, jetzt meist umgepflügt und manchmal noch mit Mais bedeckt.

Es ist der 27. August und zehn Uhr abends, alles schnarcht um mich, und der Wind saust grimmig. Um halb sieben Uhr morgens bereits war nach einem elenden Kaffee, wovon die Tasse einer Flasche mittelmäßigen Weines gleichkommt, nämlich sieben Kreuzer, alles auf den Beinen. Es hatte die Nacht geregnet, der Weg war staublos, und der rote Himmel verhieß einen heiteren Tag. Der Weg wird hier lieblich. Zu beiden Seiten sind grüne Hügel mit vielen Baumgruppen, meistens Eichen, hie und da hat man einen Weinberg und Wiesen und Rohrteiche; Herden belebten den Morgen und das interessantere Menschentier, das in allerlei Gestalten und Fuhrwerken zur Pester Messe zog. Endlich lief der Weg in den schönsten Eichenwald aus, und wir kamen durch diesen nach Szabar, höchstens eine Stunde von Werischwar. Der Wald verschwindet, die Hügel und Berge entfernen sich mehr von der großen Straße, die Korn- und Maisfelder, Kartoffeläcker und – seltener – Weinberge säumen. Die Berge sind hier kahl, manche mit Gesträuch bedeckt, viel schönes Land liegt in großen Heiden. Der Wind fing an wütend zu wehen und hielt uns in Arbeit, da wir ihn im Gesicht hatten. Einige von uns blieben stecken, und die anderen gingen nach Lendward (Leányvár) auf ebenem Pfade voraus, wo sie sich an Milch und Früchten erquickten, bis die Maroden sie einholten. Die Ebene wird hier breiter, und die Berge rechts an der Donau sind wunderbar schön und schroff. Man hat vor sich lustige Wiesen und Felder, von Herden wimmelnd, alle Fußsteige trugen Kirchgänger, alle Wege Marktwagen und Reiter; im Hintergrunde lag Gran auf seiner Höhe. So ging es bergan, auf Dorog zu, die zweite Station von Pest, ein Dorf wie die vorigen. Hier fing der Wind endlich rasend an und goß auch bald so reichlich Regen aus des Himmels Schläuchen, daß wir größtenteils durchgenäßt und zum Teil verzagt wurden. In Neudorf wurde eine fröhliche Mittagstafel gehalten, und um zwei Uhr lotsten wir uns selbst und die Lahmen und Blinden mit fort. Doch war es kein Scherz, gegen den Wind anzusegeln; selbst den Kecksten verging der Atem oft, besonders wenn wir um einen Berg oder einen steilen Fels der Donau mußten, die heute auch keinen Schiffer duldete. So kamen wir durch Bitschka, wo Kaffee und Wein getrunken und unter den sonntäglichen Ungarn, die lustig tanzten, herumspaziert wurde. Nicht weit hinter Bitschka hat man ein Dorf namens Süttö, wo die Gegend sehr romantisch wird. Man hat rechts die Donau mit schönen Inseln und weiter hinüber Ebenen und Dörfer, netter als die diesseitigen; links geht man meist unter einem hohen Ufer hin, mit Korn- und üppigen Maisfeldern. So geht's vorwärts gute anderthalb Stunden von Süttö bis Nesmill (Neszmély). Hier erweitert sich das Tal und steigt in Schluchten zu anmutigen Rebenhügeln und Gärten auf, worin einzelne Häuschen liegen und der bekannte Nesmiller wächst, vom Ungarischen Keller in Wien her ein guter Freund von uns. Eine niedliche Insel, nicht ohne ihre Reben, liegt in der Donau. Nesmill selbst ist stattlich und seine Schenke gut. Wir haben gut geschmaust und gezecht, und die Maroden haben sich mit Slibowitz (eine Art Branntwein, mit Pflaumenkernen und anderen Früchten destilliert) die Kehlen, Knie und Füße auf meinen Rat eingerieben. Wir werden morgen sehen, ob es anschlägt. Auch auf diesem Wege sieht man ganz zierliche Häuschen, aber keinen Raum für das Korn, das entweder in langen offenen, mit Stroh gedeckten Schuppen im Felde steht oder zwischen den Häusern im Dorfe in einzelnen Haufen. Man findet hier schon Tennen nach italienischer Art unter freiem Himmel, wo ausgedroschen und dann das Stroh für den Wintergebrauch wieder in Haufen gesetzt wird.

Kaum öffnete ich am Morgen des 28. die Augen, so drängten die wankenden Bäume und der trübe Himmel sich mir als üble Propheten auf, und kaum war ich aus der Türe, so bestätigten fliegende Strohhalme und Regen diese Furcht. Alle kamen überein, bei diesem Sturm und Regen sei den Beinen unmöglich noch mehr zuzumuten, und wir bestellten also einen Bauern, uns die sieben Meilen von Nesmill bis Raab zu fahren. Indessen wurde gefrühstückt und Wein und Kaffee und Slibowitz wie gestern angewandt. Dann kam unser Ungar Sverenz mit drei elenden kleinen Gäulen und einem unbedeckten Wagen. Es half kein Winseln, wir mußten in Sturm und Regen hinein, die uns gerade ins Gesicht schlugen. In den ersten Stunden waren wir bereits durchnäßt und halb erfroren. Einige stiegen zuweilen ab und marschierten, der Regen hörte endlich auf, und naß und hungrig und erfroren langten wir um halb zwei Uhr in Acs oder Asch an. Die meisten wählten sogleich die Wohltat der Betten und froren doch, bis endlich durch Suppe, Wein, Kaffee und Slibowitz die starren Glieder auftauten.

Hinter Nesmill hat man links noch einige Zeit Gärten und Weinberge, dann wird das Land flach und besteht bis nach Komorn aus Feldern, Weiden und Wiesen. Wir sahen Pflüger und Ernter und Hirten und hie und da Heumäher und große Haufen Heus und Korns auf dem Felde, letzteres von Luft, Regen und Sonnenschein schon ganz grau gefärbt. So lag es da und wurde zum Teil im Regen eingefahren, in großen und kleinen Fuhren, die Wagen mit zwei bis acht Ochsen bespannt, die nach väterlicher Sitte nicht mit Jochen vor der Brust, sondern über dem Hals zogen. Die Pferde, die wir sahen, waren fast alle klein, aber gut gebaut und schnell und ausdauernd. Man findet hier ganze Felder mit einer Art Futtergras, Mohár genannt, besät, das wie Klee gemäht, in Haufen gesetzt und als Pferdefutter eingefahren wird. Von Obstitz, einem sehr großen Dorfe unweit Komorn, bis Asch ist der Weg sandig und das Ackerland wüste Heide, beinahe eine Meile lang, nach der Lage und dem Aussehen des Rasens und der Kräuter, die hier wachsen, aber wohl eines vorteilhaften Anbaues fähig. Rechts nach der Donau laufen schöne Äcker und Wiesen hin, und links in der Ferne zeigen sich herrliche Felder, spärlich mit Dörfern und Höfen besetzt. Überall liegen die Dörfer zu weitläufig und machen jeden guten Ackerbau unmöglich. Dies sahen wir gleich hinter Asch, wo sich zu beiden Seiten am Wege die schönsten Felder zeigen, fast ganz noch mit Kornhaufen und Garben bedeckt und hie und da mit Mohár, Maisfelder mit Melonen zwischen den Reihen, seltener mit Hirse.

Wir fuhren durch solche Gefilde bis nahe an Gönyü, wo eine Station ist. Hier kommt man der Donau wieder nahe und fährt über kahle Sandhügel. Der Weg war einförmig auf sandigem, ebenem Boden, der zuweilen ein lustiges Maisfeld und feine Wiesen zeigte und rechts durch die fetten Donauanger und Inseln eine kleine Abwechslung erhielt. So kamen wir um neun Uhr in der Vorstadt von Raab an und ärgerten uns über unseren Sverenz, der uns durchaus in einem vorstädtischen Wirtshause absetzen und mit einem anderen Kumpan, der ihn verführt hatte, auf unsere Rechnung essen wollte. Sogar wollten die beiden Esel uns einreden, die Stadt sei für Wagen schon gesperrt und wir selbst würden Mühe haben, eingelassen zu werden. Wir zahlten ihn unmutig, und er ging des Trinkgeldes verlustig, und wir gelangten in die Stadt zum »Lampl«, wo es auf ein lustiges Abendessen losging und ein hübsches Gesicht in der Küche und ein anderes in einem Zimmerchen unter uns, das oft zu uns aufguckte, uns lustig machten. Auch die Magd war fein, die uns mit dem Markör aufwartete, und so konnten dieser Anblick und der Reiz so vieler Niedlichkeit und Lieblichkeit und guter Wein es nicht verfehlen, uns in einer heiteren und frohen Stimmung den bleiernen Flügeln des Schlafes zu übergeben. Das größte Wunder unserer Tagfahrt war, wie unsere drei jämmerlichen Gäule uns bei dem fürchterlichen Winde die sieben Meilen zogen, ohne ein Haar zu legen, und das die meiste Zeit im Hundetrab; doch mußte des lustigen Sverenz Peitsche immer in Bewegung sein. Dessen wurden meine Schulter und mein rechtes Ohr gewahr, die beim Ausholen oft etwas abkriegten, so daß ich, wenn ich mich umsehen wollte, die Hand immer vors Auge halten mußte, um dies göttliche Gliedmaß nicht zu verletzen.

Der Wagen, mit dem wir fuhren, war fast wie die engen Leiterwagen im nördlichen Deutschland. So sind die gewöhnlichen Bauernwagen, wovor sie Pferde spannen. Die Erntewagen, welche Ochsen und Pferde zusammen oder erstere allein ziehen, sind wie die unsrigen, aber mit höheren Leitern und kürzer und enger. Mit dieser Art Wagen bringen sie auch gewöhnlich ihre Lebensmittel in die Stadt, wenn sie Ochsen eingespannt haben. Für ihre Ochsen, Pferde und Kühe haben sie kleine, jämmerliche Ställe; auch die Menschenwohnungen sind sehr klein und niedrig, aber meistens lang, unten weiß bekalkt und zuweilen mit zierlichen Quadraten und Rechtecken, die höher gefärbt sind, um Türen und Fenster verziert. Die Bäume in den Dörfern und an der Straße sind Maulbeeren und Akazien, seltener Weiden.

Wir waren am Morgen des 29. August in Raab früh auf, gingen in die stattliche Domkirche und hörten den Bischof mit seinen Domherren den Gottesdienst halten. Es waren zusammen dreizehn, und ich muß gestehen, daß ich nie dickere und frohere Pfaffengesichter gesehen habe. Man hatte uns Raab als die Königin der ungarischen Städte hinsichtlich der Weiber gerühmt. Wir sahen aber wenig Feines, und selbst unsere gesternabendlichen Urteile über unsere Hausschönen wurden durch das Tageslicht um ein beträchtliches gemildert. Raab ist ein rundes Städtchen von dem Umfange einer halben Stunde, mit schlechten, beschindelten Häusern, einige wenige ausgenommen. Man sieht an den Wällen und Gräben, daß es ehedem eine Festung war, die aber nicht mehr unterhalten wird. Sehr schön ist die Aussicht vom Turm über dem Komorner Tor, welcher während Montecuculis[108] Feldherrnschaft gegen die Türken erbaut worden ist. Sehr schön ist auch der große Platz, so schön, daß er für einen, der Wien, Preßburg und Pest gesehen hat, neu ist. Die Stadt liegt in einer Ebene, die in der schlimmen Jahreszeit wohl einem Sumpfe ähnlich sieht, so hoch ist wenigstens die Chaussee darin angelegt. Nordwestlich fließt ein Arm der Donau hart an den Mauern hin, der auf der niedlichen Insel jenseits nette Dörfchen und Waldgruppen zeigt und mit Weiden und Pappeln bekränzt ist. Die lange Vorstadt an der Straße nach Ödenburg ist recht fein, und die Häuser zur Seite sind meistens mit Akazien umpflanzt.

Wir wanderten um vier Uhr aus der Vorstadt, rechts immer Donauwasser habend und anmutige Inseln und Wiesen und links Kornfelder und große Weiden, in weiter Ferne mit Bergen bekränzt, die nach und nach ganz verschwanden. Es war ein schöner, frischer Tag, und unsere Beine waren mit frischem Mark gefüllt. Die Ödenburger Chaussee, auf welcher wir gingen, ist eine der schönsten, obgleich Ungarn auf allen Hauptstraßen gute Chausseen hat. Bald kamen wir nach Brückl, einem kleinen, unansehnlichen Dorfe, wo Erfrischungen genommen wurden. Hier hielt ein Mann zwei von uns wegen des angeschnallten Säbels und des beschorenen Hauptes für Franzosen und fragte ernsthaft darnach; sie aber protestierten gegen diese unpopuläre Meinung in bester Form. Mehr aber drang ein altes Mütterchen in uns, ihr doch zu sagen, wer wir seien. »Kaufleute sind Sie nicht, Handwerksburschen gehen nicht so fein und munter einher ...« usw. Diese Fragen hatten wir wahrscheinlich unserem Fußwandern zu verdanken, das hier, wenn nicht verächtlich für einen Gentleman, so doch immerhin ungewöhnlich ist, weil alles fährt und fast immer viel Fuhrwerk von jedem nach seinem Vermögen zu haben ist. Dann erzählte sie uns sehr kläglich, man habe ihnen vor vier Wochen etwa ihre Heiligen, ihr Kruzifix und den lieben Herrgott aus der Kirche gestohlen, nebst anderen Kostbarkeiten. Ein Kerl, der deswegen in Raab festgesetzt sei, habe sich schon den Bauch aufgeschnitten, aber man könne sie darin nicht finden.

Auf dem Wege durch die schönsten Kornfelder merkten wir, daß wir uns Wien näherten, so viele Gonaschen und Gulaschen begegneten uns, welche die fettesten Schweine und die schönsten Ochsen auf der Straße trieben. Wir sahen vier solche Trupps Ochsen zu Hunderten und die Schweine so feist, daß sie kaum fortkonnten. Bei uns war dies nicht der Fall. Wir waren alle wohlgemut, freuten uns an den großen Maisfeldern, die noch wie ein Wald dastanden, den Haufen von Mohár, den Heumähern hie und da auf den Wiesen und dem schönen Abendhimmel. So wanderten wir durch das stattliche Dorf Hochstraß, das wirklich ein feines Aussehen hat mit seinen weißen Häuschen, Maulbeeren und Akazien. Diese Häuschen, sehr reinlich und sehr wohlfeil, sind meistens ohne ein Stücklein Holz bis an den niedrigen Giebel, zuweilen aus Backsteinen, öfter aus Wellerwänden aufgeführt, wie man dies häufig auch in Sachsen findet. – Das schönste Gebäude in einem ungarischen Dorfe, wenn kein Edelmann oder Magnat dort lebt, ist gewöhnlich das Wirtshaus: ein großes Viereck mit einer Menge von Zimmern und Ställen, die einen weiten Hof einschließen, in dessen Mitte ein bedeckter Schuppen oder Wagenschauer ist, unter den die ankommenden Fuhrleute fahren und wo sie füttern. Auch findet man in diesen Dorfwirtshäusern gewöhnlich einen Kellner und gutes Essen und Wein. Die schlechten Artikel sind Kaffee, Rosolio und Butter. Die Wohlfeilheit des Landes muß einer bewundern, der im mittleren Deutschlande gereist ist.

Den 30. August waren wir früh um sieben Uhr auf den Beinen und wanderten durch die schönsten und fruchtbarsten Gefilde, doch mit dem Ärger, daß so viele bloß zu Weideplätzen dienen und daß die Dörfer, wenngleich sie zum Teil sehr groß sind, dreiviertel bis anderthalb Meilen auseinanderliegen, was den guten Ackerbau und durstigen Pilgern, wie wir, das Wandern sehr erschwert. Wir hatten rechts einen schönen Donauarm, der einige freundliche Inseln mit Hütten voll Genügsamkeit bildete. Mehrere von den Vordermännern setzten sich bei einem Hüttchen am Wasser zu einem alten

Mann und einem Haufen Kinder und Gänse und Hühner hin. Ein Kranz von acht schönen Weiden bedeckte die Hütte, unten rauschte der Strom, und in seiner Mitte stöhnte und klapperte eine Wassermühle, fern herüber schimmerten durch dies dunkle und frische Grün weiße Wände von Häuschen. – Wir nahmen in Wieselburg einen Wagen bis Eisenstadt, hielten bei Schweinebraten und Wein ein gutes Frühstück und besahen diesen heiteren Marktflecken, der hübsche Häuser hat und, wie alle ungarischen Dörfer, in einer langen Gasse fortläuft. Mit unserem Fuhrmann hatten wir bis Eisenstadt nach langem Hin und Her acht Gulden vereinbart für einen Weg von ungefähr acht Meilen nach unserer Rechnung, obgleich man ihm hier gern elf angelogen hätte. Bald fuhr er mit einem langen bedeckten Wagen vor, gerade hoch genug, daß die Hintensitzenden, wenn sie den Hut abnahmen, sich die Köpfe nicht stießen. Wir nahmen drinnen Platz, der fünfte saß beim Kutscher, zuweilen wurde auch die Schußkelle benutzt. So kamen auf sechs Personen zwei Pferde, und acht Meilen waren von zehn Uhr morgens an noch zurückzulegen. Das hätte vielen ein Wagestück erscheinen können, hier in Ungarn ist es keines.

Die Gegend hinter Wieselburg wird sehr einförmig, die schönen Donauufer sind verschwunden, und zu beiden Seiten erstreckt sich eine weite Ebene mit seltenen Dörfern und noch selteneren Gebüschen. So kamen wir nach Zanegg, einem elenden Dorfe mit vielen Häusern, das aber sehr vaterländisch war wegen seiner Zäune und um seine Wohnungen Mauern und Wälle aus bloßem Lehm hatte. Die kleinen Viehställe und Scheunen sind fast ein bloßes Stützwerk aus Holz mit Wänden aus dichtem Rohre, oben ebenso elend mit Rohr und Stroh gedeckt. Hinter Zanegg fängt gleich eine große Heide an, die über eine Meile fortläuft und einen guten Acker geben würde. Wir hatten hier unendlichen Spaß mit dem

Gewimmel von großen Zeiselmäusen, hier Erdwiesel genannt, die auf allen Seiten um uns her liefen und saßen, sich den Bart putzten und allerlei Männchen machten. Sie sind weißgrau wie die ungarischen Ochsen, zum Teil ganz weiß und von der Größe der größten Wiesel oder der kleinsten Iltisse, durch ihren schmaleren Leib und ihre spitzere Schnauze vom Hamster unterschieden. Sie sollen einen trefflichen Braten geben. Man gräbt zuweilen ihre Kornvorräte unter der Erde auf und findet ganz ansehnliche Haufen. Außer diesen Tierchen dienten uns große Trappen, die hier außerordentlich häufig zu sein scheinen, zur Ergötzung. Endlich lief diese Heide in fruchtbares Kornfeld aus, und wir kamen in Halbturn an, einem Gute des Palatinus, wo wir in der stattlichen Schenke ein Mittagsmahl anschafften, um wienerisch zu reden. Aber dieses bekam uns schlecht, weil Braten und Fleisch mit Zwiebeln und Knoblauch zu reichlich versehen und gespickt waren. Überall ist es erstaunlich, wie diese wohlriechenden und starkschmeckenden Sachen im Ungarlande müssen begehrt werden; denn in Pest, Raab und, ich möchte sagen, allenthalben findet man Zwiebeln, Lauch, Gurken und alle Arten Grün in ungeheuren Haufen aufgestapelt, die dicken Zwiebeln zusammengekettet, daß man sich ein Ritterband daraus machen könnte; auch tragen viele Bauern sie wirklich so um die Schultern.

Wir kamen von Halbturn bald nach Mönchhof, einem Gute der Raaber Domherren. Rechts sind schon Weinberge, die sich allmählich erheben, links Ebenen und fruchtbare Blachfelder. Von hier geht der Weg durch Gols in gleicher Gegend. Hinter Gols sieht man links den großen See von Neusiedl, an welchem man endlich dicht vorbei und in das Städtchen einfährt. Ich weiß von diesem kümmerlichen Neste nichts weiter zu sagen, als daß sein scheußliches Pflaster alle unsere Schläfer plötz-

303

lich lebendig machte. Aber wie wir aus ihm herausfuhren, öffnete sich uns eine wunderschöne Gegend. Links unter uns der große See, der ferne an den jenseitigen Ufern Türme, Dörfer und Bäume zeigte, rechts eine Ebene von Kornfeldern zunächst am Wege, dann Weinberge an der Höhe und oben auf den Bergen Waldgebüsch. Auch links am See sieht man hie und da Reben, Mais, Hanffelder und Obstbäume. Die Dörfer, durch welche wir bis Eisenstadt fuhren, werden immer schlechter und ungarischer im Aussehen. So ging es in dieser göttlichen Gegend bis Breitenbrunn. Die Berge treten rechts weiter zurück, aber die Weinberge am Berghange und selbst im Tale werden immer häufiger; links senkt sich die Gegend tiefer und tiefer zu schönen, herdenreichen Wiesen und Feldern bis an den See hinab. Im Vordergrunde ist ein herrlicher Halbmond von Bergen, der in der Entfernung einer halben bis dreiviertel Meile rund um den See läuft. So rollte man durch Purbach und andere Dörfer immer auf der Chaussee bis nach Eisenstadt allmählich bergan. Um zehn Uhr abends waren wir da, konnten keiner Suppe habhaft werden und mußten also bloß Braten und Wein anschaffen. Aber wir waren wieder Gefoppte, denn der Wein war trotz der Traube, die das Gasthaus im Schilde führte, sauer und der Braten wieder mit Knoblauch verdorben. So warfen wir uns müde und halb hungrig und durstig aufs Lager.

Wir standen am folgenden Tag, dem letzten August, spät auf und rüsteten einige Zeit, ehe wir unsere müden Leiber mobil machen konnten. Ich hatte hier Gelegenheit, die letzte Probe mit einem ungarischen Barbier zu machen, den ich freilich sogleich hätte fortjagen sollen, weil er hinter den Ohren noch nicht recht trocken war. Weil ich nun aber so eine gutherzige Kreatur bin, so ließ ich mich lieber, um den Burschen nicht verzagt zu machen, von ihm schinden und war am Ende doch so ungleich abgegrast wie ein schlecht gemähtes Stoppelfeld; dieser also verdarb etwas die gute Arbeit der ungarischen Bartkünstler, die einem stattlichen Barte zweimal die Tonsur geben, ihn dann pudern und endlich mit balsamischem Öle bestreichen. Wir nutzten den Vormittag zuerst, die schönen Gartenanlagen hinter dem Esterházyschen Schlosse zu bewundern. Ich habe nirgends so schöne Südfrüchte, so ungeheure Blutpfirsiche und so schwellende Beeren an Rebstöcken gesehen. Nachher bestiegen wir die herrlichen Waldhöhen über dem Schlosse und Garten, der eine unermeßliche Aussicht gibt. Von da ging es in die Reitställe, wo man viele Exemplare der schönsten Pferde aus allen Ländern sehen kann. Auch hier ist Esterházysche Pracht. Das Schloß ist eine große und imponierende Gruppe von Gebäuden, hat aber so viel Schwerfälliges, daß man es nirgends mit Leichtigkeit ins Auge fassen kann. Besser gefielen uns die fünfzig Esterházyschen Grenadiere, Kerle von ausgesuchter Länge und Stammfestigkeit, alle brauchbar für eine Potsdamer Riesengarde, wie weiland unter Friedrich Wilhelm. Sie waren in schöner Montur, mit Säbeln und Gewehren, ihrem Wuchs angemessen. Der Fürst hat sie alle aus seinen Gütern ausgesucht, und sie werden im Schlosse gefüttert. Im Schlosse selbst fanden wir das Gewöhnliche, aber nichts Außerordentliches an Pracht und Herrlichkeit. Der Konzertsaal und das Theater sind ganz fein, aber der Fürst hält nunmehr weder Schauspieler noch Kapelle. Die Gemäldesammlung ist nicht so reich, wie man sie gewöhnlich anpreist, obgleich sie manches Feine hat. Eine Heilige Familie von Raffael gehört nicht zu seinen schönsten Werken, obgleich sie immer noch andere überscheint. Ein ähnliches Sujet von Allegorie ist so fürchterlich beschädigt, daß man kaum einige Spuren dieses himmlischen Künstlers daran sieht, um so mehr beschädigt, weil ein Stümper daran herumgebessert hat. Noch sieht man eine schöne Venus und Amor von da Vinci, eine Angelika Kauffmann, von ihr selbst gemalt, ein schlummerndes Kind von Guido, zwei herrliche Köpfe von Rembrandt u. a. m. Von den Italienern und Niederländern sind feine Landschaften und die gewöhnlichen Bauern- und Tierstücke ausgestellt.

Eisenstadt selbst ist ein unansehnliches Städtchen, mit Schindeldächern und unebenen Gassen am Fuße des Berges, der hinter ihm mit Reben bis zu einer hohen Waldspitze hinanläuft. Wir wurden in unserer »Traube« in Hinsicht auf unsere Zeche nicht geprellt, aber schlecht essen und trinken mußten wir hier zum ersten Male in Ungarn. Wir nahmen uns hier einen Wagen bis Laxenburg, wo wir übernachten wollten. Der Weg läuft angenehm erst durch Weinberge, dann durch Kornfelder auf der Chaussee und Anhöhe fort. Die Berge rechts, woran Eisenstadt sich lehnt, verschwinden allmählich, aber links öffnet sich ein Tal mit den schönsten Gefilden, und ein Kranz von Bergen hebt sich höher und rückt immer näher. Dieser verläßt uns hinfort nicht, sondern geht in einem weiten Halbmond bis zum Leopoldsberg fort. Am Wege sahen wir keinen Mais mehr, aber Buchweizen, ganz grün und jung, zum Unterpflügen, wie es scheint, und Futter in das Feld gesät, welches dieses Jahr die erste reife Saat gehabt hat. Rasch rollten wir auf der Chaussee fort, die von Eisenstadt aus bis an die Grenze anderthalb Meilen lang mit Kastanien bepflanzt ist. Wimpassing ist das letzte Grenzdorf an der Leitha und ein Zollamt. Wir wurden nicht visitiert und hätten also den guten ungarischen Tabak nicht in unsere weiten Hosen verpacken müssen. Wehmütig rollten wir über die Brücke und sagten dem lieben, freundlichen Ungarlande ein letztes Lebewohl.

Reise von Wien bis Venedig

Es war der 11. September des Jahres 1798, als ich meinen wackeren Freunden zum letzten Male die Hand drückte und um die neunte Stunde, in brennender Hitze, über die Wiener Berge durch die wohlbebaute und wohlbekannte Ebene auf Wiener Neudorf zuging, wo ich mein Herz mit Wein stärkte und bald rechts seitwärts über Pfaffstätten nach Baden gelangte, das ich noch einmal begrüßen wollte. Dieses Baden ist ein kleiner, unansehnlicher Ort, etwa drei Meilen von Wien entfernt und durch seinen Brunnen und seine Bäder auswärts bekannter als im Lande selbst. Das öffentliche Badehaus an der schönen Promenade und den Weinbergen ist sehr nett eingerichtet. Jedes Bad hat seinen besonderen Namen, der meistens irgendeinem Heiligen gestohlen ist, und sein eigenes zierliches Gemach. An Erzählungen von Wundern und seltenen Wirkungen fehlt es natürlich hier ebensowenig wie anderswo; aber doch fehlen die Gäste selbst dieses Jahr, da der Kaiserliche Hof hier bei den Augustinern eingezogen ist, um zu baden. Das Gewimmel, das hier oft von Spielern und Huren zu sehen ist, ist nichts Bleibendes, sondern flüchtig wie der Besuch der Fremden, die hier Magen und Ohr eine gute Unterhaltung geben, oft auch noch den unedleren Sinnen, und dann wieder ins schöne Wien zurückfahren. Und in der Tat verdient der Ort zur Unterhaltung, wenn sie nämlich nicht bloß im Wiener Sinn genommen wird, wohl einen Besuch, so schön und lieblich ist die Gegend umher. Gegen Norden und Osten breitet sich die weite Ebene aus, mit manchen freundlichen Dörfern, aber südlich und westlich liegen Hügel und Berge in so romantischen Gruppen, daß man gerne einige Sommermonate hier wohnen möchte. Schon die Promenade an dem oberen Brunnenhause ist ganz hübsch, so wie die Weinberge drüben. Aber man vergißt dies alles, wenn man den Kalvarienberg mit seinen Häuschen hinansteigt und von seinen kahlen und grauen Felsensteinen die Gegend übersieht. Ich wurde sehr unangenehm durch die Knienden und Betenden gestört, die hier in der Sonne brieten; denn meine Anbetung war eine ganz andere als die ihrige. Doch selbst den Kalvarienberg vergißt man, wenn man in den schönen Waldgrund hineingeht und bergan steigt, dessen beide Bergschlösser der Doppelhof heißen. Ein Bächlein rieselt zur Seite, und dunkle Tannen rauschen; so steigt man hoch und höher, bis man selbst die alten Schlösser mit ihren Burgen unter sich hat. Die lieblichste Ebene, mit einzelnen Weinhügeln und Kleefeldern durchgrünt und mit schönen Dörfern durchsät, breitet sich wie ein Teppich aus. Aus der östlichen Ferne kommen die ungarischen Grenzberge herüber, mit Wiener Neustadt, und weit im Süden schimmern im Strahl der Sonne die Schneespitzen der steirischen Gebirge. Ich genoß diesen Anblick, wozu der Wiener wohl selten Füße und Augen mitbringt, der auch hier seinen Tisch und sein Mädchen und im Sommertheater allenfalls auch seinen Kasperl wiederfindet. Dem Äußeren des Städtchens sieht man das Leben nicht an, das doch zuweilen darin herrscht: Seine Häuser sind nicht elegant und meistens nur beschindelt, seine Gassen sind kotig und schlecht gepflastert. Unten am Bache, am südöstlichen Ende der Stadt, ist noch ein Häuschen für Fußbäder eingerichtet, wo Bauern und Knappen, ein Pfeiferl im Munde, bis auf die Knie aufgeschürzt, auf langen Bänken am Wasser saßen. Gegen Abend wanderte ich durch Weinberge und Wäldchen auf das anmutige Dorf und Schloß Kottingbrunn zu, das, wie die folgenden Dörfer, von Bäumen und Wasser sehr angenehm umschlossen daliegt. Es wurde Abend, ich sah den Mond noch auf einem spiegelglatten Teiche schimmern, verharrte einige Augenblicke in süßen Träumen und ging dann nach Günselsdorf hinein.

Mittwoch, den 12. September

Um sieben Uhr war ich auf dem Platze und ging voll Entzücken über den schönen Morgen vorwärts. Die Berge und Wiesen dampften, und silberne Wolken flossen um die hohen steirischen Schneealpen, deren ehrwürdige Scheitel ein glücklicher Sonnenstrahl zuweilen dem Wanderer zeigte. Die Sonne stand im Osten, wie ein großes Feuerrad, noch still und unbeweglich, wie sie am frühen Morgen so gern erscheint. Meine Schritte waren beflügelt. Bald war ich in dem langen und niedlichen Dorfe Theresienfeld und von da ebensoschnell in Wiener Neustadt. Dieses Städtchen ist von mittlerer Größe, schlecht gebaut und gepflastert, mit beschindelten Dächern und mit einer altertümlichen Mauer eingefaßt. Es hat ein ganz ungarisches Aussehen und liegt tief zwischen Wiesen und Bächen, die nach der Wiener Seite einen angenehmen Vordergrund bilden. Die Gegend vor- und nachher wird unfruchtbarer, und man sieht große Strecken unbebaut und mit Steinen bedeckt und einzelne Streifen hie und da mit Heidekorn besät. Ja, zwischen hier und Neunkirchen waren ganze Felder Heide, worin man, wie in der Lüneburger Heide, eine Menge von Bienenstöcken für den süßen Raub aufgestellt hatte. Es war eine glühende Hitze, als ich aus der Stadt ging, die zu einem solchen Grade der Beklemmung anstieg, daß ich nie so etwas Erstickendes gefühlt habe. Der Wind, der mich anwehte, war ein Scirocco und dörrte meine Kehle noch mehr aus. Es war, als trocknete das Mark in meinen Gebeinen, und meine Knie wollten nicht mehr fort. Kein Haus, kein Baum bis vor Neunkirchen. Hier wäre ich beinahe verzagt und sehnte mich kindisch nach dem Turme, den ich nicht mehr ferne erblickte. Der Himmel war blutrot, die Vögel flogen schnappend aus der Luft zum Boden. Alle Wagen hielten auf der Straße. Die Pferde keuchten, und die Führer lagen unter den Wagen im Schatten auf der Erde. Ein Weg, den ich sonst in einer halben Stunde mache, kostete mich anderthalb. Endlich, um Mittag, erreichte ich das verwünschte Schloß und tat mich gütlich. Bald rollten Donner und Blitze und kühlten mit Regen die Glut. Neunkirchen ist die vierte Station von Wien nach Graz, ein nettes Dorf an einem Flüßchen, der Schwarza, die nachher in die ungarische Leitha fließt. Ich ging nachmittags um vier Uhr weiter, als der Regen aufhörte. Mein Weg ging nun immer bergan und engte sich endlich zu einem anmutigen Tale mit schönen Wiesen und Feldern ein. Ich kam durch Köttlach und Wörth. Hier wird die Gegend malerisch. Die Berge treten näher zusammen, und rechts hat man Weinberge und eine Menge von Pflaumen- und Walnußbäumen. Gloggnitz, der letzte Ort vor Schottwien, liegt äußerst lieblich, besonders sein Kloster, mit Weinbergen eingefaßt, und links die schöne alte Burg Wartenstein, unter sich mehrere kleine Hügel und grüne Almen und über sich dunkles Tannengebirge. Und so schlang sich mein Weg unter Weinhügeln und Gärten und an fließenden Wassern fort, bis die grauen Steinmassen von Schottwien wie Riesen im Nebel vor mir auftauchten und ich durch die dunklen Felsentore trat.

Mariazell, Samstag,
den 15. September, morgens

Meine Ankunft hier in Mariazell war lustig genug. Wie ich eintrat, fand ich alle Tische unten in der Wirtsstube breit besetzt und kaum für mich einen Platz an der Türe. Alles schmauste, trank und lachte. Ich sah bald, daß es Pilgrime seien, manchen Gewerbes und Ortes. Allein neben mir saß ein armer Teufel, der erbärmlich den Kopf hängenließ und immer die Uhren im Zimmer anglotzte. Ich ließ mir einen guten roten Wein auftischen und trank tapfer drauf. Dies reizte meinen Alten auch, doch bekam er nur wäßrigen weißen. Nachher hauten wir ein, ich in einen tüchtigen Braten, er in Kalbsknorpel, die er aus einer Wasserbrühe herausfischte, in Salz tunkte und mit einigen Löffeln voll des bleichen Übels hinabspülte. Wir wurden aber in unserem frohen Schmaus sehr unangenehm unterbrochen. Die anderen vier Tische, die mehr als zwei Gäste zählten, waren fertig und fingen nun ein heilloses Geplärr an. Endlich ging es auf die Knie, und Stühle und Schemel dienten als Vorhalter. Ich sah mich um, ob ich nicht auch mit zu Boden müßte, und gewahrte zu meiner großen Freude, daß einige der sogenannten Klugen noch hinter dem Tische saßen. Ein »Ave Maria« und »Maria, Mater Dei, salve, salve, salve!« überschrie das andere, und dies dauerte so lange, daß Braten und Suppe mir erkalteten. Es waren unter den Knienden drei bis vier hübsche Weiber und Mädchen, die mit Lächeln und Winken, die gerade nicht überirdisch waren, ebenso freundlich zunickenden Nachbarn barmherzig dienten. So ging es, bis alles aufsprang und die ganze Sache sich in wildes Getöse und muntere Scherzreden auflöste. Die meisten gingen nun zur Ruhe. Ich unterhielt mich mit meinem Alten und mit den schönen und süßlächelnden Augen der Wirtin, und so empfing mich nach einem heißen Tage und drei Seideln Wein das Bett. Ich erwachte heute morgen früh und hörte etwa nach einer halben Stunde, um fünf Uhr ungefähr, die Frühmette tönen. Mein Stubengesell, ein rüstiger Jäger, wurde munter und war schnell auf den Füßen.

Man pochte an: »Steht auf, es ist fünf!«, und zugleich hörte ich es in allen Zimmern und Kammern oben rumoren. Doch ich kümmerte mich nicht darum, sondern drehte mich noch bis sechs in den Federn – und schreibe nun.

Gestern, den 14. September, um neun Uhr, setzte ich meinen Weg von Schottwien aus fort. Der Gebirgspfad war vom vielen Regen schlüpfrig; doch wanderte ich frohen Mutes weiter. Es ist dies unstreitig eine der schönsten Gegenden der Welt, und die schöne Natur und die dampfenden Gebirge umher ließen meine Brust schwellen. Tief unten liegt der Marktflecken Schottwien an rauschenden Wassern, eine längliche Gasse, zwischen schroffen Felsenspitzen eingeklemmt, die in mancherlei Gruppen emporsteigen. Eine Mauer, mit einem Tore zu beiden Enden, schließt den Ort ein. Man sieht, wenn man drinnen ist, immer nur einzelne Teile der schönen Gegend, so springen zu allen Seiten die Felszacken vor. Aber so wie man den Schneckenweg um den Ort hinanklimmt und höher und höher den Semmering vor sich erblickt, so springen auch die lieblichen und schrecklichen Naturgebilde immer größer und majestätischer vors Auge. Man hat links das anmutige Kloster Maria Schutz auf grauem Alpenrasen und hoch hinauf fernes Waldgebirge mit Einschnitten, die die Hände der fleißigen Menschen gemacht und zu Viehweiden und Kornfeldern gestaltet haben. Unten am Bergpfad ist ein freundliches Tal, von rauschenden Bächen bewässert, reich an Wiesen und Feldern. So wanderte ich die steile Straße hinan. Die Sonne vergoldete wechselnd die fernen Gebirge und bildete aus den dampfenden Rauchsäulen des Morgens Feuersäulen; dann bedeckte wieder eine dunkle Wolke alles mit Nacht und zeigte bloß einige Durchsichten. Regentropfen träufelten von den Blättern der Bäume und aus den Wolken des Himmels

Gebirgsgegend in der Nähe des Semmering, 1818

auf die Stirne des Wanderers, den nur das Läuten des
Viehs am Berge und einzelne Hahnenschreie erinnerten,
daß er unter Menschen wandle. Ich kam höher den Berg
hinan, zu einer kleinen Kapelle mit einem Gemälde der
Madonna al fresco und der Aufschrift: »Die wahre Abbil-
dung der gnadenreichen Mutter Maria Schutz am Berg
Semmering«. Ich kniete nieder und kühlte meine Brust
mit dem lebendigen Bergkristall, der im Häuschen
aus einer eisernen Röhre rann. Bald verschwand das

Tal, und ich fand mich zwischen engen Bergen eingeschlossen. Der Weg geht immer steiler hinauf und ist hie und da durch mächtige Balken gestützt; rauschende Wasser brausen meistens an seinen Seiten. Endlich erreichte ich die Spitze, die ein steinernes Denkmal ziert.

Der Weg geht ziemlich gleichförmig fort, durch einzelne kleine Weiler über Steinhaus und Spital nach Mürzzuschlag. Zu beiden Seiten hat man immer hohe Berge, woran sich kleine Hütten oft sehr romantisch lehnen. Zuweilen treten sie so eng zusammen, daß kaum für den Weg Raum ist; dann bilden sie wieder kleine Täler mit grünen Bergweiden, Wiesen und Kornfeldern. Diese scheinen alle sehr fruchtbar. Man mähte das Heu in dicken Schwaden, und ein Kornhaufen stand neben dem anderen auf dem Felde, in der Form eines zackigen Zuckerhutes oder, wenn man will, eines chinesischen Tempels. In der Mitte steckt meistens ein spitziger Stab, und einige Garben bilden die Decke. Hanf, sowohl stehend als auch zum Rotten ausgebreitet, Kohl und Möhren sah man hie und da sowie Hafer und Weizen in Hokken; von Weinstöcken keine Spur. Die Pflaumen, die ich sah, waren klein und noch ganz braun, und ebenso das wenige übrige Obst. Häuser und Scheunen sind fast ganz aus Holz, wie in den Wäldern Thüringens. Man mäht mit unserer pommerschen Sense Heu und Korn und bindet das letztere gleich hinter der Sense. Kühe und Ziegen haben einen schönen und großen Wuchs.

Mürzzuschlag ist ein Marktflecken, wie Schottwien, und ganz hübsch für eine so rauhe Gegend. Im Wirtshaus des Ortes trank ich einige Seidel und hörte dann, als ich schon weiterging, am Fenster, wie man über mich stritt, und der eine aus der Gesellschaft rief: »Es muß halt sicher ein Franzos' sein!« Diese Worte, die hier mit

Räuber und Mörder gleichklingen, hießen mich meine Schritte verdoppeln, und so wanderte ich, die Landstraße verlassend, nun in den Westen hinein, auf das berühmte Mariazell zu, das ich zu erreichen hoffte, obgleich man mir sagte, es sei eine Tagesreise.

Eines der schönsten Täler öffnete sich hier nun wieder, und die Mürz floß am Wege und neckte meine Schritte bald hier, bald dorthin, und ich bin in einer Weite von drei Meilen gewiß dreißigmal über ihre vielen Holzbrücken gegangen. Sie ist, wie alle Bergflüsse, sehr romantisch und strudelt pfeilschnell bald über seichten Grund, bald über zerfressene Felsblöcke und alte Baumstämme fort; bald zeigt sie ein reines, grünliches Bett, bald gräbt sie tiefe Strudel. Der Pfad ist äußerst romantisch, und die Berge türmen sich wilder und schroffer, und sogleich hinter Mürzzuschlag sieht man die weißen und grauen Spitzen der gewaltigen Schneealpe aus der Ferne herschimmern. Man kommt an einzelnen Kapellen vorbei und an kleinen Waldwohnungen, die ihre kleine Wirtschaft, ihre Kühe und Ziegen, Felder und Wiesen, zu beiden Seiten des Berges haben.

Wie im Fluge kam ich nach Kapellen, dem ersten Dorfe, und flog ebenso rasch durch. Nicht weit hinter dem Dorfe traf ich am Wege auf eine kleine Betstätte, aber nicht von der gemeinen Art. Da war kein Bild, kein ekelhaftes Gemälde hingekleckst, sondern ich las die einfachen Worte: »Dem, der ist, der war und der sein wird, zur Ehre und denen, die im vorigen Jahrhundert an der Pest verstorben sind und unter diesem Hügel ruhen, zum Andenken errichtet von Sebastian Heidenreich 1722, erneuert von Joseph Heidenreich 1792.« O Wanderung nach Mariazell! Wir sind wahrlich sehr unbillig und dumm obendrein, alles zu verschreien, was nicht unserer Sitte noch unseres Glaubens ist. Der Katholik versteht es wohl, wo sich recht beten läßt. Seine

Klöster und Heiligtümer sind meistens dort gegründet, wo die Natur selbst sich Tempel erbaut hat, und man sieht aus diesem Denkmale, daß er auch nicht immer das Wie verfehlt.

Ich ging desto größer und seliger an meinem brausenden Flusse und unter meinen rauschenden Tannen und Buchen hin. Der nächste Ort war Neuberg, wo ich mich nicht aufhielt, der Tagreise eingedenk. Auch hier ist ein Kloster, aber von Joseph entvölkert. Nun wird die Gegend groß und erhaben. Die rechte Seite des Gebirges springt schroff in die Wolken und zeigt ihre weißen Himmelszinnen, die man Schneealpen nennt. Das Tal tritt eng zusammen, und das Rauschen der Mürz wird immer lauter. Unten am Wege stehen, gleich Türmen, zackige Felsspitzen; auf einem hat die fromme Andacht ein Kreuz errichtet. Man sieht nun lange keine Spur von Ackerbau, höchstens eine kleine Wiese und einige Hokken Korn, desto öfter aber stößt man auf Köhlerhütten, Eisenhämmer und Sägemühlen. Gleich hinter Neuberg am Wege sind Eisenbergwerke. So geht der Weg nach Mürzsteg (benannt nach der Mürz), dem letzten Dorfe vor Mariazell. Ein großes Felsentor, das nur dem Flusse und einem engen Wege Raum läßt, verschließt es den Blicken. Kaum ist man hier durch, so ist links in der Ferne ein erhabener Pfeiler Gottes, aus weißem Gestein gewölbt. Der Pfad geht nun immer bergan, an Holzknechten und Mühlen vorbei, bis man zuletzt nicht einmal mehr das Wasser rauschen hört und ganz einsam durch die hohen Tannen wandelt. Freundlich ging ein blühendes Weib mit ihrem Knaben an der Brust an mir vorüber; ich sah im Abendmantel die Bäume und die Schneealpe herüberdämmern, hörte noch über mir auf der anderen Seite das Pfeifen der Hirten und das Läuten ihrer Herden. Der Mond stand als schmale Sichel vor mir, und ein Bübchen begegnete mir mit einem Pferde.

Ein Eisenhammer nächst Mariazell, um 1800

War mein Weg hinauf ermüdend, so war er es hinunter noch mehr, besonders, weil ich dem kleinen Buben nicht nachbleiben wollte, der wie ein Hase über die Baumwurzeln und Steine hüpfte. Unten nahm ich von meinem Bübchen Abschied. Hinfort traf ich kleine ländliche Wirtschaften und Mühlen am Wege und sah sie auch oben am Gebirge, bis es ganz dunkel wurde. Wasser rauschte an meinem Pfade und war leider auch darauf. Ich ging indessen kühn durch und kam in solche Engen und Verfinsterungen, daß ich meinen Säbel zog, wenn mir was Plötzliches begegnete. Schon riß mir die Geduld, das verwünschte Schloß vor der sinkenden Nacht zu erreichen, als ich mit einem Male auf eine zierlichere Kapelle stieß als alle, die ich bisher im Walde gesehen hatte. Wenn man den Strom hat, kommt man auch ans Meer, dachte ich, und bald leuchteten mir tausend Lichter entgegen. Ich stand vor dem Gasthause in Mariazell und war bald drinnen.

Man merkt es auf dem Weg an allem, daß man im Walde und Gebirge wandelt, so ganz anders ist die Gestalt des Lebens und der Dinge. Selten findet man ein Dorf, oder doch nie ein großes, desto mehr kleine Häuser aber an den Wassern und quellenreichen Abhängen der Berge. Diese sowohl wie die Ställe, Köhlerhütten und Mühlen sind meist aus Holz, die hohen Schornsteine ausgenommen, die bei vielen, hoch hinaufgemauert, wie Pfeiler aufsteigen. Man legt Balken auf Balken und hängt sie an den Spitzen ineinander; so werden die Innen- und Außenwände fertig. Nun ein gutes Gebälk und Schindeldach drüber und die kleinen Ritzen mit Moos verstopft und Fensterluken hineingesägt, und schon ist die menschliche Wohnung da. Das gibt in der Tat sehr warme und reinliche Häuser. Sie haben so ein einfaches und doch zugleich anmutiges Aussehen und sind unter dem weit überhängenden Dache gewöhnlich

so hübsch mit den Geräten der Ernte und des Ackerbaues dekoriert, daß mir der Gedanke sehr natürlich
war, ihre Bewohner müßten wohl glücklich darin sein.
Die Wirtschaften sind meistens weit ansehnlicher und
bequemer als die in den thüringischen und fränkischen
Bergen, die viel niedriger und unfruchtbarer sind als
diese und für den Ackerbau nur einige kleine Stiere haben, ja wohl oft die Kuh selbst bejochen und vor den
Wagen spannen. So eine kleine Wirtschaft liegt hier meistens allein, wie auch die Äcker und Wiesen gewöhnlich
durch Wald und Gebirge oder durch Wasser voneinan-
der geschieden sind. Die Gebirge sind sehr fruchtbar;
dies sieht man an den Wiesen und Koppeln, an dem ge-
mähten und noch stehenden Getreide, das oft hoch im
Gebirge zu sehen ist. Hier ist die Ernte noch in vollem
Gange. Gras, Hafer, Erbsen, Bohnen und Hanf, ja sogar
Weizen habe ich stehen sehen; abwechselnd gibt's auch
Heidekornfelder. Der Anbau ist freilich sehr beschwerlich, so wie auch die Ernte, und nur mit Pferden, die ans
Klettern und an diese Art der Arbeit gewöhnt sind, läßt
sich hier pflügen. Die Pflüge sind stark und hochrädrig.
Es geht gewöhnlich ein Mann nebenher, der die Pferde
lenkt, wenn das Gelände zu steil und abschüssig ist;
manches, wo kein Pflug sich lenken und wenden läßt,
muß mit Spaten und Hacke bearbeitet werden. Um ein
neues Feld anzulegen, brennt man oft eine Waldstrecke
aus, so einen langen Streifen von oben bis unten am
Berge; die einzelnen angebrannten Stumpen stehen traurig da und unter ihnen das reichste Getreide und die
dichtesten Reihen Hocken. Äußerst anmutig ist es, so
die dunklen Wälder des Gebirgs mit Streifen grüner
Wiesen, mit Koppeln und weißen Ähren oder mit Stoppeln schattiert zu sehen und menschliche Hütten oben
auf der Höhe, wo man unten zweifelt, einen Weg hinauf
zu finden. Unten im Tale an den Wassern sind freilich

die Wiesen am besten, doch oben wächst das Korn fast noch munterer. Der Boden ist meistens lehmig und lettig, und daß er nicht schlecht ist, bezeugen die Tannen, die hier gewaltiger stehen als irgendwo. Wie wenig aber das Holz hier geachtet wird, beweisen die vielen Stämme, die ungebraucht im Walde vermodern. Deswegen ist hier auch alles aus Holz gemacht, und zwar aus dem besten. Selbst Christus und die Heiligen haben im Gebirge selten andere Bethäuser und Sturm- und Regendächer als hölzerne, wie sie auch selbst oft nur aus Holz geschnitten und zusammengeleimt sind; indessen fehlen ihnen nie die Blumenkränze. Das Vieh im Gebirge ist schön; meistens große gelbe Kühe mit strotzenden Eutern und weiße Schafe und Ziegen; Ochsen findet man gar nicht, dafür aber hat ein jeder große und starke Pferde, die der ganzen Wirtschaft ein tüchtiges Ansehen geben. Koppeln und Gehege trifft man, mit großer Mühe oft das steilste Gebirge hinaufgeführt, und an den Bergpfaden, wohl nicht für den Wanderer, sondern für die Arbeiter im Felde, hie und da kleine Ruhebänke an einzelnen Bäumen oder an Wassern. Auch den Menschen sieht man es an, daß sie auf Bergen leben. Schon habe ich manchen Kropf unter Männern und Weibern gesehen. Die Rasse ist nicht groß noch sehr stark, aber wohlgebildet, mit schöner weißer Hautfarbe und feinem Fuß. Wie ganz anders ist es in Thüringen! Die Tracht ist noch die österreichisch-bayerische mit kleinen Abweichungen. Der Hinterturm der Mütze bei den Frauen wird höher und der Hut der Männer – nach Tiroler Art – teils flacher und breiträndriger; besonders habe ich dies bei den Holzknechten (Köhlern) und Bergleuten bemerkt; diese zeigen auch häufig das Tiroler Grün an Hüten und Wämsern. Die Sprache wird hie und da schon so arg, daß ich mich zur Not noch verständlich machen, von den Männern aber wenig, von den Weibern fast nichts verstehen kann. Diese allgemeinen Bemerkungen gelten für die ganze dreitägige Wanderung.

Krieglach, den 15. September, abends

Ich hatte mir Mariazell groß und prächtig gedacht und fand nun beim Erwachen ein kleines Dörfchen, aus wenigen Häusern bestehend, unter denen sich die Schenke durch die schöne Wirtin und die Menge der Zimmer und Betten für die Pilgrime auszeichnet. Die kleine Kapelle sieht einem spitzen Zelt ähnlich. Die Wundertäterin selbst mit ihrem Kinde ist klein, etwa anderthalb Fuß hoch, und weder durch den Glanz der Arbeit noch den Schmuck besonders bemerkenswert. Der heilige Antonius von Padua und Dismas, der Schächer, hingen ihr als Gemälde zur Seite sowie mehrere kleine Bilder, einige ex voto; auch Blumenkränze gibt es, womit man selbst die elendsten Standbilder im Walde ziert. Den geheimen Schatz, der sehr reich sein soll, ließ ich mir nicht zeigen, weil ich fürchtete, in Fragen und Antworten über meine Ketzerei verwickelt zu werden. Das hielt ich an diesem Ort und in dieser Einsamkeit für nicht recht ratsam. Schemel sind genug für die Betenden und Knienden da. Das Häuschen faßt höchstens fünfzig Menschen. Auch hier soll das Wallfahrten abnehmen, und ich gehöre vielleicht in diesen wundersam laufenden Zeiten zu den letzten. Die Wallfahrer waren alle weg, und ich konnte mich also drinnen so richtig umsehen, was ich sonst nicht hätte wagen dürfen, um mich nicht als einen Ketzer zu verraten und vielleicht argen Dingen auszusetzen. Die Gegend rings umher ist wild und im Westen und Norden mit hohen Bergen umschlossen; ein rauschender Bach strömt zur Nordseite fort; wenige Äcker und Wiesen sieht man am westlichen und südlichen Abhang.

Ich nahm meinen Pilgerstab und trat die saure Wanderung des 15. September an, die mir einen rechten Vorgeschmack von einer Alpenreise gegeben hat. Erst verstieg ich mich ins Gebirge, wo ich unter einem hohen Ahorn vor dem gewaltigen Regen Schutz fand und Brombeeren rupfte; von da flüchtete ich unter einen Heuschuppen, wo ich eine Stunde aushielt. Aber endlich riß mir die Geduld, ich beachtete den Regen, der nicht aufhören wollte, nicht mehr und sprang mit schnellen Schritten talein und fand glücklich den Weg durch den sogenannten Graben, welcher auf Veitsch zuführt. Es regnete grimmig, und ich klomm grimmig die Veitschalpe hinan (so heißt die Bergkette, die ich heute überklettern mußte), bis ich innen von Schweiß und außen von Regen triefte. Da stand ich, wie ein gestellter Eber, wohl eine Stunde unter einer dicken Tanne, trank aus einer sprudelnden Wasserröhre und fühlte mich frohen Mutes. Nun wurde beschlossen, recht naß zu werden und die letzte Höhe zu erklettern, und hinfort scheute ich keinen Regen und war froh, weil ich es sein wollte. Die Höhe schien mir sonnig, und ich eilte also desto rascher, aber ich fand dort dichteren Regen und Sturm, der ihn bis an die Haut trieb. Endlich hatte ich die Spitze erreicht und stand hinter einem hölzernen Heiligtume still, vor dem sich hintereinander drei Bänke zum Anbeten befanden. Ärmlich und kahl war es, wie der Berg. Von hier welches Leben und welcher Blick! Viele der hohen Berge lagen unter mir, und die Wolken strudelten wie ein weißes Meer über den Tiefen und zeigten abwechselnd einzelne Höhen mit Feldern, Herden und Menschenwohnungen. Zur Linken unter mir türmten sich noch weit höhere Spitzen, und lange Lagen Schnee schimmerten, von Sonnenstrahlen erleuchtet, durch den Dunst, der über dem dunklen Walde lag. Naß, aber groß durch das Gefühl, ging ich über den grünen Rasen der Höhe, fand auch hier einzelne Menschen wohnen und stieg um einige hundert Schuh hinab, um bald wieder ebensohoch und höher zu klimmen. Die höchste Spitze dieses Pfades (Gangsteig sagt man hier) bezeichneten wieder drei Kreuze aus Holz. Ich ging allmählich abwärts und hatte nun das lieblichste und lachendste Tal und Bergrücken unter mir, die von oben bis unten mit Feldern durchschnitten und mit grünen Wiesen schattiert waren. Es mochte ungefähr vier Uhr am Nachmittag sein, der Regen hörte auf, und der Wind trocknete meine Außenseite allmählich. So mußte ich dem rauschenden Wasser entgegen, das von unten her zu mir aufbrauste, und mich auf die Fersen setzen, um nicht hinabzukollern. Es ging gut, und noch bin ich auf diesem bösen Wege nicht einmal gefallen, obgleich Regen und Himmelswetter sich gegen mich verschworen haben. Ich ging an einer Almwirtschaft nach der anderen vorbei, begrüßte Mäher und Pflüger, Sägemüller und Holzknechte und kam endlich ins Tal, wo es am Bache auf Veitsch zu ging. Vor Veitsch steht eine Kapelle, auch eine der berühmten, mit einem Muttergottesbilde und Schemeln zum Knien. Ein Frommer hat auch vor einigen Jahren ein gar feines Gemälde hingeschenkt, die Mutter mit dem Kinde auf dem Eselein reitend, das noch viel eseliger und dümmer aussieht als die gemeinen Esel und mit seinen andächtig verdrehten Augen die teure Last gleichsam zu verehren scheint. Ich mußte herzlich lachen, obgleich mich dieses Häuschen sonst freute, besonders wegen des Brunnens, der aus einer Röhre springt, woran zum Schöpfen ein blechernes Kellchen hängt.

Hinter Veitsch werden die Berge sanfter und die Ebenen weiter; man erblickt mehr Kornfelder und Wiesen. Zunächst hat man einen großen Eisenhammer und dann eine kreidige und kalkige Felsmasse über dem Haupte, die wegen einer Gedenktafel unten am Wege erwäh-

nenswert ist. Sie lautet: »An dieser Stelle ist Michel
Pauer mit einem Maurergesellen im Vorbeigehen von
einem fallenden Stück Stein grausamlich erschlagen. Es
wörden alle Vorbeigehende gebetten, Ihrer mit einem
Vatter Unser zu gedenken. Den 1. Abryll 1796.« Man hat
die beiden Unglücklichen gräßlich draufgemalt und mit
Blut an Kopf und Bauch nicht gespart. Oben sieht man
in einem feurigen Kessel eine Figur, die die Hände em-
porstreckt. Dies machte mich lachen, und ich konnte an
nichts Vaterunserliches noch Fegefeuerliches denken.
Mein Weg ging am Wasser rasch auf Mitterdorf zu, wo
ich meine gestrige Mürz wieder fand, von da auf Freßnitz und endlich mühsam auf der klebrigen Chaussee
nach Krieglach, wo ich dieses schreibe.

Von Veitsch bis hierher wird alles schon flacher und
weiter, und die große Natur wird zu einer sanften. Man
sieht schon wieder einzelne Häuser, unten gemauert,
und merkt in den Dörfern, daß man unter den gewöhnlichen Menschen sich herumtreibt. Besonders empörte
mich der Wirt, der sein armes dickes Weib in einem fort
ausschalt, während seine Kinder um ihn her, nicht
mucksend, bei Tische saßen. Sie standen endlich eines
nach dem anderen auf und küßten die gnädige Hand,
die er ihnen über den Tisch hinlangte und die sie wahrscheinlich als eine treue Vollstreckerin der Staats- und
Naturgewalt kannten. Ein lautes Geplärr, was man Beten
nennt, unter welchem Schüsseln abgetragen, Hunde gefüttert und von den Betenden selbst mitunter ge-
schimpft wurde, bekrönte die feine Szene.

Kapfenberg, den 16. September

Weil es regnete, ging ich erst um Mittag von Krieglach
fort, wieder durch Freßnitz und Mitterdorf, auf der ordentlichen Grazer Straße weiter. In dem folgenden

Dorfe Wartberg hielt ich an und bestellte Essen und Trinken. Ein alter Graukopf saß mit einem jungen Weibe am Tische und bewillkommnete mich freundlich, indem er der alten Wirtin zurief: »Dem mache Sie das Allerbeste, das ist ein Ehrenmann, ein Soldat!« So viel vermag ein grauer Rock und ein ungarischer Säbel. Nun fing er an, mit mir zu reden, von Krieg und Frieden, von Schweden und Preußen, und erzählte, wie er im Sieben-jährigen Kriege von den Preußen gefangen und nach Pommern gebracht worden sei, um gegen die Schweden zu fechten. Dies war ein himmlischer Ton für mich. So stießen wir an, und ich trank seinen und meinen Wein mit Vergnügen, mußte durchaus von seinem steirischen grauen Brei essen und immer mit dem Weibe anstoßen. Zuletzt umhalste er mich mit einem herzlichen Kuß und gab mir ein süßes Gefühl der Menschlichkeit mit auf den Weg. Von hier wanderte ich noch vier Stunden durch die lachendsten Gegenden des Erdbodens. Es ist immer noch das alte Mürztal, das aber ein viel freundli-cheres Aussehen gewinnt. Gleich die Gegend bei Wart-berg ist entzückend. Man geht am Strom hin, der hie und da befestigt und eingemauert ist, um den Bergweg nicht zu sich hinunterzuholen. Links sind milde und breite Fluren und rechts steiles Gebirge mit einem alten Schlosse, das in drei Abstufungen mit seinen Türmen in alter Herrlichkeit dasteht. Hier windet sich der Weg durch eine enge Krümmung, und man geht endlich ganz von hohen Tannen eingeschlossen, bis sich das weite Tal mit einem Male in einem lieblichen Halbmond mit Dör-fern, Kirchen und einzelnen Wohnungen öffnet. Die Dörfer liegen hügelweise übereinander und sind bis oben hinan mit Feldern und Wiesen umgeben. Kohl, Rüben und andere Früchte findet man überall am Wege und grüne Koppeln, worin die schönsten gelben Kühe weiden. Dann kommt man durch den stattlichen Markt

Kindberg und hat links in der Ferne den sogenannten Kalvarienberg mit einer äußerst malerischen Kapelle. Strom und Weg gehen hier steil abwärts. Rechts hängt eine Kirche mit einigen Häuschen unter Steinwänden und Tannen über den Weg. So ging es durch Mürzhofen, Marein (oder Marien), wo ich links am Gebirge Eisen- und Köhlerhütten sah. Von Imbach bis Kapfenberg wanderte ich langsam, weil die großartige Gegend, die sich hier im Schimmer des Halbmondes zeigte, mich oft halten ließ. Um halb acht Uhr war ich im Quartier, wo eine Menge netter Mädchen des Ortes versammelt war und mich die Mühen des Tages vergessen ließ.

Lebring, den 17. September

Ich war mit der Sonne auf und hatte unten meinen Spaß mit meiner kleinen Wirtin. Ich sah erst die fromme Christenheit zur Sonntagsfeier sich auf dem Markte versammeln, blickte zu dem alten Schlosse empor und schüttelte dann den Staub von den Schuhen. Ich hatte nun die Mürz immer links und wandelte im engen Gebirge fort, das oben felsig und höchstens mit Buchen, Tannen und Birken bewachsen war und wegen seiner Steinigkeit und Abschüssigkeit keinen Anbau erlaubt, obgleich es bei weitem nicht so hoch ist wie jene, die ich die vorigen Tage bis an den Gipfel bebaut gesehen hatte. Unten indessen zeigten sich, wo immer Platz war, Felder, mit Mais, einer unendlichen Menge Kürbisse und seltener mit Melonen bedeckt, auch Heidekorn sah ich und kleine Striche Hanf, nebst Kohl und Möhren; Wiesen und Koppeln und zwischen diesen jenseits und diesseits des Flusses einzelne Wohnungen und Wirtschaften. So ging der Weg ziemlich einförmig durch Bruck, Röthelstein und mehrere Dörfer weiter. Das Städtchen Bruck ist höchstens dadurch für den Reisenden von Bedeutung, daß die Mur und Mürz hier zusammenfließen. Doch dauert die Bergstromart mit ihren schnellrauschenden und strudelnden Wassern auch künftig noch an, und nicht leicht kann der Wanderer einen lustigeren Begleiter finden.

Fünfviertel Meilen nach Röthelstein kommt man zu dem Flecken Frohnleiten, einem sehr anmutigen Ort. Hier geht es über die Mur, die nun rechter Hand fließt, auf einer hölzernen Brücke, und ein liebliches Tal mit Wiesen und Feldern breitet sich rechts an der Mur aus und zeigt hübsche Wohnungen, Schlösser und Waldberge und am Wege hin Pflaumen- und Walnußbäume in Menge. Gleich wenn man über die Brücke geht, hat man links das schöne Landhaus eines Grafen von Wildburg und etwas weiter, jenseits des Stroms, auf rauhen überhängenden Felsen, das alte Schloß Rabenstein, einen Bruder des fränkischen, links aber ein weit höheres oben im Gebirge, Schloß Pfannberg, das in herrlichen Trümmern daliegt. Vieh und Bäume, Häuser und Menschen und die ganze tote Natur haben hier ein frischeres Aussehen. Nach einer halben Meile schließen sich die Berge wieder zu einem schroffen Felsentore, und man hat den überhängenden und hie und da schrecklich ausgehöhlten Weg kaum abgesprengt und abgedämmt, welcher gegen den Fluß meist gemauert und durch eine Art Zaun abgesichert ist. So geht man eine Weile zwischen den grauen Felsen hin, die da und dort mit grünen Tannen und bleichen Birken verziert sind, bis sich ein zweites Tal öffnet und man nach Peggau kommt, der zweiten Station von Bruck. Dieses Tal ist freilich nicht so lieblich wie das von Frohnleiten, aber romantischer. Links über Peggau liegt das Schloß gleichen Namens und rechts, jenseits des Stroms, der Flekken Feistritz, mit einem Kalvarienberg voll Kapellen und Gotteshäuschen auf kahlen und öden Felsen, hinter welchen sich eine sanftere Berggruppe in grauer Ferne ausbreitet. Die Berge sind immer noch, wie vorher, nicht eben hoch, aber steil und bloß waldig. Man kommt nach diesem Zaubertal wieder durch eine öde und steinige Enge in ein drittes, das schon viel sanfter wird und in der Milde des Abends unbeschreiblich auf mich wirkte. In diesem liegt rechts über dem Strom sehr anmutig, auf einem einzelnen schönen Berghaupte, der Wallfahrtsort Straßengel; bald treten rechts Strom und Berg näher, und man sieht die herrlichen Trümmer des alten Schlosses Gösting hoch im Gebirge und geht über die sogenannte Weinsiedelsbrücke, die die Mur wieder links läßt. Hier sah ich viele Leute aus Graz in einem stattlichen Wirtshause sich erlustigen, wanderte dann in das freundlichste Tal der Erde hinab und in den »Elephanten« im diesseitigen Graz hinein, der alten Brücke über die Mur gegenüber.

Hier fand ich frohe Gesellschaft. Am meisten ergötzten mich drei Tiroler Scharfschützen, die sich keck unter die Vornehmsten mischten, mit den Worten: »Tiroler machen keine Umstände«, und dann vom Kriege, von den Franzosen und Schweizern und von ihrem Geschütz sprachen. Sie redeten mit einer Freimütigkeit von ihren Freiheiten und von ihrem Regenten, die man hier sonst nicht kennt; besonders der eine, Jokei oder Jokele, sprach mit gewaltigem Ausdruck. So ging mir der Abend fröhlich hin, zuletzt sah ich im unteren Zimmer noch steirischen und alemannischen Tänzen zu und legte mich um elf Uhr aufs Ohr.

Ich hatte heute (den 17. Sept.) vortreffliche Gelegenheit, Graz so recht in seinem Glanze zu sehen. Gestern waren in der Vorstadt drei Häuser abgebrannt (das diente nun heute der schönen Welt zum Spaziergange, um die Verwüstung anzuschauen), und heute fing die große Grazer Messe an. Zur Mittagstafel kamen die Tiroler jubelnd und springend an. Der Natursohn hatte auf dem Schießplatz 150 Gulden und ein anderer 75 erschossen. Diese hier sind um des angekündigten Freischießens willen vierzig bis sechzig Meilen gereist, und diese Reisen machen sie oft zu allen Städten der umliegenden Provinzen. Sie waren munter und die Seele des Tisches. Nachher kam Musik, und nun wurde tirolisch und steirisch getanzt, mit der hübschen Wirtin, der niedlichen Kellnerin und einigen anderen Mädchen. Es ist so etwas Eckiges, Wildes und Abgehacktes in ihren Bewegungen und zugleich eine außerordentliche Gewandtheit. Es sind die Allemanden mit allen Verschränkungen, aber mit weit mehr Ausdruck und mit sonderbaren Stillständen und unerwarteten Abweichungen.

Die Tiroler tragen schwarze lederne Hosen, graue oder grüne Schuhe mit Bändern oder Schnürstiefel, eine Weste, bis hoch an den Hals laufend und vorn oder auch weit nach hinten zugeknöpft, immer Knopf an Knopf, und mit den bunten oder grünen Senkelbändern geziert. Ihr Rock ist hinten zu, wie ein Mantel, fast ganz steirisch, so wie auch der breitgeränderte Hut, den eine grün-weiße Kokarde ziert; allenfalls sind auch noch ein paar kleine Federn drangesteckt, nicht zum Schmucke, sondern, wie es scheint, zum Reinigen des Zündloches, weil sie nur etwa drei Zoll lang sind. Ihr Haar ist auf fränkisch oder oberdeutsch geschoren bis auf einen halben Zoll, mit einigen Pürzelchen hinten, die bis auf die Hälfte des losen Halstuches reichen. Die treffliche Büchse hängt in einem ledernen Futteral über der Schulter. So geht der Tiroler einher; aber was ihn am meisten charakterisiert, ist seine Freimütigkeit und Keckheit unter allen Menschen und jenes Selbstvertrauen und Menschengefühl, das man stark in allen seinen Zügen ausgedrückt findet, wie in dem raschen Bau und in den geschmeidigen Bewegungen seines Körpers.

Graz, die Hauptstadt des Steirischen, gehört seiner Lage nach gewiß zu den anmutigsten Städten der Welt. Die Mur, die hier schon ein ganz stattlicher Strom ist, fließt mitten durch, von Norden nach Süden, und östlich lehnt sich die eigentliche alte Stadt mit Graben, Mauern und Burg, westlich aber der Gries (die diesseitige, offene Stadt) mit seinen vielen Vorstädten daran, die mit Gärten untermischt und mit Landhäusern, Baumgruppen und Alleen der Stadt selbst das Aussehen eines lieblichen Gartens geben. Rund um die Stadt laufen lustige Berge und Hügel, mit Obst, Getreide und Reben bepflanzt und mit grünen Wäldern bedeckt. Nach Südosten aber breitet sich eine reizende Ebene mit fruchtbaren Feldern, Dörfern und den Wiesen und Büschen der sich schlängelnden Mur aus und verliert sich endlich im blauen Dunst der ferneren Berge. Ich bestieg die alte Burg und hatte von da eine der entzückendsten und himmlischsten Aussichten, so lieblich sah ich die Stadt und die Welt unter meinen Füßen, und so prächtig stiegen die Berge Gottes mit ihren Kirchtürmen und Schlössern empor. Im Norden, auf hohem Berge, liegen die stolzen Ruinen der Burg Gösting; im Osten steigen die Hügel treppenweise mit Landhäusern, Kirchen, Gärten und Weinstöcken empor. Man sieht die beiden Turmspitzen von Maria Trost romantisch herüberschimmern und tiefer unten am Berge das Hallerschloß. Im Westen, eine Viertelmeile von der Stadt, liegt im Tale das freundliche Eggenberg, ein Lustort seiner Bewohner, die durch eine Kastanienallee hingehen und -fahren.

Die eigentliche Stadt ist mit Graben und Mauern umgeben und hat ehedem wohl eine Festung sein sollen. Jetzt sind die Gräben zu schönen Wiesen geworden, und auf den Bastionen innerhalb der Stadt sieht man die Lustgärten der Großen. Das Glacis rundherum ist in Weide verwandelt und mit Alleen und Bäumen besetzt.

Das Sehenswerteste in der Stadt ist unstreitig der Schloßberg, ein stumpfer Kegel, den man mit keuchendem Atem erklimmen muß. Dieser könnte jederzeit zu einer starken Festung gemacht werden, da rings keine nahen Berge ihn beherrschen; aber Österreich war es lange nicht gewohnt, seine Feinde bis in die Steiermark kommen zu sehen.[109] Es sieht droben verfallen aus, und eine Kompanie Soldaten nebst einigen Strafgefangenen wohnt dort. Wenn man durch die gewaltig gemauerten Gewölbe geht, die mit Heiligenbildern ausgeschmückt und mit matten Lichtern dämmernd erleuchtet sind, und wenn es dumpf und dumpfer unter und um einen ertönt, so weht das Altertum einem recht magisch entgegen, noch mehr aber, wenn man die alten Ruinen und Türme selbst besteigt. Von dem Turm auf der höchsten Ecke hat man eine Aussicht nach allen Weltgegenden. Es wohnt ein Wächter darin, und oben liegt ein Elefantenkopf als eine Merkwürdigkeit. In der Stadt selbst sind mehrere hübsche und wenigstens ansehnliche Gebäude der Großen. Bei weitem das schönste ist das Lazarett, im Jahre 1787 unter Joseph in einem sehr edlen Stil erbaut. Auch ein hübsches Ballhaus ist hier. Die Gebäude des Statthalters, Erzbischofs und der Regierung sind hochansehnlich, aber altmodisch. Die Gassen laufen schief und krumm, besonders nach der Burg zu, wo die Stadt bergig ist; unten, nach der Mur, der Brücke und dem Markt hin, gibt es einige gerade. Wiener Pflaster darf man hier nicht suchen. Es sind die gewöhnlichen Feldsteine mit den Rinnen in der Mitte. Auch auf dem Gries und in den Vorstädten, die lang nach Norden und Süden laufen, stehen ganz hübsche Häuser sowie diesseits vor der Stadt um das Glacis herum, in Gärten und auf Wiesen, besonders am Sankt-Jakomini-Platz, wo es einige wirklich palastartige gibt. Auch unter der Burg im Norden liegt noch eine niedliche Vorstadt, und weiter östlich das Landschloß des Grafen Wurmbrand mit seinem netten Garten, der zum öffentlichen Vergnügen immer offensteht. Die Häuser sind fast alle mit Ziegeln gedeckt, und höchstens in den Vorstädten sieht man beschindelte Dächer. Zwei Brücken führen über die Mur, eine aus dem Gries in die Altstadt, gerade auf den großen Platz zu, und eine zweite weiter unten, die vom Jakomini-Platz zur Griesvorstadt geht und auch unter Joseph entstanden ist, so wie fast alle schönen Gebäude und der Jakomini-Platz.

Aus allem scheint es, daß die Stadt ein gewerbevoller und munterer Ort sei, obgleich freilich die Messe viele Fremde und viel fremdes Leben hereingebracht hatte. Es sind hier viele Manufakturen, die für ihre wollenen und baumwollenen Stoffe, Kattune, Strümpfe und auch Seidenstoffe bekannt sind, so wie Linz wegen seiner Tücher und Silberarbeiten berühmt ist. Die Vorstädte sind alle offen und haben mit ihren Gärten ein recht frohes ländliches Aussehen und freilich auch ländliche Lust und Luft, die für eine große Stadt immer viel wert sind. Die Einwohner scheinen ein frohherziger und munterer Menschenschlag zu sein. Doch sucht man die österreichischen Körper vergebens und sieht mehr breite und dicke und mehr Rundköpfe. Seltener sind die hübschen Mädel, auf die man in Bayern und Österreich bei jedem Tritte stößt; und Kröpfe und dicke Beine unterhalb der Waden, wie ich sie auch zuweilen in den Berggegenden Frankens sah, sind sehr übliche Gebrechen.

Einschiebsel

Begrüßen; Jetzt habe ich es heraus. Anfangs verwirrte ich mich oft und kam gut niedersächsisch mit meinem »Guten Tag!« und »Gott helf!« angestiegen und erhielt dafür:

»In Ewigkeit« als Antwort. Jetzt sage ich »Gelobt sei Jesus Christus!« und befinde mich bei der ganzen untersten Klasse wohl dabei. Fuhrleuten, Handwerkern und anderen gereisten Leuten kann man wohl ein »Guten Tag!« und »Guten Morgen!« zurufen. Ich hätte den Gruß schon seit dem Bambergischen im Kopf haben sollen. Man hört gewöhnlich nur »Jesus Christus«, der erste Teil wird bequem verschluckt.

Heilige Häuschen: Diese Betstätten, Heiligenschreine und Kruzifixe findet man an allen Wegen, unter hohen Bäumen, an Quellen und grünen Plätzen, oft mit so viel Geschick und Weisheit angebracht, daß man das feine Gefühl für Naturschönheiten bewundern muß, das die Erwähler hatten. Schade, daß sie nicht die elenden Klecksereien und Schnitzeleien, die Sinn- und Denksprüche und gar die Verheißungen anders machen konnten. Das ist oft über und unter allem Glauben läppisch und närrisch, und bis zu dieser Stunde ist es mir unbegreiflich, wie man noch zu unseren Zeiten allein den Anblick solcher Erbärmlichkeiten ertragen kann. Was habe ich nicht im Walde, was an der Straße gesehen! Was für eine Moral kann es geben, wenn man liest: »Wer bei diesem Kreuze fünf Vaterunser und fünf Ave Maria betet, hat zehntausend Jahre Ablaß, wer ein Vaterunser betet, hat einhundertvierzig Tage, dasselbe abgekürzt, vierzig Tage.«? So sind auch alle Zimmer und Gaststuben mit elenden Gemälden und Kupferstichen der Heiligen beklebt, und selbst draußen die Wände sind dagegen nicht gefeit; doch ist es hier, wie in Ungarn, schon weniger häufig als in Österreich und in der Obersteiermark. Abgesehen von diesen Heiligen aber sind die Zimmer der Bauern weit besser verziert und weit reinlicher und netter als im nördlichsten Deutschland, wo ein paar trübe und rußige Fensterscheiben kaum einen Schimmer

333

des Tageslichtes durchlassen. Die Wirtshäuser sind überall groß und bequem, meistens zwei Stock hoch, mit schönen Zimmern und Ziegeldächern und ganz guten Betten, obgleich Strohsäcke statt der Federn verwendet werden. Man hat doch feine Laken und eine hübsche, bunt gestickte oder gewebte Decke. Das Essen ist überall viel besser und wohlfeiler als in Sachsen und Franken und der Wein mittelmäßig, oft auch recht gut. So habe ich in Graz für ein Abend- und Mittagessen, Frühstück und Bett, nebst zwei Maß guten Weines, nur anderthalb Gulden bezahlt.

Die Wohnungen fangen seit gestern an, schon wieder mehr gemauert zu werden, doch gibt es noch hölzerne und balkige Wände, aber nicht aus ganzen, sondern aus etwa fünfzolligen Stücken; sehr vaterländisch aber war es für mich, gestern und heute auf der ganzen Wanderung fast lauter Strohdächer statt der Schindeln zu finden. Man sieht hieraus, wie alles bloß auf Gewohnheit ankommt und daraus entspringt. Warum hat der Österreicher lauter Schindeldächer, der doch mit Holz eben nicht allzusehr gesegnet ist? Und hier, wo die Tannen im Gebirge verfaulen, hier deckt alles mit Stroh.

Anders ist die Menschenbedeckung. Die Bürger und Vornehmen freilich sind meistens wie in Wien gekleidet; aber die gemeinen Steirer haben ihre ganz eigene Tracht. Die Männer tragen fast alle Schnürstiefel oder Schuhe mit Bändern und blaue oder grüne Strümpfe, schwarze lederne Hosen, bunte, grüne und rote Westen als Kamisol und mit Knöpfen in einer Reihe bis an den Hals zugeknöpft und mit den Hosenträgern bunt geziert. Hierüber hängt der Rock, eine Art Mantel, hinten ohne Schlitz und hoch über den Hüften in drei, vier Falten gelegt, weit und vorne gerade herunterhängend, ohne Knopf, es sei denn an den Taschen, sondern mit

Häkchen und Ösen dicht aneinander besetzt, die aber gewöhnlich offen sind. Die Lieblingsfarbe ist grün, dann braun und grau. Der Kopf ist altdeutsch oder jetzt neu-englisch geschoren und trägt einen flachen und breitge-ränderten Hut von grüner und grauer, selten schwarzer Farbe, der mit einem breiten Seidenbande und, wenn es stattlich sein soll, mit einem Goldbande umbunden ist. Die Tiroler haben fast dieselbe Art.

So wie die Männer tragen auch die Weiber ihre schwarzbraunen oder lappländisch-hasengrauen Jöpp-chen hochgeschnitten, recht nach der neuesten Mode, die Röcke wie gewöhnlich und graue, grüne oder blaue Strümpfe, meistens in Schuhen mit Bändern ohne Ab-sätze, seltener in Schnürstiefeln. Die reiche Fülle der Brüste hält eine weichere Art der thüringischen Sturm-harnische, worüber das lose Tuch geschlagen ist. Auch sie tragen, wenn es stattlich sein soll, gewöhnlich runde Hüte wie die Männer, den oberen Teil grau und die Oberseite der Krempe, wie die der Männer oft unten, mit grauem oder schwarzem Leinen, Taft oder Bänder-werk besetzt, so daß sie etwa wie umgestülpte Pilze aus-sehen. In der alltäglichen Tracht sieht man sie wohl auch in Mützen. Diese Art der Kleidung steht nicht gut, be-sonders kleinen dicken Körpern nicht, wie man so viele in der Steiermark findet. Denn die schönen schlanken Körper, die man in Österreich bei beiden Geschlechtern so häufig findet, fangen hier an, seltener zu werden, und es gibt gar viele kleine, knorrige und feiste Körper; und außer den vielen Kröpfen sieht man hier jene Elenden häufig, die auch ein Produkt der Berge sind und bei dik-ken Köpfen und Bäuchen, bei bleicher Haut und krum-men Beinen selbst die Organe der Sprache, wie die des Geistes, nur sehr unvollkommen haben; besonders ge-stern hinter Bruck bin ich auf mehrere gestoßen. Die Beine sind unten meistens zu dick, von der Wade an gerechnet; dies fällt besonders bei den Weibern auf, die überall mehr dazu hinneigen. Wenn indessen den Weibern in Vergleich mit den Österreicherinnen in der Gestalt viel abgeht, so gibt es dagegen oft sehr feine und viel ansprechendere und lebendigere Physiognomien als in Österreich, mit recht brennenden Schelmenaugen.Die Gesichter findet man häufig rundlich, die Wangen zart gerötet, fast wie am Rhein. Im ganzen sind die Steirer munterer und gesprächiger, flinker und zutraulicher als die Österreicher, die wirklich oft viel Träges und Überreifes haben. Mit der größten Bereitwilligkeit und Gefälligkeit sagen und zeigen und erklären sie alles und erwarten und vernehmen dafür gern wieder etwas. Ihre Sprache schon ist lebhafter, obgleich noch kauderwelscher, und ihr Tanz, der mit dem obigen Tiroler viel Ähnliches hat, drückt ihren Charakter aus, in welchem viel Kühnes und Rasches zu liegen scheint.

Wenn die Menschen in der Regel kurz und dicklich sind, so sind die Pferde in der Steiermark vorzüglich stark und dauerhaft, und man bekommt so kleine und schwache wie in Ungarn und Österreich fast gar nicht zu sehen. Ebenso ist das Rindvieh auch echt holsteinisch und nie mickerig. Schweine gibt es überall, auch im Gebirge. Warum sind Pferde und Schweine in den Bergen Thüringens und Frankens so selten?

Die Chaussee von Wien an ist sehr gut erhalten, und es sind am Wege in gewissen Entfernungen eigene Häuschen, worin die Wegausbesserer wohnen, welche jede Höhlung und Tiefe sogleich ausfüllen und zuhakken.

Ich wanderte also heute nachmittag gegen vier Uhr durch das lachende Grazer Tal in den Süden hinein und sah noch oft mit Vergnügen auf die freundliche Stadt zurück. Die Felder sind äußerst fruchtbar und so fett, daß ich vier der stärksten Pferde und vier Ochsen vor einem

Pfluge ziehen sah. Schöne Maisfelder bedecken das Tal
sowie Hirse, deren Ernte jetzt ist, Kürbisse unter dem
Mais, Kohl und weiße Möhren, auch einzelne Streifen
Klee und die bekannte ungarische Futtergrasart Mohár,
der hier Chense heißt. Alles dies zeigt sich im üppigsten
Wuchse, mit lieblichen Wiesen links am Strome, der nah
an dem linken Hügel hinfließt. Die Berge werden hier
sanftere Waldhügel, treten rechts weiter abwärts und
zeigen eine feine Ebene mit mancherlei Feldern, Türmen und Dörfern. Links am Strome liegt fast Haus an
Haus, aber alle ärmlich gebaut, schlechter als die der
Älpler und Holzknechte im Gebirge; viele ohne Schorn-
stein oder nur mit einem kleinen Rauchloch seitwärts
heraus. An der Straße waren sie denn doch meist besser,
die weißen Wände mit allerlei bunten Heiligen und anderen Schnurrigkeiten seltsam bemalt und fast alle mit
Stroh, die besten mit Ziegeln gedeckt.

So kommt man durch Feldkirchen und die Station
Kalsdorf endlich nach Neudorf, wo die Gegend entzük-
kend wird. Graz freilich ist mit seinen Bergen hinter
einem versunken, aber rechts dämmern die reizendsten
Hügel aus der Ferne, und die anderen kommen näher
heran, und näher wieder fließt links die Mur, von Wiesen und Weiden eingefaßt. Der Boden ist vortrefflich,
und Mais und Hanf stehen wie Rohr, und die Hirse fällt
in dicken Haufen unter den Händen der Schnitter, die
sie mit kleinen krummen Sicheln schneiden. Auch den
Mais gebrauchen sie als Futter, wenn die Fruchtkolben
abgenommen sind. Auch Denkmäler aus vergangenen
Zeiten erscheinen hier wieder: Schloß Weißenegg im
Gebirge über Neudorf im Osten und im Süden das
schöne alte Burgschloß Wildon, hochgetürmt, und weiter südwestlich und niedriger Schloß Schwarzenegg. Die
Mur rauscht nahe zur Seite. So wanderte ich unter den
Trümmern des alten Bergschlosses hin, durch den schö-

nen Markt Wildon, der in einer langen netten Gasse unter dem Berg hinläuft. Der Mond war aufgegangen; der Strom rauschte wilder abwärts unter mir, und im silbernen Nebel dampfte fernhin das Tal. Die Lichter des Himmels badeten zitternd ihre Wangen in den Fluten, die mit Schlangenarmen sich hier um manches liebliche Eiland winden. Mit den Grillen und Wachteln des Abends pfeifend, ging ich so noch ein halbes Stündchen fort und kam in Lebring an, wo ich über dem rauschenden Strom und unter den Liedern der Mais ausrupfenden Burschen und Mädchen dies geschrieben habe.

Franz, den 20. September

Ich wanderte am Dienstag, dem 18. September, des Morgens um sieben Uhr im heiligen Morgendampfe der Wiesen und Berge von Lebring ab. Die Mur fließt hier schöner denn je und bildet noch immer hie und da lustige Inseln, auf denen zum Teil Herden grasen. So geht es durch ein anmutiges Tal fort, zu beiden Seiten Berge, die abwechselnd Wein und Korn tragen und woran sich Schlösser und Kirchen lehnen. Rechts liegt der Flecken Leibnitz mit seiner hohen Wallfahrtskirche und links, dicht am Wege an der Mur, das niedliche Schloß Retzhof mit seinem Park und Garten. So kommt man durch Leitring über eine Brücke und hat die Mur nun rechts. Von hier über Vogau geht es durch Wiesen und reiche Gefilde nach Ehrenhausen, einer Station und einem Markt. Ich ging hier wieder über eine Brücke und sagte nun dem Strom, den ich nicht mehr wiedersehen sollte, Lebewohl. Ehrenhausen liegt am Berge und hat über sich ein sehr anmutiges altes Schloß und ein elegantes Türmchen mit den kolossalen Figuren von Herkules und Mars. Von hier kletterte ich eine Stunde lang immer bergan durch eine wunderschöne Gegend, die immer weiter und gewellter unter meinen Füßen sich ausbreitete. Endlich hatte ich die Hohe Platsch – so heißt das Gebirge – mit tausend Schweißtropfen erstiegen, lehnte mich an ein Geländer und sah im Nordosten eine Gruppe von Hügeln und Tälern, Feldern und Weinbergen, Strömen und Schlössern und Kirchen, alles in so lieblichen Farben und so reicher Fülle, wie sich die trunkenste Phantasie nur ein Elysium zaubern kann. Ich lagerte mich unter einem Walnußbaum und vergaß über all dem Schönen die Glut des heißen Tages und das mühevolle Klettern. Der Weg führt von hier nun eine lange Strecke bergab und bergauf, erst mehr durch Rebenhügel und lustige Täler, dann durch Waldungen von Walnüssen und Pflaumen und anderen Obstbäumen, teils auch unter Eichen und Buchen. So kommt man nach Marburg, einem netten Städtchen an der Drau, die hier als ein breiter und stolzer Strom unter hohen und schroffen Bergen fortschießt und eine Menge kleiner Schiffe und Flöße trug. Ich wanderte wieder bergan durch eine ebene Gegend von Kornfeldern, die nur in der Ferne Berge zeigte und zuweilen ein Birken- und Eichenwäldchen hatte. Am Wege passierte ich mehrere kleine Wirtschaften und die Dörfer Kötsch, Schleinitz und Oberpulsgau und nahm endlich in dem Städtchen Windisch-Feistritz um sieben Uhr Quartier.

Eine halbe Stunde hinter Feistritz sind wieder Berge und Rebenhügel (ich war nämlich seit Marburg meist auf einer Bergebene gegangen), und die Felder sind noch immer die alten: Mais und Heidekorn in Menge und Üppigkeit, Kohl und Möhrenpflanzungen, Hanf und sehr kurzer grüner Flachs, Kürbisse und Hirse, selten Himmelstau, eine Art brauner Hirse, die der Italiener Saggina nennt. Auch heute sah ich die Stäbe, wie in der Gegend von Mariazell, oft drei Mannslängen hoch, woran die Leute Hirse und Heidekorn oder Erbsen und

Bohnen pyramidenförmig hinaufbinden. Mit den Wohnungen ist es auch noch fast dasselbe, unten sind sie oft ganz, oft halb aus Holz, manchmal auch gemauert, einige Dächer sind beschindelt, mehrere mit Stroh gedeckt, andere wieder mit Ziegeln. Viele waren so ärmlich, daß sie mich lebendig an mein Vaterland erinnerten. Manche sind rundherum ganz mit Kürbissen und Mais umpflanzt und umhangen, wie man in unseren Fischerdörfern zuweilen die Heringe und an einigen Orten ganze Reihen von Äpfeln zum Trocknen in die Sonne hängt. Man hört schon häufig Windisch, und auch die Tracht fängt an windisch zu werden, und mit den steirischen Wämsern und Hüten ist es vorbei. Bei einigen wenigen Weibern habe ich, wie in Ungarn, das Haar in einzelne Zöpfchen geflochten gesehen. Die Männer tragen statt der Schnürstiefel unsere gemeinen Bauernstiefel und weite Hosen, runde kleine Hüte und kurze, schwarzgefärbte leinene Hosen. Alle fast haben einen kleinen bunten Sack wie eine Jagdtasche auf dem Rükken, worin sie auf Reisen die notwendigsten Gegenstände des Bedarfs aufbewahren. Die Weiber gehen fast ganz wie die pommerschen, gewöhnlich mit schwarzen Röcken und blauen Schürzen und flachen weißen, seltener schwarzen Mützen mit anliegenden Häubchen. Gewöhnlich tragen sie obendrein noch ein weißes Tuch über dem Kopf, nicht das häßliche gezipfelte aus Franken, sondern ganz hübsch, wie man wohl die Mater dolorosa malt. Um die Mitte schnallen einige einen blanken Gurt mit Silberdrähtchen, auf Leder gelegt, und alle statt des Bandes unserer ärmeren Weiber einen langen Riemen aus Leder, mit blankem Silber, Messing oder Drähtchen verziert, woran unten das Messer beinahe bis auf die Füße hinabhängt. Man könnte hier viel über die Verwandtschaft der steirischen und pommerschen Slawen schwatzen, die vielleicht auch in diesen Kleinigkeiten sich noch offenbart; doch die Andeutung sei genug. Die Gestalten sind nicht vorzüglich, selten sieht man einen starken und rüstig gebauten Mann, desto mehr aber von der kleinen und welken Art. Dies kann man auch vom Vieh sagen, das ich nun die letzten acht, neun Meilen gesehen habe. Die großen Pferde werden Klepper, und die Ochsen, so klein, wie man sie in einigen Gegenden des Fichtelgebirges sieht, müssen hier erbärmlich bergan ziehen. Unter den Kühen sieht man die silberweißen schlanken von ungarischer Rasse, aber doch nicht von ungarischer Stämmigkeit. An Putern und Schweinen gibt es auf allen Feldern eine zahllose Menge.

Mittwoch, den 19. September

Um sieben Uhr ging ich rüstig von Feistritz aus und erreichte in wenigen Stunden die erste Station, Ganobitz. Erst hatte ich um mich anmutige Hügel, mit Reben bedeckt, dann zogen die Berge sich zurück, und ich wanderte durch ein kühles Tal unter Erlen, Birken und einzelnen Wohnungen fort, sah die gewöhnlichen Pflanzungen und schöne Wiesen und Klee. Bauart der Dörfer, windische Tracht und Sprache sind noch dieselben. Ganobitz ist ein kleiner Flecken mit einem schönen alten Schlosse am Berg, wo ich gern hinaufgeklettert wäre, wenn meine Reise mich nicht gedrängt hätte. Hinter Ganobitz wird der Weg enger, und man geht eine halbe Stunde immer unter Bäumen sanft bergan, bis einen das Gebirge immer höher und schroffer umschließt und man endlich unter drohenden Felsen und hohen Bergzacken und Bäumen wandelt. Es ist ein schauerlicher Weg, Raben fliegen über den Köpfen und Geier, und einzelne Menschen hacken Steine und füllen sie in die Lücken der Chaussee. Desto lauter ist das

Schreien der armen Fuhrleute und Treiber, die mit ihren Pferden und Ochsen bergan müssen und die Tiere nicht von der Stelle bringen können. Ich rannte indessen an allen vorbei, wie mein Mut immer mit der Mühe und dem Schmerz wächst, mußte aber doch endlich unter einem Birnbaum mich niederwerfen und Atem holen. Dann erklomm ich die Höhe des Berges Pollena, oder des Ganobitzer Berges, und hatte hinter mir im Nordosten, woher ich kam, eine schöne Aussicht. Doch reichte sie nicht an die von der Platsch heran, weil die Gegend hier nicht so reizend mannigfaltig und von keinem Strom durchwässert war. Hier genoß ich eine Weile die Luft des Himmels und die Größe der Erde und trabte dann mit derselben Mühe hinunter, mit welcher ich hinaufgeklommen war. So geht der Pfad eng und einsam an fließenden Bächen hin, unter einigen alten Türmen vorbei, bis nach Hohenegg, das am Anfange des Tals mit seinem alten Schlosse sehr heiter daliegt. Die Hitze war schrecklich, die Ebene schön, mit Wiesen und Feldern und Waldbergen in der Ferne, freilich ohne Reben, aber doch anmutig. Die Dörfer waren trotz der fruchtbarsten Felder ärmlich; um so schlimmer für ihre armen Bewohner. Schöne Kirchen und einzelne Landhäuser lagen seitlich des Weges. Um zwei Uhr war ich in Cilli und ließ mir Wein und Brot und Käse geben. Das Städtchen ist diesen Frühling fast ganz abgebrannt, und alles ist mit dem Bauen beschäftigt, welches ein künftiges Feuer leicht ebenso verheeren kann, denn leider decken die meisten wieder mit Schindeln. Ich ging in der Stadt umher und sah die Greuel der Verwüstung und die Wiederherstellung. Die Gegend um Cilli ist himmlisch, und es scheint gleichsam, als müsse hierzulande jede Stadt ein liebliches Tal beherrschen. Das Schloß über seinen verbrannten Mauern mit den hohen Türmen und der weiten, jetzt freilich zerbröckelten Ringmauer blickt weit und majestätisch in die Ferne. Es liegt, fast wie eines der thüringischen, auf einem abgestumpften Kegel und hat in den ritterlichen Zeiten sicher eine sehr wichtige Rolle gespielt; jetzt sieht man Birken und Tannen schon aus seinen Ruinen wachsen. Der Weg von Cilli geht immer durch ein Tal, bald über Wiesen und Felder, bald durch Büsche und Dörfer, die ganz pommerisch aussehen. Endlich verschwindet das Tal, der Weg läuft durch eine schauerliche Enge bergan. Man sieht im Gebirge alte Türme und Gemäuer und einzelne Weinstöcke. Zuletzt sah ich sie im Schimmer des Mondes und kam dann um acht Uhr in Franz an. In zwei, drei Gasthäusern war kein Zimmer frei, wegen der nach Italien marschierenden Truppen. Endlich quartierte ich mich im »Lampl« ein und hatte meine Unterhaltung mit drei Offizieren, bis sie sich zum Spiele zurückzogen und ich mich zu Krebsen und Forellen setzte.

Der Charakter der heutigen Gegend ist anders, aber der der Menschen und ihrer Wohnungen wenig, nur daß letztere hie und da nach ungarischer und pommerscher Art gebaut sind. Manche indessen, auch Bauernhäuser, sind gar fein und mit Bildern von Heiligen, mit Engeln, mit Reitern und Husaren bemalt. Die Brunnen sind offen und mit großen Schwingbäumen ausgestattet, selten mit Pumpen. Die Heiligenbilder und Kruzifixe sind alle in kleinen Häuschen eingefaßt und hie und da reichlich mit Kränzen und Blumen verziert. Die Menschen haben fast ganz die alte windische Tracht, nichts steirisches mehr, und der gemeine Mann spricht schon Windisch. Wagen, Hüte, Stiefel, weite Hosen sind fast wie in Pommern. Selbst unsere Zäune findet man hier allenthalben wieder. Etwas Sonderliches aber sind einige Schuppen oder Scheunen, oft bloße Gerippe, drei, vier Ellen breit, mit einem Dache drüber, worin man Klee, Erbsen, Bohnen, Hirse zu beiden Seiten flicht, von Wind und Sonne trocknen läßt und dann drischt. Oft sind es ganze Gebäude, bloß oben gedeckt, in der Mitte mit einem solchen Gerippe, vier bis fünf Ellen breit, wo das Korn hineingetan wird, und zu beiden Seiten mit einem ähnlichen Flechtwerk aus Balken und Sparren, wo diese Getreidearten wieder herumgewickelt werden. Man findet sie sehr häufig auf den Feldern wie auch in den Dörfern. Die Häuser sind zum Teil unten gemauert, zum Teil aus halbdurchsägten Stämmen, wodurch die Fenster, mit Gittern davor, klein herausgucken. Meistens sind sie mit Stroh gedeckt, selten geschindelt, seltener geziegelt. Die Wirtshäuser, auch in den elendsten Dörfern, sind ganz stattlich. Das Korn wird fast durchwegs mit der Sichel geschnitten, das Gras mit der Sense gemäht. Eine ganz eigene Art dieses und des steirischen Landes, die auch nach Italien hineinreicht, ist es, alles auf dem Kopfe zu tragen; besonders bei den Weibern ist dies üblich: es sei, was es wolle, Hartes und Weiches, Trockenes und Flüssiges, es wird auf den Kopf gepflanzt, dem man eine Unterlage, einen Wulst aus Wolle, gibt, worauf sie alles so ins Gleichgewicht zu bringen wissen, daß sie rasch gehen und die Hände herabhängen lassen können, ohne daß es herunterfiele. Die Kröpfe verschwinden, und Menschen und Vieh werden wieder stattlicher, obgleich das Land hinter Cilli weniger fruchtbar ist. Die Menschen sind freundlich und zutraulich, nicht kriechend wie der ungarische Bauer. Leinene Kittel findet man nicht, sondern alles ist braunwollen, auch weiß und rot; weiße und blaue wollene Strümpfe sieht man häufig und graue oder schwärzliche leinene Hosen.

Aus mir hat man schon allerlei gemacht. Viele, vielleicht die meisten, haben mich für einen Franzosen gehalten. So fragte mich neulich ein Wirt, ob ich nicht ein Franzose sei und französisches Geld brauchen könne. Er habe noch herrliches Papier vom letzten Kriege. Ich sagte ihm, auch als Franzose würde ich solches Geld nicht einwechseln. Der Bauer auf dem Wege hält mich wegen meines grauen Kleides und blanken Säbels für einen Offizier und weicht so einem herrischen Wesen ehrerbietig aus. Die Wirte zermartern sich den Kopf, in welchen Diensten ich stehe, wenn ich nicht so barmherzig bin, mich ihrer Neugier zu erbarmen. Selbst kaiserliche Soldaten fragen so unter sich. So hörte ich gestern im Vorbeigehen einen sagen: »Nein, er ist ein Pfälzer.« Ich tue es immer den Ersten gleich, das hilft, und so hält man mich nicht für den Letzten; vorzüglich, weil ich meist eine gute Zeche mache.

Laibach (Ljubljana), den 20. September

Hier sitze ich in der Gesellschaft von einigen Offizieren, Kaufleuten, einem Pächter und einem exilierten italienischen Marchese im »Stern« an einer guten Gasttafel und lasse mir Wein und Essen wohl schmecken. Die ganze Unterhaltung, bei der ich klug den Zuhörer mache, dreht sich meist um den jetzigen Krieg, und das Thema aus aller Munde ist: »Quest'è una cattiva guerra, il Buonaparte è una grandíssima testa.« Der König von Preußen heißt nur: »il traditore, il distruttore della Germania e della Casa d'Austria«. Endlich gegen zehn Uhr trennt sich die Gesellschaft, und ich schreibe.

Von Franz an geht der Weg meist durch ein enges Bergtal, dessen Berge nicht hoch, aber unbebaut und mit bloßem Buchen- und Eichengestrüpp bedeckt sind. Hie und da lehnen sich einzelne Wirtschaften und Dörfer an den Berg oder an eine Wiese. Endlich, nachdem man drei Meilen gegangen ist, breitet sich mit Wiesen und Feldern eine feine Ebene aus, worauf man indessen nichts sieht als Heidekorn und einige Streifen Klee. Das

Gebirge rechts wird höher und wendet sich von Süden mehr nach Westen, indem es mit weißen und schroffen Zacken in die Wolken steigt. Man geht selbst jetzt auf der Heerstraße ganz in den Westen hinein und hat links eine weite Fläche. So kommt man eine Stunde vor Laibach auf die Brücke der Save und hat eine der lieblichsten Aussichten, die sich denken läßt. Der Strom fließt rasch wie ein echter Bergsohn, bald seicht, bald mit tiefen Strudeln, südwärts. Rechts stehen große Berggruppen mit Trümmern alter Schlösser, links im Süden sieht man die Burg oder das Kastell von Laibach und den Strom und vor sich eine lachende Ebene. Ich wanderte im Schimmer des freundlichen Abends in Laibach ein.

Diese Stadt liegt zu beiden Seiten der Laibach, die eine halbe Stunde von hier in die Save fließt; sie ist meist unregelmäßig und hügelig, besonders nach dem Kastell hin; übrigens ist sie ganz offen. Die Vorstädte umher sind kümmerlich und haben die Häuser und Scheunen zum Teil mit Stroh und Schindeln gedeckt. In der Stadt sieht man jedoch wenige Schindeldächer. Die beiden besten und geradesten Gassen sind unstreitig die, die zu dem großen Platz hinführt, und die Wiener, und man findet da manche recht hübsche Häuser, ja einige schon nach italienischer Weise mit flach werdendem Dache. Das Pflaster ist schlecht, und die Rinnen der Gassen sind meist in der Mitte. Die Hauptkirche ist groß und hat ein Paar stattlicher Türme. Ich mußte dort gleich beim Herausgehen niederknien, so sauer auch meinen Knien diese fromme Übung ankam. Man klingelte eben die geweihte Hostie zurück, und alles Volk stürzte wie angedonnert sich bekreuzigend zu Boden. Schön liegt das alte Schloß östlich von der Stadt mit seinen Türmen und Mauern unter grünen Bäumen, die wie ein Wald bis unten an die Stadt hinablaufen. Schöne Menschengestalten habe ich hier vergebens gesucht, so sehr der große Platz und die anderen Tummelplätze von Menschen auch wimmelten. Desto mehr Pfirsiche, Weintrauben, Zitronen, Schildkröten und Krebse sowie alle Arten Korns sah ich und hörte das gellende Zusammenklingeln der Tiroler und lombardischen Ausschreier von »salami veronesi« und »formaggi parmigiani«. Überall merkt man es an den Preisen und Speisen, daß man Italien näher kommt. Die Speisen sind wirklich derber und doch viel schmackhafter und leckerer zubereitet als weiter unten, aber dafür muß man auch, selbst in elenden Dorfschenken, alles doppelt bezahlen.

Freitag, den 21. September

Mein Weg ging bis Oberlaibach eine Meile durch Blachfeld, mit Waldbergen und Hügeln zu den Seiten und Heidekorn, Klee, Kohl und Rüben auf den Feldern. Das Land scheint nicht fruchtbar, so wie die gestrige Ebene und auch die gestrigen Berge den vorigen nicht gleichkamen und kaum Wein, Kukuruz (so nennt man den Mais) und Himmelstau zeigten. Es ist häufig ein kalter Moorgrund mit Binsen und Torfgras. Hinter Oberlaibach geht nun eine ganz eigene Gegend an, welche mit mehreren niedrigeren Abwechslungen bis Triest über zehn Meilen fortdauert. Schroffe Berge steigen gleich hinter diesem Dorfe empor, und sie sind nicht niedrig. Man hat den Weg mit großer Arbeit in tausend Windungen durch das Waldgebirge geführt und hie und da erhöht, mit Seitenmauern gestützt und mit Brücken und Gemäuer über Tiefen und Abgründe geleitet. Die Seitenwände der Berge sind teils mit Buchen und Eichen bekleidet, teils kahl, und der Weg läuft bald tiefer, bald höher. In den Gründen haben sich denn die Menschen angesiedelt und den Steinen und undankbaren Bergen kleine Wiesen und Felder abgewonnen. Die Dörfchen sind jedoch wirklich besser gebaut, als man dies in einer so öden Bergkluft erwarten sollte. So mußte ich einen heißen Tag auf- und abklettern, bis ich nach Planina kam, das mich reichlich für alle Mühen entschädigte, so wild und romantisch liegt es da, hart unter dem Gebirge. Im Südosten ist eine tiefe Schlucht unter schönen grünen Wiesen, durch die ein Waldstrom unter einem alten Turm hinrauscht. Der Weg läuft in Schlangenwindungen immer bergan um die Schlucht herum. Man bahnt jetzt aber einen näheren über diese Tiefe und das Bergwasser, und schon hat man einen guten Teil durch Felsen gesprengt und angefangen, die Brücke auf großen Balken über den Strom zu führen. Ich ging entzückt die Spitze hinan auf steinigem Wege, sah noch einmal in dies tiefe Tal hinab und dann nach Adelsberg, wo ich eine dicke Wirtin fand, die aber guten Wein, gebratene Krammetsvögel, Fische und Krebse und ein weiches Bett zu bieten hatte.

Häuser und Wohnungen bleiben noch immer, bis auf kleine Unterschiede, den vorigen gleich, doch die gesparrten und belatteten Schuppen sieht man weniger, vermutlich weil sie nicht so viel darin aufzuhängen haben. Das Wasser wird seltener, desto süßer erquickt es den Wanderer, wenn es aus einer Rinne oder einer hölzernen Röhre hell wie Kristall aus dem Berge sprudelt. Das Vieh ist das alte, doch sind die vorgespannten Ochsen sehr klein und können, sechs bis acht an der Zahl, doch nicht immer die Berge hinanziehen; man fährt auch mit Kühen und spannt sie wohl mit Pferden zusammen ein. Sie ziehen mit der Brust unter einem im Feuer ziemlich gekrümmten Joche, nicht mit dem Haupte. Die Ochsenwagen sind sehr lang und laufen auf vier niedrigen Rädern; auch ihre Erntewagen sind in der Regel um drei Ellen länger als die unsrigen im nördlichen Deutschlande. Der Pflug hat zwei Sterzen und ein sehr

348

weit abstehendes und langes Legbrett. Sie müssen in dem steinigen und kalkig-lettigen Boden tief pflügen und also viel vorspannen; so habe ich sechs Ochsen hintereinander gesehen. Man findet hier häufiger als im Steirischen Kartoffeln auf den Feldern und Tischen. Die Schafe hier im Gebirge sind zu über zwei Dritteln pechschwarz. Das Gebirge selbst nährt wenige Rehe, Hirsche, Hasen, Füchse und Wölfe, welche im Winter in Menge hervorkommen.

Die Menschen auf den Dörfern haben alle kein recht kräftiges Aussehen; wenigstens weiß ich mich keines Bauern zu erinnern, den ich mit diesem Worte bezeichnen möchte. Die Körper sind dürr und schwankend und große und stattliche selten. Hübsche Gestalten habe ich weder unter Männern noch Weibern gesehen. Die letzteren sind meistens unförmig dicklich, mit runden Köpfen, welche bei wenigen durch schwarze lebendige Augen interessant werden. Doch scheinen sie ein munteres und frohherziges Völkchen, das gern lacht und plappert, obgleich ich leider von dem ganzen Getöse kein Wort verstehe; denn alles spricht ein Gemisch aus Windisch, Slowenisch und Italienisch, und nur die Wirte in den größeren Dörfern müssen ihres Gewerbes wegen Deutsch verstehen. Ihre Tracht wird unserer pommerschen immer ähnlicher; lange Stiefel mit weißen oder blauen wollenen Strümpfen, schwarzgraue leinene Hosen, rote und bunte oder weiße tuchene Jacken mit blauen oder roten Leibbinden. Unsere leinenen Kittel sieht man nirgends, wohl aber haben sie einen braunen Überzieher, halb Rock, halb Mantel, ganz nach dem Schnitt des steirischen. Die Weiber haben die kurz vorher beschriebene Kleidungsart, doch sieht man jetzt fast nichts als Stiefel statt der Bänderschuhe und Schnürstiefel; diese sind entweder ganz schwarz und laufen in einem Stück hinauf oder kurz, bis zu den Knöcheln reichend, und haben dort einen Einsatz von ganz weichem, braunem Leder, wie gefaltete Strümpfe. Das Hemd ist über dem Busen in tausend Falten gelegt und wird an der Kehle durch eine kleine Spange zusammengehalten; das Haar ist dicht um einen bunten, mit einem roten oder gestreiften Bande umwundenen Zirkel zusammengeflochten, und darüber liegt ein flaches Mützchen und über diesem, oder über dem bloßen Haare, gewöhnlich das weiße Schnupftuch. Die Männer tragen auch hier, wenn sie unterwegs sind, noch die bunte Tasche, die gewebt oder aus altem Tuche zusammengenäht ist.

Sonnabend, den 22. September

Adelsberg liegt in einer sehr öden und rauhen Gegend, ein altes zertrümmertes Bergschloß über sich; wie man fortgeht, wird die Wüste und Einöde immer größer. Seine Höhlen sind berühmt, aber mich trieb die Sehnsucht nach dem Süden weiter und noch mehr das Gerücht, das ich in Laibach vernahm, es würde nächstens ein Embargo auf alle Schiffe in Triest gelegt werden wegen des Truppentransportes nach Italien. Ich ließ also die Höhlen Höhlen sein und ging fürbaß. Anfangs hat man doch noch zuweilen Wald, aber zuletzt sieht man bloß dürres Gestrüpp und eine Sintflut von nebeneinander hingestreuten Kalksteinen. Wo eine kleine Vertiefung ist und ein wenig Feld und Wiese sich anlegen ließen, da sieht man auch ein Dörfchen oder Häuschen, Heidekorn und Kohl, und die Steine sind mit viel Mühe weggewälzt. Solche kleinen Felder mit Rüben und Heidekorn trifft man oft mitten in einer Steinwüste und ist erstaunt über den Fleiß und die Mühseligkeit der arbeitenden Menschen. Das Wasser ist selten und schlecht. Man trifft in diesen Steinen und Feldern große Gruben und trichterförmige Kessel, die wie Krater ausgebrannter Berge aussehen und worüber oft der Weg gemauert ist. Einzelne Herden schwarzer und weißer Schafe weiden ferne an den Bergen, und auf den Spitzen derselben liegen Trümmer alter Schlösser, aus ebendem Stein gebaut und ebenso düster und traurig auf den Wanderer herabblickend. Alles fast hier im Gebirge ist aus diesem Stein: die Mauern und Dächer der Kirchen, die Wände und oft die Dächer der Häuser, die Einfassung der Gärten, Felder, Wiesen und Dörfer. Einige Meilen vor Triest sieht man auf diesem Gestein in den Feldern und Gärten herrliche Weinstöcke und Trauben daran, so voll und üppig, wie ich sie noch nicht gesehen habe. Sie sind meist an Ulmenbäumchen gepflanzt, die in einer Reihe, sechs bis sieben Fuß auseinander, stehen, und schlingen und winden sich gleich schönen Girlanden, freilich von Menschenhand geleitet, um diese herum. Wahrscheinlich wüchsen sie an mehreren Stellen des öden Gebirges recht gut, wenn es nur Menschenhände genug gäbe, die Steine wegzuräumen und den Boden urbar zu machen. Die Sprache hier ist ein Kauderwelsch, das heißt ein Gemisch von Deutsch, Slowenisch und Italienisch, wovon ich, so wie sie aus dem Munde dieser Leute ertönt, kein Wort verstehe.

In Optschina (Opčina), eine Stunde vor Triest, hielt ich an, trank einen guten Wein, ließ meinen Paß vom K. K. Grenzzollamt visieren, lief dann rasch die Höhe hinan und sah nach einem halben Jahr zum ersten Male das Meer. All mein Blut kochte vor Freude, und mein Herz schlug höher. Aber ich wollte mir nichts verderben und wandte also meine Blicke, indem ich mit meinen müden Füßen rechter Hand auf spitzigen Steinen die höchste Höhe hinter Optschina erstieg, wo Menschenhände fünf bis sieben Fuß hoch eine Art Gemäuer aufgestapelt hatten. Hier setzte ich mich und sah auf die heilige Flut des mütterlichen Meeres hinab. Unten in der Bucht sieht man die niedliche Stadt mit ihren schönen Häusern und einer Menge Masten und der prächtigen Mole. Weithin zu beiden Seiten laufen die schön gebogenen und durchschnittenen Ufer bis in eine blaue Dämmerung fort, und kleine und große Segel fahren überall über die blauen Fluten, auf die die Sonne ihre letzten Strahlen wirft. Graue Berge steigen ferne hinter der Stadt auf, und näher liegt sie in einem Kranz von Eichen, Ölbäumen und Weingärten, mit netten Landhäusern und Gartenhäuschen geschmückt. Hiezu denke man sich das Rasseln der Wagen, das Knallen der Kanonen und das Tosen vom Hafen her, das bis zu mir drang; hiezu die Sonne des heitersten Abends, bereit, ihr letztes Licht ins Meer zu tauchen, und man findet es begreiflich, daß tausend Erinnerungen in mir erwachten. Ich wankte wie berauscht den Berg hinab, zuletzt auf einem steinigen Pfad, der steil zwischen Weingärten ans Meer lief. Es war Dämmerung, als ich unten anlangte, und ich ging an einigen terrassierten Gärten vorbei, wo helle Lichter unter offenen Portiken brannten. Aus einem tönte ein Gitarre, von einer hellen Stimme begleitet, zu mir, und ich rief und fühlte zum ersten Male: Italien! Ich ging in die Stadt hinein, spazierte ein halbes Stündchen hauptsächlich unter dem lustigen Volk auf dem Markte herum und nahm dann in einem Gasthause an eben diesem großen Platze Quartier, wo ich ein Zimmer mit einem zierlichen Balkon habe und also immer mitten unter der Menge bin. Es wurde gut gegessen und getrunken, mit Engländern geradebrecht und über Nelsons Sieg bei Abukir[110] politisiert, und so legte ich mich dann nach den Strapazen des heißen Tages zur Ruhe.

So habe ich denn wieder einen kleinen Marsch von zwölf Tagen gemacht, der mit der Wanderung nach Mariazell wohl nahe an die siebzig Meilen ausmacht, und bin von einem Ende des heiligen deutschen Vaterlan-

Prospekt der Stadt Triest, Ende 18. Jb.

des, das jetzt so sehr entheiligt wird, bis zum anderen gewandert; und werde bald in das Land der Zitronen und der Banditen übergehen.

Triest

Diese Stadt gehört zu den anmutigsten meiner gesamten Reise. Sie liegt an einem kleinen Busen des Adriatischen Meeres, und gleich hinter ihr und zu beiden Seiten steigen Hügel und Berge empor, woran sie sich lehnt. So streckt sie sich von Osten nach Westen am Meer hin und hat im Norden die Berge im Rücken und südwestlich das Meer. Zunächst unter der alten Festung sind die Häuser klein und runzelig und die Straßen eng und schmutzig, und man findet hier Sackgassen, die mit allen möglichen Exkrementen des Tier- und Pflanzenreichs einem so unangenehm begegnen, daß man auch ohne ihre Verschlossenheit einen anderen Weg einschlagen würde. Diese kleinen, ärmlichen Wohnungen sind noch Überreste der alten Stadt, das andere hat sich verjüngt oder ist neugeboren, seitdem der Handel der Stadt einen neuen Schwung gegeben hat; und man sieht um den großen Platz, um die Kanäle und überall in der Ebene am Meer hin viele sehr schöne und nette Häuser, sogar manche, die man Paläste nennen möchte. Da sind die Straßen gerade und breit und mit breiten Quadern gepflastert, die sie dem Fußgänger sehr bequem machen. Drei oder vier Kanäle laufen ziemlich tief in die Stadt hinein und erleichtern den Transport beim Aus- und Einladen sehr. Der längste ist der, welcher bis an die Antoniuskirche läuft und den »Ponte Rosso«, oder die Rote Brücke, über sich hat. Es mangelt nirgends an großen, stattlichen Plätzen, mit hübschen Häusern umgeben, aber doch ist der Platz, den man »La Gran Piazza« oder den großen Markt nennt, der bedeutendste. Hier befinden sich die Hauptwache und das Kommandantenhaus an der einen und Rathaus und Regierung, ein stattliches Gebäude mit einem großen Portikus, an der anderen Seite. Die schmälere Seite zwischen diesen Gebäuden nimmt die Kirche ein, und das breitere östliche Ende fassen schöne Kaufmannshäuser ein. Am östlichen Ende des Platzes prangt eine Säule auf einem Brunnen zu Ehren des Wiederherstellers der Stadt, Karls VI., wo seine Verdienste um sie und um Handel, Schiffahrt, Ackerbau und Gott weiß was sonst, woran seine Seele wohl nie gedacht hat, mit allegorischen Hautreliefs dargestellt sind.[111] Auf einer anderen, gleich daneben, ist er selbst im Brustbilde dargestellt. Wenn man von diesem Platze auf den »Ponte Rosso« zugeht, breitet sich wieder ein großer unregelmäßiger Platz aus, und rechts ist ein schönes großes Kaffeehaus, wo man tagaus, tagein, bis spät in die Nacht hinein, Gesellschaft und Jubel findet und fast sicher ist, die Leute zu treffen, die man zu Hause nicht vorfand. Gleich an die Stadt stößt der Hafen, der eigentlich ein künstlicher ist und in welchen bei Stürmen das Einlaufen immer recht schwer sein muß. Gegen Nordosten, Norden und Westen sichern die hohen Berge ihn vor gewaltigen Stürmen, und gegen Südosten schützt ihn der »Molo« vor der Gewalt der Fluten und noch mehr vor Verschlammung und Versandung, welcher er sonst ausgesetzt sein würde. Sicherlich ist dies ein tüchtiges Werk, etwa tausend Schritt vom östlichen Ende der Stadt wie die Fangschere eines Krebses ins Meer hineingebaut. Die Mauern sind mit Sand und großen Steinen gefüllt und unten mit mächtigen Quadern gemauert, die gezackt desto kräftiger den andringenden Fluten die Stirn bieten. An der Außenseite hat man zwanzig bis dreißig Schritt weit große Steine ins Meer gesenkt, um die erste Gewalt der Wellen zu brechen. Am Eingange und am Ende stehen Wachen, und in der Mauer sind Luken für Kanonen, um den Hafen zu sichern. Es ist ein angenehmer Spaziergang, der eine feine Aussicht auf die Stadt vom Meer her und eine große und weite über das Meer hinaus gibt. Diesem »Molo« gegenüber, unter den hohen Bergen von Optschina am Ufer, liegen, etwa sechs- bis achthundert Schritt von der Stadt, der Hafen und die Gebäude, wo die Levante-Schiffe Quarantäne halten müssen. Ich ging eines Abends dahin, weil es unter den Bergen und Landhäusern ein sehr hübscher Spaziergang ist. Der Aufseher fragte mich, ob ich Lust hätte, zweiunddreißig Tage drinnenzubleiben, ließ mich aber doch ein. Es wimmelte drinnen von Menschen jedes Standes und Alters, die ruhig nebeneinander spazierten, saßen oder arbeiteten. Sie schienen das Unangenehme nicht zu fühlen, an einem der schönsten Sommertage in einem so engen Raume eingesperrt zu sein. O die Notwendigkeit, wie gewaltig ist sie und zugleich so leicht! Wußten sie doch vorher, daß es so der Brauch ist. Es waren ganz feine Männer drunter: Muselmänner, Italiener, Griechen und Deutsche; auch einige hübsche Weiber und Jungfrauen. Einige aßen die Früchte des Jahres, andere saßen zechend an Tischen unter freiem Himmel; die Matrosen und die gemeinen Passagiere arbeiteten, und einige tanzten lustig zu einer gräßlich gekratzten Violine herum. Alle Schiffe, die aus der Levante kommen, müssen ohne Ausnahme vierzig Tage hier liegen und dürfen dann erst in den ordentlichen Hafen einlaufen und löschen. Die Passagiere kommen nach zweiunddreißig Tagen frei, doch bleiben sie den Umständen nach auch länger.

Hoch über der Altstadt liegt die Burg mit ihren Mauern und Türmen, aus denen große Maststangen und Flaggen hervorragen. Alles trägt hier die Spur des Alters und der Unlieblichkeit. In den alten Wohnungen sind Soldaten einquartiert und hinten hinaus Gefangene. Die Kirche droben ist merkwürdig genug wegen ihrer alten Art und wegen des Düsteren und Schauerlichen drinnen. Dieses altertümliche Aussehen wird noch vermehrt durch die alten Steine mit römischen Inschriften, die man hie und da in die äußere Mauer, zum Teil ganz, zum Teil zerbrochen, eingeflickt findet. Vor ihrem Eingange, auf einem grünen Platze, rauschen hohe und mächtige Bäume. Man hat von hier und von der Burg eine hübsche Aussicht über das Meer und die Stadt und kann fast gerade in ihre Gassen und Plätze hinabsehen; unbeschreiblich schön aber ist die Aussicht auf den Hafen und die kommenden und scheidenden Segel. Will man einen noch schöneren und höheren Anblick des Unermeßlichen haben, so erklettere man die Berge bei Optschina oder das alte Bergschloß Serf, das etwa eine halbe Meile nördlich von der Stadt an kahlen Bergen liegt. Im Rund der Hügel und Berge, die die Stadt umgeben, sieht man nichts als Weinberge, Ölbäume und Gärten voll Feigen, Kastanien, Granatäpfeln, Pfirsichen und sogar schon einige Zypressen. Alles wird schon von einem italienischen Himmel angelächelt und befruchtet. In diese Gärten und Weinberge laufen nach allen Seiten hübsche Spazierwege, einige auch zum Fahren, doch sind die einzelnen Besitzungen meistens mit Mauern, seltener mit Hecken eingefaßt. Der schönste Spaziergang aber bei Triest, den ich immer allen anderen vorziehen würde, ist der am östlichen Ende der Stadt von der Mole immer östlich am Meere hin. Man steigt sanft hinauf und hat hie und da muntere Wirtschaften, wo die Seeleute sich nach den Stürmen erfreuen. Endlich hat man ein steiles und felsiges Meeresufer, woran unten die Wellen zürnend brausen; jenseits im Osten sind schroffe Gebirge und Gestade, und mich wehte hier eine

Sehnsucht an nach der Straße, die ins alte Griechenland führt. Ich habe diesen Gang jeden Abend gemacht und zu meiner Freude immer Spazierende dort gefunden. In den Gärten nun und in den Weinbergen liegen überall hübsche Häuschen und Villen eingestreut, die durch ihr nettes und schimmerndes Äußeres dem sonnigen Bergtal ein noch freundlicheres Aussehen geben.

So wie der Himmel italienisch ist, so sind es auch Sprache und Sitten fast ganz, und man hört selten eine deutsche Stimme, obgleich hier viele deutsche Kaufleute, Beamte und Offiziere sind. Die letzteren behaupten noch am meisten das Vaterländische und sprechen unter sich gewöhnlich Deutsch. In Deutschland zieht sich gegen Ende September an den Abenden alles schon in die Zimmer zurück, hier aber geht dann das Leben erst richtig an und dauert bis um Mitternacht fort. Ich sage, das Leben geht an, indem ich nicht bloß an Kaufleute, Schiffer und ihren Anhang denke, die es während des Tages im Gewühle und Getümmel laut und lustig genug treiben; sondern ich meine alle, welchen Alters und Geschlechts sie immer sein mögen. Um den Großen Platz sind alle Buden und Geschäfte offen und erleuchtet, und die zahllose Reihe der Frucht- und Traubenhändler, die Höker und Fratschler schreien wild in die Menge und sitzen bei ihren Laternen mit der Waage in der Hand und reichen den Spazierenden reichlich dar. Diese wallen in dichten Gruppen, vom großen Kaffeehause bis über den Platz, auf und ab, nicht in wienerischer Stille und Dezenz, sondern mit lautem Geschmetter und Gelächter, daß es eine rechte Freude ist. Auch treten wohl einige Burschen auf und singen zu einer alten Violine und schreien in wilder Lust, von Huren und Matrosen begleitet, die auf dem Lande nicht die Stille lieben, wie auf dem Meere. Dies Lärmen und Singen und Gedudel dauert oft bis in die sinkende Nacht gegen zwei und drei Uhr fort, ohne daß die Polizei, wie in Wien und anderen Städten der Monarchie, sie zur Ruhe brächte; denn hier soll Handel und Wandel sein.

Anderes Leben sieht man am Hafen in den kleinen Kommers- und Weinschenken, die es aber auch in der Stadt selbst gibt. Da sind die Speise- und Trinkhäuser ganz einzigartig, wie man sie nirgends in Deutschland sieht. Unten, in einem großen und langen Laden, findet man alles aufgestellt, -gelegt und -gehängt, was gewöhnlich für die Kehlen und Bäuche gehört, und in der Mitte stehen lange Tische, oft drei, vier hinter- und nebeneinander, je nachdem, ob die Kundschaft des Hauses größer oder kleiner ist. An diesen Tischen sitzen die Gäste und fordern von dem reichen Vorrat, was ihnen gefällt. Mich hat dies anfangs wegen der Neuheit und Vollständigkeit unendlich ergötzt; ich will daher zu meinem Spaße so eine der ansehnlichsten dieser Wirtschaften beschreiben. Unten zu beiden Seiten machen große Fässer und Tonnen, oft in doppelten Reihen, den Anfang, woraus Öl, Wein und andere schöne Flüssigkeiten gezapft werden. Auf diesen ruhen nun wieder Tönnchen und Gefäße und Bouteillen mit besseren Sachen, und wieder über diesen prangen in zahlloser Menge und schimmernder Herrlichkeit bei den Abendlichtern unzählige leere Bouteillen, Krüge und Gläser. Über diesen zuletzt und oben über den Köpfen der Sitzenden, und wo sonst Platz ist, hat man den anderen herrlichen Vorrat aufgestapelt, der aus stattlichen Schinken, mancherlei Käsen, getrockneten und gesalzenen Fischen, Würsten, Braten, allen möglichen Arten harter Frucht und Korn, Nudeln, Makkaroni und aus unendlich vielen Kleinigkeiten besteht, die zusammen ein Großes bilden und oft so nett und zierlich angeordnet sind, daß einen Leckerbart die Lust ankommen kann, einzutreten und von diesen schönen Gaben zu genießen.

Die ärmeren Wirtschaften sind für die Klasse der Strandträger, Tagelöhner und Bauern. Die Absteigquartiere der letzteren kann man schon an der Menge der Eselein und Maultiere erkennen, welche mit ihren Packsätteln in langer Reihe vor den Türen stehen, während ihre Herren drinnen schmausen oder Handel treiben. Ich habe diese armen Teufel hier in großer Zahl gesehen, am montäglichen Markttage in der ganzen Mannigfaltigkeit ihrer Trachten, und ich überzeuge mich immer mehr, daß es ein dürres und schwächliches Volk sei. Sie gehen sehr häufig mit Strohhüten und entsetzlich weiten, kurzen Pluderhosen, die unten, wie ein amputiertes Bein, über die Knie hängen; sie tragen häufig rote und bunte Mützen, wie die Matrosen, und die alten halb steirischen, halb kroatischen Mäntel.

Die Weiber haben meist die alte Tracht, doch häufig breitrandige Filzhüte und aufgezogenes und um einen Zirkel geflochtenes Haar. Sie müssen überall das Zusammenknüllen sehr lieben, denn sehr viele tragen die roten und blauen Strümpfe mit tausend Falten, wie die Tirolerinnen in Bozen. Bei diesem Menschenschlage erkennt man in dem Triester den Stamm leicht wieder, wenn man die Ausländer, Griechen, Deutsche, Osmanen, Italiener und andere, ausnimmt. Das Frauenzimmer ist meistens klein und von schlechtem Wuchs, und ich habe fast kein schönes Gesicht gesehen, es sei denn unter den Griechinnen. Doch kann ihre Lebhaftigkeit und Munterkeit diesen Mangel ersetzen.

Von großen und herrlichen Gebäuden und anderen Sehenswürdigkeiten weiß ich nicht viel zu sagen, weil ich wirklich keine gesehen habe. Aber schöne Häuser, Kasernen, Magazine und Lazarette gibt es, und durch seine Lage, durch die schönen, luftigen Straßen und durch den Zauber seiner Umgebung bleibt Triest immer eine äußerst nette Stadt. Es leben hier fremde Kaufleute von allen Nationen, besonders viele Levantiner. Sie haben meistens ihre eigenen Bethäuser und Kirchen. Besonders lustig aber für einen Fremden ist das Gewühl im Hafen und um die Kanäle, wo sich alles zusammendrängt und herumtummelt. Man kann wohl mit ziemlichem Rechte sagen, daß in allen Ländern die Seeleute diejenigen sind, die sich ihre Kraft in vollem Maße erhalten. Ihr ganzes Leben ist ein Kampf mit dem wildesten und furchtbarsten aller Elemente; so bewahren sie einen gewissen rauhen Sinn von Freiheit und Selbständigkeit, der notwendigerweise bei vielen Geschäften des friedlichen und sitzenden Lebens verlorengehen muß. Für mich wenigstens hat diese Art Leute immer viel Interessantes gehabt. Sie halten sich auf dem Lande gleichsam für ein besseres Geschlecht, dem manches erlaubt sein müsse, was anderen Erdensöhnen unmöglich zukommen könne, und so fahren sie wild durch alle Netze der Polizei, welche gutwillig ihnen zu Gefallen wohl mal einen Daumen aufs Auge drückt. Es gibt am Hafen herum Häuser für alle ihre leiblichen Bedürfnisse, und da geht es wild her. Tänzerinnen und Fiedler finden sich, und so stürmt alles untereinander fort in kannibalischer Freude. Überall in der Stadt, nicht bloß am Hafen, ist es äußerst munter, und dies ist kein Wunder, da in einem so kleinen Ort an die 20 000 Menschen zusammengedrängt sind, die Fremden und die Schiffer und Matrosen nicht mitgerechnet.

Alle Früchte und Lebensmittel sind hier im Überfluß vorhanden und nicht teuer. Alle Arten Obst, Pflaumen, Feigen, Pfirsiche, Granatäpfel, die schönsten Weintrauben, sind in Menge zu haben. Fische hat man mancherlei, auch Austern und große und kleine Schildkröten, die in großer Menge ausgeschifft werden. Besonders preist man als etwas Rares die schwarzen Schnecken, die man bei Duino im Felsen findet. Ich habe sie probiert, und mir wollten sie nicht munden. Aber doch ist Triest für Fremde ein teures Pflaster, wie es die Seestädte im allgemeinen sind. Ich kann wenigstens die Wohlfeilheit nicht rühmen. Aber mein Wirt war ein geborener Italiener. Man hatte mich gewarnt; aber ich schämte mich, undeutsch zu handeln; so mußte ich meine Scham zuletzt bezahlen. Mich kostete die Mittagsmahlzeit hier zwei Reichstaler, acht Groschen und das Abendessen, aus Wein, Fischen und Früchten bestehend, nach Verhältnis. Bald konnte ich ohne Erröten handeln.

Fahrt nach Venedig

Ich schiffte mich den 25. September, abends um neun Uhr, auf einem kleinen venezianischen Schiff ein, um die ehemalige Braut und Herrin des Adriatischen Meeres zu erreichen. Es war ein besonders freundlicher und milder Abend. Der Mond leuchtete mit seinen Millionen von Sternen sanft und beruhigend herab und spiegelte sich auf den stillen Fluten. Die Stadt mit all ihren Lichtern aus den Weinbergen und von den Schiffen lag in einem schönen Halbrunde hinter uns, und das Tosen und Jubeln im Hafen und vom Großen Platze klang bis an unser Ohr; weiße Segel schwammen nahe und ferne über die Flut, wie luftige Schatten, und die Küsten waren mit dem weißen Duft der schönen Septembernächte bedeckt. Unser Schiff glitt so sanft fort, daß man es kaum fühlte, und die ganze Gesellschaft war heiter und lustig. Ich legte mich auf dem Verdeck auf weiche Wollsäcke, gab wenig acht auf die Gesellschaft, die bald verstummte, und mancherlei Gedanken flogen durch meine Seele, bis endlich der Schlaf die müde Natur sanft und süß in seine Arme nahm. Gegen vier Uhr erwachte ich;

die Morgenluft war kalt, aber doch wollte keiner in die enge Kajüte, sondern jeder behauptete sein Lager auf den Säcken, so gut er konnte. Endlich ging der Morgen heiter und rosig im Osten auf und zeigte nahe und ferne Segel. Kein Lüftchen wehte; die Sonne wälzte langsam ihr feuerrotes Rad aus der Flut, der Schiffer rief: »Sturm und Regen!« Einige Stunden nach Sonnenaufgang war beides da. – Es waren außer mir noch zwei Deutsche an Bord, Kaufleute, mit denen ich nun beim Tageslichte näher ins Gespräch kam; außer diesen auch noch zwei Frauenzimmer: Liserl, ein ganz feines Kammerkätzchen, und ein anderes hübsches und anständiges Frauenzimmer, dessen sich der ältere Kaufmann annahm und mit der er zusammen nach Padua gehen wollte. Wir und ein alter Engländer, der aber so lange in Italien gewesen war, daß er seine Sprache nicht mehr verstand, waren im Heck. Im Vorderschiff hatten sich vier Griechen und eine Griechin hingebettet, und zu ihnen hielt sich ein zisalpinischer Republikaner. Diese waren recht feine Leute, und der jüngste und hübscheste hatte sein kleines Weibchen bei sich, eine liebliche Fee, blaß, aber schneeweiß, mit schönen blauen Augen und rabenschwarzem Haare, das ihren weißen Nacken hinabfloß. Sie war aber sehr still und lächelte kaum, obgleich der Herr Gemahl es an Lustigkeit nicht fehlen ließ. Dies war die Gesellschaft. Der lustigste aber war der Schiffer Maltha, der in einem fort sprach, Possen erzählte und sang und selbst dem alten Engländer noch einige Jugenderinnerungen ablockte.

Bald hörten Regen und Sturm auf, und nun wurde zu Mittag gegessen und getrunken, von dem, was ein jeder mitgenommen hatte. Aber gegen ein Uhr wurde es windstill, und es folgte eine Hitze, daß wir fast verrückt wurden und selbst der lustige Schiffer die Zunge hängen ließ. Doch stärkte uns der Anblick der Turmspitzen der schönen Venezia; aber langsam schwammen wir einher. Vergebens suchten meine Augen die Stadt; nur der Glockenturm bei San Marco und einige andere Spitzen deuteten sie an. Die lange Insel Lido links und rechts die anmutige Murano und mehrere kleine Inseln vor der Stadt rauben sie dem Auge, und man sieht auch dann nicht viel von ihr, wenn man schon in sie hineinfährt. Desto schöner aber und lieblicher liegen die Inseln mit ihren Gärten, Büschen, Wiesen und Häusern, mit ihren prächtigen Kirchen und Klöstern, die in dem Meere zu schwimmen scheinen, mit ihren stolzen Bollwerken und Mauern, und hoch schlug mir das Herz, als ich diese ersten Boten des schönen Italiens erblickte, die in optischer Täuschung uns entgegenzukommen schienen.

Wir gingen zwischen Lido und Murano vor Anker. Es war fünf Uhr und das Zollamt geschlossen; so war es also notwendig, hier bis acht Uhr des folgenden Morgens zu übernachten. Ich ließ mich indessen mit einigen von der Gesellschaft in Lido an Land setzen und sah dem Exerzieren eines Regimentes Infanterie zu und sah herrliche Ochsen weiden. Die Insel ist schmal, aber lang und läuft weit in den Osten hinein. Sie hat schöne Weiden, Felder, Gärten, Früchte und Trauben und hilft die Stadt zugleich vor dem Hunger und vor dem Meere schützen. Am westlichen Ende, wo wir vor Anker lagen, ist ein Kastell, St. Andreas, welches den Eingang in den Hafen bestreicht und dem ein anderes auf Murano gerade gegenüberliegt. Von diesem Kastell sah ich zuerst einen großen Teil der Stadt und die schönen Inseln, die des Klosters San Giorgio Maggiore und die der Kirche Sta. Maria della Salute. Murano ist bei weitem nicht so lang wie Lido, aber es ist bevölkerter und macht gleichsam eine eigene kleine Stadt aus. Hier sind die berühmten Glas- und Spiegelfabriken, deren Arbeitern man zur Zeit des Patriziats eine Art von Adel zugebilligt hatte, so daß es keine Mißheirat hieß, wenn ein Nobile sich mit der Tochter eines Glasfabrikanten vermählte. Doch man glaube nicht, daß dies alles noch so sei wie vormals. Auch diese berühmten Fabrikanten haben, wie die Stadt selbst, lange schon ihr Monopol verloren und können nun schwerlich den Adel des Reichtums, der immer gegolten hat, behaupten. Die Insel ist den Venezianern auch deswegen wichtig, weil eine Menge süßen Wassers von hier in die Stadt ausgeschifft wird; denn in Venedig selbst hat man entweder elendes Zisternenwasser oder Brunnenwasser, das zum Trinken höchstens durch Wein genießbar wird.

So lagen wir Armen denn vor Anker und hielten von dem letzten Vorrat unser Abendmahl. So wurden die Herzen fröhlich, und das Gespräch ging lustig fort, bis sich Wolken am Himmel türmten und die himmlische Artillerie anfing, unsere Ankunft zu feiern. Nun wurden Segel über unsere Säcke gezogen, und alles band und zerrte, um die lange Septembernacht doch einigermaßen zu sichern. Bald kam ein toller Wind auf, und fürchterlicher Regen setzte ein, der nirgends eine sichere Stätte ließ. Ich hatte mich ziemlich gut gebettet und wohl einige Stunden geschlafen, aber als ich erwachte, waren ein Teil des Allerwertesten und ein Fuß durchnäßt. So ging es allen mehr oder weniger, und wohl tausendmal wurden die Plätze gewechselt. Um ein Uhr war alles auf den Beinen und lag und saß unter mancherlei Gespräch so herum, bis der Morgen graute. Erst um neun Uhr kamen die Schiffsbesucher und fertigten uns ab. Eine Gondel nahm uns Deutsche auf, fünf Mann hoch; wir fuhren in den Kanal des Arsenals ein, am Palast des Dogen und den Gefängnissen vorbei und landeten um zehn Uhr bei unserem Gasthause. Es war Donnerstag, der 27. September.

Wir lebten hier die ersten Tage zusammen recht munter. Am Freitag zog der ältere Kaufmann mit seiner Begleiterin nach Padua ab. Das Liserl blieb auch in unserem Gasthause, aber nicht in unserer Nähe. Sie verkündete uns gleich am Tage unserer Ankunft zu Mittag, sie habe einen schönen Dienst gefunden, bei einem gar feinen und guten Herrn. Das könne sie ihm gleich ansehen, obgleich er kein Wort Deutsch verstehe. Sie werde mit ihm nach Rom reisen. Wir sahen sie den folgenden Tag herrlich herausgeputzt, mit ihrem Gönner in einer Gondel unter unserem Fenster hinfahren und uns gar freundlich und stolz auf ihre Begleitung grüßen. Armes Liserl, wenn du wüßtest, wohin vielleicht bald deine Reise geht! Den zweiten Deutschen, einen Salzburger, der gut Italienisch sprach und ein wackerer Bursche war, hatte ich nun für die Zeit meines Hierseins zum ständigen und treuen Genossen.

Anmerkungen

Die Anreise – Wanderung von Erlangen nach Regensburg

1. Am 7. August 1796

2. Am 22. August 1796; die Schlacht endete mit einem Sieg Erzherzog Karls über den französischen General Bernadotte (vgl. Anm. 97).

3. Markgraf Christian Ernst (1644–1712) beauftragte Johann Moritz Richter aus Thüringen mit dem Entwurf der Neustadt. Christian-Erlang ist damit eine der frühen Planstädte fürstlichen Willens.

4. Statue des Markgrafen Christian Ernst aus dem Jahre 1711; ein Werk von Elias Räntz

5. Arndt beschreibt den »Hugenottenbrunnen«, ebenfalls ein Werk von Elias Räntz (1706).

6. Die Universität wurde 1742 in Bayreuth gegründet und 1743 nach Erlangen verlegt.

7. Der »Pegnitzorden«, eine berühmte literarische Gesellschaft, wurde 1644 in Nürnberg gegründet. Seine Mitglieder führten einen Hirtennamen und gefielen sich in poetischen Spielereien (gekünstelte Strophenformen, Häufung schmückender Beiwörter usw.) nach dem Muster der italienischen Akademien. Die Versammlungen des Kreises wurden 1681 in einen Wald bei Kraftshof verlegt.

8. Hans Sachs (1494–1576) aus Nürnberg; er schrieb u. a. 208 Schauspiele und 4275 Meistergesänge.

9. Arndt meint natürlich Albrecht Dürer.

10. Heinrich II., der Heilige (1002–1024); letzter Sachsenkaiser; er vollendete das ottonisch-salische Reichskirchensystem; 1146 heiliggesprochen.

11. Der heilige Sebaldus, Schutzpatron Nürnbergs, war kein Graf, sondern ein Pilger und Missionar, der sich vermutlich im 8. Jahrhundert bei Nürnberg als Einsiedler niederließ. Sein Grabmal ist ein Werk Peter Vischers.

12. Joachim von Sandrart (1606–1688), Maler, Kupferstecher und Kunsthistoriker, einer der berühmtesten Maler seiner Zeit

13. Veit Stoß (geb. um 1440; gest. 1533), Bildhauer und -schnitzer. Der »Englische Gruß«, eine überlebensgroße aus Lindenholz geschnitzte Verkündigungsgruppe, hängt an einer eisernen Kette frei im Gewölbe des Ostchors; dargestellt sind Maria und der Erzengel Gabriel in einem mit sieben Medaillons geschmückten Kranz.

14. Adam Kraft (geb. um 1455; gest. 1508)

15. Nürnberg wurde 1424 von Kaiser Sigismund zur Aufbewahrung der Reichsinsignien erwählt. Im deutsch-französischen Krieg wurden sie in Wien sichergestellt und befinden sich bis heute in der Wiener Schatzkammer.

16. Eins der bedeutendsten Werke Sandrarts; in Osnabrück und Münster wurde am 24. Oktober 1648 der Westfälische Friede geschlossen, der den Dreißigjährigen Krieg beendete.

17. 1663 wurde der Reichstag, der seit dem 15. Jahrhundert wiederholt in Regensburg getagt hatte, endgültig in diese Stadt verlegt und hatte hier bis 1806 fast ununterbrochen seinen Sitz.

18. Das fürstliche Haus Thurn und Taxis verlegte im Jahre 1748 seinen Wohnsitz nach Regensburg; der regierende Fürst war als Prinzipalkommissar Stellvertreter des Kaisers beim Reichstag.

Donaufahrt von Regensburg nach Wien

19. Eine deutsche (oder geographische) Meile = 7,42 km

20. Agnes Bernauer, die Tochter eines Baders aus Augsburg, mit der sich Herzog Albrecht III. von Bayern heimlich vermählte; Albrechts Vater, der die Heirat aus staatsrechtlichen Gründen mißbilligte, ließ Agnes Bernauer verhaften und 1435 bei Straubing in der Donau ertränken.

21. Seit der Zeit des Dreißigjährigen Krieges

22. Die sogenannte Dreifaltigkeitssäule, errichtet 1723 aus Dankbarkeit für die Errettung aus Kriegsgefahr, Feuersbrunst und Pest

23. Der Traun entspringt nicht am Traunstein, sondern in der nördlichen Steiermark.

24. Das über den Resten einer Raubritterburg errichtete »Wörther Kreuz« auf der Insel Wörth; ihm gegenüber die Ruine Werfenstein

25. Kaiser Joseph II. (1780–1790) hob im Zuge seines Reformprogrammes das ehemalige Nonnen- und nachherige Franziskanerkloster auf (1783) und ließ es als Armen- und Siechenhaus einrichten.

26. Papst Pius VI. (geb. 1717; Papst von 1775–1799) weilte 1782 in Wien, um Kaiser Joseph II. zur Zurücknahme seiner einschneidenden kirchlichen Reformen zu bewegen.

27. Richard I. Löwenherz (1157–1199), König von England, hatte auf einem Kreuzzug den Babenberger Herzog Leopold VI. dadurch beleidigt, daß er das österreichische Banner von den Zinnen der eroberten Burg Akkon riß. Trotz seiner Verkleidung wurde er auf der Rückreise in Erdberg bei Wien erkannt, gefangengenommen und auf Burg Dürnstein in Haft gehalten (1192).

Wien und was ihm zugehört

Wanderungen um Wien

28. Die Herkunft des Namens ist nicht eindeutig geklärt. Das Kahlengebirge hieß zur Römerzeit »mons cetius«, später – wahrscheinlich wegen seines Wildreichtums – »Schweinsberg«. In einer alten Urkunde aus Klosterneuburg findet sich der Name »mons calvus«. »Kaltenberg« war anscheinend die zu Arndts Zeiten üblichere Bezeichnung; heute hat sich der Name »Kahlenberg« durchgesetzt.

29. Johann Georg Stuwer aus Ingolstadt, Ahnherr einer ganzen Dynastie von Pyrotechnikern, brannte am 27. Mai 1774 sein erstes Feuerwerk im Wiener Prater ab. Seine Veranstaltungen lockten bis zu 12 000 Zuschauer an.

30. Im Aufgebotsjahr 1797, als Napoleon mit seiner Armee bis in die Steiermark vorgedrungen war; der Präliminarfrieden von Leoben und der definitive Frieden von Campo Formio verhinderten ein Vorrücken der Franzosen nach Wien.

31. Schloß Neuwaldegg, 1765 von Feldmarschall Moritz Graf Lacy erworben; dieser widmete dreißig Jahre seines Lebens dem Bestreben, diese Ländereien in den ersten englischen Parkgarten Österreichs zu verwandeln.

32. Kaiserin Eleonore von Pfalz-Neuburg (1655–1720), die dritte Gemahlin Kaiser Leopolds I.

33. Freiherr Ernst Gideon Graf Laudon (1717–1790), berühmter österreichischer Feldherr, und seine Gattin Clara, geborene von Hagen

34. Joh. 4, 15: »O Herr, gib mir dieses Wasser.«

35. Friedrich der Schöne (1286–1330); Arndt spielt auf die Rivalität zwischen diesem und Ludwig von Bayern um die Kaiserkrone an. Friedrich, von Ludwig gefangengenommen und drei Jahre später aus der Haft entlassen, kehrt, als es ihm nicht gelingt, seinen Bruder zur Unterwerfung zu überreden, freiwillig in die Gefangenschaft zurück, obwohl ihn der Papst seines Eides entbunden hatte.

36. Graf Laudon, vgl. Anm. 33

37 Augarten und Brigittenau liegen vielmehr nordwestlich der Leopoldstadt.

38. Die Inschrift des Gartenportals lautet vielmehr: »Allen Menschen gewidmeter Belustigungsort von ihrem Schätzer«.

39. Die »Gloriette«, erbaut 1775 von Ferdinand Hetzendorf von Hohenberg

40. Maria Theresia von Bourbon-Neapel, ab 1790 zweite Gemahlin von Kaiser Franz I.

41. Die jetzige »Franzensburg« wurde 1798–1836 inmitten eines vielarmigen künstlichen Teiches als »Gartenhaus in Gestalt einer gotischen Burgfeste« errichtet.

Wien und was drinnen ist

42. Der 1784 in einem der zahlreichen Höfe des Allgemeinen Krankenhauses errichtete Narrenturm, im Volksmund seiner zylindrischen Form wegen »Kaiser Josephs Guglhupf« genannt, ist bis heute erhalten. Ab 1865 wurde das Irrenhaus anderen Zwecken zugeführt, seit 1974 befindet sich in seinen Mauern das Pathologisch-Anatomische Museum.

43. Die ummauerte Altstadt entspricht dem heutigen I. Bezirk ohne die Erweiterungen im Bereich des Glacis (Ringstraße).

44. Kaiser Leopold I. (1658–1705); zur Karlskirche siehe unten

45. Kaiser Ferdinand III. (1637–1657); die Mariensäule wurde 1646 zur Erinnerung an die Schwedengefahr gegen Ende des Dreißigjährigen Krieges errichtet.

46. Der Hohe Markt liegt vielmehr etwas nordöstlich vom Mittelpunkt der Stadt.

47. Leopold I. (1658–1705) legte dieses Gelübde 1702 ab; Joseph I., sein Sohn, war von 1705–1711 Kaiser.

48. Der österreichische Barockbildhauer Georg Raphael Donner wurde 1692 in Eßling bei Wien geboren und wirkte vor allem in Salzburg, Preßburg und Wien, wo er 1741 starb. Der Providentia-Brunnen (»Donnerbrunnen«) wurde 1737–1739 im Auftrag der Gemeinde Wien errichtet; es handelt sich hierbei um die erste von öffentlicher Seite initiierte Brunnenanlage Wiens von rein profanem Charakter.

49. Der Erbauer der Reichskanzlei ist Joseph Emanuel Fischer von Erlach (1695–1742); er und sein Vater Johann Bernhard Fischer von Erlach (1656–1723) zählen zu den bedeutendsten österreichischen Barockbaumeistern.

50. Aus militärischen Gründen bestand strengstes Bauverbot auf eine Entfernung von 600 Schritt (450 Meter) außerhalb des Stadtgrabens. Erst 1857 unterzeichnete Kaiser Franz Joseph jenes historische Dokument, das die Schleifung der Basteien und die Einebnung des vorgelagerten Glacis anordnete. 1865 wurde die neuangelegte »Ringstraße« feierlich eröffnet.

51. 1704 wurden die Vorstädte mit einem dreizehn Kilometer langen Wall als zweitem Befestigungsgürtel umgeben. 1893 erfolgte der Abbruch dieses »Linienwalles«, an dessen Stelle ein Boulevard, der heutige »Gürtel«, angelegt wurde.

52. Die berühmte »Pummerin«, 1711 aus türkischen Kanonen gegossen; diese Glocke stürzte 1945 in die Tiefe; aus ihren Trümmern wurde die neue »Pummerin« gegossen und 1951 geweiht.

53. Ernst Rüdiger Graf von Starhemberg (1638–1701), aus einem alten österreichischen Adelsgeschlecht stammend, verteidigte die Stadt erfolgreich gegen den Angriff der Türken unter dem Großwesir Kara Mustapha (1683).

Die Vorstädte

54. Andrej K. Rasumofskij (1752–1836), von 1793 bis 1809

371

russischer Gesandter in Wien; Freund und Verehrer Beethovens

55. Anhänger des englischen Mediziners John Brown (1735–1788), der eine »Erregungstheorie« aufgestellt hatte, auf der sein Heilsystem beruhte; seine Lehre hatte großen Einfluß auf die Heilkunde seiner Zeit.

56. Fürst Wenzel Anton Kaunitz (1711–1794), österreichischer Staatsmann

57. Das Palais wurde 1710–1712 unter Leitung von Johann Bernhard Fischer von Erlach als Gartenpalais für Leopold Donat Graf Trautson erbaut. Nach Aussterben der Familie Trautson 1760 wurde das Palais von Maria Theresia erworben und der von ihr gegründeten Ungarischen Garde zugewiesen.

58. Das »Allgemeine Krankenhaus«; gegründet 1784 von Kaiser Joseph II. anstelle eines seit 1733 bestehenden Großarmenhauses

Wien und seine Bewohner

59. Joachim Christoph Friedrich Schulz (»Reise eines Liefländers«, 1795–97) hielt sich 1793 in Wien auf. Die Bemerkung über die Fratschlerinnen, auf die Arndt anspielt, befindet sich im 6. Band auf Seite 172.

60. Kardinal Christoph Anton Migazzi (1714–1803), erbitterter Widersacher Josephs II.

61. Johann Nepomuk C. M. Denis (1729–1800), Dichter und Bibliograph; Jesuit; 1791 erster Kustos der kaiserlichen Hofbibliothek

62. Franz Anton Zauner aus Tirol (1746–1822), Bildhauer, bekannt durch das Reiterstandbild Josephs II., das 1807 auf dem Josephsplatz vor der Hofbibliothek enthüllt wurde; Friedrich Heinrich Füger aus Heilbronn (1751–1818), damals der gefeiertste Maler Wiens. Beide Künstler gehören der klassizistischen Richtung an.

63. Daniel Gran aus Wien (1694–1757)

64. Prinz Eugen von Savoyen (1663–1736)

65. Joseph Rosa: »Gemälde der k. k. Galerie«, 2. Abt., 1796, Wien. Arndt hat diesen Katalog unzweifelhaft benutzt, da seine Angaben genau mit jenen Rosas übereinstimmen. Der

folgende Abschnitt wurde von der Herausgeberin stark gekürzt. Nur einige wenige Werke, die Arndt besonders treffend beschreibt und die seinen Kunstgeschmack aufzeigen, werden erwähnt. Die meisten dieser Gemälde sind derzeit im Wiener Kunsthistorischen Museum ausgestellt.

66.   Arndt beschreibt die sogenannte »Caritas«.

67.   A. Caracci (1560–1609): »Adonis findet Venus«

68.   »Der bogenschnitzende Amor«, schon lange als Werk des Francesco Mazzuoli genannt Parmigianino (1503–1540) erkannt

69.   A. Correggio (um 1490–1534): »Die Entführung des Ganymed«

70.   H. Gentileschi (um 1565–1647): »Ruhe auf der Flucht nach Ägypten«

71.   »Büßende Magdalena«

72.   »Die Madonna im Grünen«

73.   Arndt beschreibt Tizians großes »Ecce Homo«.

74.   Die »Zigeunermadonna«

75.   Die »Kirschenmadonna«

76.   A. van Dyck (1599–1641): »Simson und Delila«

77.   »Maria mit dem Kind und den Heiligen Rosalia, Petrus und Paulus«; das Kind reicht Rosalia übrigens kein Kreuz, sondern einen Kranz.

78.   »Die mystische Verlobung des heiligen Herrmann Joseph mit Maria«

79.   »Die Wunder des heiligen Ignazius von Loyola«

80.   »Die Wunder des Franz Xaver«

81.   Fürst Joseph Wenzel von Liechtenstein (1696–1772), österreichischer Feldherr und Staatsmann

82.   Esterházy von Galántha, eins der mächtigsten und reichsten Adelsgeschlechter Ungarns

83.   Fürst Nikolaus Joseph (1714–1790), ein begeisterter Förderer der Wissenschaften und der schönen Künste

84.   Der Vorfall spielte sich in Wirklichkeit etwas anders ab: Fürst Esterházy wollte im Sommer 1772 seinen Kapellmitgliedern ohne besonderen Grund den Urlaub nicht zugestehen.

Um den Urlaub doch durchzusetzen, entschloß sich Haydn, seinem Fürsten die dringende Bitte der Musiker in einer Symphonie vorzutragen.

85. Haydn wurde bekanntlich in Rohrau unweit von Bruck a. d. Leitha geboren. Sein Bruder, Michael Haydn, war Kapellmeister in Salzburg.

86. Muzio Clementi (1752–1832); der »Wettkampf« vor dem Kaiser fand 1781 statt.

87. Peter von Braun hatte 1794 die Direktion des Hoftheaters übernommen und 1797 August Friedrich Kotzebue als Dramaturgen berufen.

88. Friedrich Wilhelm Ziegler aus Braunschweig (1759 bis 1824), Theaterdichter und Schauspieler

89. Emanuel Schikaneder aus Regensburg (1751–1812); Opern- und Lustspieldichter; Mitdirektor des Theaters im Freihaus, wo 1791 die »Zauberflöte« uraufgeführt wurde

90. Peter von Winter (1754–1825): »Das Labirint oder der Kampf mit den Elementen«, Uraufführung im Juni 1798

91. Karl Edler von Marinelli aus Wien (1744–1803)

92. Johann Joseph Laroche (1745–1806) wirkte seit 1781 am Wiener Leopoldstädter Theater in der Rolle des von ihm geschaffenen Kasperl, des dummen Bedienten oder Schildknappen.

93. Wenzel Müller aus Mähren (1767–1835); seit 1786 Kapellmeister am Marinellischen Theater

94. Salvatore Viganò aus Neapel (1769–1821), Tänzer und Choreograph, und seine Frau Josefa Maria, die das fleischfarbene Trikot einführte, machten in Stil und Kostüm des Tanzes Epoche.

95. Seit Josephs Tod ist gemeint.

96. Fürst Nikolaus IV. Esterházy (1765–1833), ein Enkel des Fürsten Nikolaus Joseph (vgl. Anm. 83)

97. Jean Baptiste J. Bernadotte (1763–1844), frz. Marschall; als Karl XIV. Johann König von Schweden und Norwegen; kleinbürgerlicher Herkunft, nach 1789 rascher Aufstieg zum General. Im Februar 1798 kam Bernadotte als Botschafter der französischen Republik nach Wien. Als er am 13. April desselben Jahres an seinem Wohnhause die Trikolore aushängen

ließ, kam es zu einer großen patriotischen Demonstration. Zwei Tage später reiste Bernadotte mit seinem Personal ab.

98. Wie damals (1795–1799) in Frankreich, wo der »Rat der Fünfhundert« und der »Rat der Alten« die beiden Kammern bildeten.

Erinnerungen an Ungarn

99. Batthyány, eins der ältesten und angesehensten ungarischen Adelsgeschlechter

100. Alt-Preßburg liegt vielmehr nordwestlich der Donau.

101. Florenus (ungar. »Forint«), österreichischer Gulden

102. Bei ihrem Regierungsantritt (1740) von allen Seiten Europas bedrängt, suchte Maria Theresia Hilfe beim »tapferen und treuen Ungarnvolk«.

103. Gemeint ist die Messe; »merkurialisch«, nach dem altrömischen Handelsgott Merkur.

104. Margarethen-Insel mit der Villa des Palatinus

105. »Ofen«, benannt nach den ehemals dort befindlichen Kalkbrenneröfen, ist der alte deutsche Name von Buda. Maria Theresia verband die beiden Städte mit einer Schiffbrücke, die auch Arndt erwähnt. Erst 1872 wurden Ofen und Pest samt Alt-Ofen unter dem Namen Budapest offiziell vereinigt.

106. Der Adlersberg liegt im südlichen Buda nahe dem Blocksberg. Arndt meint wohl eher den Gaisberg oder den Spitzberg.

107. Im folgenden wird bei Ortsnamen die von Arndt gewählte deutsche Schreibweise beibehalten; die heute übliche ungarische wird bei der ersten Erwähnung des Ortes in Klammer hinzugefügt.

108. Raimund, Graf von Montecuculi (häufiger: Montecuccoli; 1609–1680), österreichischer Feldherr; nach 1660 Gouverneur von Raab; übernimmt das Kommando gegen die Türken, gegen die er nach dreijährigen Kämpfen den entscheidenden Sieg erringt (1664)

Reise von Wien bis Venedig

109. 1797 zog Napoleon mit seinen Truppen durch Graz;

1805/06 besetzten die Franzosen die Stadt und griffen sie 1809 noch einmal an.

110.   Der englische Admiral Nelson siegte, nachdem er die französische Flotte unter Napoleon Bonaparte wochenlang vergeblich verfolgt hatte, am 1. August 1798 bei Abukir an der ägyptischen Nordküste über die Franzosen.

111.   Der Brunnen ist nicht für Karl VI., sondern Maria Theresia zu Ehren errichtet worden.

Worterklärungen

Akademie (österr.) literarische oder musikalische Veranstaltung

Allemande alte Tanzform in gemäßigtem Tempo; schwäbischer oder alemannischer, dem Walzer oder Ländler ähnlicher Rundtanz (Dreher)

Allongeperücke Herrenperücke mit langen Locken (17. u. 18.Jh.)

Amorette Figur eines nackten, geflügelten, Pfeil und Bogen tragenden kleinen Knaben (oft als Begleiter der Venus)

amphitheatralisch in stufenweise aufsteigendem Halbkreis

Blachfeld »flaches« Feld

Bonhomie Biederkeit, Gutmütigkeit, Einfalt

Canonici regulares Kanoniker, Mitglieder eines Kapitels

Chaussee (hier) Straße, deren Fahrbahn mit kleingeschlagenen Steinen oder Kies hergestellt ist

Circe Zauberin der griechischen Sage; verführerische Frau, die es darauf anlegt, die Männer zu betören

Dilettant (veralt.) Kunstliebhaber; Nichtfachmann

Dismas apokrypher Name des rechten der beiden mit Jesus gekreuzigten Verbrecher

En biscuit Brennverfahren; als Biskuitporzellan bezeichnet man ein gelbliches, zweimal gebranntes, unglasiertes Weichporzellan

Entrechat Kreuzsprung, bei dem man die Füße sehr schnell über- und aneinanderschlägt

Exemtion Befreiung von einer sonst allgemein auferlegten Last (z. B. Steuer)

Ex voto (lat.) aufgrund eines Gelübdes

Fahnenschmied Unteroffizier, der den Hufbeschlag auszuführen hatte; so genannt nach der Fahne, welche die Feldschmiede der Truppe kenntlich machte

Fratschler(in) Person, die nach verschiedenen Waren, insbesondere Lebensmitteln, Nachfrage hält, sie in größerer Menge ein- und im kleinen verkauft

Gassationen Serenaden

Gekröse (in der Kochkunst) Magen, Därme und Netz des Kalbes

Geschlinge Herz, Lunge und Leber bei Schlachttieren

Gulasche Hornviehherde; von ungar. »gulha« (Rinderherde),

»gulhás« (Rinderhirt); *Gonasche* eventuell von ungar. »kondás« (Schweinehirt)

Hautelisse besondere Webart mit senkrechter Kette (Längsfäden); Wand- oder Bildteppich, der mit senkrechter Kette gewebt ist

Heiduck Diener in ungarischer Tracht als Sänftenträger, Läufer neben der Kutsche

Idalium antike Stadt auf Zypern mit Tempel der Venus, die deshalb auch den Beinamen Idalia erhielt

Kamisol Wams oder Mieder, Unterjacke

Kastellan Burg- oder Schloßvogt

Kiepe Rückentragkorb

Kokarde am Hut getragenes Zeichen des Gehörens zu einer Nation, Partei usw.

Kolorit farbige Gestaltung oder Wirkung eines Gemäldes

Komitat (hist.) Verwaltungsbezirk in Ungarn

Kommers (burschenschaftlich) Trinkgelage, Studentengelage

Kontreskarpe äußere Grabenböschung bei Befestigungen; hier Schanze, Vorsprung

Kothurn hochsohliger Bühnenschuh der Schauspieler im antiken Trauerspiel; (übertr.) die einer Tragödie gemäße Sprache; erhabener, pathetischer Stil

Krammetsvogel Wacholderdrossel

Kufe großer Bottich

Laïs und *Phryne* griechische Hetären

Laubtaler deutscher Name des 1726–95 geprägten französischen »écu de six livres«; so genannt wegen der belaubten Lorbeerzweige im Gepräge

lettig lehmhaltig

Levante »Morgenland«, die Mittelmeerländer östlich von Italien

Louis d'or französische Goldmünze; in Deutschland die verschiedenen deutschen und dänischen goldenen Fünftalerstücke

Lünetten (franz. »lunettes«) Brillen

Magnat in Ungarn Bezeichnung für die vornehmsten Adelsgeschlechter und Reichswürdenträger

Markör oder *Markeur* (österr., veralt.) Kellner

Marterl (bayr. und österr.) Holz- oder Steinpfeiler mit Nische für Kruzifix oder Heiligenbild; Tafel mit Bild und Inschrift zur Erinnerung an Verunglückte

Mohár kleine deutsche Kolbenhirse, auch Fennich genannt, die meist als Grünfutter kultiviert wird

möten (plattdt.) aufhalten, zurückhalten, hindern, begegnen

Newgate ältestes Gefängnis in London

Nobile Angehöriger eines der Adelsgeschlechter in den ehemaligen italienischen Freistaaten, besonders in Venedig

Offiziant einen Gottesdienst haltender katholischer Geistlicher; Bediensteter

Palatin(us) Stellvertreter des Königs von Ungarn (bis 1848)

Papismus Papsttum (abwertend)

Point d'honneur Ehrenstandpunkt

Raizen oder *Razen* der griechisch-orthodoxen Kirche angehörende Serben

Redoute (veralt.) festliche oder Tanzveranstaltung; (österr.) Maskenball

Refugié Flüchtling, besonders aus Frankreich geflüchteter Protestant (17. Jh.)

Restauration (veralt.) Restaurant, Speisehaus, Garküche; der Wirt wird Restaurateur genannt

Rezepisse Empfangsbescheinigung

Rosolio italienischer Likör aus Orangenblüten und Früchten; auch soviel wie Maraschino

Rotmäntler Seressaner; seit 1700 den früheren österr. Grenzregimentern beigegebene berittene Mannschaften für Erkundungen und den kleinen Krieg; mit rotem Mantel und roter Kappe bekleidet

Rotten Flachs zum Rösten, Mürbewerden bringen

Scagliola zur Nachahmung von Marmor verwendete formbare Masse, Stuckmarmor

Schibboleth Erkennungszeichen, Merkmal, Losungswort

Schußkelle der hinten an einem Wagen befindliche Raum für das Gepäck

Seim dicker Honigsaft; Bezeichnung des Süßen

Subalternoffizier die Oberleutnants und Leutnants im deutschen Heere

Süßling (veralt.) fader, süßlich tuender Mensch

Table d'hôte gemeinsame Speisetafel im Hotel

Thespische Kunst Schauspielkunst; benannt nach Thespis, dem Begründer der altgriechischen Tragödie

Travestie komisch-satirische Umbildung ernster Dichtung, wobei der Inhalt in unpassender, lächerlicher Form dargeboten wird

Ulan (leichter) Lanzenreiter

Vesikatorium blasenziehendes Arzneimittel, Ziehpflaster

Visier der bewegliche, das Gesicht deckende Teil des (mittelal-
terlichen) Helms

Vis inertiae Trägheitsvermögen, Beharrungsvermögen

Wellerwand Fachwerkwand; von Weller (Lehm, Ton mit Stroh
vermischt zur Ausfüllung von Fachwerk)

windisch alte Bezeichnung für slowenisch

Literatur

Andics, Hellmut:
Das österreichische Jahrhundert. Band 1: *Die Donaumonarchie 1804–1900.* Molden-Taschenbuch-Verlag, Wien–München 1976.

Arndt, Ernst Moritz:
Reisen durch einen Theil Teutschlands, Ungarns, Italiens und Frankreichs in den Jahren 1798 und 1799. 2. verb. u. verm. Auflage, Band 1. Leipzig: Gräff 1804.

Arnold, Robert Franz:
Wien. Wiener Bibliophilen-Ges., Wien 1913.

Bauer, Rolf:
Österreich. Ein Jahrtausend Geschichte im Herzen Europas. Wilhelm Heyne Verlag, München 1980.

Ott, Günther:
Ernst Moritz Arndt. Religion, Christentum und Kirche in der Entwicklung des deutschen Publizisten und Patrioten. Veröffentlichungen des Stadtarchivs Bonn, Bd. 2. Ludwig Röhrscheid Verlag, Bonn 1966.

Paul, Johannes:
Ernst Moritz Arndt. »Das ganze Deutschland soll es sein!« Musterschmidt, Göttingen–Zürich–Frankfurt 1971.

Schäfer, Karl Heinz, und Schawe, Josef:
Ernst Moritz Arndt. Ludwig Röhrscheid Verlag, Bonn 1971.

Bildnachweis

Bildarchiv der Österr. Nationalbibliothek, Wien: S. 101, 175, 181, 213, 239, 287, 317; Holčik, Stefan, und Štefanovičavá: *Die Burg von Bratislava*. Bratislava 1982, Verlag Obzor, VEB, 1982; S. 42; Horn, Adam (Hg.): *Bayern, Ansichten aus alter Zeit*. Dr. Hans Peters Verlag, Honnef Rhein 1958: S. 45, 65; Kleiner, Salomon: *Das florierende Wien. Vedutenwerk in 4 Teilen aus den Jahren 1724–37*. »Die bibliophilen Taschenbücher«, Harenberg Kommunikation, Dortmund 1979: S. 147, 155, 165, 191, 193, 201; *Meyers Großes Konversationslexikon*. 6. Auflage, 14. Band, Leipzig und Wien, Bibliographisches Inst. 1909: S. 205; Myss, Walter, und Schlandt, Maria: *Die Donau in alten Reisebildern*. Wort und Welt Verlag, Innsbruck 1975: S. 89, 93; Nebehay, Ingo, und Wagner, Robert: *Bibliographie Altösterreichischer Ansichtenwerke aus 5 Jahrhunderten*. Akadem. Druck- und Verlagsanstalt, Graz 1981: S. 313; Ott, Günther: *Ernst Moritz Arndt. Religion, Christentum und Kirche in der Entwicklung des deutschen Publizisten und Patrioten*. Veröffentlichungen des Stadtarchivs Bonn, Bd. 2, Ludwig Röhrscheid Verlag, Bonn 1966: Frontispiz; Schreyvogel, Friedrich: *Das Burgtheater. Wirklichkeit und Illusion*. F. Speidel-Verlag, Wien 1965: S. 149, 186, 219; *Alt-Wiener Veduten nach Entwürfen von Carl Schütz und Johann Ziegler*, 41 Blatt erläutert und eingeleitet von Alfred May. Schroll-Verlag, Wien–München 1962: S. 121; *Die Wiener Ansichten von Carl Schütz, Johann Ziegler und Laurens Janscha. »Die Wiener Straßenbilder des Rokoko«*, Vorwort und Erläuterungen von Christian M. Nebehay. »Die bibliophilen Taschenbücher« Nr. 307, Harenberg Kommunikation, Dortmund 1981: S. 113, 131, 159; Tietze, Hans: *Alt-Wien in Wort und Bild*. 1926 Wien, 2. Auflage bei A. Schroll: S. 141, 177; Cámera di Commercio, Industria Artigianato e Agricoltura di Trieste: *Un itinerario nella Trieste dell' Ottocento*. Edizione LINT, Trieste 1984: S. 353.

Erklaerung
der Bezeichnungen und der
Farben

Die Zahlen zw. 2 Orten geben
die Entfernung in Postmeilen an.
= bed. ½ Meile. : ¾ M.
- ... ¼ M.
ein - vor der Zahl bed. ¼ weniger
z. B. ⁻3 bed 2¾

Oesterreich. Staat
Preuss. Staat
Baiern
Sachsen (Kgr)
Hannover
Würtemberg
Baden
Kurhessen
Gr. H. Hessen
Gr. H. Mecklenburg
Die übrig. deutsch. Staaten
Niederlande u. Luxemburg